本书获得教育部人文社会科学研究规划基金项目“马克思主义中国化视域下中共反帝话语范式的建构与演变及其基本经验研究”【项目号：15YJA710021】资助

本书为北京高校中国特色社会主义理论研究协同创新中心（对外经济贸易大学）阶段性成果

本书为北京市习近平新时代中国特色社会主义思想研究中心重点项目“习近平总书记关于人类命运共同体重要论述研究【项目号：20LLZZB025】阶段性成果

| 光明社科文库 |

中国共产党反帝话语的演进研究

刘建萍◎著

光明日报出版社

图书在版编目（CIP）数据

中国共产党反帝话语的演进研究 / 刘建萍著. -- 北京：光明日报出版社，2021.9

ISBN 978-7-5194-6301-4

Ⅰ.①中… Ⅱ.①刘… Ⅲ.①中国共产党—反帝斗争—研究 Ⅳ.①D23

中国版本图书馆 CIP 数据核字（2021）第 180766 号

中国共产党反帝话语的演进研究

ZHONGGUO GONGCHANDANG FANDI HUAYU DE YANJIN YANJIU

著　　者：刘建萍

责任编辑：杨　茹　　责任校对：叶梦佳

封面设计：中联华文　　责任印制：曹　诤

出版发行：光明日报出版社

地　　址：北京市西城区永安路 106 号，100050

电　　话：010-63169890（咨询），010-63131930（邮购）

传　　真：010-63131930

网　　址：http://book.gmw.cn

E-mail：gmrbcbs@gmw.cn

法律顾问：北京市兰台律师事务所龚柳方律师

印　　刷：三河市华东印刷有限公司

装　　订：三河市华东印刷有限公司

本书如有破损、缺页、装订错误，请与本社联系调换，电话：010-63131930

开　　本：170mm×240mm

字　　数：341 千字　　印　　张：19

版　　次：2022 年 1 月第 1 版　　印　　次：2022 年 1 月第 1 次印刷

书　　号：ISBN 978-7-5194-6301-4

定　　价：98.00 元

目　录

CONTENTS

导 论

话语范式研究日益成为人文社会科学研究的一个热门视角。对于“话语”特征的描述，比较有代表性的像法国的保罗·利科，他站在解释学角度，从四个方面做出概括：立足于瞬时与当下、由说话者通过一套复杂的指示系统展开、总是涉及它要描述或表达的语境、存在一个与说话者面对面的对话者。话语理论的特征则包含：以话语为研究对象，关注重心在社会行为的话语；强调话语的建构性，即话语对于社会主体、社会关系以及知识和信仰体系的建构性作用；将话语理论看作关于权力、合理性和权威性的理论；重点考察严肃的、合理的、权威的陈述得以产生的条件。① 话语范式研究，旨在追踪“话语”流变轨迹，探寻话语产生与存在方式、话语如何发生作用及其社会效果。

本书将“话语”置于马克思主义中国化视域下进行研究。

一、国内外学界研究的现状和趋势

在“话语”范式研究日益兴盛的当下，从“中国共产党反帝话语的建构、演进及基本经验”展开研究，开辟“马克思主义中国化”和“中国特色”话语范式研究的新视角，无疑具有重要的理论价值和时代意义。近几年，学术界对中国共产党反帝话语建构的理论基础——列宁帝国主义论所含理论价值的时效性产生了怀疑，进而对毛泽东时代中国共产党帝国主义观及反帝话语范式的科学性和时效性产生了争论和疑问；自改革开放以来，中国在融入全球化的征程中，以“霸权主义”“强权政治”“新干涉主义”等词替代了“帝国主义”一词，主张积极参与全球治理等，因而出现了围绕“帝国主义”概念的滥用、混淆，否定实践意义上的帝国主义的存在等现象，有必要对中国共产党所持帝国主义观及其反帝话语的建构、内容及逻辑演进，对新时期反帝话语转型和新话

① 袁英．话语理论的知识谱系及其在中国的流变与重构［M］．武汉：华中师范大学出版社，2013：6－8.

语建构的时代性及其特征实质等进行梳理、总结、研究，厘清对当今世界是否存在帝国主义的错误认知以及中国共产党的新帝国主义理论的基本内涵及其逻辑结构，总结其基本经验及其规律，更好地回应国际国内对“反帝”话语历史与现实的关切。

本书所述主题以马克思主义唯物史观为基石，以列宁帝国主义论为指导，以世界历史发展进程和全球化发展为线索，以马克思主义中国化历史进程为研究的基本框架，通过历史的、逻辑的、比较的分析方法，对中国特色反帝话语的建构及其演进与重构、逻辑内容及特征进行研究，对“帝国主义”概念、内涵正本清源，回应“反帝”话语过时论，准确解读全球化浪潮下中国共产党的反帝新话语，总结其基本经验及基本规律，以此作为对中国共产党百年奋斗辉煌历史的总结与纪念。

学术界研究现状如下：

(1) 围绕“马克思主义中国化话语体系”的研究为本书提供了重要学术基础。在此视域下有关马克思主义中国化话语特征及价值的研究取得重要进展。吴永从意识形态选择的主观性与话语实践的客观性统一、对马克思主义的价值认定所反映的权力的可能性与权力决定话语的必然性的统一、对马克思主义中国化话语目标的设定与话语实践语境的历时性差异等三个方面概述了马克思主义中国化话语特征；从标识马克思主义在中国的历史纬度、为马克思主义与中国本土文化的互动提供强大动力、为中国共产党政权建设提供理论依据等方面阐述了马克思主义中国化的话语价值。① 李小辉、罗春梅从革命、建设、改革、发展四个阶段，从解放人民群众、改造人民群众、关注人民群众、发展人民群众四个维度阐释了当代中国马克思主义话语体系的价值取向。② 邓伯军从实践方法论的发展历程，即从劳动方法论到生产方法论再到生存方法论，阐释了马克思主义中国化话语体系方法论的自觉过程。③ 张瑞兰从革命的正当性、阶级话语、大众立场，剖析了新民主主义革命时期“革命”话语的基本表达方式和结构。④ 周宇豪对马克思主义中国化话语体系的基本内涵、范畴、话语体系变迁及

① 吴永.“马克思主义中国化”的话语特征及其价值——历史视阈下的“马克思主义中国化”解读［J］. 中共党史研究，2011 (7).

② 李小辉，罗春梅. 当代中国马克思主义话语体系的价值取向分析［J］. 辽宁医学院学报（社会科学版），2013 (1).

③ 邓伯军. 马克思主义中国化话语体系的实践方法论研究［J］. 广西师范大学学报（哲学社会科学版），2014 (4).

④ 张瑞兰.“革命”的话语结构：中国共产党新民主主义理论表达的基本方式［J］. 中共四川省委党校学报，2014 (2).

其对当代启示的思考进行了研究①。在第五届“全国马克思主义青年论坛”上，南京审计学院的卢国琪教授对马克思主义中国化话语体系建构过程中的经典的十大创新话语体系进行了总结。② 这些研究成果为本研究提供了学术基础。

（2）关于“中国特色”话语的研究，与本书研究也有关联。吴永从历史演进的角度对近代以来“中国特色”话语从“中学为体，西学为用”“君民共主话语”“三民主义，五权宪法”到“新民主主义”话语、“中国特色社会主义”话语进行了回顾，得出中国共产党是成功完成“中国特色”话语建构和转换的典范的结论。③ 其他学者围绕中国特色话语体系建构的基本思路④、启示⑤、中国特色话语体系的内涵、形成基础、功能定位、表现形式、逻辑结构、基本特征、建构路径及其举措等方面的分析研究，对反帝话语研究提供了“中国特色”之“特色”话语思维的启示。

（3）关于列宁帝国主义论的评价问题涉及本书研究的理论前提与基础问题。在对列宁帝国主义论的质疑声中，有越来越多的学者重新研究“帝国主义论”。温丽娟认为，国际社会存在两套解释世界的“帝国主义”话语范式，即社会主义国家秉承的“帝国主义”话语范式和资本主义国家的“帝国主义”话语范式。⑥ 刘维春概括了20世纪以来关于资本主义发展态势形成的三种帝国主义理论，即列宁的帝国主义理论、“新帝国主义论”“后帝国主义论”。他认为后两种理论形态是对列宁帝国主义论的继承、创新和发展。继承性体现在，在时代特征上二者都透过经济基础的垄断性质承认帝国主义的客观存在，在方法论上延续列宁的不平衡发展的辩证法思想，都承认列宁关于帝国主义是资本主义制度产物的说法；创新性体现在“新帝国主义论”补充了列宁的不发达殖民理论，“后帝国主义论”发展了列宁的国际垄断和全球化理论。两种理论形态都证明了列宁帝国主义论没有过时。⑦ 有学者更站在历史和现实高度，充分肯定了列宁帝国主义论的原创性及其时代价值，认为列宁帝国主义论在解释逻辑、批判逻辑、

---

① 周宇豪．马克思主义中国化话语体系变迁的政治学考察［J］．新闻界，2013（19）．

② 刘华初，汤涛．马克思主义与中国特色学术话语体系——第五届全国马克思主义青年论坛述要［J］．海南师范大学学报（社会科学版），2013（3）．

③ 吴永．“中国特色”话语的提出及其历史演进［J］．中共中央党校学报，2008（4）．

④ 照日格图，包斯日古冷．论中国特色话语体系建构的基本思路［J］．前沿，2014（ZA）．

⑤ 解春霞．中国特色话语体系建构的启示——基于马克思主义中国化历程的研究［J］．山西师大学报（社会科学版），2014（S4）．

⑥ 温丽娟．国外帝国主义论研究［D］．长春：吉林大学，2011.

⑦ 刘维春．帝国主义论的当代沉思——兼评“新帝国主义论”“后帝国主义论”与列宁帝国主义理论的关系［J］．湖州师范学院学报，2013（5）．

建构逻辑层面体现出理论原创性；在对资本主义发展及其演变的理论反思中和对帝国主义引起的世界结构性矛盾的实践回应中，既为立体构建资本主义批判理论寻找了科学依据，又对新社会文明形态的建立寻找和创新了理论前提，并为审视全球化时代资本主义发展的历史逻辑提供了更加广阔的理论视域。姜安指出，列宁帝国主义论所提供的独特的研究方法论及其奠定的一百年来帝国主义研究的最基本范式和基本命题在当今帝国主义本质属性没有根本改变的情况下并未过时，其在向旧世界价值观、制度和实践宣战的同时，为未来社会提供的一种崭新的认知方法、哲学态度和价值理想仍具有重要而积极的指导意义。①

（4）关于当代中国世界观话语建构的研究。翟石磊认为当代中国世界观话语经历了两个层面的转变，即在政治层面从主张革命推翻西方主导的国际秩序到融入国际社会推动国际政治秩序转变；在经济层面从排斥全球经济分工到参与推动经济合作、推动国际经济秩序改革和发展的转变。认为当代中国世界观话语建构在国家身份和角色认知层面、对外部世界的认知层面、关于中国与世界关系的认知层面具有诸多特点。总体具有社会主义身份、合作者、世界秩序建构者角色；多极、全球化、经济政治文化全方位认识中国作为新兴世界大国的发展状况和态势；形成建设型关系等。② 这一研究为本研究提供了重要学术基础。

（5）中国共产党反帝理论及其话语建构研究。比较有见解的研究成果主要集中在对国民革命时期的反帝理论及话语建构研究上。如金富军对1921—1925年在中国与世界关系问题上对国内存在的以追赶而内部改革和以革命而斗争取得独立的两种应对模式进行了总结，对中国共产党帝国主义论的出台、渊源及反帝策略进行了研究，取得了不错的研究成果。③ 尹钛就20世纪20年代国民革命时期"帝国主义"在中国的建构研究指出，20世纪20年代，中国共产党通过重新解释中国近现代历史，将中国的政治腐败和社会苦难归因于"帝国主义"等方式，成功建构了一套"帝国主义"话语，为中国的民族革命提供了现实的革命对象，也使中国的国际政治秩序观念发生了范式性的转变，即从竞争而加入世界体系到革命推翻这个体系而重构新的世界秩序。④ 陶飞亚从"文化侵略"源流考察了中国共产党对帝国主义文化侵略的认识并建构了反对西方在华文化

---

① 姜安．列宁"帝国主义论"：历史争论与当代评价［J］．中国社会科学，2014（4）．

② 翟石磊．当代中国世界观话语建构研究［D］．上海：上海外国语大学，2014.

③ 金富军．中共早期反帝理论与策略研究1921—1925［D］．北京：清华大学，2005.

④ 尹钛．"帝国主义"在中国的建构——以20世纪20年代的国民革命为例［J］．国际关系学院学报，2007（3）．

渗透的革命话语范式。① 其他学者从世界革命视角对中国共产党反帝理论进行的研究，如刘勇的《论毛泽东的世界历史理论及当代启示》②、周思源《世界革命与中国特殊国情下的知识分子》③、吴玉才《新民主主义革命理论对世界革命的贡献》④、李斌的《"苏俄"、共产国际与二十世纪二三十年代中国共产党的反帝废约政策》⑤ 等，也为本书研究提供了学术基础。

但也能明显看到上述研究成果存在如下不足：在总体上没能建构起系统而深刻的有关中国共产党的帝国主义论及其反帝话语范式的研究构架。立足于中国共产党对列宁帝国主义论的应用发展创新的研究缺乏，导致学界对中国共产党在帝国主义论上的理论创新性及贡献，反帝理论话语建构的权威性、适应性、发展性缺乏深入系统的研究，因而无法对现实国际问题做出具有说服力的理论回应。本书将致力于完成这一研究任务。

二、本书研究的主要思路

本书所涉世界历史是全球化发展并形成潮流的历史进程，其跨越战争与革命、和平与发展两个时代。所涉时间域是中国共产党从成立到现在的百年历程，经历了革命、建设、改革和发展四个时期，实现了从在野党、地下革命党到执政党的转变；从局部执政到全面执政的转变；从封闭的计划经济条件下的执政到开放的市场经济条件下的执政的转变；从致力于推翻当时的国际政治经济旧秩序、全面构建社会主义主导下的公正合理的国际经济政治新秩序到主动融入目前的国际政治经济秩序并通过不断改造而建构新的公正的国际新秩序的转变。本研究主要通过对马克思主义中国化视域下中国共产党反帝话语在四个时期的建构演进历程进行梳理阐释，分析其概念、理论框架、话语体系内容，研究其建构路径，总结其基本经验，为正确认识中国共产党百年来以反帝话语为标志的意识形态建构及发展路径提供学术参考，为多视角认识中国共产党在全球化背景下对帝国主义论的理论创新及其发展趋向提供思路，批判列宁帝国主义论过时说，为深刻理解马克思主义中国化、时代化、大众化发展趋向提供新视角。

---

① 陶飞亚．"文化侵略"源流考［J］．文史哲，2003（5）．

② 刘勇．论毛泽东的世界历史理论及当代启示［J］．长白学刊，2004（6）．

③ 周思源．世界革命与中国特殊国情下的知识分子——早期中国共产党人的思考［J］．社会科学战线，2005（3）．

④ 吴玉才．新民主主义革命理论对世界革命的贡献［J］．思想理论教育导刊，2010（6）．

⑤ 李斌．"苏俄"、共产国际与二十世纪二三十年代中国共产党的反帝废约政策［J］．中共党史研究，2012（3）．

本书以马克思主义中国化演进为线索，建立了中国共产党反帝话语的基本逻辑框架。以全球化视野和马克思主义世界历史等作为前提背景展开本书的时代性话语逻辑建构，探究中国共产党帝国主义观及反帝话语的理论来源，厘清中国共产党反帝话语建构的历史前提和现实依据。比较并系统梳理出不同时期中国特色反帝话语的基本内容、特色表现、建构路径、基本经验等。

1. 研究内容

（1）中国共产党反帝话语建构的时代性前提及理论来源与基础。以全球化及马克思主义关于世界历史发展观建立中国共产党反帝话语演进的时代性前提和历史研究视野。针对古典帝国主义理论群的代表人物及其思想如希法亭“金融资本理论”、卢森堡“资本积累思想”、考茨基“超帝国主义论”，分析研究中国共产党帝国主义观及反帝话语范式的理论来源，认识列宁帝国主义论及其民族殖民地理论，为中国共产党帝国主义论及反帝话语范式提供了世界观方法论。正确认识中国共产党反帝话语建构演进的一以贯之的时代价值理想是为最终建立公正合理的国际社会新秩序提供必由之路。

（2）中国共产党反帝话语内容及实践建构演进的路线图谱。通过研究革命、建设、改革、发展四个时期中国共产党反帝话语内容、话语特征，比较异同，总结“中国化”帝国主义话语体系的创新之处。通过深入研究针对不同时代工、农、知识分子等群体，中国共产党是如何有效进行话语传播的，从而厘清中国共产党反帝话语建构与再建构的路径选择。

（3）中国共产党百年反帝话语建构、演进的伟大意义及基本经验。站在百年辉煌的奋斗历史中深刻总结中国共产党反帝话语建构演进的伟大意义及其基本经验，为深刻认识中国共产党的先进性，坚定“四个自信”，坚持党的全面领导提供经验启示。

2. 研究观点

（1）中国共产党反帝话语建构在对世界与中国关系的正确认知前提下，具有全球化和世界历史认知视野，一开始即站在时代最前沿和理论的制高点。其理论的价值理想即是为中国最终推翻帝国主义统治，建立公正合理的国际社会新秩序并在其中占据重要地位提供必由之路。

（2）中国共产党反帝话语范式的初步建构发生在国民革命时期且建构十分成功。其对“整体性”的国际帝国主义概念的阐释，“世界革命路径”“联合苏联”“中国独立平等的国际地位”等话语，体现出了鲜明的“中国特色”性，是对列宁帝国主义论的继承和运用。在路径选择上，通过强烈的批判性解构旧有意识形态，实现了中国共产党反帝话语对舆论的引领。使中国共产党在众多试图引领中国走出困境迈向国际化的革命政党中脱颖而出并成为社会的思想引领者，其给社会的价值观带来的改变意义是长远的。在实践特性上通过将中国共产党反帝话语范式与工农民众话语对接，完成对工农民众的话语引导，使之成为反帝革命运动的主体，并有了“五卅”运动的成功发动。

（3）中国共产党反帝话语在整个新民主主义革命时期，历经国民革命时期的初步建构、土地革命战争时期的艰辛探索、抗日战争时期的成熟推进，解放战争时期的进一步充实丰富，而形成反帝的新民主主义革命话语体系，在新中国成立初期进一步得到检验和发展，奠定了新中国对外话语的基本范式。

（4）在新中国成立和社会主义制度确立后，中国共产党的反帝话语在冷战格局下继续得到坚持和发展，体现出兼具革命性和建设性话语特征。在和平与发展的时代因子正在孕育的20世纪70年代，中国共产党积极探索话语的建设性转变，并在话语实践和话语理论上有了新的突破。

（5）改革开放以来，中国共产党反帝话语实现了革命性转换，以“和平发展”“合作共赢”和“人类命运共同体”为内容的新话语替代了革命性话语，实现了话语理论的升华和对马克思主义反帝理论的重大创新，做出历史性贡献。

（6）中国共产党反帝话语的建构与演进见证了百年中国共产党理论与实践创新的生命力，对中国与世界的进步发展具有深远而伟大的意义，积累的丰富基本经验可资借鉴，为正确认识中国共产党的理论自信和理论自觉提供重要启示。

三、本书研究的重点、难点

1. 以全球化视野和马克思主义世界历史等作为时代性前提，厘清中国共产党反帝话语范式的理论来源及理论贡献。这是第一个要突破的重点和难点。

2. 对马克思主义中国化视域下中国共产党反帝话语演进建构清晰的演进路线图。这是拟突破的第二个重点和难点。

3. 对不同时期中国共产党反帝话语范式从概念、特征、理论框架、话语体系、建构路径等方面进行研究和对比，总结“中国化”帝国主义话语体系的创新之处及其基本经验。这是拟突破的第三个重点和难点。

四、本书研究的创新之处

本书以马克思主义世界观方法论为指导，以世界历史发展进程和全球化发展为线索，以马克思主义中国化历史进程为研究的基本框架，通过历史的、逻辑的、比较的分析方法，对中国特色反帝话语范式的建构、演进、逻辑内容及特征等进行研究，对“帝国主义”概念、内涵正本清源，回应“反帝”话语过时论；准确解读全球化浪潮下中国共产党的反帝新话语，总结其基本经验。在总体上建构起系统而深刻的有关中国共产党帝国主义论及其话语的研究构架。立足于中国共产党在列宁帝国主义论的应用发展创新上的研究，建构起中国共产党反帝理论话语的权威性、发展创新性，为正确认识中国共产党以反帝话语为标志的意识形态建构及发展路径提供学术参考，为多视角认识中国共产党在全球化背景下对帝国主义论的理论创新及其发展趋向提供新思考，为批判历史虚无主义回应现实关切提供学术支持，也为深刻理解马克思主义中国化、时代化、大众化发展趋向提供新视角。

五、本书研究的主要方法

1. 比较分析法。本书采用比较法研究中国共产党反帝话语范式的理论渊源，对比研究不同时期中国共产党反帝话语范式的基本内容、特征、路径之异同，对比研究革命时代陈独秀时期反帝话语与毛泽东时期反帝话语的异同，对比毛泽东时代革命时期与建设时期中国共产党反帝话语的异同，对比和平发展时代下邓小平时期反帝话语与江泽民时期、胡锦涛时期反帝话语的异同，深入研究习近平时期中国共产党反帝话语的重要贡献。

2. 历史分析法。本书采用历史分析法研究中国共产党反帝话语建构的理论来源，中国特色反帝话语体系建构的历史演进，从中建立起中国特色反帝话语演进的基本逻辑架构。

3. 文献分析法。本书采用文献分析法，从经典文本中找到中国共产党反帝话语建构演进的脉络及其基本观点，得到具有说服力的研究结论。

六、本书研究的当代价值

回望一百年来中国共产党反帝话语建构及演变的历史进程，总结其重要意义及基本经验，更好地坚持中国特色社会主义发展方向，坚定“四个自信”，坚持党的全面领导，这无疑是本书体现出的当代价值。本书以中国共产党百年奋斗为线索，以马克思主义反帝理论中国化的历史演进为研究的基本框架，梳理概述其时代性理论前提及理论基础，总结其理论话语的内容及特征，梳理出演进的历史路径和特征，深刻阐释在战争与和平两个时代主题的变奏中，中国共产党是如何科学阐释反帝的革命话语的，又是如何根据时代的变奏将反帝的革命话语转换成和平时代主题下的反帝新话语的，深刻阐释这一百年的历史演进中中国社会发生的历史性变革，诠释中国从站起来到富起来到强起来的伟大逻辑，更加深刻地认识百年波澜壮阔的反帝历程彰显的伟大意义，深刻总结其基本经验，深刻认识推动马克思主义中国化、时代化、大众化的重要意义，为多视角认识中国共产党的先进性及其初心使命提供一个全新的窗口。

第一章

新民主主义革命时期中国共产党反帝话语建构的时代性理论前提及理论基础

中国共产党反帝话语建构在对世界与中国关系正确认知的前提下，具有全球化和世界历史认知视野，一开始即站在时代最前沿和理论的制高点。其理论的价值理想即是为中国最终推翻帝国主义统治，建立公正合理的国际社会新秩序并在其中占据重要地位提供必由之路。

一、新民主主义革命时期中国共产党反帝话语建构的时代性理论前提

（一）马克思、恩格斯对资本主义时代性的分析与描述

马克思说：任何理论“都是自己时代精神的精华”，就其内容和表现来说，“都要和自己时代的现实世界接触并相互作用”①。恩格斯也曾说：“任何哲学只不过是在思想上反映出来的时代内容。”② 马克思主义对时代性的阐释奠定了中国共产党关于时代判断的理论基石。

马克思主义关于“资产阶级时代”的论断是建立在对资本主义阶段特征的深刻分析基础上的。19 世纪世界资本主义进入机器生产时代以来，资本主义发展表现出了新的特征：经济上机器大工业带来社会生产力极大发展和世界面貌深刻变化的同时，也出现了大规模的周期性经济危机，导致社会阶级两极分化十分严重；政治上资产阶级与无产阶级之间的矛盾与对立也被空前激化，以1831—1834 年法国里昂起义、1836—1848 年英国宪章运动、1844 年德国西里西亚纺织工人起义为代表的工人运动此起彼伏；文化上社会科学领域德国古典哲学、法国空想社会主义、英国古典政治经济学对世界产生了重要影响；自然科学领域以能量守恒学说、细胞学说、进化论三大学说为核心的一系列重大发现和理论成果的问世，对科技革命带来深远影响。马克思、恩格斯从生产方式出发，对人类社会发展阶段做出分析和概括，指出人类社会发展将经历原始社会、奴隶社会、封建社会、资本主义社会和共产主义社会五种社会形态。马克思、恩格斯对资本主义时代特征进行了详细分析，认为资本主义时代是一个资本对

---

① 马克思恩格斯全集：第 1 卷［M］．北京：人民出版社，1956：121.

② 马克思恩格斯全集：第 41 卷［M］．北京：人民出版社，1956：211.

劳动进行无情剥夺和无偿占有的时代，是一个资本家阶级和劳动者阶级都被异化的时代。建立在唯物史观基础之上、从生产方式入手、以阶级分析方法审视人类社会发展、提出“两个历史必然”、确立共产主义社会目标、以工人阶级为实现共产主义的物质力量的科学社会主义理论成为对这个时代思考最为科学的理论成果。马克思对这个时代的准确理解和思考，为我们正确认识时代问题奠定了重要理论基础。马克思创立科学社会主义理论后开启了在科学革命理论指导下的世界革命的历史征程。

（二）第二国际时期对资本主义发展的阶段性特征的深入研究

19世纪60至70年代，资本主义从自由竞争阶段逐步向垄断阶段过渡。资本主义发展又出现了诸多新现象：工业中出现了生产和资本集中的趋势、股份公司、卡特尔、辛迪加、托拉斯出现；第二次科技革命掀起浪潮、重化工业迅猛发展；以铁路为代表的现代交通运输业飞速发展；资本主义经济危机频繁爆发；欧洲列强瓜分殖民地的战争接续爆发，如对非洲大陆的瓜分、对中国的瓜分、美西、英法、日俄争夺殖民地的战争此起彼伏。面对这些新变化，第二国际时期涌现出一批代表人物，对资本主义发展的阶段性特征进行了深入研究。除了晚年的马克思、恩格斯、拉法格、奥托·鲍威尔等人的理论外，诸如希法亭的“金融资本论”、罗莎·卢森堡的“资本积累论”等也从新的视角对资本主义过渡到垄断阶段的过渡性特征进行了分析和揭示。这些理论新成果既是对马克思、恩格斯关于时代性思考的继承和坚持，又是对新阶段、新特征的尝试总结。

恩格斯提出托拉斯的出现将资本主义从自由竞争转化成垄断的观点；拉法格从资本财产形态演化将资本主义发展概括为“萌芽形态的资本财产”“资本主义财产制度”“金融资本统治”三个阶段，认为因资本集中而走向垄断是资本主义经济发展的必然趋势，提出了这并不能消除资本主义基本矛盾的观点。奥托·鲍威尔对帝国主义经济根源的揭示，以及从国内政治、对外政策、意识形态等方面对帝国主义扩张政策、帝国主义思潮即本民族凌驾于其他民族之上的思想占据支配地位的帝国主义表现进行了深入分析。希法亭对现代资本主义的资本支配形态、经济特征、经济实质、对外扩张的殖民政策、帝国主义政治和意识形态进行了研究，提出了金融资本主义是资本主义发展的最高阶段，社会主义和无产阶级专政终将取代帝国主义的思想。这些观点都是对他们所处时代资本主义发展的阶段性特征的概括，奠定了列宁帝国主义论的基础。

罗莎·卢森堡从资本主义的横向扩展和资本主义同非资本主义经济形态相互关系的独特视角，对资本积累问题是资本主义经济形态的本质问题做出思考，首次将研究的视角和立场转到广大落后地区，特别是像中国这样的殖民地、第三世界国家，站在“非资本主义生产形态”地区的民族与国家立场，关注这些地区民族与国家的命运。她关于殖民主义、暴力、血腥贯穿在资本积累的整个过程的观点非常具有启示意义。她从资本斗争对象和方式演进的视角将资本主义划分为“资本对自然经济的斗争”“资本对商品经济的斗争”和“资本在世界舞台上为争夺现存的积累条件而斗争”三个阶段，并将三个阶段的特征概括为“直接原始积累并为资本积累创造前提”时期、“非资本主义环境为发达国家的资本积累提供商品销售市场”阶段、“非资本主义环境为发达国家的资本积累提供廉价劳动力和原料”阶段，将第三阶段概括为是“资本主义积累的帝国主义阶段”，是“资本的世界竞争阶段”；阐释了帝国主义概念，即资本主义全球扩张的政治形式就是作为“世界政策、军国主义和殖民政策三位一体”的帝国主义。提出了“资本积累的世界竞争阶段既是资本主义的最后阶段，同时也是无产阶级世界革命的时代”等著名论断，是对马克思经典资本主义理论和“世界革命”理论的重大发展，也为列宁帝国主义论提供了重要理论前提，更为中国新民主主义革命理论与道路的探索提供了重要启示。

（三）列宁关于帝国主义和无产阶级革命时代的判断

19世纪末到20世纪的前20年，是列宁所处的时代。这个阶段资本主义垄断性、战争性特征十分明显。特别是第一次世界大战的爆发，前所未有地将认识新现象、正确判断战争性质的任务提到面前。列宁在继承马克思恩格斯思想和第二国际时期思想家观点的基础上，提出了对时代判断的新认识，形成了帝国主义论。

列宁关于如何判断时代问题有如下论述。他说：“这里谈的是大的历史时代。每个时代都有而且总会有个别的、局部的、有时前进、有时后退的运动，都有而且会有各种偏离运动的一般形式和一般速度的情形。我们无法知道一个时代的各个历史运动的发展会有多快，有多少成就，但是我们能够知道，而且确实知道，哪一个阶级是这个或那个时代的中心，决定着时代的主要内容、时代发展的主要方向、时代的历史背景的主要特点等。”“只有首先分析从一个时代转变到另一个时代的客观条件，才能理解我们面前发生的各种重大历史事件。”列宁对时代的正确认识为认识世界大势和一国国情、制定本国策略提供了重要前提条件。“只有在这个基础上，即首先考虑到各个‘时代’的不同的基本特征而不是个别国家的个别历史事件，我们才能够正确地制定自己的策略；只有了解了某一时代的基本特征，才能在这一基础上去考虑这个或那个国家的更具体的特点。"[①] 列宁提供了对这个时代进行分析的方法论和判断标准。据此，他将他所处的时代称作资本主义已经过渡到垄断阶段的时代，"是帝国主义发生动荡和由帝国主义引起动荡的时代"。他从帝国主义经济政治发展不平衡规律的思想出发，提出"帝国主义是资本主义的垄断阶段""国际垄断同盟在经济上瓜分世界""资本主义列强在领土上瓜分世界并进而引起瓜分与重新瓜分世界的战争"的观点。他给帝国主义下定义，指出"帝国主义是发展到垄断组织和金融资本的统治已经确立、资本输出具有突出意义、国际托拉斯开始瓜分世界、一些最大的资本主义国家已把世界全部领土瓜分完毕这一阶段的资本主义"。他"关于资本主义世界体系的思想"，关于"世界历史已经发展到帝国主义和世界经济形成的时代和无产阶级革命时代"的论断，关于社会主义革命"将首先在一个或者几个国家内获得胜利"的"一国首先胜利论"等，为经济文化落后的国家正确判断时代形势、制定政策实现民族独立、走向现代化提供了重要指导。

二、新民主主义革命时期中国共产党反帝话语建构的理论来源与基础

马克思关于资本主义全球化趋势及"两个必然""两个决不会"的科学论断、第二国际时期理论家对资本主义全球化发展新趋势的思考与帝国主义理论、列宁对资本主义全球化的理论认识及其帝国主义论的全面系统阐释以及马克思主义关于世界革命理论在共产国际时期的运用发展等，奠定了新民主主义革命时期中国共产党反帝话语范式建构的理论基础。

（一）马克思主义关于资本主义全球化趋势与"两个必然""两个决不会"论断

1. 马克思关于资本主义全球化趋势的分析

马克思虽然并未率先使用"全球化"这一概念，但马克思却透过对资本本质、资本主义经济结构及演进趋势的科学分析，揭示了资本全球化的实质、发展趋势及其规律，阐释了资本全球化背景下世界市场体系和世界资本主义体系的形成所带来的"二重性"，即一方面是人类进入资本时代的历史进步性，另一方面是资本时代在世界市场体系下的国际秩序的不公正、不平等性。马克思将世界历史理论和经济全球化思想建构在唯物史观的方法论基础之上，提供了科学社会主义关于"两个历史必然"和"两个决不会"的科学结论，建构了世界革命的理论与实践的逻辑体系，为正确认识经济全球化背景下世界历史的演进

---

① 列宁全集：第26卷［M］．北京：人民出版社，1988：142－143.

趋势和无产阶级掀起世界革命的正义性提供了科学的理论依据。

经济全球化作为一个历史过程，是资本主义发展的必然产物。马克思运用国际分工理论、世界市场理论以及资本主义扩大再生产理论的原理深刻揭示了资本主义经济走向全球化的必然性。正如习近平同志所言：“‘经济全球化’这一概念虽然是冷战结束以后才流行起来的，但这样的发展趋势并不是什么新东西。早在十九世纪，马克思、恩格斯在《德意志意识形态》《共产党宣言》《一八五七—一八五八年经济学手稿》《资本论》等著作中就详细论述了世界贸易、世界市场、世界历史等问题。《共产党宣言》指出：‘资产阶级，由于开拓了世界市场，使一切国家的生产和消费都成为世界性的了。’马克思、恩格斯的这些洞见和论述，深刻揭示了经济全球化的本质、逻辑、过程，奠定了我们今天认识经济全球化的理论基础。”①

在马克思的分析视角中，“资本一出现，就标志着社会生产过程的一个新时代”②。马克思深刻揭露了资本的贪婪与扩张本质和其带来的经济全球化的历史发展走向。“资本只有一种生活本能，这就是增值本身，创造剩余价值，用自己的不变部分即生产资料吮吸尽可能多的剩余劳动”③，其结果就是“疯狂地发展生产力”④“力求超越一切空间限制”⑤。

马克思指出，资本主义机器大工业直接造成国际分工的产生，进而使生产国际化。“一种与机器生产中心相适应的新的国际分工产生了，它使地球的一部分转变为主要从事农业的生产地区，以服务于另一部分主要从事工业的生产地区。”⑥“由于机器和蒸汽的应用，分工的规模已使脱离了本国基地的大工业，完全依赖于世界市场、国际交换和国际分工。”⑦“资产阶级挖掉了工业脚下的民族基础”⑧，建立起“以工业分工为基础的商品生产”⑨。原料来源和产品消费的国际化，“旧的、靠本国产品来满足的需要，被新的、要靠极其遥远的国家和地带的产品来满足的需要所代替了”。“正像它使乡村从属于城市一样，它使

① 中共中央党史和文献研究院．十八大以来重要文献选编：下［G］．北京：中央文献出版社，2018：165－166.
② 马克思恩格斯文集：第5卷［M］．北京：人民出版社，2009：198.
③ 马克思恩格斯文集：第5卷［M］．北京：人民出版社，2009：269.
④ 马克思恩格斯全集：第30卷［M］．北京：人民出版社，1995：304.
⑤ 马克思恩格斯全集：第30卷［M］．北京：人民出版社，1995：521.
⑥ 马克思．资本论：第1卷［M］．北京：人民出版社，2004：519.
⑦ 马克思恩格斯选集：第4卷［M］．北京：人民出版社，1995：166.
⑧ 马克思恩格斯选集：第1卷［M］．北京：人民出版社，1995：276.
⑨ 马克思恩格斯全集：第49卷［M］．北京：人民出版社，1982：311.

未开化和半开化的国家从属于文明的国家，使农民的民族从属于资产阶级的民族，使东方从属于西方。"① 因此马克思认为，国际分工带来世界范围的生产力的发展，实现了全球资源的跨国配置，降低了生产成本，促进了各国经济的相互渗透与依存。为科学技术在世界的广泛传播和跨越发展提供了条件。

马克思认为，国际分工也势必引起国际关系的重大变化。造成国与国、民族与民族之间的不平等关系，造成世界范围内的城市与乡村的对立。由此马克思深刻揭露了国际分工造成发达国家对落后国家的剥削、造成资本主义生产方式在全球的扩张的本质。

马克思世界市场理论认为，资本主义机器大工业的发展迫使商品冲出国内、走向国际寻找发展空间。资产阶级"奔走于全球各地，它必须到处落户，到处开发，到处建立联系"②。

《共产党宣言》指出：

> 资产阶级，由于开拓了世界市场，使一切国家的生产和消费都成为世界性的了……过去那种地方的和民族的自给自足和闭关自守状态，被各民族的各方面的互相往来和各方面的互相依赖所代替了。物质的生产是如此，精神的生产也是如此。各民族的精神产品成了公共的财产。民族的片面性和局限性日益成为不可能，于是由许多种民族的和地方的文学形成了一种世界的文学。
>
> 它迫使一切民族——如果它们不想灭亡的话——采用资产阶级的生产方式；它迫使它们在自己那里推行所谓的文明，即变成资产者。一句话，它按照自己的面貌为自己创造出一个世界。③

这段话指明了资本主义摧毁民族、地域、国家界限，把世界连成一体，建立由资本主导和控制的不平等的国际经济关系。世界市场和国际分工的交互作用使资本主义生产方式中资本与劳动的对立与矛盾扩展到世界范围，变得复杂化和国际化。使一国范围的阶级对立变成国际范围的阶级对立，最终表现为本国无产阶级与本国资产阶级的对立、发达国家之间的对立与斗争、发达国家与发展中国家以及与殖民地的矛盾斗争。在此基础上，马克思揭露了资产阶级意识形态的虚伪性。马克思运用资本主义扩大再生产理论进一步揭示了经济全球化的发展趋势。他指出，扩大再生产是资本主义赖以生存和发展的必然条件。

---

① 马克思恩格斯选集：第1卷［M］．北京：人民出版社，1995：276－277.

② 马克思恩格斯选集：第2卷［M］．北京：人民出版社，2009：35.

③ 马克思恩格斯文集：第2卷［M］．北京：人民出版社，2009：35－36.

资本通过循环和不断运动，借助国际分工和国际市场实现价值增值，直接推动经济走向全球化的发展趋势。

2. 马克思主义关于世界历史理论与“两个必然”“两个决不会”的论断

马克思的经济全球化思想必然地指向了“世界历史理论”的逻辑建构。马克思指出，资本主义大工业不仅造成了资本的世界市场体系，也“首次开创了世界历史”①。经济全球化和世界历史都源自世界市场的开辟、大工业的发展和资本“超越一切空间界限”的历史行动，是资本扩张引起了经济全球化和历史向世界历史转变的趋势。当然，这又以生产力的发展及其所导致的分工和普遍交往为深刻根基。“各个相互影响的活动范围在这个发展进程中越是扩大，各民族的原始封闭状态由于日益完善的生产方式、交往以及因交往而自然形成的不同民族之间的分工消灭得越是彻底，历史也就越是成为世界历史。”② 马克思把世界理解为以物质生产力发展为基础、从地域性和民族性历史向世界性历史转变的过程。马克思构建的“世界历史”有着与世界市场完全不同的价值取向：以最终实现“自由人的联合体”为最高目标，因为“无产阶级只有在世界历史意义上才能存在，就像共产主义——它的事业——只有作为‘世界历史性的’存在才有可能实现一样”。③

对于世界历史的认知，吕世荣和姚顺良指出，世界历史包括两个阶段：一个是以资本为主导的经济全球化阶段，一个是无产阶级作为“世界历史”的主体的共产主义阶段。真正意义上的世界历史创始于资本主义，完成于共产主义。④ 马克思一方面肯定了资本主义生产关系的历史进步性，即“资产阶级在它的不到一百年的阶级统治中所创造的生产力，比过去一切世代创造的全部生产力还要多，还要大”。特别是站在国际分工的角度强调分工带来全球资源的跨国配置，带来生产力的巨大发展和进步。另一方面也深刻地揭示了资本主义经济走向全球化的历史过程带来的全球性的不平等不公正性。资本主义生产方式的内在矛盾性造成资本与劳动关系的复杂化和国际化，具有不可克服性。由此，他逻辑地推演得出了关于“世界历史理论”和“两个必然”的结论。马克思在《共产党宣言》中关于资本主义必然灭亡和社会主义必然胜利都是不可避免的结论，以及在《〈政治经济学批判〉序言》中关于“无论哪一个社会形态，在它

① 马克思恩格斯文集：第1卷［M］．北京：人民出版社，2009：566.

② 马克思恩格斯文集：第1卷［M］．北京：人民出版社，2009：540－541.

③ 马克思恩格斯文集：第1卷［M］．北京：人民出版社，2009：539.

④ 吕世荣，姚顺良．马克思主义视域中的经济全球化［M］．北京：人民出版社，2014：74.

所能容纳的全部生产力发挥出来以前，是绝不会灭亡的；而新的更高的生产关系，在它的物质存在条件在旧社会的胎胞里成熟以前，是绝不会出现的”的光辉思想，为人类社会历史必然走向共产主义的发展方向但将经历一个较长时间提供了科学依据。

（二）第二国际时期对资本主义全球化发展新趋势的思考与帝国主义理论

1. 晚年恩格斯对资本主义从自由竞争转化成垄断现象的揭示

资本主义出现的新现象引起了恩格斯的关注。他敏锐地捕捉到这些新现象、新特征。恩格斯写下《反杜林论》，对资本主义国有企业和股份公司进行了研究。他指出，股份公司的出现是对资本主义生产的社会化的回应，是对资本主义私人占有形式对生产社会化限制的修正。托拉斯是一个规定生产总量、协调分配、协议出售价格的生产联盟。它的出现将资本主义从自由竞争转化成垄断，使资产阶级国家被迫承担起对生产的组织管理以克服资本主义社会的无计划生产，自此，资本主义国有企业出现了。但恩格斯也指出，这些新形式并不能消除资本主义生产力的资本属性，不能改变这些国家是资本主义国家的属性。恩格斯在《资本论》第3卷中进一步对托拉斯、卡特尔等垄断组织和“交易所”进行研究，揭示了托拉斯、卡特尔等垄断组织出现的意义在于使自由竞争破产。而“交易所”在1866年危机以来，特别是股份公司在工业、商业、农业等领域出现后，已经由之前的“借贷资本市场”转变为“股份资本市场”，“交易所就成为资本主义生产本身的最突出的代表”。①

2. 拉法格、奥托·鲍威尔对帝国主义的探讨

拉法格对金融资本的关注与研究把对资本主义进入新阶段的认识提高到一个新水平。1895年他在《财产及其起源》一文中，将资本财产形态演化概括为“萌芽形态的资本财产”“资本主义财产制度”“金融资本统治”三个阶段，认为“金融资本统治整个资本主义经济”的威力和影响力是其他产业无法比拟的。1903年拉法格写下《美国托拉斯及其经济、社会和政治意义》一书，以美国为例，对“托拉斯体系”“托拉斯制度”及其垄断性与金融资本的内在联系性进行了系统分析。“资本以前所未见的惊人规模大量集中，单是这一现象本身就足以说明资本主义已演进到特殊阶段了”②。拉法格认为因资本集中而走向垄断是资本主义经济发展的必然趋势。作为垄断主要组织形式的托拉斯及托拉斯体系

---

① 马克思恩格斯全集：第25卷［M］. 北京：人民出版社，1974：1028.

② 拉法格文选：下卷［M］. 北京：人民出版社，1985：212.

的形成将资本利润的最大化推到更高水平。托拉斯体系就是将工业企业与银行紧密结合，将独立发展的各类工业部门集中和合并在统一领导之下，促成生产环节整体化，减少管理及其他行政费用、关闭低效重复工厂或企业并提高保留车间或企业的设备先进水平、加大劳动强度等，这使托拉斯具有明显竞争优势，占有几乎所有剩余价值。但由于它获得利润的目的并没有改变，因此也无法消除资本主义基本矛盾，由于无法消除商业危机，并叠加了金融危机而加剧了资本主义经济危机的爆发。拉法格认为，托拉斯体系下，一切都按资本比例分配，按资本股息率分配，资本家只认利息，并不管利息从何处来。这使资本“唯利是图”的本质暴露无遗。拉法格进一步指出，在美国托拉斯制度已经控制一切，将政府“推上帝国主义和掠夺殖民地与市场的道路”①。拉法格的研究为马克思关于资本集中与广大群众日益无产阶级化和贫困化的学说提供了无可辩驳的证据，“给工人们指出了他们应该努力追求的革命目标”②。

奥托·鲍威尔对帝国主义的探讨无疑是具有开创意义的。他在代表作《民族问题和社会民主党》一书中，单列“帝国主义和民族主义原则”一节，对帝国主义问题做了较为集中的探讨。他从资本输出、扩大市场、缓解危机方面阐释了垄断组织的作用，揭示了帝国主义的经济根源；从国内政治、对外政策、意识形态等方面揭示了帝国主义扩张政策占据支配地位、帝国主义思潮即本民族凌驾于其他民族之上的思想占据支配地位的帝国主义表现。

3. 希法亭的“金融资本论”对现代资本主义全球扩张和帝国主义形态的认识

希法亭创立了“金融资本主义”的完整理论。1893 年的《保护关税职能的转变》、1907 年的《德国帝国主义和对内政策》两篇文章，以及 1910 年的专著《金融资本》，形成了对现代资本主义新现象认识的完整理论。首先，从资本存在形态的演进过程入手，系统阐释了“金融资本”的统治成为现代资本主义经济的实质特征这一观点。希法亭把资本演进进程概括为“两个转变”：由“高利贷资本”和“商业资本”占统治地位转变为“工业资本”占统治地位；从“工业资本”占统治地位转变为“货币资本”占统治地位。希法亭认为，金融资本的形成是一个信用从产业资本流通中产生与分离出来，成长为银行资本，又反过来支配产业资本的过程。信用的发展使银行和产业结成了长期和稳定的互相依赖关系。股份公司刺激了银行资本和产业资本的直接结合，并为之创造了条

① 拉法格文选：下卷［M］. 北京：人民出版社，1985：138，220.

② 拉法格文选：下卷［M］. 北京：人民出版社，1985：291.

件及形式。垄断组织的发展，使银行资本同产业资本最终实现了融合，形成了一种新型的资本——金融资本。① 因此，希法亭首先给金融资本下了定义：转化为产业资本的银行资本，即货币形式的资本，称为金融资本。这是一种归银行支配，并由产业资本家使用的资本。② 其次，他提出了金融资本推动垄断形成与发展的观点。希法亭进一步论证了垄断形成的内在动因在于攫取高额利润，银行在垄断形成中的促进作用也是源于追求利润最大化。再次，论证了现代资本主义的全球扩张政策和帝国主义形态。希法亭对垄断组织和金融资本追求超额利润、进行市场扩张以及列强争霸的结果进行了分析，他认为这些必然带来经济的扩张和帝国主义政策。即发达国家对广大落后地区实施殖民主义和暴力手段，采取战争政策和军国主义；对内政治走向集权主义、寡头政治、强权政治，文化走向帝国主义意识形态；主张民族至上，表现为种族主义，并为金融资本权力欲披上自然科学合法性外衣。最后，是对金融资本主义是资本主义发展的最高阶段，是无产阶级革命和专政的前夜这种观点的阐释。希法亭认为，金融资本统治大大加剧了资本主义的基本矛盾并使这一矛盾发展到了顶点。这是由于金融资本使资本占有关系达到了顶点，使生产的社会化也发展到了资本主义生产关系所能容纳的最大限度。加剧了无产阶级与资产阶级之间、其他阶级与社会集团和垄断资产阶级的矛盾，促使无产阶级在政治上成熟起来，为夺取政权而努力。金融资本主义在经济和政治两方面为社会主义创造了最后的前提。因此，“金融资本，在它的完成形态上，意味着经济的或政治的权力在资本寡头手上达到完成的最高阶段”“金融巨头的独裁统治将最终转化为无产阶级专政。”③ 希法亭从流通入手的“货币—信用—银行—金融资本”理论演绎体系是对马克思《资本论》的生产逻辑的补充和发展，希法亭“金融资本主义”的完整理论为列宁帝国主义论提供了直接的理论来源。其关于现代资本主义的资本支配形态、经济特征、经济实质、对外扩张的殖民政策、帝国主义政治和意识形态、金融资本主义是资本主义发展的最高阶段、社会主义和无产阶级专政终将取代帝国主义等观点，都为列宁的帝国主义论所吸收。但由于时代的局限性和样本的局限性（主要以德国和当时的美国为研究样本），希法亭的理论仍存在很多不足。

---

① 吕世荣，姚顺良．马克思主义视域中的经济全球化［M］．北京：人民出版社，2014：146－149.

② 希法亭．金融资本［M］．北京：商务印书馆，1994：252－253.

③ 希法亭．金融资本［M］．北京：商务印书馆，1994：429－430.

4. 罗莎·卢森堡的“资本积累论”对帝国主义认识的新视角

罗莎·卢森堡的“资本积累论”是对马克思“世界历史”理论的重要发展，为列宁帝国主义论提供了重要理论前提。罗莎·卢森堡的“资本积累论”从资本主义的横向扩展和资本主义同非资本主义经济形态相互关系的独特视角建构了自己的理论体系。她在1913年出版的《资本积累论》中明确提出资本积累不能在资本主义生产方式内部实现、只能通过非资本主义环境实现的论断。其主要观点如下：

（1）资本积累问题应是资本主义经济形态的本质问题。资本积累只能“在牺牲非资本主义阶层和国家的利益的情况下进行和扩大”，“因此，我们发现，资本从它问世之日起就一直被驱使向非资本主义阶层和民族进行扩张，毁坏手工业者和农民，使中间阶层无产阶级化，这是殖民主义政治，‘开发’政治和资本输出。资本主义发展只有通过向新的生产领域和新的国家不断扩张才成为可能。”①

（2）从资本斗争对象和方式演进的视角将资本主义划分为“资本对自然经济的斗争”“资本对商品经济的斗争”和“资本在世界舞台上为争夺现存的积累条件而斗争”② 三个阶段，并从“非资本主义环境的作用”的视角对这三个阶段的突出特点做出分析。罗莎·卢森堡指出，“资本对自然经济的斗争”的第一阶段是直接原始积累并为资本积累创造前提时期。她运用大量史料，特别是中国从1840年到1900年遭遇的殖民侵略事实，阐释了第一阶段的血腥和暴力，“欧洲人每进一步，不仅带来了商品交换的发展，而且也标志着伟大而古老的都市的化为废墟，广大地区农村的农业荒芜，以及偿付战费而征收的苛捐杂税的沉重负担。中国四十个以上的通商口岸，都曾付出流血、屠杀与摧毁的代价。”③ 在“资本对商品经济的斗争”的第二阶段，非资本主义环境的作用就是为发达国家的资本积累提供商品销售市场。“资本在世界舞台上为争夺现存的积累条件而斗争”阶段，非资本主义环境的作用是为发达国家的资本积累提供廉价劳动力和原料。这一阶段就是“资本主义积累的帝国主义阶段”。④

① 卢森堡，布哈林．帝国主义与资本积累［M］．柴金如，等译．哈尔滨：黑龙江人民出版社，1982：158－159.

② 卢森堡．资本积累论［M］．彭尘舜，吴纪先，译．北京：生活·读书·新知三联书店，1959：291.

③ 卢森堡．资本积累论［M］．彭尘舜，吴纪先，译．北京：生活·读书·新知三联书店，1959：313.

④ 卢森堡．资本积累论［M］．彭尘舜，吴纪先，译．北京：生活·读书·新知三联书店，1959：334.

(3) 提出了“资本积累的世界竞争阶段”就是帝国主义的经济本质的观点。罗莎·卢森堡认为“作为一个整体的帝国主义只不过是一个特定的积累方法”①。作为帝国主义经济本质的资本积累的世界竞争阶段，体现出两大经济特征：“国际借款”资本输出和“保护关税”。

(4) 阐释了资本主义全球扩张的政治形式就是作为“世界政策、军国主义和殖民政策三位一体”的帝国主义。在罗莎·卢森堡看来，“帝国主义是一个政治名词，是用来表达在争夺尚未被侵占的非资本主义环境的竞争中所进行的资本积累的”②。她认为，帝国主义是资本主义现代形态的政治表现，“世界政策、军国主义和殖民政策三位一体”是其主要特点。从资本积累的历史进程看，必须将资本积累的两个方面结合起来看才能理解资本“从头到足，每个毛孔都渗透着血和污秽的东西”这句话。尽管从商品市场和剩余价值的生产场所——工厂、矿山及农场这一方面看，资本积累是一个纯粹的经济过程，但是从另一方面，从资本主义与非资本主义的生产方式之间的关系看，殖民政策、国家借款制度、势力范围政策和战争，赤裸裸地暴露出在世界舞台上“公开的暴力、欺诈、压迫和掠夺”③ 的资本暴力行为。“资本的世界竞争阶段”必将使争夺尚未被侵占的非资本主义环境的竞争空前加剧，导致军国主义日益发展，军备竞赛和战争日益增多。

(5) 对资本主义全球扩张的矛盾和后果进行分析。指出，现代资本主义的基本矛盾即基本积累的内在矛盾，表现为资本主义生产方式同前资本主义生产方式之间的矛盾。从历史进程看，它推动了资本主义生产方式在全球扩张，推动了前资本主义生产方式走向灭亡。从现实看，“资本的世界竞争阶段”也进入了资本积累的最后阶段。“这就是资本主义在其历史生命上的最后阶段——帝国主义——所表现的矛盾行动的道理。”④ 资本主义已经扩张成为世界体系，落后国家与民族地区，成为发达国家资本积累的投资场所、原料产地和廉价劳动力来源；发达国家之间为争夺非资本主义地区的对抗和斗争变得更为残酷和激烈，

---

① 卢森堡，布哈林. 帝国主义与资本积累［M］. 柴金如，等译. 哈尔滨：黑龙江人民出版社，1982：69.

② 卢森堡. 资本积累论［M］. 彭尘舜，吴纪先，译. 北京：生活·读书·新知三联书店，1959：359.

③ 卢森堡. 资本积累论［M］. 彭尘舜，吴纪先，译. 北京：生活·读书·新知三联书店，1959：364.

④ 卢森堡. 资本积累论［M］. 彭尘舜，吴纪先，译. 北京：生活·读书·新知三联书店，1959：333.

“转变为一连串的经济和政治灾难：世界危机，战争，革命”①，经济落后的国家与民族地区也将通过革命和战争，使自身资本主义获得自主独立发展。因此革命成为必然。“落后国家必须摆脱它们陈旧的政治组织以及自然经济和简单商品经济的残余，从而创造一个适应于资本主义生产的近代国家机构。”“战争通常是某个青年资本主义国家脱离旧资本主义国家束缚的方法，是一个近代国家取得资本主义独立而所受到的大洗礼。”② 由资本主义扩张造成的各种经济和政治灾难，也日益由前发达地区转回到发达资本主义地区本身了。罗莎·卢森堡由此提出了“资本积累的世界竞争阶段既是资本主义的最后阶段，同时也是无产阶级世界革命的时代”的著名论断。“到了一定的发展阶段，除了实行社会主义外，没有其他的出路。”③

罗莎·卢森堡的“资本积累论”具有鲜明的阶级立场，首次将研究的视角和立场转到广大落后地区，特别是像中国这样的殖民地、第三世界国家，站在“非资本主义生产形态”的地区民族与国家立场，关注这些地区民族与国家的命运。她反对“欧洲中心主义”的阶级立场，“对于马克思主义经济学——与资产阶级古典经济学，特别是同庸俗经济学相区别——来说，资本主义经济制度以前的一切经济阶段，同造物的顶峰即资本主义相比，不是一种简单的‘不发达’形态，而是在历史上享有同等权利的不同的经济类型。”④ 她反对“自由主义”理论，即反对将自由贸易主义看作工业资本的必然要求和常态，而仅仅认为其是“资本积累史上的一个插曲而已”⑤。她关于“自由贸易学说及其对世界市场上利益和谐所抱的幻想”，伴随着欧洲大陆主要国家的大工业资本充分地建立起来，而需要考虑资本积累的条件时，“这个学说就被抛弃了”⑥。这种坚决反对自由主义理论的态度也是对马克思主义立场的坚持。尽管由于时代的局限性，她在对第二国际时期“合法马克思主义者”的关于资本主义扩大再生产可以无

① 卢森堡，布哈林．帝国主义与资本积累［M］．柴金如，等译．哈尔滨：黑龙江人民出版社，1982：68.

② 卢森堡．资本积累论［M］．彭尘舜，吴纪先，译．北京：生活·读书·新知三联书店，1959：334－335.

③ 卢森堡．资本积累论［M］．彭尘舜，吴纪先，译．北京：生活·读书·新知三联书店，1959：375.

④ 卢森堡文选：上卷［M］．北京：人民出版社，1984：498.

⑤ 卢森堡．资本积累论［M］．彭尘舜，吴纪先，译．北京：生活·读书·新知三联书店，1959：362.

⑥ 卢森堡．资本积累论［M］．彭尘舜，吴纪先，译．北京：生活·读书·新知三联书店，1959：362－363.

困难、无矛盾、无危机地实现的观点，以及对“资产阶级经济学家”、修正主义者的“资本主义和谐论”做批判时，对马克思主义再生产理论产生了误解，但其理论的创新点无疑闪耀着智慧的光芒，是对马克思经典资本主义理论和“世界革命”理论的重大发展，也为列宁帝国主义论提供了重要理论前提，更为中国新民主主义革命理论与道路的探索提供了重要启示。

（三）列宁时期对资本主义全球化的理论认识及其帝国主义论的全面系统阐释

1. 布哈林的“世界经济和帝国主义论”

布哈林的“世界经济和帝国主义论”是在继承发展希法亭的“金融资本”理论、借鉴卢森堡的“资本积累”理论的基础上形成的，其代表作有1915年的《世界经济与帝国主义》、1920年的《过渡时期经济学》、1923年的《帝国主义与资本积累》等。对希法亭“金融资本”理论的继承和发展表现在“国家资本主义托拉斯”概念的提出上，强调了国家在现代资本主义中的作用。认为国家资本主义托拉斯之间竞争的加剧代替了国家内部国民经济间的竞争；“国家资本主义托拉斯”是资本主义经济组织化的最高形式，是阶级剥削和压迫的极端发展，这必将激化资本主义基本矛盾、阶级矛盾、社会矛盾，表明资本主义危机的不可避免性和全面性，社会主义革命的必然性。对卢森堡“资本积累”理论的借鉴表现在：从世界经济发展趋势、世界经济内部结构变化的视角去研究帝国主义；强调资本国际化和民族化趋势的矛盾造成了以宗主国为首的各殖民帝国之间的对立，而殖民地、附属国成为各殖民帝国的后备军；从扩大再生产的视角揭示了其实质是阶级关系的扩大再生产，提出了“帝国主义是资本主义竞争的扩大规模的再生产”，是“全世界范围的资本积聚和集中过程化的再生产”的观点等。

（1）对世界经济概念和构成要素进行了分析。布哈林的“世界经济和帝国主义论”指出世界经济基本的经济关系是商品生产的交换关系，是“全世界范围的生产关系和与之相适应的交换关系的体系。”① 认为世界经济是垄断资本主义时代的产物，是国际经济联系日益发展的必然结果。吕世荣、姚顺良将布哈林的世界经济理论总结为：从一般商品经济开始，到国际辛迪加、托拉斯形成为止的全部发展过程，即社会生活国际化的过程，是促使地理上互相隔绝的国民经济彼此接近的过程，是资本主义经济关系均等化的过程，也是财产所有权集中于全世界资本家阶级手中的过程以及资产阶级同无产阶级之间的阶级差别

① 布哈林. 世界经济与帝国主义［M］. 蒯兆德，译. 北京：中国社会科学出版社，1983：8.

日益扩大的过程。① 布哈林借助“国家资本主义托拉斯”的概念，进一步将资本主义经济的国际化与资本利益的民族化矛盾日益尖锐化的趋势揭示了出来。

（2）对帝国主义经济根源、定义、职能进行阐释。指出，帝国主义是商品生产的历史逻辑的必然结果，是资本主义基本矛盾发展的必然结果。帝国主义是一种政策，一种金融资本的政策，是一种意识形态。“我们说到帝国主义时，主要是把帝国主义看作金融资本的政策。但是，也可以说帝国主义是一种意识形态。”② 布哈林对当时流行的两种错误观点，即或者将帝国主义看作是现代列强执行的征服政策，或者将所有的征服政策视为帝国主义的错误观点进行了反驳，重申帝国主义是一个历史范畴，指出“金融资本为争夺销售市场、原料市场和投资市场而实行的侵略政策就叫做帝国主义。帝国主义是由金融资本发展而来的……金融资本过去和现在除了实行侵略、掠夺、暴力、战争的政策之外，不能实行另一种政策。每一个金融资本主义托拉斯国家实际上都想统治全世界，建立一个由战胜民族的一小撮资本家独霸的全球帝国”③。布哈林认为帝国主义就是在全世界范围的资本积聚和集中的再生产过程，并从历史角度阐释了帝国主义是资本主义竞争和集中发展的最高形式的论断。“帝国主义兼并不过是资本主义普遍的资本集中趋向的一种特殊情况罢了。或者说，不过是与国家资本主义托拉斯间的竞争相适应的、最大范围的资本集中的一种特殊情况罢了。这个战斗的舞台，就是世界经济。这个战斗的经济和政治极限，就是一个世界性托拉斯，一个服从于战胜的、同化了其他一切的金融资本的统一的世界性国家——这是以前时代甚至最容易头脑发热的人也没有梦想过的理想。”④ 布哈林进一步指出，帝国主义阶段，资本主义也为自身准备了队伍庞大的“掘墓人”。他认为，军国主义势力的膨胀必将发动世界战争，而广大人民群众将变帝国主义战争为反对资产阶级的国内战争，突破帝国主义战争的阵线，变金融资本的专政为革命的无产阶级专政。

---

① 吕世荣，姚顺良．马克思主义视域中的经济全球化［M］．北京：人民出版社，2014：184－185.

② 布哈林．世界经济与帝国主义［M］．蒯兆德，译．北京：中国社会科学出版社，1983：84.

③ 布哈林，叶·普列奥布拉任斯基．共产主义ABC［M］．北京：生活·读书·新知三联书店，1982：102.

④ 布哈林．世界经济与帝国主义［M］．蒯兆德，译．北京：中国社会科学出版社，1983：93.

2. 列宁的“帝国主义世界体系”理论

19世纪末至20世纪的前20年，资本主义经济发展过程出现了许多新现象，第一次世界大战爆发。对于如何正确认识这些新现象，以及如何正确认识这场战争的性质，列宁展开了深入研究，形成了他的帝国主义理论。他通过一系列文件、报告、文章和笔记，最后完成了对帝国主义理论的全面阐释。这一理论蕴含着对帝国主义时代经济全球化的实质思考，对战争的帝国主义性质给予了深刻揭示。其思想发展的脉络在1895年起草的《社会民主党纲领草案》、1908年的《马克思主义与修正主义》、1914年10月的《战争与俄国社会民主党》《无产阶级和战争的报告》《社会党国际的状况和任务》、1915年3月29日的《俄国社会民主党国外支部代表会议》、1915年5—6月的《第二国际的破产》、1915年7—8月《社会主义与战争——俄国社会民主党对战争的态度》和1915—1916年的20本《关于帝国主义的笔记》中得以体现，他最终于1916年完成《帝国主义是资本主义的最高阶段》一书，全面阐释了帝国主义理论。列宁从不平衡理论的视角全面阐释了帝国主义的本质特征。包含如下内容：

（1）关于垄断是帝国主义的经济实质问题。列宁认为，帝国主义的经济实质就是垄断。“如果必须给帝国主义下一个尽量简短的定义，那就应当说，帝国主义是资本主义的垄断阶段。”① 列宁从国内垄断和国际垄断的事实存在方面详细论证了上述论断。

（2）关于国际垄断同盟在经济上瓜分世界的问题。列宁按照资本输出——国内部垄断组织和金融资本发展—形成国际垄断同盟—展开激烈竞争—划分势力范围—经济上瓜分与重新瓜分世界的逻辑结构描绘了资本输出阶段的帝国主义特征。

（3）关于资本主义列强在领土上瓜分世界的问题。列宁认为国际垄断同盟在经济上对世界的“瓜分”势必带来最大的资本主义国家在政治以及领土上真正瓜分世界。进而必将引起瓜分与重新瓜分世界的战争。这主要缘于各资本主义列强之间实力的均势总是暂时的、相对的，而不平衡总是常态。

（4）关于帝国主义的定义问题。列宁给帝国主义下了这样的定义：“帝国主义是发展到垄断组织和金融资本的统治已经确立、资本输出具有突出意义、国际托拉斯开始瓜分世界、一些最大的资本主义国家已把世界全部领土瓜分完毕这一阶段的资本主义。”② 由于仅仅在经济实质上强调帝国主义并不全面，列宁

① 列宁选集：第2卷［M］．北京：人民出版社，1995：650.

② 列宁选集：第2卷［M］．北京：人民出版社，1995：650.

又从社会政治特征和历史地位层面进一步给帝国主义下了如下定义："①帝国主义是垄断的资本主义；②帝国主义是寄生的或腐朽的资本主义；③帝国主义是垂死的资本主义。"① 列宁认为，垄断组织抑制了追求技术进步的动力，出现了食利者和食利国的增长，产生了工人贵族阶层。这使资本主义基本矛盾发展到顶点，进而加剧了资本主义固有的阶级矛盾和社会矛盾，这就为资本主义过渡到社会主义提供了主客观条件。因此列宁提出了"帝国主义是资本主义的最高阶段和最后阶段，是无产阶级社会革命的前夜"的重要观点。

（5）关于国家垄断资本主义的问题。列宁站在无产阶级革命的视角考察了国家垄断资本主义的问题，提出了从"一般垄断资本主义转化为国家垄断资本是资本主义经济内在规律作用的结果，是由于金融资本的高度集中和金融寡头的统治引起的资本主义基本矛盾尖锐化造成的"② 这一论断。指出国家垄断资本主义最直接的表现形式就是国家干预国民经济的一切部门，这导致帝国主义各种矛盾的进一步加剧，进而为过渡到更高的社会形态提供了客观条件，成为"社会主义的直接入口"。帝国主义战争加速了这种转变。

（6）关于资本主义世界体系的思想。列宁创造性地提出了"世界历史已经发展到帝国主义和世界经济形成的时代和无产阶级革命时代"的论断，提出了判断时代的标准，即"以哪个阶级居于时代的中心作为判断时代发展阶段的标准"，并依据这个标准做出了上述判断。列宁指出："这里谈的是大的历史时代。每个时代都有而且总会有个别的、局部的、有时前进、有时后退的运动，都有而且总会有各种偏离运动的一般形式和一般速度的情形。我们无法知道，一个时代的各个历史运动的发展会有多快，有多少成就。但是我们能够知道，而且确实知道，哪一个阶级是这个或那个时代的中心，决定着时代的主要内容、时代发展的主要方向、时代的历史背景的主要特点等。"③ 依据这个判断，列宁提出了"资本主义世界体系"的概念，并阐释了这个概念。列宁从资本输出演进路径推演出帝国主义时代资本主义世界经济体系形成的过程与结果，得出资本输出是"帝国主义压迫剥削世界上大多数民族和国家的坚实基础"，是"极少数最富国家的资本主义寄生性的坚实基础"④，而广大落后国家则沦为帝国主义的殖民地和附属国而被纳入资本主义世界体系。资本主义再生产过程也就开始在

---

① 列宁选集：第2卷［M］．北京：人民出版社，1995：660.

② 马健行，等．垄断资本概论——马克思主义的帝国主义理论·历史与当代［M］．济南：山东人民出版社，1993：89.

③ 列宁全集：第26卷［M］．北京：人民出版社，1987：143.

④ 列宁选集：第2卷［M］．北京：人民出版社，1995：628.

世界范围内进行。对殖民地的争夺也将变得日益激烈，在不断打破平衡与实现再平衡中上演着对世界的瓜分与重新瓜分。世界由此变成一个紧密联系的整体。

（7）关于帝国主义经济政治发展不平衡的理论。列宁运用帝国主义经济政治发展不平衡规律的思想作为重要分析路径创立了帝国主义理论。列宁指出“经济和政治发展的不平衡是资本主义的绝对规律”①。列宁认为不平衡发展在帝国主义阶段表现得更加突出。既表现在资本主义国家内部，也表现在资本主义国家外部。在内部，是生产和财富越来越被少数人占有；在外部，世界越来越被分化为压迫民族和被压迫民族，整个世界越来越成为垄断统治和金融遏制的全球剥削压迫体系。

（8）关于“一国首先胜利”的理论。列宁提出了著名的“一国首先胜利论”。“由此得出一个必然的结论：社会主义不能在所有国家内同时获得胜利。它将首先在一个或者几个国家内获得胜利”②。

列宁关于帝国主义的理论具有重要的历史意义和时代意义。它为经济文化相对落后的国家实现民族独立、走向现代化提供了重要指导。

（四）共产国际时期对世界革命理论的运用与发展

马克思、恩格斯从唯物史观出发，在提出“两个必然”“两个决不会”科学论断的基础上，建构了推翻资本主义制度、建立共产主义社会终极目标的世界革命理论。世界革命理论从马克思恩格斯时代发展到列宁时代，内容不断丰富，成为中国共产党反帝话语范式建构的重要理论来源。

马克思恩格斯思想理论体系中的世界革命理论，包含西方发达的资本主义国家的无产阶级社会主义革命和东方落后国家的民族革命运动。在马克思恩格斯的世界革命理论体系中，欧洲的社会主义革命始终处于中心位置，东方落后国家的革命运动处于“导火索”的地位。③ 共产主义者同盟自1848年成立以来，一直领导欧洲革命不断掀起高潮，试图实现发达资本主义国家无产阶级革命的“同时胜利”。从1848年欧洲革命失败到1872年巴黎公社革命失败，欧洲革命从高潮走入低潮，发达资本主义国家无产阶级革命“同时胜利”的局面并未实现。对于东方国家革命，马克思曾对中国太平天国农民革命寄予希望，希望它能引爆“欧洲大陆的政治革命”④；对于俄国革命，马克思、恩格斯也曾判

---

① 列宁选集：第2卷［M］．北京：人民出版社，1995：554.

② 列宁选集：第2卷［M］．北京：人民出版社，1995：722.

③ 何云庵．共产国际东方战略再探讨——从世界革命理论的视角看［J］．四川大学学报，2008（6）．

④ 马克思恩格斯文集：第2卷［M］．北京：人民出版社，2009：612.

断“俄国革命将成为西方无产阶级革命的信号而双方互相补充”，并据此提出“那么现今的俄国土地公有制便能成为共产主义发展的起点”，预测东方落后国家比如俄国将跨越资本主义卡夫丁峡谷的发展前途。① 马克思、恩格斯对东西方革命互相援助的世界革命图景的描绘以及对东方落后国家在革命胜利后有可能跨越资本主义的卡夫丁峡谷的前提条件的分析为列宁主义提供了重要理论基础。

列宁认为俄国革命是欧洲无产阶级社会主义革命的“序幕”，没有欧洲无产阶级革命的胜利，“序幕”是不能单独进行演出的，表明了列宁对马克思、恩格斯世界革命思想的继承性。特别是列宁提出了“俄国革命是连接欧洲先进资本主义国家的社会主义革命与亚洲殖民地半殖民地的资产阶级民主革命和民族解放运动这两类地区不同性质革命的枢纽”的论断，强调了落后国家的反对帝国主义的民族解放运动不仅是先进国家无产阶级革命的导火索，而且其胜利也是世界革命胜利的不可或缺的条件。在胜利了的欧洲工人阶级的帮助下，落后国家将可以跨越资本主义阶段直接进入社会主义阶段。这些思想是对马克思世界革命理论的继承。

1918 年到 1920 年 8 月，社会主义革命运动又一次在欧洲掀起风暴，为领导这场革命风暴而成立的共产国际，以建立国际苏维埃共和国为目标，以在各国建立支部为领导其国家革命运动的中枢。共产国际成为世界革命的领导中心，并为各国革命提供了理论指导。共产国际对马克思主义理论的继承和创新表现在，在坚持马克思关于东西方革命关系的见解的同时，把东方革命摆在重要位置，并对东方革命的理论进行了较为系统的、多方面的阐释，对推动东方革命进入高潮发挥了积极作用。

共产国际“二大”对于东西方革命提出如下观点：（1）世界性的社会主义革命轰轰烈烈展开并进入高潮时，东方无产阶级应打出自己的旗帜。世界民族分为压迫民族和被压迫民族，要坚持无产阶级国际主义。（2）应对殖民地半殖民地国家的民族解放运动给予重视。列宁分析指出，“先进国家的无产阶级能够也应该帮助落后国家的劳动群众，只要各苏维埃共和国胜利了的无产阶级向这些群众伸出手来，并且能够支持他们，落后国家的发展就能够突破他们目前所处的阶段。”②共产国际代表罗易与列宁对形势的估计比较乐观：“在先进国家无产阶级的帮助下，落后国家可以不经过资本主义发展阶段而过渡到苏维埃制度，

---

① 马克思恩格斯文集：第 2 卷［M］. 北京：人民出版社，2009：8.

② 中共中央党史研究室第一研究部. 共产国际、联共（布）与中国革命文献资料选辑：1917—1925［G］. 北京：北京图书馆出版社，1997：125.

然后经过一定的发展阶段过渡到共产主义。”① 1920 年 9 月于巴库召开的东方各民族代表大会上，季诺维也夫提出了“全世界无产者和全世界被压迫民族，联合起来”的口号。②

但是，1918 年—1920 年 8 月间的欧洲革命风暴很快转入低潮。列宁认识到了形势的变化，他在 1921 年 6 月与蔡特金的谈话中指出“世界革命的第一个浪潮已经平息了。第二次浪潮还没有兴起，如果我们对它抱有任何幻想，那是危险的。我们不是用锁链鞭挞大海的薛西斯。”③ 1921 年 7 月在共产国际“三大”上，列宁指出共产国际的任务是学习新经济政策。共产国际“三大”提出退却防御的思路。要求欧洲各政党深入群众，做艰苦细致的准备工作。东方问题委员会发言人茹利安指出，东方国家共产党不要陷入“共产主义的光荣孤立”的危险境地，不要幻想在东方发展“纯粹的共产主义运动”，对于东方资产阶级追求的纯粹民主主义而言，“同共产主义毫无共同之处，同工人农民的阶级要求差距很大，但是应当承认并肯定，在目前情况下，反对帝国主义的斗争应当成为共同的斗争。”④ 共产国际执委会的《告全世界无产者书》中提出“到群众中去”，“建立无产阶级的世界战线”。共产国际“三大”放弃了对资本主义“直接进攻”的策略。列宁指出，虽然欧洲有可能发生革命，“但是，现在把共产国际的策略建立在这种可能性上是荒谬的；认为宣传时期已经结束而行动时期已经到来的写法和想法也是荒谬和有害的。”“如果代表大会对这些错误，对这些‘左的’愚蠢行为不坚决进攻，那么整个运动必定要垮台。这一点我是深信不疑的。”⑤他指出先进资本主义国家共产党要做的是为革命进行扎扎实实的准备工作。

与此同时，共产国际领导人对东方革命寄予希望。列宁充分肯定了殖民地半殖民地民族运动的积极作用，断言“亿万人民——实际上是世界人口的绝大多数——现在已经成为独立的、积极的革命因素”。⑥ 远东“一大”对远东革命性质任务目标策略前途等进行了全面阐述。其关于反帝反封建、建立各阶级联合专政的民主主义共和国、建立国际国内两个反帝统一战线的思想很具有启发

---

① 中共中央党史研究室第一研究部．共产国际、联共（布）与中国革命文献资料选辑：1917—1925［G］．北京：北京图书馆出版社，1997：126.

② 张喜德．马克思主义中国化与共产国际［M］．北京：中共中央党校出版社，2009：45.

③ 蔡特金．回忆列宁：第 5 卷［M］．北京：人民出版社，1982：21.

④ 张喜德．马克思主义中国化与共产国际［M］．北京：中共中央党校出版社，2009：46.

⑤ 列宁全集：第 42 卷［M］．北京：人民出版社，1985：13，27.

⑥ 列宁全集：第 42 卷［M］．北京：人民出版社，1985：42.

意义。

远东会议上共产国际领导人萨法洛夫发言：

> ……不可不在本会中格外提及的，更要促起大家注意的一桩事实：就是去巴结全世界资产阶级和巴结帝国主义强国的法门，并不是救助被压迫民族和半殖民地的道路。诸位中间有好多人，一年或十八个月以前，曾信赖巴黎和会，盼望这班帝国主义强盗中的一派或那派去帮助他们的，现在都到我们这里来了，他们现在已经觉悟到向这般强有力者呼吁求助的无用了。①

共产国际“四大”进一步提出退却的问题。对于亚洲民族解放运动而言，其革命胜利后的前途，就不再是有可能建立社会主义苏维埃，而只能是资产阶级民主共和国。《东方问题总提纲》中对东方革命运动的意义和地位十分重视，提出，近一年来“东方革命运动之勃兴”“已今非昔比”“有非常重要的意义，所以必须严格地加紧在殖民地上的工作”。② 认为共产国际和共产党的首要任务是建立“反对帝国主义的联合战线”；强调殖民地半殖民地国家工人运动要争取成为独立的革命因素并与资产阶级革命派达成暂时的同盟；要正确对待农民，依靠农民，制定土地纲领；呼吁西方各国共产党援助东方革命。

1925 年 3—4 月共产国际执委会第五次扩大全会讨论了关于殖民地国家的问题，从维经斯基在 1925 年 4 月 22 日给加拉罕的信中可以看出端倪。他说，全会对于这个问题的提法，“它与以前提法的不同在于，东方没有被笼统化和抽象化。我们给自己提出的任务不只是再次强调和评估殖民地附属国人民的斗争同西方无产阶级的斗争结合起来的必要性，但我们试图根据东方国家的具体条件和各个国家正在进行斗争的社会力量的性质对这个共同的任务加以区分。”③ 1925 年 5 月 16 日《共产国际执委会东方部给共产国际执委会主席团的报告》中指出，共产国际执委会第五次扩大全会“强调指出了近来几乎在东方所有国家、在非洲殖民地和在太平洋诸岛兴起的解放运动所具有的特殊意义。”“东方朝着旨在反对英、法、日、美等国帝国主义政府的解放运动方面取得了前所未有的

---

① 共产国际与中国革命资料选辑：1919—1924［G］. 北京：人民出版社，1985：147.

② 共产国际与中国革命资料选辑：1919—1924［G］. 北京：人民出版社，1985：203.

③ 中共中央党史研究室第一研究部. 联共（布）、共产国际与中国国民革命运动：1920—1925（第 1 册）［M］. 北京：北京图书馆出版社，1997：605.

进展。”① 认为这次全会“首次提出了东方国家的问题，不是把整个东方抽象化，而是谈每个东方国家和殖民地国家的运动情况，主要是考虑和寻找每一个国家的特点，寻找领导东方国家正在兴起的阶级斗争和民族解放斗争的最佳途径和方法”。②

列宁关于帝国主义和无产阶级革命的时代判断，帝国主义的本质及其经济、政治发展不平衡规律的思想，对无产阶级革命可以在一国首先胜利的阐述，对世界民族和殖民地问题的阐释，建立第三国际组织、指导帝国主义和无产阶级革命时代下的全世界无产阶级的革命运动和被压迫民族、殖民地半殖民地国家人民的革命运动的观点是中国共产党新民主主义革命时期反帝思想形成的重要理论来源。

---

① 中共中央党史研究室第一研究部．联共（布）、共产国际与中国国民革命运动：1920—1925（第 1 册）［M］．北京：北京图书馆出版社，1997：617.

② 中共中央党史研究室第一研究部．联共（布）、共产国际与中国国民革命运动：1920—1925（第 1 册）［M］．北京：北京图书馆出版社，1997：618.

第二章

新民主主义革命时期中国共产党反帝话语建构的演进图谱

中国共产党的成立是马克思主义中国化的重要成果。马克思主义为中国共产党反帝话语建构提供了科学世界观和时代性理论前提。以马克思主义武装起来的中国共产党，建构了观察中国与世界关系的唯物史观基础。马克思关于“民族的历史”必然走向“世界的历史”“历史向世界历史的转变”的观点，全世界无产者联合起来的思想与口号等，列宁关于民族殖民地理论，为殖民地半殖民地国家重塑国家尊严、实现民族独立、在革命民众联合统治的新制度下建设现代国家提供了基本理论依据和路径依据。中国共产党一经成立便树起了先进政党的旗帜，以马克思主义全球化视野，“两个历史必然性”和对帝国主义战争与世界革命时代性的理论认知认识国际局势和时代特征，以阶级斗争学说思考中国与世界中的敌、我、友关系。在解决中国民族危亡和社会危机的实践中，回应社会诉求，构建了符合中国特色而又具有马克思主义气质的反帝话语，使殖民地半殖民地的中国找到了摆脱被殖民的历史命运、以平等身份建构国际社会秩序并进而实现国家现代化目标的历史路径。这套反帝话语历经大革命时期和土地革命战争时期的实践检验，不断修正错误，到抗日战争时期走向成熟，在解放战争时期继续丰富发展，完成了马克思主义反帝理论中国化的历史任务，取得了新民主主义革命的最终胜利并从此让中国“站起来”，实现了民族独立和以平等身份进入国际秩序的阶段性革命目标。

一、大革命时期中国共产党反帝话语的建构

大革命时期是中国共产党的反帝话语建构的早期，体现了中国近代以来以世界视角看中国和对“中国问题应寻求一种世界解决”① 新见的回应与思考，是对近代以来中国追求现代化目标和融入国际社会秩序不断受挫的深刻反思。

（一）大革命时期中国共产党反帝话语的内容及特征

从中国寻求新的国家认同和以国际化的角度分析中国共产党在大革命时期

---

① 罗志田．走向世界的近代中国：近代国人世界观的思想谱系［J］．文化纵横．2010（3）．

反帝话语建构也比较有意义。美籍华裔学者徐国琦指出：

> 自进入20世纪以来，中国人一直蒙受巨大的困惑：如何作为平等成员融入国际社会。尽管人们能从不同的角度及路径来研究中国历史，但中国人对平等融入国际社会的执着无疑是理解近代中国历史的关键。从根本上说，国人对中国国际地位的强烈关注影响到中国对自身、外部世界、中外关系和国家认同的理解。①
>
> 中国共产党进行的革命斗争，除了进行国内政治斗争外，还旨在将中国以新国家的面貌推向世界，加入民族国家的阵营。②
>
> 国家认同意味着一国与他国如何交往及关于本国国际地位的认知。从事认同研究的多数学者认为，国家认同在一定意义上属于文化认同，内容包括共同的传统、历史以及国籍。国家认同的基本特征是文化、传统以及国家对自身世界地位的自我评价等内容。如果国家在这些方面有问题，那么国家势必要面临认同危机。③
>
> 当人们设法寻求新的国家认同时，他们必须重新建构他们国家的历史记忆，因为历史记忆牵涉到对待他们国家的文化与传统的态度，正是这种对待传统文化的态度决定了国家的认同。④

从中国寻求新的国家认同和以国际化的角度分析中国共产党在大革命时期反帝话语建构，就能够深切地感受到，中国共产党将中国带入平等新世界的评价视角和路径发生了根本性转变。中国共产党将时代性与民族性结合，对中国与世界的关系做出了新解释，表现出不同于以往中国民族主义者的反帝话语观。它以阶级斗争、反对国际帝国主义、联合世界无产阶级和苏联社会主义国家进行世界革命、根本上建立社会主义制度的新思考，科学回答了近代中国在国家主权意识渐醒的时代背景下如何抵御帝国主义列强、实现“平等”“公平”的国际新秩序等问题。

---

① 徐国琦．中国与大战：寻求新的国家认同与国际化［M］．马建标，译．上海：三联书店，2008：（导言）1.

② 徐国琦．中国与大战：寻求新的国家认同与国际化［M］．马建标，译．上海：三联书店，2008：（导言）2.

③ 徐国琦．中国与大战：寻求新的国家认同与国际化［M］．马建标，译．上海：三联书店，2008：（导言）7.

④ 徐国琦．中国与大战：寻求新的国家认同与国际化［M］．马建标，译．上海：三联书店，2008：30.

1. 关于观察世界大势的基本观点

受马克思主义关于“世界历史”理论和列宁主义时代性等理论的引导，中国共产党成立初期就以独特的视角审视世界发展大势，即从资本主义经济的“一体化”“整体性”逻辑地、历史地分析出革命在全球范围的“整体性”和“世界性”，对观察到的世界发展的两大趋势进行了进一步的分析，得出了中国革命的世界性以及在世界革命进程中解决中国问题的观点，站在了理论的制高点。20 世纪 20 年代初，“资本主义国际化”① 等提法已成为蔡和森等中共早期领导人认识世界的主导话语。他们关于“世界资本帝国主义的列强企图协同宰制”世界的分析、关于“推翻国际资本帝国主义”的世界革命运动及各被压迫民族的民族革命运动兴起的分析②，代表着中国共产党在建立后不久即对世界两大发展趋势有了清晰认识。他们坚持马列主义时代性理论，站在中国的视角对世界革命的时代性特征进行深入阐释。

在中国共产党的正式文件中，对中国与世界之关系及中国革命与世界革命之关系的认知经历了从“二大”到“四大”不断丰富的过程。中共二大就中国与世界的关系提出如下重要观点：

（1）关于世界大势两个正相反的发展趋势。1922 年 7 月的《中国共产党第二次全国代表大会宣言》中指出，“最近世界政治发生两个正相反的趋势：一是世界资本帝国主义的列强企图协同宰制全世界的无产阶级和被压迫民族；二是推翻国际资本帝国主义的革命运动，即是全世界无产阶级的先锋——国际共产党和苏维埃俄罗斯——领导的世界革命运动和各被压迫民族的民族革命运动。”③

（2）关于两个革命势力联合推翻国际资本主义的光明前景。“这两种反资本帝国主义的革命势力——无产阶级革命和民族革命——的联合日趋密切，这个联合的革命势力必定会把世界资本主义的枯骨推到资本主义自己掘成的坟墓里去。”④

（3）关于中国反帝运动只有与世界无产阶级革命运动联合起来才能成功的

---

① 蔡和森．蔡和森文集［M］．北京：人民出版社，1980：85.

② 中央档案馆．中共中央文件选集：第 1 册［G］．北京：中共中央党校出版社，1989：107.

③ 中央档案馆．中共中央文件选集：第 1 册［G］．北京：中共中央党校出版社，1989：107.

④ 中央档案馆．中共中央文件选集：第 1 册［G］．北京：中共中央党校出版社，1989：108.

观点。中国劳苦群众要从帝国主义的压迫中把自己解放出来的唯一道路就是"中国的反帝国主义的运动也一定要并入全世界被压迫民族的革命潮流中，再与世界无产阶级革命运动联合起来，才能迅速的打倒共同的压迫者——国际资本帝国主义"①。"只有无产阶级的革命势力和民主主义的革命势力合同动作，才能使真正民主主义革命格外迅速成功。"②

（4）主张建立国际联合战线和国内民主联合战线的思想。喊出"一齐来和全世界的革命伙伴们并肩前进呀！""只有'全世界无产阶级和被压迫民族的联合'是解放全世界的途径呀！"③ 等口号。

（5）提出中国共产党的国际责任。即"保护无产阶级的祖国——苏维埃俄罗斯——抵御资本主义的进攻"。④

中共三大根据中国的实际情况，提出了"国民革命"的概念，并对"国民革命"与无产阶级世界革命的关系做出具体分析，就"国民革命"的性质和特点提出见解。

（1）将反帝的革命目标放在首位，提出反帝反军阀。"中国之经济力，在帝国主义及军阀统治之下，永无独立及充分发展之可能，中国幼稚的无产阶级自然亦极难发展集中其争斗力。因此而反对帝国主义及军阀的民族民主的总争斗就日趋激厉，日益迫切。"⑤

（2）中国无产阶级参加的国民革命是世界无产阶级社会主义革命的一部分。"中国民族要求政治经济独立的革命，在世界社会革命的进程中，不期而与世界无产阶级的战线相联合，故中国无产阶级参加此种反对帝国主义反对军阀反对宗法社会的国民革命，其意义实在就是中国无产阶级反对世界资产阶级的阶级争斗。"

（3）国民革命的最终目标是建立无产阶级的独裁制。"中国无产阶级更当参加此种国民革命，以先锻炼集中其能力而取得政治争斗中的位置，方能于世界

---

① 中央档案馆．中共中央文件选集：第1册［G］．北京：中共中央党校出版社，1989：108.

② 中央档案馆．中共中央文件选集：第1册［G］．北京：中共中央党校出版社，1989：114.

③ 中央档案馆．中共中央文件选集：第1册［G］．北京：中共中央党校出版社，1989：117.

④ 中央档案馆．中共中央文件选集：第1册［G］．北京：中共中央党校出版社，1989：59－60.

⑤ 中央档案馆．中共中央文件选集：第1册［G］．北京：中共中央党校出版社，1989：138.

社会革命的进程中，联合世界的无产阶级和各殖民地的被压迫民族，协力缩短自政治革命到社会革命的过程，而达到共同的最高目的——建立无产阶级独裁制，创造世界的苏维埃共和国，以进入无阶级的共产社会。”①

（4）把国民革命当作“加入世界革命”的必要前提和应尽职务。“在被国际帝国主义压迫之殖民地及半殖民地，只有实现国民革命加帝国主义者以有力的打击，是他在世界的革命之工作中所应尽的职务。”②“我们的使命，是以国民革命来解放被压迫的中国民族，更进而加入世界革命，解放全世界的被压迫民族和被压迫的阶级。”③

（5）对世界大势做了处于低潮的估计。“现时的世界大势是：世界革命潮流日益低落，反动的势力弥漫全欧，苏维埃俄罗斯的生存及发展日受国际帝国主义者的威胁。全世界无产阶级此时的重要任务是在要求资本家政府承认俄国与俄国恢复和平的通商关系，以拥护他们的唯一祖国，免受帝国主义者得摧残。”④

中共四大对民族革命与世界革命之关系的论述体现在《对于民族革命运动之议决案》中，强调全世界之经济“成了整个的”，因此，全世界的革命运动是“整个的”了。全世界革命的性质不同但目的相同。强调两种性质的革命互相影响、相互帮助，民族革命成为世界革命的一部分。

> 全世界各民族的经济发展程度不同，革命的性质亦因之各异，在欧美资本制度发达的国家，遂形成无产阶级的社会革命运动，在东方殖民地半殖民地的国家遂形成多阶级的民族革命运动。这两种革命之性质虽然不同，而革命之目的都有一共同点，即推翻资本帝国主义；前者成功固然影响于后者，后者胜利亦有助于前者，两种革命运动都含有世界性，这两种革命运动汇合起来，才是整个的世界革命。
>
> 这种世界革命性的民族运动，只可称为民族解放运动，决不是什么民族主义的运动。

---

① 中央档案馆．中共中央文件选集：第1册［G］．北京：中共中央党校出版社，1989：139－140.

② 中央档案馆．中共中央文件选集：第1册［G］．北京：中共中央党校出版社，1989：146.

③ 中央档案馆．中共中央文件选集：第1册［G］．北京：中共中央党校出版社，1989：166.

④ 中央档案馆．中共中央文件选集：第1册［G］．北京：中共中央党校出版社，1989：144.

中国民族革命运动，是十月革命后，广大的世界革命之一部分。①

除了中共中央正式文件的官方表述外，中共早期领导人也在不同场合对世界大势及中国革命与世界革命关系问题发表、阐释了独特见解。关于中国问题是一个国际性问题，中国革命是世界革命的一部分的观点，蔡和森在 1921 年 2 月 11 日《马克思学说与中国无产阶级》一文中这样说："劳动解放绝不是一个地方、一个国家、一个民族的问题，乃是一个世界的社会问题""中国的阶级战争，就是国际的阶级战争。"② 1923 年 5 月 2 日，他在《中国革命运动与国际关系》中进一步指出"中国革命运动之动因（因外力侵凌，清廷丧权辱国）与挫折（因各国援助袁世凯以下的旧势力），自始即具有复杂之国际关系；中国革命运动之成功，亦必成为国际的问题而不是纯粹可由中国自己解决的'内政'问题"。③

关于在世界革命视阈下中国问题的解决必须依靠世界革命的援助，否则不会成功的观点，蔡和森在 1922 年 9 月 27 日的《中国国际地位与承认苏维埃俄罗斯》中阐释道："在历史上必然的历程看来，中国将来真正的独立与解放，非经过世界革命的潮流不能成功。"④ 他在 1926 年的《中国共产党史的发展提纲》中强调"殖民地无产阶级领导的民族革命，必须要有西方无产阶级起来帮助才能成功"。⑤

关于联合苏联是中国获得民族独立地位的不二选择的观点，蔡和森在多篇文章中进行了阐释。如提出了"被压迫民族的解放，现在已经发现了一条胜利的大路，就是被压迫民族与苏维埃俄罗斯的联合"。⑥ 中国"现在要提高国际地位，更非与业已在国际上占新的重要地位之苏维埃俄罗斯携手，不能为力"。⑦"中国独立与平等的国家地位，是要首先联合他才能做到呀！"⑧

对于中国革命的世界性和中国革命与世界革命的缺一不可性，陈独秀的论述更加精彩。1923 年 6 月 20 日他在广东高师的演讲《社会主义如何在中国开始

---

① 中央档案馆. 中共中央文件选集：第 1 册［G］. 北京：中共中央党校出版社，1989：329，330，337.
② 蔡和森. 蔡和森文集［M］. 北京：人民出版社，1980：78.
③ 蔡和森. 蔡和森文集［M］. 北京：人民出版社，1980：272－273.
④ 蔡和森. 蔡和森文集［M］. 北京：人民出版社，1980：109.
⑤ 蔡和森. 蔡和森的十二篇文章［M］. 北京：人民出版社，1980：63.
⑥ 蔡和森. 蔡和森文集［M］. 北京：人民出版社，1980：116.
⑦ 蔡和森. 蔡和森文集［M］. 北京：人民出版社，1980：109.
⑧ 蔡和森. 蔡和森文集［M］. 北京：人民出版社，1980：125.

进行》中提出中国已不能离世界而独立、要明了世界的状况、要将两种革命合拢起来的观点。

> 现在世界的经济是整个的东西，国际间都有密切的相互影响。
>
> 中国既然不能离世界而独立——各国亦不能离世界而独立——那么经济情形，当然与世界有密切的关系了。所以，我们要改造中国，第一要明了世界的经济政治现状是怎样，第二要明了中国的经济政治现状与世界各国的关系是怎样。
>
> 能够推翻国际帝国资本主义的，只有两种势力：1. 资本主义国内的劳农革命；2. 殖民地的国民革命。
>
> 这两种革命的势力合拢起来，才可以打倒帝国资本主义。若是缺少一个，一时都不易成功。①

陈独秀在1925年4月发表的《列宁主义与中国民族运动》中对“中国革命是世界革命的一部分”论断做出了进一步的阐释：

> 自资本帝国主义征服了全世界，全世界的经济关系成了整个的，因此全世界的革命运动也成了整个的，无产阶级革命与民族革命，是一个推翻国际资本帝国主义的世界革命之两方面。在此世界经济成了整个的时代，已经没有一个封建时代闭关孤立的国家，便不能有一个封建时代闭关孤立的国家主义；在此世界革命运动成了整个的时代，也已经没有一个孤立无援的民族，便不会有一个原始的笼统的民族排外运动。中国民族是全世界被资本帝国主义压迫者之一，中国民族运动也是全世界反抗资本帝国主义之一，所以此时我们的民族运动，已经不是封建时代一个闭关的单纯的民族运动，而是一个国际的民族运动，而是和全世界被压迫的无产阶级及被压迫的弱小民族共同起来推翻资本帝国主义的世界革命之一部分。②

陈独秀认为列宁主义最重要的理论之一就是反帝的国际民族运动理论，盛赞列宁为民族殖民地国家提供了有关民族运动的“伟大而周到的意见”，只有依此而行，“才能够彻底的解决，才能够得着真正自由”。

> 列宁主义自然是马克思主义，然而马克思主义到了列宁，则更明了确

---

① 任建树，张统模，吴信忠．陈独秀著作选：第2卷［M］．上海：上海人民出版社，1993：472，479－480.

② 任建树，张统模，吴信忠．陈独秀著作选：第2卷［M］．上海：上海人民出版社，1993：869.

定了，周密了，也扩大了。其更明了解确定周密扩大之点，最重要的便是资本制度与共产制度间之无产阶级独裁制及反帝国主义的国际民族运动这两个理论。后者尤与中国目前的民族革命有关，我们应该略知列宁对于民族问题的意见。列宁对于民族问题的意见和资产阶级的改良派对于民族问题的意见，完全不同。

列宁的意见

（一）全世界一切有色无色人种的。（二）行动上帮助民族解放运动。（三）由被压迫者革命而分立，而自建国家。（四）被压迫的民族共同反对帝国主义的国际问题。（五）联合被压迫的民族运动和被压迫的阶级运动——推翻国际帝国主义。（六）各民族间在政治上应该是自由分立的，在经济上应该是协作而统一的。

据上表看来，世界上一切被压迫的殖民地及被压迫的国家即半殖民地，他们的民族运动，只有依照列宁这样伟大的周到的意见而行，才能够彻底的解决，才能够得着真正自由，这是一件最明白无疑的事。①

陈独秀在1925年11月7日发表的《十月革命与中国民族解放运动》② 一文中就俄国十月革命对于世界革命之意义以及中国民族解放运动应顺世界革命大潮的观点指出：

在主观上，苏俄十月革命触动了中国青年学生及工人革命的情绪，并且立下了全世界各被压迫的国家及各弱小民族共同反抗帝国主义之大本营。

工农解放民族解放这种双管齐下的苏俄十月革命，他自身的成功并影响到世界革命，后者更胜过前者。盖自十月革命后，多年不能解决的俄国境内诸小民族问题，得到了彻底的解决，苏俄更进而援助近东、远东诸弱小民族与被压迫的国家（如中国、土耳其、波斯、埃及、阿富汗等），建立了全世界被压迫者共同反抗压迫者——国际帝国主义之大本营；这些事实已足证明苏俄十月革命，在民族解放运动上比在工农解放运动上更为成功。

现在全世界凡是被压迫的阶级以及被压迫的民族和国家，都应该联合起来在这世界革命的大本营援助之下，共同打倒国家帝国主义，大家才有出路。中国民族解放运动，当然没有例外，也应该顺着这个世界革命的大

① 任建树，张统模，吴信忠．陈独秀著作选：第2卷［M］．上海：上海人民出版社，1993：866－867.

② 任建树，张统模，吴信忠．陈独秀著作选：第2卷［M］．上海：上海人民出版社，1993：944－946.

潮进行。

陈独秀在1926年5月30日发表的《世界革命与中国民族解放运动》① 中全面阐释了世界革命与中国民族解放运动的关系，他关于现在是世界革命的时代的观点、对中国民族革命与世界革命关系的阐释、关于中国革命长期性的观点以及要求中国的民族革命者，不但要懂得中国更要懂得世界的观点等，将中国共产党早期关于世界大势的理论见解提高到了新的水平。

关于现在是世界革命的时代，陈独秀这样论述：

> 现代资本制度已发达到最高形式——统一世界之财政资本主义，即国际帝国主义；因此，全世界的经济成了整个的，全世界政治也直接间接在这整个的经济影响支配之下成了整个的；因此，全世界的统治者压迫者（国际资本帝国主义）成了整个的，全世界被统治者被压迫者（工农阶级及弱小民族）对于统治者压迫者之反抗，也汇合起来成了整个的世界革命。各处弱小民族及被压迫国家的解放运动和各帝国主义国家内的工农阶级解放运动，都是这整个的世界革命运动之一部分，而有相互的密切关系；因为现在已经是二十世纪之第二十六年，已经是对于资本主义造成的革命对象——统治全世界的国际帝国主义革命时代，而不是十八世纪各国各自对于本国统治阶级革命的时代了。

中国民族革命与世界革命的关系，陈独秀将之比作一车之两轮，缺一不可，相互影响平行并进的关系，进一步论证了中国民族革命若得不到世界革命的援助便不会成功、中国革命是长期的等重要观点。

> 他说：中国革命若不得到苏俄及全世界无产阶级有力的援助，使这争斗能成为长期的一直到和各帝国主义国家内的无产阶级革命汇合起来，完成整个的世界革命，也是不会完全成功的。
>
> ……
>
> 在客观上，被压迫国家弱小民族的民族革命运动，和各帝国主义国家内的无产阶级革命运动，二者汇合起来，才能根本推翻国际帝国主义，才能成就整个的世界革命，譬如一车之两轮，缺一不可。……中国的民族解放运动，固然不应如国家主义者所主张，关起门来独立革命；也不应如机会主义者主张我们自己不必努力，只坐待世界革命之到来。在实际的历史

---

① 任建树，张统模，吴信忠．陈独秀著作选：第2卷［M］．上海：上海人民出版社，1993：1055－1061.

现象上，全世界反帝国主义的民族革命高潮，也是和各帝国主义国家内的无产阶级革命高潮，在相互影响中平流并进。

关于中国革命的长期性以及必须和世界革命汇合才能得到完全解放的观点，陈独秀说：

> 中国是国际帝国主义所共同征服的国家，虽然不能幻想马上就会有和帝国主义者武装冲突的胜利之可能；但我们在这世界革命高潮中之可能的责任，是不断的努力，不断的争斗，不断的动摇帝国主义在中国之势力，不断的和帝国主义者争夺中国现有的武装，……不断的扩张民众的武装，……经过这样的长期努力与争斗，才能够解除军阀的武装，才有联合别的被压迫国家如苏俄等和帝国主义者武装冲突之可能。……如此长期争斗之结果，再和各帝国主义国家内的无产阶级革命汇合起来，才能够根本推翻统治全世界的国际帝国主义，才能够实现世界革命，才能够使中国民族得到完全的解放。
>
> 在政治上，中国是国际帝国主义共同征服的国家，在经济上，中国是国际帝国主义共同掠夺的市场，不根本推翻统治全世界的国际帝国主义，中国民族不会有完全解放之可能；因此，中国民族解放运动之背景及其必然的途经，可称为一切民族解放和世界革命关系之模范的说明。

关于中国的民族革命者不但要懂得中国，更要懂得世界的观点，陈独秀论述说：

> 中国的民族革命者，不但要尽力世界革命，并且要努力研究世界革命的现状及其趋势；换句话说，就是：不但要懂得本国的真实状况即其历史发展到了甚么阶段，而且要懂得世界的真实状况即其历史发展到了甚么阶段，更要懂得本国和所处的世界之革命的关系是什么一种形势。懂得了这些，然后所定革命的策略及行动，才适合实际，才不至于落后或空想。
>
> 现在已经不是闭关时代了，世界各部分的革命运动，因为相互影响之关系日渐密切，已成为整个的不能分开了，凡是一个民族革命者，头脑中若没有一个世界革命形势之具体的图画，并且时常检查这图画中有无错误而加以改正，则口中虽说赞成世界革命，实际上仍旧是关门革命。

中国共产党基于中国国情对世界大势的分析与判断以及对于中国革命与世界革命关系的论述奠定了中国共产党“国民革命”的思想理论基础，取得了马克思主义反帝理论中国化的初步成果。建构在世界革命基础上的中国国民革命理论，包括如下内容：反帝反封建革命目标的确立以及以反帝为首要任务的观点；中国社会各阶级状况及其革命性的科学分析，初步提出无产阶级是领导阶级，农民阶级是中国反帝革命的主力军，小资产阶级是革命的力量，强调工农联盟的重要性；资产阶级具有革命性与妥协性，大商买办阶级“完全是帝国主义之工具”等思想；关于建立国际国内联合战线的思想等。这些思想初步形成了对中国革命目标、领导者、国内同盟者和国际联合战线等革命政策策略的思考，并引导中国国民革命走入高潮，显示了反帝革命理论及话语的伟大力量。

2. 关于反帝话语范式的正当性建构

费正清认为马列主义为全方位解决中国问题提供了一套完整、普遍和科学的世界观，这套世界观“教人们摒弃西方‘科学思想’名义掩盖下的西方帝国主义行为，并把中国的落后挨打归咎于和封建军阀相勾结的金融帝国主义对中国的奴役。”① 陈独秀在1926年5月30日发表的《世界革命与中国民族解放运动》中指出，作为民族革命者，为使所定革命的策略及行动适合实际，还必须“要懂得本国的真实状况即其历史发展到了甚么阶段”②。中国共产党反帝理论摒弃既往知识分子认知中西关系的“社会达尔文主义”世界观，抓住中国社会主要矛盾，对中国革命所处历史阶段保持清醒认识。中共二大前后即提出“半独立的封建国家”③“半殖民地”④“事实上共同的殖民地”⑤ 等词作为对中国社会所处历史阶段的概括。用西方帝国主义侵略中国造成中国贫穷灾难的一套叙述范式建构了中国反帝的必要性、正义性与合法性的理论基础。而这种概括也被中国近代以来历史发展事实所证实。“中国在凡尔赛被出卖的事实有力地证明了中华民族真正的敌人是‘帝国主义’。”⑥

（1）关于反帝话语之国际正当性。中国共产党关于观察世界大势的基本观点提供了反帝正当性的国际依据。其关于“在政治上，中国是国际帝国主义共

① 费正清．中国：传统与变迁［M］．张沛，译．北京：世界知识出版社，2002：522－523.

② 任建树，张统模，吴信忠．陈独秀著作选：第2卷［M］．上海：上海人民出版社，1993：1060.

③ 中央档案馆．中共中央文件选集：第1册［G］．北京：中共中央党校出版社，1989：35.

④ 中央档案馆．中共中央文件选集：第1册［G］．北京：中共中央党校出版社，1989：74.

⑤ 中央档案馆．中共中央文件选集：第1册［G］．北京：中共中央党校出版社，1989：102.

⑥ 费正清．中国：传统与变迁［M］．张沛，译．北京：世界知识出版社，2002：522.

同征服的国家，在经济上，中国是国际帝国主义共同掠夺的市场，不根本推翻统治全世界的国际帝国主义，中国民族不会有完全解放之可能"① 的观点；"中国的阶级战争，就是国际的阶级战争"②"在历史上必然的历程看来，中国将来真正的独立与解放，非经过世界革命的潮流不能成功"③"尽力世界革命即是尽力中国民族革命"④，这两件事"譬如一车之两轮，缺一不可"⑤，此时我们的民族运动"是和全世界被压迫的无产阶级及被压迫的弱小民族共同起来推翻资本帝国主义的世界革命之一部分"⑥ 的观点；"被压迫民族的解放，现在已经发现了一条胜利的大路，就是被压迫民族与苏维埃俄罗斯的联合"⑦ 的观点，等等，便是中国共产党在成立初期站在时代制高点的重要表现。中国共产党领导者提出的关于"中国革命运动之动因与挫折，自始即具有复杂之国际关系；中国革命运动之成功，亦必成为国际的问题而不是纯粹可由中国自己解决的'内政'问题"⑧ 的基本观点；中共中央文件关于"加帝国主义者以有力的打击，是他在世界的革命之工作中所应尽的职务"⑨ 的观点，展现了中国共产党铁肩担道义，自觉肩负民族革命与世界革命双重使命的崇高理想和道德责任感。如此，中国共产党以国际主义和民族主义相结合的理论视角，建构了中国反帝话语的国际正当性理论基础和时代性前提。

（2）关于反帝话语之国内正当性。中国共产党提供了反帝正当性的国内依据。这套反帝话语不同于同时代其他中国民族主义者话语的独特之处在于：将帝国主义而非中国内部的军阀作为首要反对的目标，毫不妥协地反帝到底；主张整个地反对一切帝国主义而非只反对某一侵略事实或某一侵略国家；全民参与反帝斗争而非仅局限于争取外交胜利；主张在世界革命路径下联合苏联等社

---

① 任建树，张纪模，吴信忠．陈独秀著作选：第 2 卷［M］．上海：上海人民出版社，1993：1060.

② 蔡和森．蔡和森文集［M］．北京：人民出版社，1980：78.

③ 蔡和森．蔡和森文集［M］．北京：人民出版社，1980：109.

④ 任建树，张纪模，吴信忠．陈独秀著作选：第 2 卷［M］．上海：上海人民出版社，1993：1060.

⑤ 任建树，张纪模，吴信忠．陈独秀著作选：第 2 卷［M］．上海：上海人民出版社，1993：1059.

⑥ 任建树，张纪模，吴信忠．陈独秀著作选：第 2 卷［M］．上海：上海人民出版社，1993：869.

⑦ 蔡和森．蔡和森文集［M］．北京：人民出版社，1980：116.

⑧ 蔡和森．蔡和森文集［M］．北京：人民出版社，1980：273.

⑨ 中央档案馆．中共中央文件选集：第 1 册［G］．北京：中共中央党校出版社，1989：146.

会主义国家完成民族解放运动，最终达到在民族导向的文化运动与建立独立自主民族国家为目标的政治运动的双重互动中，建立富有尊严和先进文化引领的独立国家目标。在这套话语体系下，帝国主义在经济、政治、文化等方面的全方位侵略成为中国“摇荡不定”“民不聊生”之苦难的根源，成为北洋军阀及地主阶级统治非正当性和失效性的根本所在。以“半殖民地”或“事实上的殖民地”的客观描述，打碎国人关于“中国国际地位已经很高了”的虚幻认识，确立以反帝为革命首要任务的国民革命话语范式，强调全民反帝革命的正义性和道义性。“根本上反对一切帝国主义”，拒绝对某一帝国主义国家妥协的革命彻底性；“国民革命完全成功也不是一件容易的事，我们断然不可怀丝毫速成的妄想”① 的反帝革命的艰巨性和非速胜性以及“各阶级群起”的反帝革命的民众参与性成为这套话语理论的重要内容。这一理论话语范式为中国革命提供了有力的斗争对象和革命力量，传递着中国共产党政治正当性和思想引领性和创新性的意蕴。

3. 关于反帝话语范式的基本特征

中国共产党成立初期构建的反帝话语包含着以反帝为中国革命首要任务及反对一切帝国主义而不妥协的革命彻底性话语、反帝任务的艰巨性和非速胜性话语、反帝主体为各民众的话语、反帝的世界性及联苏话语。这些话语凝练地概括为“国民革命”话语范式，具有鲜明的时代性和“中国特色”性，体现出了马克思主义意识形态的阶级性革命性特征和近代中国救亡图存的民族性特征。

（1）鲜明的时代性。中国共产党建立初期的反帝话语体现了鲜明的时代性。“资本主义国际化”“现代人类底经济关系乃国际的而非国别的了”等提法，“世界资本帝国主义的列强企图协同宰制”世界的趋势和“推翻国际资本帝国主义”的世界革命运动及关于各被压迫民族的民族革命运动兴起趋势的见解，“现在是对于资本主义造成的革命对象——统治全世界的国际帝国主义革命时代，而不是十八世纪各国各自对于本国统治阶级革命的时代了”的描述，以及关于“中国革命是世界革命之一部分”、以世界革命援助和联合苏联为解决中国民族独立问题之必要路径的基本观点便成为中共早期反帝话语的时代性话语标志。中国“现在要提高国际地位，更非与业已在国际上占新的重要地位之苏维埃俄罗斯携手，不能为力”②、俄国十月革命“立下了全世界各被压迫的国家及各弱

① 任建树，张统模，吴信忠．陈独秀著作选：第 2 卷［M］．上海：上海人民出版社，1993：224.

② 蔡和森．蔡和森文集［M］．北京：人民出版社，1980：108－109.

小民族共同反抗帝国主义之大本营”，“现在全世界凡是被压迫的阶级以及被压迫的民族和国家，都应该联合起来在这世界革命的大本营援助之下，共同打倒国际帝国主义，大家才有出路。中国民族解放运动，当然没有例外，也应该顺着这个世界革命的大潮进行”等论断，即是这种时代性话语表达的典型范式。这些典型范式体现了中国共产党早期反帝话语范式鲜明的时代性、世界革命性特征。

（2）鲜明的中国特色性。中国共产党建立初期就把世界革命的价值理想与近代中国民族危亡的现实困境相结合，使“反对国际帝国主义”“联合苏联”“在世界革命进程中解决中国问题”的价值理念很好地融入了中国的语境中，建构了“近代中国苦难灾难皆源于帝国主义”“反帝为首要任务”之国民革命话语范式，使反帝话语凸显“中国特色”的特征。

“二大”以来，中国共产党以“半殖民地”或“事实上的殖民地”定位近代中国所处的特殊国际地位，以“中国最近八十年来，与其他一切被压迫民族一样，完全陷于帝国主义四面掠夺宰制的重围中”①“国际帝国主义侵略中国有几十年了，给了我们许多痛苦和侮辱，现在还继续加给我们那些痛苦和耻辱”②等叙事方式建构了对不平等的外部世界的认知。中国共产党依托从经济而政治的列宁帝国主义论，重新解释近代帝国主义对中国的侵略历史，揭露了帝国主义奴役侵略中国的本质，构建了合理解释中国落后原因并能唤醒国人民族意识的反帝话语范式。中共早期领导人在报纸、宣传中揭露了帝国主义侵略中国的暴行并强调这是中国贫弱的罪魁祸首。如在 1923 年 6 月，陈独秀在《呜呼！外国政府下之商埠同盟》中对帝国主义列强是中国贫弱的罪魁祸首的揭露；1924 年 2 月 1 日，在《一九二三年列强对华之回顾》中对 1923 年帝国主义侵略中国的 22 件暴行的详细介绍，都体现了这种反帝话语范式的中国特色性。

为揭露华盛顿会议后帝国主义侵略方式从武力侵略转为更为隐蔽的经济侵略和文化侵略，以大国“协同侵略”替代过去“竞争侵略”的本质，唤醒国人对这种新侵略形式的认识，中国共产党领导人通过揭露其隐蔽性继续建构话语真实。如张国焘撰文指出，经济侵略“既省钱，又省力，还不易引起重大的反感，更能深刻的普遍的榨取弱小民族的精液，一滴不漏”“经济的侵略比武力的侵略更危险”“更残暴厉害”，帝国主义“正图谋加给中国以更广大的经济侵略

① 蔡和森．蔡和森文集［M］．北京：人民出版社，1980：122.

② 盛仁学．张国焘年谱及言论［M］．北京：解放军出版社，1985：125.

的危险"①；陈独秀指出"我们中国这样穷而乱又复乱而穷因果循环的困苦，都是帝国主义列强的厚赐"②。

中国共产党"将帝国主义视为中国既存秩序的维护者"③，将中国军阀看作帝国主义侵略中国的工具。"二大"以来，中国共产党每每对外发表理论主张都会强调"中国每一派军阀后面都站着不同的帝国主义国家""每次内战都有国际帝国主义争斗的背景"④。1925 年 1 月 22 日发表的《中国共产党第四次全国大会宣言》指出"无论直系或反直系军阀的背后，都站立着列强的阴谋，他们为着要干涉中国内政，不断的援助军阀战争以与中国人民为敌"。⑤ 由此，中国共产党将整个地推翻帝国主义看作中国革命的首要任务的同时，也将反对国内军阀看作是反帝革命内在包含的部分，形成了反帝反封建的"国民革命"主张。这与以往的民族主义者主张内省为首要的理论叙述方式形成了鲜明反差。正如陈独秀所言，"产业幼稚文化落后的中国，目前也只有这各阶级群起的国民革命是可能的"⑥。"这种特殊形式的革命，本是殖民地半殖民地的政治及经济状况所自然演成的。"⑦ 中国共产党将帝国主义作为整体加以推翻的思想还包含着坚决反对对某些帝国主义国家妥协的内容。如陈独秀强调要做纯粹的国民运动，反对半国民运动。而所谓"纯粹的国民运动"即"绝不与任何帝国主义者、任何军阀妥协"。所谓半国民运动，即"如反对帝国主义的英国或美国，却与日本亲善，或反对帝国主义的日本，却与英、美亲善，或者只反对军阀而不反对帝国主义的列强"⑧。

基于对"国民革命"必然性、特殊性和长期性的清醒认识，中国共产党认

---

① 盛仁学．张国焘年谱及言论［M］．北京：解放军出版社，1985：117，125.

② 任建树，张统模，吴信忠．陈独秀著作选：第 2 卷［M］．上海：上海人民出版社，1993：601.

③ 罗志田．帝国主义在中国：文化视野下条约体系的演进［J］．中国社会科学，2004（5）.

④ 中央档案馆．中共中央文件选集：第 1 册［G］．北京：中共中央党校出版社，1989：290.

⑤ 中央档案馆．中共中央文件选集：第 1 册［G］．北京：中共中央党校出版社，1989：390.

⑥ 任建树，张统模，吴信忠．陈独秀著作选：第 2 卷［M］．上海：上海人民出版社，1993：567.

⑦ 任建树，张统模，吴信忠．陈独秀著作选：第 2 卷［M］．上海：上海人民出版社，1993：558.

⑧ 任建树，张统模，吴信忠．陈独秀著作选：第 2 卷［M］．上海：上海人民出版社，1993：479.

为建立国际、国内两个联合战线对于实现反帝任务至关重要。如陈独秀指出，在中国，“国民革命完全成功也不是一件容易的事，我们断然不可怀丝毫速成的妄想。”① 对于建立国内反帝联合战线问题，1922 年 11 月发布的《中国共产党对于目前实际问题之计划》中提出工农小资革命党派或分子为主力军，“向一切帝国主义者加以攻击”；同时亦可联合半民族运动的党派“向一派帝国主义者作战（例如资产阶级反对日本时）”②。对于国际统一战线问题，陈独秀指出“反帝国主义的国际联合，首当扫除一切误会，以承认苏俄为具体的有效的办法，因为现在的苏俄是协助全世界被压迫的民族反抗帝国主义之中心”③。强调要旗帜鲜明地宣传苏联对中国革命的帮助。1925 年 10 月 28 日发布的《中央通告第 60 号》强调要大力宣传“十月革命后苏俄如何帮助了近东远东的民族运动”“苏俄如何帮助中国民族运动”“中国民众应该接受苏俄的帮助，不必避讳”④。

（二）大革命时期中国共产党反帝话语范式对民众的话语建构

1. 在知识分子和思想舆论界的反帝话语建构

20 世纪 20 年代在思想舆论层面建构反帝话语主要通过批判实践完成。在“外国在华势力已成中国权势结构的一部”⑤，殖民文化深深楔入中国思想舆论的历史境遇下，中国知识界存在着不同的观点：或主张先修内政而非首先反帝，或只反对某一侵略事实、某一侵略国家而不反对一切帝国主义者，或反帝也只崇尚法律解决，反对革命方式。比较有代表性的是自由主义思潮。大革命时期也有国家主义“盲目排外”的理论形态一度占据革命舆论中心的情况。中国共产党主要通过批判西方殖民话语、解构其对中国知识界的影响力，通过重点批判自由主义几乎不反帝的思潮和国家主义派“盲目排外”的错误反帝思潮，实现其反帝话语的正当性和革命性建构。在此过程中通过剖析具体事实建构真实，唤醒知识分子对中国共产党政治政策上的认同；通过重新解释近代历史，建构反帝正义性、合法性评价体系。

（1）批判西方殖民话语，解构其对中国知识界的影响和控制。在殖民文化

---

① 任建树，张统模，吴信忠．陈独秀著作选：第 2 卷［M］．上海：上海人民出版社，1993：558.

② 中央档案馆．中共中央文件选集：第 1 册［G］．北京：中共中央党校出版社，1989：121.

③ 任建树，张统模，吴信忠．陈独秀著作选：第 2 卷［M］．上海：上海人民出版社，1993：538－539.

④ 中央档案馆．中共中央文件选集：第 1 册［G］．北京：中共中央党校出版社，1989：521.

⑤ 罗志田．民族主义与民国政治［J］．开放时代，2000（5）.

已深深植入中国舆论的境遇下，外国在华舆论对中国思想界产生了实际而隐约的控制力。批判西方殖民话语解构其对中国知识界的影响和控制，成为话语建构的重要一环。以英国《字林西报》、日本《顺天时报》为代表的部分报刊，常常利用其合法地位，散布谣言，颠倒黑白，为帝国主义的侵略暴行辩护，拉拢威胁中国报界噤声，甚至直接怂恿中西舆论界，制造并维护帝国主义侵略合法化的公共舆论。中国共产党利用《向导》《先锋》《中国青年》等刊物，对帝国主义散布谣言、颠倒黑白的行为进行了深刻的揭露和批判。如外国资本家发起的所谓万国公民大会要求中国建设“宪法政体”，使武力归纳于民治之下；《字林西报》发表舆论引导中国各地商会、中西舆论界、公私团体及个人，尽力制造维护帝国主义的公共舆论，上海资本家旋即发动裁兵运动给予响应。对此，蔡和森撰文揭露这种所谓“太上国民运动”，实际上是帝国主义在殖民地政治运动的新形式，“外面上假惺惺替中国高唱打倒军阀，实际上只教京沪及各地商人：‘点名就是裁兵’”①；谴责《字林西报》此种言论是“教唆资产阶级分子脱离国民党的诡计”，是一种“圈套”。② 1924 年 6 月 18 日，《向导》发表了《新闻的侵略》，深刻揭露了西方殖民文化侵略的本质和目的。“我们看中国遍地尽是外国通讯社的宣传机关，如东方、路透、中美等，他们挟资本雄厚的优势，在内地时时操纵新闻，传播于己有利之消息，暴露华人之弱点，以图引起国际共管；表彰外人在内地之言论及事业，以坚华人对西人之崇拜。”“有时造谣惑众”，图乱时局。“此种新闻的侵略，只在中国才有。”③ 面对一些知识分子在西方舆论影响下，常常指摘《向导》周刊言论太过激烈，蔡和森指出：“本报的言论并非故为激烈，不过是常常本着忠实的科学的观察以警告我国人。当国人觉着本报的言论过激时，便是国人的见闻还是囿于外国人的宣传及其走狗的欺骗之中。”④ 以此唤醒国人脱离外人的欺骗宣传。

（2）重点批判自由主义思潮和国家主义派“盲目排外”思潮。中国共产党先后对自由主义不反帝思潮和国家主义错误的反帝思潮展开了批判与辩论，使建构任务逐步推进。自由主义思潮崇尚“社会达尔文主义”，把西方列强对待中国的不平等合法化，这一思潮弥漫于思想界。国家主义思潮则以“外不亲善”“外抗强权”的极端民族主义思想和“仇俄”倾向对舆论产生重要影响。这两

① 蔡和森．蔡和森文集［M］．北京：人民出版社，1980：265.
② 蔡和森．蔡和森文集［M］．北京：人民出版社，1980：222.
③ 张之华．中国新闻事业史文选［G］．北京：中国人民大学出版社，1999.
④ 蔡和森．蔡和森文集［M］．北京：人民出版社，1980：203，384.

股思潮严重挑战中国共产党反帝话语的权威性、科学性，阻挠其对知识分子的话语建构。批判这两种思潮是话语建构的迫切要求。实践证明，中国共产党很好地达成了这一目标。

①对自由主义者不反帝思想的批驳。

以胡适为代表，在 1922 年 10 月 1 日发表的《国际的中国》中提出了国际帝国主义支持各派军阀打内战，“很像乡下人谈海外奇闻，几乎全无事实的根据”“中国现在已没有很大的国际侵略的危险了”“外国投资者希望中国和平与统一不下中国人民”“国际帝国主义还不是人民埋怨的对象”、美国与其他帝国主义国家不一样、不能笼统地反帝而树敌太多、“国内政治改造是抵抗帝国侵略主义的先决问题”① 等观点。在 20 世纪初期上述观点颇有市场，从“临城劫车案”到“五卅惨案”，都能看到自由主义者不反帝而主张先修内政或利用列强间的矛盾实施法律解决的面相。就“临案”中外国公使要求北京三日内救出被掳外侨，“赔偿损失、保障将来及惩办负责人员”，甚至提议组成一个联合政府来执行中国行政权②等做法，中国自由主义知识分子如《太平洋》杂志主编杨端六等人，认为这是可以接受的提案，可以通过借助外力惩治作乱军阀，达到组织新政府之目的。③ 另一自由主义知识分子燕树棠虽认为“临案通牒”是干涉中国内政的行为，但依然坚持在国际法层面解决问题，希望利用列强间的矛盾，使中国处于有利地位，在法理上逐步实现中国的民族主义目标。④ “五卅事变”后，一些英、美留学生还有意无意地说：“‘大马路血案’是西捕杀了人的法律问题，不必牵扯到对外的政治问题。”⑤ 这些均反映出了自由主义者不反帝或者不诉诸政治的立场。

中国共产党一方面从事实出发，通过建构真实唤醒知识分子对中国共产党反帝话语的认同。另一方面对颇具影响力的胡适观点逐一批驳，从理论上解构其话语权。中国共产党“向导”式反帝话语，以一个个具体事件揭露了帝国主义侵略中国的事实。从山东土匪劫持有外国人乘坐的火车的“临城案”后，外国驻京 16 国公使全体署名联合抗议恐吓中国政府并发出“临案通牒”，以赔偿、保障、惩办三项施压并最终达到目的的“临城劫案”，到外国租界关于“华人与

① 盛仁学．张国焘年谱及言论［M］．北京：解放军出版社，1985：117，115.

② 费正清．剑桥中华民国史：下［M］．上海：人民出版社，1992：120.

③ 杨端六．对于临城事件之感想［J］．太平洋，1923（10）.

④ 燕树棠．临案通牒评论之评论［J］．太平洋，1923（3）.

⑤ 任建树，张统模，吴信忠．陈独秀著作选：第 2 卷［M］．上海：上海人民出版社，1993：922.

犬不得入内”的标牌以及租界内随意打死打伤中国人的“乐志华案”“田仲香案”之会审公堂治外法权的惨无人道；从“每年进口货价超过出口货价总在三万万两银子左右，赔款还债又复流出巨额现金”的“商业的经济侵略”，到美、英、日、比先后放弃庚子赔款改用于教育之事，但本质为文化侵略的面相。以国际帝国主义资助军阀陈炯明割据广东、大卖军械给张作霖、美国密运六架飞机给直系军阀、吴佩孚委托外舰运军火等事件，揭露了帝国主义“利用军阀，阻挠中国资产阶级的发展，造成军阀势力下之有名无实的统一政府做英美日的共同工具的计划，已是显明极了”、封建军阀“事事听命于国际帝国主义的列强，不啻他们的经理人”① 等事实，使国人切实感受到侵略的存在以及帝国主义扶持国内军阀打内战的本质。

对自由主义代表人物胡适的观点，中国共产党针对其对帝国主义侵略感觉迟钝、观察社会的方法论及其立场存在问题、对民众产生麻痹作用等方面展开批判。由张国焘代表中国共产党专门撰文《中国已脱离了国际侵略的危险么?》②，逐一批驳胡适观点。陈独秀在多篇文章中批评胡适的观点错在对中国国际地位、军阀与帝国主义的关系缺乏科学认识，“他们不知道中国的国际地位还不是一个独立自主的国家，军阀自身究竟没什么真实力量，他们的屡次战争背后都伏有列强间势力竞争的意义”③。李达和邓中夏先后批判了胡适言论的负面影响，“很足以阻碍被压迫着的中国人民觉悟的动机”④“言伪而辩，未尝不麻醉一部分人的神经，紊淆一部分人的观听”⑤。

面对自由主义者对美国本质缺乏认识的麻木状态，中国共产党进一步揭露了美国的侵略性及其虚假面目以唤醒国人。张国焘以“一个富有经济力的抢掠者”“一个野心勃勃实力雄厚的强盗”“一跃而居远东侵略的领袖地位”“美国资本主义吞噬四万万中国人”来形容美国侵略的存在。蔡和森对美国虚假面目的揭露指出，美国“最会使掩眼法最会用宣传术以宰制中国的‘好朋友’。他对中国除成功了‘门户开放’‘国际共管’的局势之外，更为中国组织一个新式的东印度公司叫新银行团。”⑥“从前国人一闻‘门户开放’‘机会均等’的话，

① 中央档案馆．中共中央文件选集：第 1 册［G］．北京：中共中央党校出版社，1989：146.

② 盛仁学．张国焘年谱及言论［M］．北京：解放军出版社，1985：117，114－126.

③ 任建树，张统模，吴信忠．陈独秀著作选：第 2 卷［M］．上海：上海人民出版社，1993：439.

④ 李达文集：第 1 卷［M］．北京：人民出版社，1980：192，197.

⑤ 邓中夏．努力周报的功罪［J］．中国青年，1923（3）.

⑥ 蔡和森．蔡和森文集［M］．北京：人民出版社，1980：100.

便知道是瓜分宰制的代名词，奔走号呼，以图抵制；可是现在这种政策一经美国帝国主义的运用，亲美派少年外交家的传述，国人都像催眠术中的被催眠者一般，大家都做了美国和亲美派外交家的留声机，以为‘华盛顿会议后，中国国际地位增高了’!”① 针对上海《时事新报》只反日、不反英美的言论，蔡和森在1922年11月2日发表的《评〈商报〉与〈时事新报〉》中指出，“先生主张专御一个日本而不防备其他两个英、美，甚至主张与英、美联合，英、美帝国主义者不要高叫‘谢谢你的宣传’吗?”② 陈独秀在1922年10月4日发表的《议员学者跑到美国帝国主义家里讨论宪法问题吗?》一文中，就北京议员林宗孟和非议员胡适等人到美国前公使芮恩施家中谈宪法一事敬告他们“不要上美国帝国主义的当”“不要于不知不觉中引导一部分人民或青年学子去亲美国帝国主义才好”③。他在1925年9月的《〈向导〉三年来革命政策之概观》中指出，“不分英、美与日、法，一切帝国主义者践踏中国人是一致的”“帝国主义者践踏中国人是事实，不是共产党人捏造的”。④ 恽代英在1926年6月30日发表的《反对帝国主义的文化侵略》中强调，就美国在“巴黎和会、华盛顿会议两次为自己利益牺牲中国利益以迁就日本与近年事事与英朋比压制中国观之，可知美帝国主义与其他帝国主义无异致”。⑤

批判性的话语建构带来了明显效果。正如中共中央文件所言，1923年与1924年间，“全国知识阶级中进步分子，已采用‘反抗帝国主义’的口号”⑥。1925年3月蔡和森说，“犹忆二年前本报初揭载国际帝国主义侵掠中国之理论与事实时，北京大学教授胡适之目为海外奇谈，现在这种海外奇谈竟成为普遍全中国的政治常识。”⑦ 1925年9月陈独秀在《〈向导〉三年来革命政策之概观》指出，目前“打倒帝国主义”这一个口号，已被学生、国民党中一部分革命派、一部分进步的教授和商人采用。胡适在1925年的一次演讲中言辞态度倾向反帝、到莫斯科访问时对苏俄社会持某种赞同态度也进一步说明此种批判取得了

① 蔡和森. 蔡和森文集［M］. 北京：人民出版社，1980：107.
② 蔡和森. 蔡和森文集［M］. 北京：人民出版社，1980：155.
③ 陈独秀文章选编：中［G］. 北京：生活·读书·新知三联书店，1984：214.
④ 任建树，张统模，吴信忠. 陈独秀著作选：第2卷［M］. 上海：上海人民出版社，1993：922.
⑤ 中共中央文献研究室，中央档案馆. 建党以来重要文献选编：第3册［G］. 北京：中央文献出版社，2011：245.
⑥ 中央档案馆. 中共中央文件选集：第1册［G］. 北京：中共中央党校出版社，1989：254.
⑦ 蔡和森. 蔡和森文集［M］. 北京：人民出版社，1980：725－726.

成效。他在“今日教会教育的难关”演讲中，明言以收回租借地和废止不平等条约为代表的“新起的民族主义的反动”是“很自然的、很正当的”，并多次正面引述中国共产党反帝观点后指出“这种反动是不可轻视的”。①

②对国家主义派错误的反帝言论的批判。

大革命时期兴起的国家主义派，由于其极端民族主义思想和“仇俄”倾向与中国共产党反帝话语形成分歧并最终走向对立。其关于帝国主义非整体、对中国的侵略是非国际性的、中国断不能高唱打倒一切帝国主义、反促成列强的团结一致②的观点，国家主义派领袖曾琦所谓“‘打倒国际资本帝国主义’一语实为苏俄称霸世界、控制中国之策略”的观点，直接否定了中国共产党反帝话语的时代性和世界革命意义。特别是炮制“赤色帝国主义”一词攻击苏联和以“反对依赖外力解决国事”的观点反对中国共产党政策的做法更模糊了阶级性，对中国共产党反帝话语造成了解构。在社会急剧变动的“五卅”时期，国家主义派言论不仅混淆思想是非，更在现实中扰乱着“五卅”反帝运动的方向。与国家主义派的争论，关乎中国共产党反帝话语能否继续深入建构、检验其话语理论的科学权威性和凌厉的战斗性。中国共产党一部分成员以独立学者的身份发表了见解，另一部分成员则以凌厉的攻势展开了批判，两股力量汇聚成强大的话语权威，使中国共产党反帝话语得到了深入建构。

第一，厘清“帝国主义”内涵。以独立学者身份发表见解的马文彦，在《何谓帝国主义》一文中系统介绍考茨基、喜勒非尔犹、卢森堡、列宁等古典帝国主义理论者的相关观点，对帝国主义内涵及特征做出了学理探讨。③ 针对一些知识分子对帝国主义常常有误解，将帝国主义或理解为有帝王的国家，或理解为“侵略别国的强大国家”，或认为是“大国家主义”，造成帝国主义一词滥用的现象，中国共产党理论家进行了正本清源的纠正工作。陈独秀在《什么是帝国主义？什么是军阀?》一文中，以列宁帝国主义论为依据，从资本主义“发展到财政资本主义”和“向国外掠夺压迫殖民地及半殖民地”④ 等方面阐释了“帝国主义”一词的特定内涵。

---

① 胡适．今日教会教育的难关［M］//胡适文存三集：卷9. 上海：上海亚东图书馆，1930：1159－1162.

② 中国青年党暨国家主义青年团第五次全国代表大会宣言．方庆秋．中国青年党［M］．北京：档案出版社，1988：115.

③ 马文彦．何谓帝国主义［J］．共进，1925（75）.

④ 任建树，张统模，吴信忠．陈独秀著作选：第2卷［M］．上海：上海人民出版社，1993：989－990.

第二，揭露国家主义派倡导的民族运动之孤独落伍性。中国共产党以“民族主义的国家主义运动”称谓国家主义派倡导的民族运动，指出其本质上是立足于他们自己阶级的利益上面，是一种孤独的民族主义运动，“是世界革命运动中之反动行为”“已经不是适宜于现代民族解放运动的工具了”①。陈独秀指出国家主义派“不了解资本主义发展到最高形式的帝国主义和被他剥削的弱小民族之间的关系，他们不懂得现代的民族运动特性和封建时代的民族运动不同，他们认不清弱小民族之敌人是谁，更认不清弱小民族的友人是谁”②。

第三，对“赤色帝国主义”一词展开政治批判。国家主义者从所谓反对依赖外力解决国事为出发点，进而反对联合苏联，并对苏联内外政策进行批判，给苏联冠以“赤色帝国主义”罪名，对所谓“赤色帝国主义”惊呼，“特就国人之亲俄程度而言，其人数之多，范围之广，种类之复杂，诚有令人惊叹者。”③ 以独立学者身份出现的陈启修指出，现代帝国主义在本质上只有一个，“白色赤色的区别，却是不应该有的”。对于苏俄，可以“称他为赤色革命主义或赤色共产主义，但是决不能称为赤色帝国主义”，否则就是中了真正帝国主义移转目标之计，而失掉真正的敌人。④ 陈独秀指出，“‘赤色帝国主义’这一名词，是欧洲帝国主义者造出来离间一切被压迫的民族与国家和苏俄联结的方法，现在中国有些反革命分子，也跟着学舌，真是‘国家将亡必有妖孽’！”⑤ 1926年3月20日，中共中央文件指出：

> 全世界反赤运动的主人本是帝国主义者，在中国指示反赤运动者自然也是他们，尤其是英日帝国主义者，他们所用在中国反赤运动的工具是反动的军阀如张作霖、吴佩服、张宗昌、李景林、陈炯明、魏邦平等及反动的知识阶级研究系国家主义派及老民党反动分子如尤烈、许绍桢、章太炎、冯自由、马素、邓家彦等；他们所反的赤是工会农会学生会共产党国民党国民政府，甚至于国民军和郭松林，更甚至于段祺瑞治下之贾内阁，也算

---

① 中央档案馆．中共中央文件选集：第1册［M］．北京：中共中央党校出版社，1989：330，331.

② 任建树，张统模，吴信忠．陈独秀著作选：第2卷［M］．上海：上海人民出版社，1993：869－870.

③ 一卒．中俄问题专号．新俄祸［N］．醒狮，1925（40）．

④ 陈启修．帝国主义有白色和赤色之别吗？［N］．晨报副刊：社会，1925－10－06（1－2）．

⑤ 任建树，张统模，吴信忠．陈独秀著作选：第2卷［M］．上海：上海人民出版社，1993：939.

在赤化之内。这班鼓吹反赤的人们，在中国民族革命运动中，无一不是背叛民族利益的反革命派，他们所反对的赤化派，大部分都是参加民族运动的，而且除共产党之外，没有一个说得上是什么赤不赤，可见他们所谓反赤，实际上乃是用反赤的旗帜和反帝国主义的旗帜对抗，为帝国主义者来破坏中国的民族革命运动。①

中共中央文件深刻地揭露了反赤运动的实质。1927 年 1 月 3 日，英帝国主义在汉口屠杀华人之时，国家主义派不仅不反英，反而继续大肆宣传反赤、反苏，并言说中共有关被压迫的中国人民会得到帝国主义国家的无产阶级同情的想法简直是“梦呓”。对此陈独秀指出，国家主义者“一点也不知道现在世界无产阶级运动已经到了什么状况”②，并列举了电通社、路透社、世界新闻社、国闻社等报道日本农民党、英国、加拿大、澳大利亚等国工人及其进步政党反对干涉中国内政、主张和平的例子证明世界革命理论的正确性和国际援助的存在。

第四，揭露国家主义派言行不一的“不作为”面目。在风起云涌的反帝浪潮席卷中国的大革命高潮期，国家主义派以空洞的“外抗强权”话语吸引舆论却不以实际行动投入这场运动，越来越显出它的落伍。特别是 1926 年 9 月“万县惨案”发生后，上海学生会邀请国家主义派领袖曾琦参加各团体的讨论会，曾琦却以“这是共产党的运动，我们不参加”③ 为由加以拒绝。这种不参加不作为的面目，进一步暴露出国家主义派的空谈性和落伍性，因此中国共产党在批判其思想的同时也将其定性为“代表买办阶级”④“已经分明站在帝国主义和军阀那边”“已经是反革命者”⑤。由于国家主义派在学生中的较大影响力，中国共产党指示全党高度重视与国家主义派的思想斗争，“必须在此种争斗上得到胜利，我们在学生运动中才能得到胜利。”⑥

国家主义派反共、反苏俄、反世界革命的理论形态，以及在“五卅”反帝

---

① 中央档案馆．中共中央文件选集：第 2 册［G］．北京：中共中央党校出版社，1989：73－74.

② 任建树，张统模，吴信忠．陈独秀著作选：第 2 卷［M］．上海：上海人民出版社，1993：1202.

③ 陈独秀文章选编：下［G］．北京：生活·读书·新知三联书店，1984：287

④ 中央档案馆．中共中央文件选集：第 2 册［G］．北京：中共中央党校出版社，1989：53.

⑤ 任建树，张统模，吴信忠．陈独秀著作选：第 2 卷［M］．上海：上海人民出版社，1993：1205.

⑥ 中央档案馆．中共中央文件选集：第 1 册［G］．北京：中共中央党校出版社，1989：525.

的实际行动中不作为、不参与的行为，进一步说明了中国共产党基于意识形态争夺领导权和控制权而进行的猛烈的政治批判在当时是必要的。随着国家主义派组织体系和舆论机构逐步受到打击，他们在广东、湖南、湖北、四川、江西、安徽等省开办的学校、报社陆续关闭，其话语影响力走向衰落。从国家主义派中分化出来的知识青年撰文讲述最终放弃国家主义立场的经过，如自强会的发起人彭十严、起舞社发起人宋继武分别撰文《从国家主义觉悟过来告朋友并致青年》和《又一个国家主义者的叛徒》，分析不信仰国家主义的一个重要原因就是明白了国家主义的真正宗旨并不是外抗强权（如亲善日政府、联络顺天时报），而是专门反对苏联。① 这些代表人物的反思无疑对青年学生具有很强的影响力，使更多青年学生脱离国家主义派而投入到了轰轰烈烈的反帝运动中。

2. 对农民群体的反帝话语建构

中国共产党早期反帝话语的有效性（effectiveness）和权威性不仅体现在其本身的科学性，更体现在话语场域指向的目标及对象对这套话语是否做出反应以及如何做出反应。国民革命时期，面对大多数不识字、政治意识比较淡漠的农民群体，中国共产党反帝话语是如何唤醒农民群体对帝国主义的仇恨，在塑造农民的认知、情感和阶级意识中使其产生认同感，进而使其参与反帝的“政治行动”的呢？

（1）从日常生活入手建构使农民深刻感知帝国主义剥削存在的民族意识。20 世纪 20 年代，为了使农民阶级深刻感知帝国主义剥削的“真实存在”，中国共产党从洋货横行、日用品价格奇高等农民日常生活现象入手，将农民破产、生活困苦不堪、被迫到处流浪的窘境归因于帝国主义。在中国共产党的话语范式中，帝国主义造成了农村经济社会的凋敝。中国共产党在《告农民书》中，将帝国主义倾销中国的商品称为“洋货”，指出“洋货”“潮水般的输入中国”，导致“乡间手工的纺纱织布生意”被夺走，“洋货”充斥乡间成为农民的日用品，本国货也价格增高，农民入不敷出。

> 自古道男耕女织，自从外国资本家把他们的洋货潮水般地输入中国以来，乡间手工的纺纱织布生意，都被外洋机器制造的棉纱棉布夺去了。据海关报告，洋纱洋布入口，每年价值二三万万元就是每年中国种棉纺纱织布的农民工人之损失。此外洋油、洋火、洋钉、洋针、洋肥皂、洋头绳等都一一运到乡间，成了农民的日用品；就是农民日用所需的本国货，如油

① 昌群．破产的国家主义［J］．中国青年，1926：6（20/21）．

盐、纸张、茶叶、酱醋等，也因为厘金等捐税增加及别的洋货输入的影响，价钱日见高涨。尤其是盐税归外国人管理，因为偿还洋债，他们拼命增加盐税，盐价日渐增高，农民生活因此更加困苦不堪了。①

诚如彭湃所言，帝国主义一方面通过输入大量商品，击垮农村手工业而盘剥农民，“另一方面通过勾结军阀连年战争，转嫁军费负担到农村”，使农民生活“日陷困难，结果入不敷出，不得不变卖其土地以应付目前生活之恐慌，遂至零落变成佃户……逐渐无产阶级化”。② 李大钊更描绘了一幅外货侵入下的农村社会凋敝状况：“壮丁相率弃去其田里而流为兵匪，故农户日渐减少，耕田日渐荒芜。”③ 上述关于外国商品倾销农村，导致农村手工业破产；政府又将赔款转嫁于农民，导致捐税增加，进而拉高农民日常生活用品物价，使农民生活陷入困境的悲惨景象，是对帝国主义入侵造成农民生活痛苦不堪的根本原因的真实表达，对塑造农民对帝国主义的憎恶心理产生了积极影响。

中国共产党将农民直接面对的盘剥者地主阶级归为与帝国主义狼狈为奸的恶势力，建构起乡村地主阶级是“国际资产阶级的附庸，其生存和发展是附属于帝国主义”的基本话语范式。中国共产党人用“发财人”“土财东”“洋财东”等农民易于理解的话语范式将帝国主义与地主阶级归为一类人，并描绘出一幅帝国主义和军阀、地主勾结压榨农民的现实图景：

帝国主义者和军阀勾结，以厘金和盐税间接剥削农民，以亩捐附加等类之捐税直接剥削农民。帝国主义者更借了许多款项给军阀，军阀又加重剥削农民以还债。军阀更利用失业的农民，组织雇用的军队，帝国主义供给了枪械，乃造成武力，为压迫农民之工具。④

毛泽东用著名的“多层塔理论”，形象地指明了高高在上居于塔顶的是帝国主义，次层及复次层依次为军阀，贪官污吏、劣绅土豪，地主、买办，外加兵匪，它们共同构成了对处于塔基的农民的残酷蹂躏。瞿秋白的“两只手”理论，也形象地揭示了地主与帝国主义的关系。他说：

---

① 中共中央文献研究室，中央档案馆．建党以来重要文献选编：第2册［G］．北京：中央文献出版社，2013：502.

② 彭湃．彭湃文集［M］．北京：人民出版社，1981：105.

③ 中共中央文献研究室，中央档案馆．建党以来重要文献选编：第2册［G］．北京：中央文献出版社，2013：644.

④ 中央档案馆．中共中央文件选集：第2册［G］．北京：中共中央党校出版社，1989：683－684.

地主和买办……事实上成为帝国主义者的两只手。

帝国主义者压迫的实是农民。农民生活的苦痛是受了帝国主义压迫所赐，帝国主义者的两位帮手——买办和地主的剥削掠夺所赐。

这里我们可以明白了：打倒帝国主义的意义应该是解除农民的苦痛，缴卸帝国主义的武装，压制买办与地主。①

中国共产党还给农民频繁遭受的自然灾害赋予社会意义，纳入了反帝话语范式。基于“灾荒形成的最后原因”，一定有“超乎自然条件之上的”“人为的社会条件存在着”② 的解释范式，中国共产党将外在于农民的天灾的根本原因归咎于帝国主义的侵略及其代理人军阀地主的腐败统治。如1925年夏季湖北普遍发生大旱，湖北中共党组织即要求党员“从政治经济制度的罪恶去解释旱荒的原因，使农民确认帝国主义、军阀、官僚乃至地方劣绅土豪、地主财东之罪恶”③。1926年江西水灾发生后，江西党组织这样解释水灾原因：

军阀年年向人民诈重税专以饱自己私囊，延长战争，丝毫不顾及农民的利益———不疏通河道，以利水源；不培植森林，以节雨量；不赔补堤防，以防溃决。而农民既受军阀重税的剥削，更加以种种苛捐杂税之负担，生活日趋窘困，何能有疏通河道、培植森林、赔补堤防之资，因此，雨量多，而水灾濒临矣。

军阀只知道为帝国主义利益与自己地盘而战。④

这种归因于军阀腐败统治并成为帝国主义代理人而不顾农民死活的解释逻辑及话语，从根本上打破了农民“天灾祸人”的传统“天命观”，塑造了农民推翻帝国主义和军阀联合统治的革命正当性观念。

在文化上，帝国主义往往通过宗教实施对农民的思想控制。宗教传达的“和平博爱”等信仰，具有麻痹民众的隐蔽作用。中国共产党一直认为，宗教和教会是西方经济侵略的开路先锋和对中国进行“文化侵略”的重要表现形式。如瞿秋白曾明言，势力强大的英美实施“文化侵略”的真正目的在于“驯养”

① 中共中央文献研究室，中央档案馆．建党以来重要文献选编：第3册［G］．北京：中央文献出版社，2013：374.

② 邓拓．中国救荒史［M］．北京：北京出版社，1998：5.

③ 湖北省档案馆．湖北革命历史文件汇集：甲2［G］．武汉：湖北省档案馆，1986：85.

④ 中央档案馆，江西处档案馆．江西革命历史文件汇集：1923—1926［G］．北京：中央档案馆，1985：313.

中国劳动民众，“改造中国人的心肺”使其能“俯首听命”。① 而西方教会深入中国乡村，霸占田庄、勾结地痞欺压良民、包揽诉讼的行为，已让农民产生了切肤之痛。中国共产党即从这些农民有亲身感触的具体事实为突破口，引导农民反对帝国主义的文化侵略。中国共产党在《告农民书》中揭露法、英、美传教士“在乡村庇护教民欺压良懦，真是无法无天”②，指示深入农村的党员干部“于基督教、天主教传教势力所及之地，应特别鼓动农民反对教堂霸占田庄，反对教堂勾结地痞欺压良民”，以此为“在农民中发展反帝国主义之导线”。③ 中国共产党还将教会侦察情报、收买人心、欺诈民众的本质揭露了出来。1926 年中共中央执行委员会扩大会议通过的《农民运动议决案》指出：

> 教会为外国帝国主义蹂躏中国人民之先锋，他们一方面替帝国主义作侦探察中国内地情形——政治、经济、民情、风俗，究竟是个什么的状况，另一方面，他们又用着和平博爱等，说着好听的名词，甚至用一些金钱出来收买民众对于他们的信仰，他们想把所有被压榨的民众一齐都欺骗下去，他们想引导一般被压榨的民众，都忘掉他们自身生活实际的痛苦，以保证帝国主义压榨民众基础之巩固与恒久……④

通过揭露进一步提高农民对农村教会的正确认识，掀起反对教会的正确斗争。

（2）建构农民反帝运动正义性的唯物史观评价体系。历史记忆的主要任务是解释现实以及沟通过去与当代之间的关系。换句话说，尽管历史记忆是一个有关过去的信仰和观念的有机体，但是阐释历史过程的主要任务不在于历史事实本身，而在于对当前国家认同的高度关怀。历史记忆有助于群体和社会理解他们的过去和现在，并且能够鉴往知来。沃勒斯坦说，“历史记忆是一个突出的精神现象，也是一个政治现象，并且始终是一个当代现象”。⑤自义和团运动以来，农民反帝运动被戴冠以“落后”“排外”的污名。中国共产党通过重新评

---

① 瞿秋白．瞿秋白文集［M］．北京：人民出版社，1988：70－80.

② 中央档案馆．中共中央文件选集：第 1 册［G］．北京：中共中央党校出版社，1989：511.

③ 中央档案馆．中共中央文件选集：第 1 册［G］．北京：中共中央党校出版社，1989：360.

④ 中共中央文献研究室，中央档案馆．建党以来重要文献选编：第 3 册［G］．北京：中央文献出版社，2013：303－304.

⑤［美］徐国琦．中国与大战：寻求新的国家认同与国际化［M］．马建标，译．上海：三联书店，2008：31.

价义和团运动，赋予其反帝运动的正义性价值，建构新信仰体系下的新评价标准，以此唤醒农民对过往的集体记忆并对当下社会反帝运动做出积极回应。1924 年中国共产党于“辛丑条约”签订纪念日，对义和团运动的反帝价值与精神给予了积极的正面评价。以陈独秀《我们对于义和团两个错误的观念》、彭述之《帝国主义与义和团运动》、蔡和森《义和团与国民革命》、张太雷《列宁与义和团》等文章为代表，高度赞扬义和团运动的反帝精神和价值，“是中国民族革命史上悲壮的序幕”①，“是对于外国帝国主义的侵略直接的与间接的不堪忍受的反射运动”②。1925 年 1 月中共四大明确评价义和团运动是“农民对于国际资本帝国主义的第一次大反抗”③。在 1925 年 8 月 29 日上海区委关于“九七”纪念运动的宣传大纲中，已然将“五卅”运动看作是义和团运动“二十六年来发展进化的结果”。④ 这对改变近代以来中国知识精英鄙弃太平天国农民革命和义和团运动的传统“史观”、树立唯物史观正统地位提供历史依据。

中国共产党对农民传统的秘密结社武装组织如红枪会、哥老会等自发反洋人、反洋教的行为予以“革命运动”的正面评价。1926 年 12 月在《湖南省第一次农民代表大会宣言》中指出：

> 然而潜伏在农村中的革命运动，绝不因帝国主义与封建阶级的镇压而消沉。遍布南方各省的三合会、三点会、大刀会、哥老会，以及北方的捻子、白狼、红枪会等团体，先后发生，不谋而合地相继与封建的统治阶级争斗，与帝国主义争斗。因此各地的仇杀教士案、饥民骚动案近年之大事如宣统年间饥民焚烧湘省巡抚衙门，如临城劫车案，都是这些人干的，时有发生。⑤

中国共产党早期重要领导人李大钊在 1926 年 8 月 8 日撰文《鲁豫陕等省的红枪会》指出，作为远为白莲教的支裔、近为义和团的流派的红枪会，天然具有反洋人的显著特征。

---

① 任建树，张统模，吴信忠．陈独秀著作选：第 2 卷［M］．上海：上海人民出版社，1993：771.

② 蔡和森．蔡和森文集［M］．北京：人民出版社，1980：636.

③ 中共中央文献研究室，中央档案馆．建党以来重要文献选编：第 2 册［G］．北京：中央文献出版社，2013：239.

④ 中央档案馆，上海市档案馆．上海革命历史文件汇集：甲 11925—1926［G］．北京：中央档案馆，1986：8.

⑤ 中央档案馆．中共中央文件选集：第 2 册［G］．北京：中共中央党校出版社，1989：684.

红枪会反对洋人，便是农民反对外国帝国主义的表现，因为他们感觉着自有洋人入中国以来，便给中国带来些不安和扰乱，便给中国农民带来些困苦和艰难。他们不认识帝国主义，却认识了洋人，洋人在他们的认识中便是帝国主义的代表。①

国民革命时期中国共产党通过媒体高调评价过去农民反洋人行动的正义性，改变了近代以来中国知识精英鄙弃近代农民革命的传统史观，完成了对以唯物史观为唯一正确评价标准的新信仰体系的初步塑造，为现实的农民反帝斗争提供了历史合法性。

（3）建构农民不能缺席的国民革命反帝话语范式。在中国共产党反帝反封建的“国民革命”话语叙事中，农民阶级处于非常重要的地位，他不仅是工人阶级的同盟者，而且是中国民族解放运动不可或缺的重要力量。甚而，中国共产党领导人直接将“国民革命”看作一场农民革命，把动员农民推翻地主统治看作反帝民族解放运动的重要组成部分。中国共产党从塑造农民阶级认同和身份认同入手，建立农民新型阶级观念，进而动员农民组织起来，以组织身份参加反对帝国主义的民族解放运动。

①用阶级意识和阶级观念唤醒农民的身份认同，树立忠实于本阶级的新型观念。如澎湃直接将农民阶级与工人阶级共同归入“穷苦人”② 行列，以此建构农民阶级与工人阶级是同盟者的身份认同。如党的四大关于农民是中国革命运动中的重要成分、他们因利害关系天然是工人阶级之同盟者的观点，1926 年 2 月中央特别会议关于只有工农联盟“足以引导国民革命到最后的胜利”③ 的观点都代表了中国共产党对农民地位的正确认知。

②确立农民在国民革命中的重要地位，强调农民革命必须在中国共产党领导下才能成功。中国共产党从农民阶级对于反帝反封建的国民革命取得成功所具有的重要意义的视角肯定并确立了农民在国民革命中的革命地位，其理论话语坚持并贯彻了“没有农民参加的反帝反封建的国民革命不会成功”的观念。中共三大关于“农民当中国人口百分之七十以上，占非常重要地位，国民革命

① 中共中央文献研究室，中央档案馆．建党以来重要文献选编：第 3 册［G］．北京：中央文献出版社，2013：363.

② 彭湃．彭湃文集［M］．北京：人民出版社，1981：87.

③ 中央档案馆．中共中央文件选集：第 2 册［G］．北京：中共中央党校出版社，1989：54.

不得农民参与，也很难成功”[①] 的观点，毛泽东关于“所谓国民革命运动，其大部分即是农民运动”“然若无农民从乡村中奋起打到宗法封建的地主阶级之特权，则军阀与帝国主义势力总不会根本倒塌”[②] 等观点，代表了中国共产党对农民革命力量的重视，并赋予了农民阶级参与反帝运动的现代政治意义。中国共产党人在对农民阶级自发反抗帝国主义行为给予革命评价的同时，也深刻指出其局限性：“是没有广大的联合战线的，是不明白政治的策略的，所以决不能成其大事。”[③] 明确指出农民阶级必须在中国共产党的领导下才能使反帝斗争具有彻底性。

③以建立世界农民联盟的话语塑造农民的世界革命性观念。为了使世界革命的价值理想得到农民的认同，中国共产党提出中国农民应联合世界农民共同反对国际帝国主义的口号。“赤色农民国际，是世界农民之大联合，是以打倒世界帝国主义、大地主为目的的”“联合世界之农民兄弟，来打倒我们的敌人”[④]。这些话语范式给农民带来了正确的阶级意识和推翻帝国主义的现实责任感和正义性。

④通过教育实践改造农民群体的思想意识。中国共产党反帝理论在农民群体中的建构，体现了思想走向行动的时代特征。农民投入轰轰烈烈的大革命反帝热潮是中国共产党早期反帝话语建构取得成功的标志。国民革命时期，中国共产党依托与国民党合作的有利时机，借助在国民政府管辖区域内可以合法存在的有利条件，充分利用国民党辅助农工的政策、国民党实施的农民运动讲习所和农民运动特派员制度，大规模展开对农民群体的教育。实践证明这种教育运动是卓有成效的，农民被动员了起来并焕发出了不可阻挡的革命气势。

第一，建立教育农民的体制机制。以中国共产党人为核心的骨干力量，依托农民培训体制机制，实施了对农民的现代民族意识的启发与教育。国民革命时期，国民党实施“扶助农工”政策，制定有利于农民运动发展的政策和计划，成立领导农民运动的机构，提供农民运动的经费。在反动势力与农民发生冲突时，能出动政府武装力量帮助农民运动。国民党农民部建立了各级农民运动讲

---

① 中央档案馆．中共中央文件选集：第 1 册［G］．北京：中共中央党校出版社，1989：139.

② 中共中央文献研究室，中央档案馆．建党以来重要文献选编：第 3 册［G］．北京：中央文献出版社，2013：385，386.

③ 中央档案馆．中共中央文件选集：第 2 册［G］．北京：中共中央党校出版社，1989：684.

④ 广州农民运动讲习所旧址纪念馆．广东农民运动资料选编［G］．北京：人民出版社，1986：235－236.

习所制度和农民特派员制度以培养从事农民运动的骨干队伍。而由于农民部的实际领导者大多为中国共产党人，各级各类农民运动讲习所的实际负责人也大多是中国共产党人，这使中国共产党可以充分利用这个合法阵地，展开对农民的教育与改造。1924 年以来，国民党及其国民政府举办过七期中央农民运动讲习所。实际负责这项工作的中国共产党人在培训学员招募、课程设置、教学管理等方面将中国共产党的反帝话语导入课程体系和教学实践过程中，使整个培训过程鲜明地体现了中国共产党的价值导向。在学员招募环节，以“精敏忠实”为标准，将大量中共秘密党员输送进去，确保了学员的革命性。课程设置上，以帝国主义侵略简史、政治经济浅释、社会问题与社会主义、资本制度浅说、帝国主义政策结果等为代表的系列课程设置，由中共党员直接担任教员并加以时事的宣讲，使农民运动骨干成员有了直接接受马克思主义意识形态和反帝思想熏陶的机会。在教学管理中，主讲授课、自学阅读、农民问题讨论会、实际问题调研、到农民运动开展得好的地方实地调研、军事训练等教学环节的安排，实现了从理论到现实的结合。中国共产党反帝话语已通过课程导入和教学环节设置深入农民运动骨干的脑海之中了。

经过培训掌握党的反帝话语理论的农民运动骨干力量以特派员身份被派回省、县、区乡，把以农村小学教师为代表的农村知识分子充分调动起来进行培训。以各省成立农民运动讲习所，各县成立农村师范讲习所和农民运动训练班，各区乡成立农民学校、农民补习学校、农民子弟学校等的培训体系，层层导入，实现对农民反帝意识的培养。马列主义要点、帝国主义要点、唯物史观、政治经济概要、世界及本国政治经济状况、俄国革命史略、湖南农民运动概况及其策略、中国农民运动概况等课程，①同样导入各县县立农村师范讲习所和县立农民运动训练班的课程体系中，县一级受训人员再将所接受的马克思主义思想和反帝意识形态通过农民学校包括农民夜班、日班、农民子弟日班、农妇半日班等形式传播给最基层的农民群众。

各级各类农民运动讲习所、培训体系的建构和农民运动特派员制度进一步将乡村知识分子队伍组织动员起来，他们成为沟通中国共产党意识形态与基层农村传统习俗文化的桥梁。在特殊的农村场域与农民文化传统发生对话，并在对话中初步改造农民落后的民族意识，为大规模动员农民投身反帝运动提供了文化基础。

---

① 中国革命博物馆，湖南省博物馆．湖南农民运动资料选编［G］．北京：人民出版社，1988：737.

第二，骨干力量言语、行动、生活服饰“农民化”。为了使农民运动骨干在宣导反帝的民族主义思想中能更加贴近农民，中共中央引导的各级培训，特别注意技巧课程的设置，训练农民运动骨干成员要注意自身言语、行动、生活服饰农民化。在国民革命时期，中国共产党对待农村传统的秘密结社组织如红枪会等，采取主动加入其中进行改造的政策。李大钊在 1926 年 8 月撰写的文章《鲁豫陕等省的红枪会》中就号令农村中有觉悟的青年们、乡下的小学老师们、知识分子们以及到田间去的农民运动者，赶快加入红枪会的群众里去，开发他们、辅助他们，把现在中国农民困苦的原因和红枪会成立的必要解释给他们听，让他们明了农民阶级在国民革命运动中的地位和责任，明了他们的仇敌和朋友分别是谁，了解红枪会的性质及其应走的道路，然后这一种蓬蓬勃勃的农民大运动，才不至于走到错路上去。①

第三，调查研究农村常态化。中国共产党要求广大农民运动积极分子和党员要经常做调查研究，注意研究农民问题。“农民问题本来包括两个方面的问题：帝国主义、军阀、地主阶级等人为的压迫问题，与水旱天灾、病害虫害、技术拙劣、生产减缩等天然的压迫问题。”这两个问题都是非常紧迫的重要问题，都需要积极的注意。② 1926 年 3 月，毛泽东借着开办广州第六届农民运动讲习所，将 300 多名学员动员起来，组织成 13 个“农民问题研究会”，拟就 36 个调查项目，积极动员到农村进行调查活动，诸如“货物价格与农产品价格之比较”“销售何种洋货影响如何”③ 等都是调查内容。毛泽东在 1926 年 9 月发表的《国民革命与农民运动》中指出，为了把农民动员组织起来，要求大批同志立刻下定决心，去做组织农民的浩大工作，把农民问题研究起来，下定决心到农村中间去，冒着严寒酷暑，问农民痛苦些什么、要些什么，从他们的痛苦和需要中，引导他们组织起来，向土豪劣绅争斗，与城市工人、学生、中小商人建立联合战线，引导他们参与反帝国主义、反军阀的国民革命运动。④

第四，话语表达传播通俗化。创办乡村小学教员为代表的乡村知识分子能读懂的报纸杂志，开宗明义，宣传反帝思想。如在 1926 年 1 月广东省农民协会

---

① 中共中央文献研究室，中央档案馆．建党以来重要文献选编：第 3 册［G］．北京：中央文献出版社，2013：366.

② 中共中央文献研究室，中央档案馆．建党以来重要文献选编：第 3 册［G］．北京：中央文献出版社，2013：387.

③ 欧阳斌，等．毛泽东农民问题理论研究［M］．杭州：浙江人民出版社，1993：43.

④ 中共中央文献研究室，中央档案馆．建党以来重要文献选编：第 3 册［G］．北京：中央文献出版社，2013：386.

专门创办了机关刊物《犁头》杂志，其代发刊词《犁头宣誓》明确了其宗旨："我们的敌人是帝国主义、媚外军阀、买办地主、劣绅土豪、骄兵悍将。……使所犁之地，永属于扶犁之人。犁头犁头，如是宣誓。"①《犁头》杂志有一个文艺栏目《农民俱乐部》，在第三期漫画中，作者就将帝国主义这一头号敌人通过漫画的形式表现了出来。湖南《农友》周刊开宗明义四个责任，蕴含着指向帝国主义的明确立场，如指示农友们一切痛苦的来由、告诉农友怎样去打倒帝国主义、打倒军阀——帝国主义洋财东将洋货输入农村，夺去手工业的生路，又勾结军阀造成战争，妨碍农事。②掌握了中共反帝话语形态的中国共产党人和乡村知识分子十分注重利用露天演讲、画报、口头歌谣、标语口号等方式宣传反帝的民族主义立场，并尽量使语言文字通俗化，如在演讲中将帝国主义称作洋人，以这样的方式动员农民：

> 洋人把中国的棉花价格，提高收尽去了，使得我们赤裸裸的不能纺花织布。
>
> 外国人暗中使中国军阀，互相打仗，到处用兵，弄得我们今天拖夫，明日派差，在路上受敲，受打，也是我们呵！外国人把洋货送到中国来，弄得我们从前用手艺做出来的货，那里还值钱呵！③

编给农民的歌谣是这样的：

> 只恨洋人来中国，洋纱洋布入乡村。乡村贫富用洋货，家机土布不时兴。农家妇女不纺绩，乡里机匠做不成。先宗也就遭兀运，少衣少饭受辛苦。
>
> 工农阶级团结好，打倒土豪和劣绅。打倒军阀官僚派，还要打倒洋财东。④

此外，用"不买洋货呵！""打倒洋鬼子的走狗军阀和洋奴们呵！"⑤ 等简洁的口号对农民实施动员。这些演讲、歌谣、口号通俗化地说出、唱出和喊出了

---

① 罗绮园．犁头宣誓［J］．犁头，1926（1）．

② 中国革命博物馆，湖南省博物馆．湖南农民运动资料选编［G］．北京：人民出版社，1988：733.

③ 中国革命博物馆，湖南省博物馆．湖南农民运动资料选编［G］．北京：人民出版社，1988：385.

④ 中国革命博物馆，湖南省博物馆．湖南农民运动资料选编［G］．北京：人民出版社，1988：395，398.

⑤ 中国革命博物馆，湖南省博物馆．湖南农民运动资料选编［G］．北京：人民出版社，1988：385.

中国共产党的反帝声音，农民群体在传唱中接受着反帝观念，使之成为自己价值观的重要组成部分。正如毛泽东所言：

> 打倒帝国主义、打倒军阀，打倒贪官污吏，打倒土豪劣绅，这几个政治口号，真是不翼而飞，飞到无数乡村的青年壮年老头子小孩子妇女们的面前，一直钻进他们的脑子里去，又从他们的脑子里流到了他们的嘴上。①

正是通过杂志、画报、壁画、口头歌谣、一目了然的标语等印刷品简洁而鲜明地传递反帝的价值理想，农民群体原有的“乡村民族主义”观念实现了与马克思主义中国化的反帝话语及其观念的初步结合。

第五，组织起来革命化。在思想改造的同时，中国共产党将农民组织于农民协会中，引导农民走向政治行动，展开与帝国主义不妥协的斗争。国民革命时期，中国共产党引导农民打倒“洋财东”、查禁洋货、鼓动农民参加反帝游行示威运动。“五卅惨案”后，在共产党的领导下，广东省农民积极与省港罢工工人联合战斗、封锁香港。1925 年 5 月 3 日，广东省二十二县农民协会的代表 117 人致电美国农民兄弟，反对美国银行团借款给广东军阀邓本殷。② 1925 年 6 月 20 日，广东省农民协会就英、美、日帝国主义在上海制造“五卅惨案”发表宣言，对“沙基惨案”发表宣言，声讨帝国主义的罪行。③ 1926 年 9 月 29 日，广东省农民协会发出宣言抗议英帝国主义派军舰驶入广州内河、派兵登陆，表示誓率 85 万农民与英帝国主义者决一死战。④ 湖南农民运动牺牲的第一人汪先宗领导湘潭东一区株洲叠乡成立秘密农民协会，号召农民拥护广东革命政府，打倒英、日帝国主义。⑤ 中共党员还利用十月革命纪念活动，动员农民参加游行活动，这也在客观上使农民站在了反帝立场上，拥护列宁思想和苏维埃。

第六，坚定地站在农民一边，切实保护农民利益。正如毛泽东所言，如何对待农民阶级是检验各政党革命性的重要标志。“一切革命的党派、革命的同志，都将在他们面前接受他们的检验而决定弃取。站在他们的前头领导他们呢？

---

① 毛泽东选集：第 1 卷［M］. 北京：人民出版社，1991：34.

② 广州农民运动讲习所旧址纪念馆 . 广东农民运动资料选编［G］. 北京：人民出版社，1986：649.

③ 广州农民运动讲习所旧址纪念馆 . 广东农民运动资料选编［G］. 北京：人民出版社，1986：650.

④ 广州农民运动讲习所旧址纪念馆 . 广东农民运动资料选编［G］. 北京：人民出版社，1986：662.

⑤ 中国革命博物馆，湖南省博物馆 . 湖南农民运动资料选编［G］. 北京：人民出版社，1988：762.

还是站在他们的后头指手画脚地批评他们呢？还是站在他们的对面反对他们呢？每个中国人对于这三项都有选择的自由，不过时局将强迫你迅速地选择罢了。”① 国民革命时期中国共产党对与农民利益密切相关的土地问题采取减租减息、反对预征钱粮及苛捐杂税的政策。1926 年 7 月，中共中央扩大会议进一步明确了这一对待农民运动的最低限度的政纲。

在农民减租减息、平粜阻禁的革命风暴下，农民与土豪劣绅之间激烈的阶级冲突发生了，一时间诬陷谩骂农民之声甚嚣尘上。污蔑“农民满脚牛粪不配有会”“成立农会是用来抽捐、当兵的”“农会是共产共妻”的有之，谩骂农民运动是“惰农运动”、妨碍政府税收的有之。1926 年 5 月以来，代表地主资产阶级利益的新闻界对农民运动和农会的肆意污蔑、攻击之声不绝于耳。如广州的《人权报》《现象报》《公平报》，甚至汕头的《新民国日报》等报刊的时评，污蔑农会被土匪把持。造成激烈阶级冲突的原因，中共广东区委曾在 1926 年 6 月总结出四点：一是无聊政客、落伍军人或混进农会或利用国民党捣乱，或煽动土匪进攻，致使农民背负骂名。二是国民党中左派虽然支持农民运动，但也仅仅是利用农民运动，一旦达到目的，便忽视并反对农民运动。右派则取仇视农民运动的态度，关于“农会是土匪”的谩骂就是出自他们之口。三是农会本身的弱点，诸如组织松懈、被反动派侵入、不明白政治和革命意义、忽视建设事业、妄想目前小利益等，给反动分子以口实。四是中国共产党人工作组织失误导致与地主阶级过早发生激烈冲突。

面对恶意指责和谩骂以及对农民运动的压迫，中共中央站在维护农民利益、巩固中国共产党对农民领导地位的坚定立场，在提出农民最低限度政纲的同时，也采取了恰当的斗争方式。对待国民党内部分歧及右派压迫农民的事实，主要通过和平、合法的方式推动国民政府继续坚持减租减息政策。通过将右派压迫农民的事实做成请愿书，向国民党和国民政府请愿，让左派及社会各阶级评判的方式维护农民利益。这使国民政府采取了一些正确举措暂时遏制住了压迫农民之事。如国民政府和军队总司令部分别发出第三次对农民宣言和扶植农民之通令；一些土豪劣绅代表被免去官职；召开国民党中央与各省党部联席会议，通过更为具体而切实的农民问题之新政纲。

对于新闻界的指责与谩骂，中国共产党早期领导人纷纷发表文章，驳斥污蔑农民的不实之词。1926 年以来，在湖南《战士》周报上，署名“行候”“金

① 中共中央文献研究室，中央档案馆．建党以来重要文献选编：第 4 册［M］．北京：中央文献出版社，2013：109－110.

华”“罗难”“人龙”“舒”的文章如《反农民运动与反革命》《农民经济斗争与发达农业生产》《农民运动与反宣传》《社会各方面对农民运动的态度及湖南农民的革命功绩》《所谓纠纷问题的意义》和《对于“这样的革命哪里是国民革命”的回答》等，立场鲜明地揭露了土豪劣绅枪杀农民、夺取农会控制权、假借农会之名行暴行之实，又栽赃于农民的罪行，指出“除开是反民族运动的人，就不应该怀疑或至于厌恶”农民反土豪劣绅的运动。毛泽东在《湖南农民运动考察报告》中更用具体调查事例，对造谣言论进行了有力回击。

在此斗争中，中共中央也意识到，随着国民革命胜利在望，国共两党由于对待农民态度存在本质差别而极有可能走向分裂。陈独秀在 1926 年 12 月给各级党部的信中指出，国民党“是为国民革命而组织工农，我们是为工农利益而参加革命”“在国民革命有相当的成功时，政权若落在左派之手，也许对于农民政纲中如武装土地及农村政权等未必充分允许，我们和左派的联盟，将来会因此分裂，因为我们不能为维持和左派的联盟而失去农民”。① 面对可能来临的国共分裂，陈独秀提出了中共中央的底线原则，即决不能为了维持与左派的关系而降低我们的农民政纲、放弃对农民的领导。“在预征田赋上不得让步，否则将使农民离开我们。”②

中国共产党在重要时刻的正确态度，对激发农民投身中国共产党号令的反帝洪流，建设一个对外独立、对内民主的新国家起到了重要的推动作用。经过新思想改造的农民焕发出勇敢的斗争精神。一场在中国共产党领导下有农民参与的反帝爱国的革命运动迅速走入高潮，谱写大革命的宏伟乐章。其中尤以广东、湖南最甚，先后成为革命的中心。在轰轰烈烈的“五卅”运动、反击英帝国主义制造的“沙基惨案”、声援省港大罢工的革命洪流中，农民阶级展现出伟大的力量。如在广东，20 万农民积极参与封锁香港，做上海、青岛、汉口各地工人罢工之后盾；“沙基惨案”后广东省农会发表宣言声讨帝国主义的罪行，抗议英帝国主义派军舰驶入广州内河、派兵登陆骚扰。在湖南，不仅有毛泽东在四十余个县和矿区发动成立雪耻会，力陈帝国主义侵略中国的历史，介绍“五卅惨案”和长沙、湘潭等地的反帝爱国运动情况，号召湖南农民团结起来反对英、日帝国主义；更有长沙近郊农民五千人参加十月革命纪念节游行活动，坚

① 中央档案馆．中共中央文件选集：第 2 册［G］．北京：中共中央党校出版社，1989：529.

② 中央档案馆．中共中央文件选集：第 2 册［G］．北京：中共中央党校出版社，1989：526.

持反帝立场、拥护列宁思想和苏维埃政权等。大量农民特别是广东、湖南的农民投入国民革命反帝怒潮，见证了中国共产党早期反帝话语建构的成功。

3. 对塑造20世纪20年代中国新舆论的作用

大革命时期中国共产党反帝话语对塑造20世纪20年代中国新舆论起到了重要的导向作用：

（1）提供了认识世界秩序的新观念，找到了使中国进入现代世界体系的新方式和新途径。中国共产党反帝话语改变了国人对外部世界的狭隘认识，使通过革命推翻不合理的外部秩序、构建以社会主义为原则的新的世界秩序并在其中扮演重要角色的理念日渐深入人心，使中国进入现代世界体系的方式和途径发生改变。实践证明这是能够改变近代以来中国历史命运的唯一方式和路径。

（2）确立了重新评价近代历史的唯物史观评价体系。从此，唯物史观分析法成为评价近代中国历史的基本方法。以反帝为主线的近代基本历史脉络得到了重新梳理，1840年以来中国人民反侵略的正义性得到了重新肯定。与此相关联，就新生政权合法性和国际承认问题的评判标准也从此发生改变。如陈独秀1927年就北伐后新生的国民政府的承认问题所阐释的那样，由过去以各帝国主义国家承认与否转为以中国民众承认与否为标准；以建立在独立平等基础上的国际承认而非不独立不平等基础上的国际承认为标准；把各国承认看作通过争斗而获得政权的结果而非通过妥协、靠各国承认为获得政权的原因。①这一评价体系为追求民族独立平等国际地位的中国人民浴血奋斗提供了正当性和必然性。

（3）对知识分子起到了积极的动员作用。除了与中国共产党合作的国民党籍进步知识分子在言论行动上表现出明确的反帝情结外，北京政府也在反帝废约问题上表现出了较为强硬的态度。而进步的学生迅速从自由主义、国家主义中分化出来，走到反帝的政治洪流中。

（4）对战后华盛顿条约体系崩溃起到了重要的解构作用。中共反帝话语建构过程中展开的猛烈批判，使帝国主义侵略话语受到严重打击，华盛顿条约体系中隐含的殖民侵略本质受到鞭挞。特别是在风起云涌的“五卅”运动的压力下，以美国为代表的帝国主义国家被迫放弃大国协同合作方略，这在事实上吹响了埋葬战后华盛顿条约体系所代表的帝国主义对华殖民合作侵略计划的号角，开启了中华民族真正觉醒的篇章。

大革命时期中国共产党反帝话语在建构过程中也暴露出缺陷：如为自由主

---

① 任建树，张统模，吴信忠．陈独秀著作选：第2卷［M］．上海：上海人民出版社，1993：1154.

义者和国家主义派分别贴上“媚外的奴隶”“反革命”标签之做法有着深深的时代烙印，表现出了“主义立党”、阶级竞争的“非此即彼”的时代语境和争夺意识形态话语权的强烈目的。特别是与国家主义派的辩论，双方都视对方为“反革命”或“卖国贼”，这使彼此分歧被严重放大，在一定程度上影响了将反帝的政党、阶层团结起来，在求同存异中实现革命力量最大化政策的实施；也不利于在学理层面对帝国主义、民族主义、国际主义等范畴作更深层次的探讨以使反帝意识形态建构拥有更为扎实的学术研究根基。

二、土地革命战争时期中国共产党反帝话语的新变化及新特征

大革命失败后的十年，对中国共产党把马克思列宁主义关于帝国主义的理论与中国的实际革命情况相结合、坚持大革命时期反帝话语中正确的部分并不断纠正偏差、创造性地丰富发展反帝话语，是一个极其严峻的考验。

大革命失败后，曾经是反帝支持者和合作者的国民党变成了国家政权的统治者和帝国主义封建反动势力的代表者。中国共产党被迫从合法参与领导反帝斗争的政党转变为为了生存展开激烈阶级斗争的政党。以蒋介石为代表的国民党南京政权抛弃了大革命时期的反帝革命纲领和联俄联共、扶助农工的政策，对外打着“反帝”的旗号却对帝国主义实行妥协政策，出卖国家民族利益，蜕变为地主买办资产阶级反动政权；对内打着“攘外必先安内”的旗号，疯狂展开对中国共产党及其领导的革命力量和革命运动的残酷镇压。与此同时，随着“九一八事变”的爆发，日本帝国主义步步紧逼，侵略中国，试图将中国变成其殖民地，带来中日民族矛盾的日益尖锐化。而国民党南京政权却采取“以夷制夷”的方针，将反日的希望寄托在以英美为代表的国际联盟的干涉上，表现出对日本的妥协与投降。

大革命失败后，反帝斗争与阶级斗争呈现出复杂性及变动性，迫切需要中国共产党对中国与世界、阶级关系与民族关系、中国革命与世界革命关系等问题做出历史性回答。20 世纪 30 年代以来，日本帝国主义侵华战争的日益严重性进一步验证了反帝革命斗争的正当性，但也带来反帝革命斗争的复杂性，需要中国共产党领导人根据变动的国际国内局势重新审视，围绕反帝革命对象、动力、领导者，采取何种策略等问题提出新的思想见解，以推动反帝革命斗争向前发展。面对复杂的阶级斗争和民族矛盾，中国共产党首先面对生死存亡的考验展开激烈的阶级斗争，通过武装斗争、土地革命、根据地建设，形成了与国民党南京政权相对峙的中华苏维埃共和国政权，开辟出中国革命的新道路，找到了实现中华民族伟大复兴的新路，展现出了星火燎原的态势。与此同时，中

国共产党继续坚持世界革命立场，领导展开反帝运动。在中华苏维埃共和国区域内，颁布纲领、制定宪法，废除一切帝国主义不平等条约，没收一切帝国主义在华的银行、工厂、矿山与交通工具，从根本上消灭帝国主义在苏维埃区域的影响；在国民党控制区，利用地下党组织体系掀起反帝大同盟运动，使国民革命时期的反帝革命纲领得以坚持，并根据新形势，提出建立抗日民族统一战线的新政策，使反帝革命理论得到丰富发展。其间，中国共产党逐步克服自身存在的“左”倾错误，实现了认识飞跃，在反帝对象上从整个地反对一切帝国主义逐步转向重点反对日本帝国主义，从反日、反帝、反国民党转向反日、反汉奸；在反帝革命力量上，从只重视建立工农兵小资产阶级下层统一战线转向包括上层在内的统一战线，到最终完成建立抗日民族统一战线的根本转变，实现了反帝理论及话语在这一阶段的新发展。

（一）共产国际关于国际形势判断和政策策略从“左”倾错误到正确的转变

1. 共产国际关于“第三时期”理论对世界革命形势和任务的“左”倾判断

大革命失败后，领导整个世界革命运动的共产国际提出“第三时期”理论，对世界革命形势和任务做了“左”倾判断。1928 年 7 月至 9 月，共产国际“六大”完整提出“第三时期”理论。所谓“第三时期”理论，就是共产国际将“一战”后的世界革命进程划分了三个时期，分别是 1918 年至 1923 年的资本主义制度陷入严重崩溃，无产阶级采取直接行动时期；1923 年至 1928 年的资本主义局部稳定，无产阶级进行自卫斗争时期；1928 年以后的资本主义危机不断尖锐化，无产阶级进入直接革命时期。认为第三时期是战后资本主义总危机的最后一个时期，是工人运动与民族解放运动的全世界性的普遍革命高涨时期。“第三时期”革命理论的核心观点就是认为世界已进入资本主义总危机，各国无产阶级和被压迫民族将进入反对资本主义、帝国主义的新高潮。

“第三时期”理论的“左倾”错误主要表现在对资本主义垂死过程的长期性和复杂性估计不足，夸大了帝国主义之间和帝国主义同苏联社会主义国家之间爆发战争的可能性；夸大了世界无产阶级的觉悟程度和革命力量的增长速度，把仅在部分国家发展的工人运动和民族解放运动，看成是全世界范围内普遍的革命高涨；夸大和加快了殖民地半殖民地国家反对帝国主义革命运动的规模和速度，认为帝国主义国家的无产阶级起来革命之日，就是殖民地半殖民地国家爆发革命之时。①

2. 共产国际“七大”关于建立反帝民族统一战线策略的正确主张

1935 年 7—8 月，共产国际召开“七大”，制定了建立世界反法西斯工人阶级统一战线和人民阵线政策，规定了殖民地半殖民地国家建立反帝统一战线的策略，标志着共产国际重大战略政策的转变，纠正了“第三时期”理论中的“左”倾错误，开始实施建立世界反法西斯工人阶级统一战线和人民阵线的新政策。这一新政策既符合世界形势的发展变化又富有创新性和正确性。会议上季米特洛夫作的《关于法西斯主义的进攻和共产国际在工人阶级的统一、反对法西斯主义的斗争中的任务》报告和通过的决议，强调“国际工人运动的当务之急，就是建立工人阶级的战斗统一战线”，其出发点和主要内容就是“保障工人阶级当前的经济、政治利益，保卫工人阶级对抗法西斯”。强调共产党人“务必取得与社会民主党、改良主义工会和其他劳动者组织反对无产阶级的阶级敌人的联合行动，以短期或长期协议为基础”。主张“共产党人必须谋求在无产阶级统一战线的基础上建立一个广泛的反法西斯人民阵线”②，主张将工人、农民、手工业者、城市小资产阶级、职员、知识分子等社会力量组织在人民阵线。这一新政策将过去无产阶级直接进行社会主义革命改为反抗法西斯，把社会民主党从打击的主要对象转变为团结合作的力量。

共产国际“七大”针对殖民地、半殖民地国家的具体情况，提出了建立反帝统一战线政策。强调指出，“由于国际和国内形势发生了变化，在所有殖民地和半殖民地国家，反帝统一战线问题乃具有特别重要的意义。”强调，殖民地、半殖民地国家要根据各自不同的情况建立反帝统一战线，要注意“必须把最广泛的群众吸收到民族解放运动中来”，团结民族改良主义者，“积极参加由民族改良主义者领导的群众反帝运动，并力求同民族革命组织与民族改良主义组织在明确的反帝纲领的基础上实行联合行动”③。

共产国际“七大”提出西方工人阶级统一战线、人民阵线要与东方殖民地国家反帝统一战线结合起来，组成最为广泛的世界反法西斯、反帝统一战线。只有这样，才能使资本主义国家的工人阶级斗争、殖民地的民族和被压迫少数民族的斗争、帝国主义国家的工人阶级革命在联合中取得各自的胜利。共产国

---

① 张德喜．马克思主义中国化与共产国际［M］．北京：中共中央党校出版社，2009：173－174.

② 德格拉斯．共产国际文件：第 3 卷［G］．北京：东方出版社，1986：458.

③ 德格拉斯．共产国际文件：第 3 卷［G］．北京：东方出版社，1986：461.

际新战略政策的调整及实质性改变，为中国共产党在反帝目标、同盟者等方面政策的转变，实施抗日民族统一战线新政策提供了重要理论基础。

（二）中国共产党在反帝革命对象、反帝革命主力等方面的话语转变

大革命失败后的十年土地革命战争时期，中国共产党在总体“左”倾下对反帝革命形势与任务做了艰难探索，走过了艰难曲折的道路。在反帝革命对象、任务、反帝革命力量等问题的认识上经历了从“左”倾错误向正确方向转变的过程。在反帝革命对象上，从整体反对一切帝国主义向反对最主要的敌人——日本帝国主义转变；从“反帝、反日、反国民党”的口号向“反日、反汉奸”的口号转变；在反帝革命力量上从只将工人农民、贫苦的市民作为反帝的主体力量，排斥中间阶级，只建立下层反帝统一战线，向团结一切力量包括各种暂时的动摇的力量、建立最广泛的反日统一战线转变。在实践探索中使马克思主义反帝理论与中国革命实践相结合的理论成果有了新发展。

1. 1927 年到 1932 年年底中国共产党反帝话语的表现与特征

受共产国际“第三时期”理论影响，在大革命失败后，中国共产党对国际形势的判断及其方针政策总体发生了“左倾”偏差。如对“资本主义总危机爆发”“反帝的世界革命形势高涨”等语言的使用就是这种“左”倾偏差的表现。但也有许多思想观念和实践值得肯定，特别是举起苏维埃、共产党、红军的伟大旗帜，以苏维埃政权的反帝实际行动宣誓了唯有这种新政权才是取得反帝革命彻底胜利的正确之路，为苦难中的中华民族带来了战胜帝国主义侵略、维护民族尊严的一缕曙光。从 1927 年到 1932 年年底的这一阶段，中国共产党在反帝立场及其话语范式上，继续坚持了整体反对一切帝国主义的观念，在反帝革命力量问题上坚持将工人、农民、贫苦的市民作为反帝的主体力量，对中间阶级暂时脱离革命阵营的行为视为其已经滑向反革命一边，因而将中间阶级排斥在反帝革命队伍之外，只坚持下层统一战线的叙述方式。

（1）关于反帝革命对象问题上的认识

尽管中共中央对国际形势的判断及其方针政策总体“左”倾，但这并不影响中国共产党在大革命失败的革命低潮下，对世界革命信心的坚守以及反帝、爱国、进步的民族主义立场和行动的表达与实践。这一阶段中国共产党继续坚持世界革命立场，坚持整个地反对一切帝国主义的话语观念；将蒋介石及国民党政府看作帝国主义瓜分中国的“清道夫”和“走狗”；提出“反日、反帝、反国民党，建立新政权”的革命任务；与国民党展开舆论战，争夺反帝革命话语权与主导权；以苏维埃政权名义颁布反帝纲领政策，展开实际行动，宣告了中华苏维埃共和国新政权反帝革命的彻底性、行动力及合法性、当然性地位。

第一，继续坚持整个地反对一切帝国主义。

这一时期，中共中央在共产国际“第三时期”理论的鼓舞下，话语表达充满了对苏联社会主义发展成就和对世界革命的欣喜与赞扬、对整个帝国主义面临危机与崩溃的欢呼与兴奋，这在政治上具有提振民众反帝决心和信心的重要作用。在中共中央的正式决议、宣言中，讴歌苏联社会主义发展成就，赞扬世界革命，判断整个帝国主义危机与崩溃的话语往往是这样的：“苏联社会主义建设的五年计画将近全部完成”“国际工人运动的突飞进展”“殖民地半殖民地的革命运动的风起云涌”“帝国主义世界的经济危机更加深入剧烈，国际帝国主义统治崩溃过程日益加速和加剧”①。在此判断下，中共中央领导人继续将1931年“九一八”事变以来日本帝国主义对中国的侵略行径置于整体帝国主义概念之中，将之视为“帝国主义分配世界的战争”，是“为了进攻苏联，为了瓜分中国，为了消灭中国苏维埃运动”②，是东方与西方的战争。中共中央文件中所说的西方战线包含了如英法帝国主义及由英美控制的国际联盟等组织在内的反“赤”的战线，因此，在言说日本发动的各种事变时使用“各帝国主义尤其是日本帝国主义”的分析范式。在列举日本帝国主义侵略中国的种种罪行时，也不忘列举其他帝国主义国家对中国其他地方的侵略。如1932年1月1日，中国共产党在《中国共产党对于时局的主张》中这样说道：

> 帝国主义列强对于我们的侵略是日益加紧。日本帝国主义已经占领了东三省。法帝国主义的军队，已经由云南，贵州，广西等省侵入。英帝国主义实际上也已经占有了西藏，西康，帝国主义列强各自运用它们的武力，财力，争着瓜分中国，剥削中国的民众，要把数万万中国的劳动群众，放在它们的屠刀下面，永远变成它们的奴隶牛马。③

“一·二八”事变后，尽管看到“一·二八”事变使日美之间的矛盾加深，但在分析帝国主义各国的一致性与矛盾性问题上，中国共产党认为其一致性远大于矛盾性。

> 在反对苏联的战争准备上，在将满洲造成反苏联的军事根据地上，在

---

① 中共中央文献研究室，中央档案馆．建党以来重要文献选编：第8册［G］．北京：中央文献出版社，2011：442－443.

② 中共中央文献研究室，中央档案馆．建党以来重要文献选编：第9册［G］．北京：中央文献出版社，2011：287.

③ 中共中央文献研究室，中央档案馆．建党以来重要文献选编：第9册［G］．北京：中央文献出版社，2011：1.

掠夺中国民众，压迫中国革命运动上，帝国主义是一致的，它们在瓜分中国、分配中国的富源上，孕育着开展着帝国主义各国间的冲突与矛盾。反苏联战争的准备，瓜分中国，直接公开的压迫中国革命运动，是目前帝国主义国际策略的中心。

一切帝国主义都是日本帝国主义强盗行为的助手，它们一致的赞助日本帝国主义的掠夺中国、压迫中国革命运动，并鼓励日本帝国主义进行反苏联的军事冒险，虽然在他们内部为着分配中国的富源上发展着极紧张的冲突和矛盾首先在日美之间。但是，美法英意各国的战舰，竞争似的向着中国的重要的工商业及无产阶级中心集中，与日本帝国主义共同的瓜分中国，压迫中国革命。帝国主义军队的调遣，明白揭露它们一致的进攻中国苏维埃革命的阴谋，揭露它们包围和封锁中国苏维埃的企图。在上海“和平会议”的幕后及伦敦四强会议的讲价中，清楚地揭露了帝国主义疯狂般的进攻苏联的准备。①

1932 年 1 月，英、法、美、德、意五国代表团组成国际联盟调查团到中国调查“九一八”事变，并在 1932 年 10 月写成报告，貌似公正，实则牺牲中国，姑息日本侵略行为，体现了英、法、美对东北国际共管以及坐收渔翁之利的企图。中共中央把国际联盟调查团的报告评价为“企图造成帝国主义强盗日本亦在内的统一战线来瓜分中国”“公开地主张实行与扩大帝国主义列强对中国的国际共管”②，是承认了日本帝国主义对中国的合法的、永久的占领，目的在于解除中国反日武装、镇压苏维埃和共产主义等。上述例证说明了当时中国共产党坚持整体反帝的话语观念。

第二，将蒋介石及国民党政府看作帝国主义瓜分中国的“清道夫”和“走狗”。

大革命失败后，蒋介石国民党南京政府以“攘外必先安内”的政策疯狂“围剿”中国共产党及其领导的军队及红色政权，而对日本帝国主义的侵略行径却奉行“不抵抗主义”，出卖国家利益于日本帝国主义。中国共产党将国民党南京政府纳入反帝话语体系，以“内奸”“走狗”“清道夫”称谓国民党南京政府。中共中央在其文件、决议、宣言中历数国民党对待帝国主义侵略的投降事

① 中共中央文献研究室，中央档案馆．建党以来重要文献选编：第 9 册［G］．北京：中央文献出版社，2011：235－237.

② 中共中央文献研究室，中央档案馆．建党以来重要文献选编：第 9 册［G］．北京：中央文献出版社，2011：528.

实。如1931年6月5日，《中共中央关于动员群众扩大反帝运动的决议》中这样写道：

国民党几年来的统治中国的结果，使各国帝国主义在华统治地位均更加巩固。五卅惨案、沙基惨案、宁案、汉口四三案、济南惨案、张案、水案……均被国民党一手拍卖。被工人群众用革命威力收回的汉口、九江英租界，均被国民党双手送回。各帝国主义在华的海陆空军均日有增加，工商业投资及政治军事借款也日益加多……满期的不平等条约都加了一层新的保障如镇江英租界、天津比租界等，未曾开放的领空领海与内河也都甘心听外人宰制如中美、中德航空协定，日渔航侵入浙江沿海捕鱼，日轮时长任意驶入内河等等。为取得帝国主义欢心起见，国民党竟强占民地来替美国公司建筑煤油池如老鼠沙案等。南京政府更公开请国际联盟来指导经济委员会及派各种专家来宰制中国。①

1932年2月15日，《中共中央为上海事变给各地党部的信》中指出：国民党南京政府对于日本北向、西向、南向的侵略步伐不仅不阻止，反而全部接受，特别是对日本在上海提出四大要求，即赔偿日本损失、取缔全国反日团体与反日运动等要求全部接受的事实再次证明国民党政权的投降媚外。

国民党政府却继续的主张不抵抗，把国民政府从南京迁往洛阳。同时准备在任何条件之下，向日帝国主义投降，以避免战事的扩大。为得要表示国民党政府不抵抗的坚决，蒋介石更遣派警卫军第三师到上海监视十九路军，准备解除十九路军士兵的武装，以停止反日战争，表示他对于帝国主义的忠诚！②

1932年4月15日，《中华苏维埃共和国临时中央政府关于动员对日宣战的训令》在列举国民党投降事实后指出：

这一切，都表示国民党政府及其各派军阀完全是帝国主义直接压迫中国民族革命运动的工具，他们不但永远不会进行反日本帝国主义的民族革

---

① 中共中央文献研究室，中央档案馆．建党以来重要文献选编：第8册［G］．北京：中央文献出版社，2011：443－444.

② 中共中央文献研究室，中央档案馆．建党以来重要文献选编：第9册［G］．北京：中央文献出版社，2011：130.

命战争，并且是民族革命战争进行的根本障碍！①

“国民党统治是国际帝国主义瓜分中国的内奸，是国际帝国主义奴役中国的清道夫”② 等话语，成为这一时期中共中央在对外声明中解构国民党统治合法性的基本话语表述。

第三，提出“反日、反帝、反国民党，建立新政权”的革命任务。

1928年7月，中共六大提出“推翻帝国主义及土地革命是革命当前的两大任务”③，将民族斗争统一于阶级斗争之中。“九一八”事变强化了中国共产党关于民族斗争与阶级斗争统一进行的认识。反日、反帝、反国民党成为这一阶段的重要口号。在整体反对一切帝国主义的话语范式下，“加紧反帝斗争尤其是反日斗争”就成为基本的表述方式，同时，加紧反对国民党以及建立新政权也成为与反帝反日同等重要的任务。“反对日本帝国主义，反对国民党”“反对帝国主义国民党共同压迫革命运动”的口号成为此阶段进行最广大群众动员的标志性口号。中共中央以消灭国民党政权“是民族革命战争胜利的先决条件”“中国共产党及其领导的苏维埃政权和军队才是彻底反帝取得民族革命胜利，实现民族解放的唯一政党和武器”的话语范式实现了对反帝民族解放运动领导权和合法性、正当性的重新建构。

1932年3月24日，中国共产党在《中共中央告全国工农兵及劳苦民众书——反对上海设立中立区、反对帝国主义与国民党进攻工农红军，打倒投降帝国主义的国民党》中指出：

一个月内反日的血的教训，证明只有共产党的主张，是自始至终正确的，证明只有共产党是反对日本帝国主义与一切帝国主义到底的。也只有中国共产党所领导的中国苏维埃政府与中国工农红军，才能进行民族的革命战争，打到日本帝国主义与一切帝国主义，取得中国民族的独立解放。④

1933年11月21日，中国共产党在《中共中央为“中日直接交涉”宣言》中指出：

---

① 中共中央文献研究室，中央档案馆．建党以来重要文献选编：第9册［G］．北京：中央文献出版社，2011：247.

② 中共中央文献研究室，中央档案馆．建党以来重要文献选编：第9册［G］．北京：中央文献出版社，2011：237.

③ 中央档案馆．中共中央文件选集：第4册［G］．北京：中共中央党校出版社，1989：299.

④ 中共中央文献研究室，中央档案馆．建党以来重要文献选编：第9册［G］．北京：中央文献出版社，2011：186.

摆在中国前面的只有两条绝对相反的道路：或者是在国民党统治之下，被帝国主义最后瓜分共管，成为完全的殖民地；或者是苏维埃政权在全国的胜利，把中国从帝国主义国民党压迫宰割之下解放出来，而成为独立自由与领土完整的新中国！①

这些声明、宣言鲜明地表达和反映了中国共产党对实现反帝民族解放运动领导权和合法性正当性的重构。

第四，与国民党展开舆论战，争夺反帝革命话语权与主导权。

国民党利用国家机器通过话语宣传和谣言制造剥夺中国共产党及苏维埃政权存在的合理性和反帝正当性。如蒋介石南京政府也打起“反帝”旗号，宣传“一致对外”“对日宣战”等口号，“造谣说日本帝国主义帮助红军金钱与军火，污蔑中华苏维埃政府与日本军阀进行谈判”②“说国民党不能出兵抗日，是由于苏维埃政权的存在，是由于中国工农红军‘障碍抗日战争’，说‘中国没有力量抗日’，故‘不得不忍痛停战’”③，等等。一些中间知识分子也“空喊一些反帝武断的宣传词句”。面对蒋介石南京政府喊出的所谓“反帝”的空话滥调，中共中央文件批驳指出，“这绝不是偶然的事”，目的是“来模糊群众阵线，来和缓和阻止真正群众的反帝运动”。④ 张闻天在《满洲事变中各个反动派别怎样拥护着国民党的统治》一文中指出，国民党“正在利用一些‘一致对外’与‘对日宣战’等的滥言，欺骗群众”⑤。中共中央指出，“谁是障碍抗日战争，谁是卖国者，谁是帝国主义的走狗”，每一个工人、农民、士兵、学生及革命者都会“亲眼看到”⑥，“中华苏维埃政府和工农红军，是反对一切帝国主义侵略的唯一的民众政权与武装力量，在历次英勇的战争中，证明中华苏维埃红军与任何帝

---

① 中共中央文献研究室，中央档案馆．建党以来重要文献选编：第10册［G］．北京：中央文献出版社，2011：606.

② 中共中央文献研究室，中央档案馆．建党以来重要文献选编：第10册［G］．北京：中央文献出版社，2011：164.

③ 中共中央文献研究室，中央档案馆．建党以来重要文献选编：第10册［G］．北京：中央文献出版社，2011：251－252.

④ 中共中央文献研究室，中央档案馆．建党以来重要文献选编：第8册［G］．北京：中央文献出版社，2011：445.

⑤ 中共中央文献研究室，中央档案馆．建党以来重要文献选编：第8册［G］．北京：中央文献出版社，2011：588.

⑥ 中共中央文献研究室，中央档案馆．建党以来重要文献选编：第10册［G］．北京：中央文献出版社，2011：252.

国主义势不两立。”①以此解构国民党南京政权在反帝斗争上的执政合法性。

第五，苏维埃政权以实际行动宣誓了其反帝的彻底性、行动力及合法性、当然性地位。

事实上，中华苏维埃共和国临时中央政府在1931年11月7日俄国十月革命纪念节这个特殊的日子成立，本身就是要表明这一政权的革命性和彻底的反帝性。中华苏维埃共和国政府先后通过颁发《宪法大纲》、对外宣言、发出对日战争宣言等实际行动宣誓了这一新政权反帝革命的彻底性、坚决性以及合法性、当然性地位。

1931年11月7日，中华苏维埃共和国通过的《宪法大纲》规定：

> 中国苏维埃政权以彻底的将中国从帝国主义榨压之下解放出来为目的。宣布中国民族的完全自主与独立，不承认帝国主义在华的政治上经济上的一切特权。宣布一切与反革命政府订立的不平等条约无效，否定反革命政府的一切外债。在苏维埃领域内，帝国主义的海陆空军绝不容许驻扎，帝国主义的租界租借地无条件的收回，帝国主义手中的银行、海关、铁路、航业、矿山、工厂等一律收归国有，在目前，可允许外国企业重新订立租借条约继续生产，但必须遵守苏维埃政府一切法令。②

1931年11月7日中华苏维埃共和国临时政府对外宣言指出：“中华苏维埃共和国临时政府向全世界劳苦民众与各国的政府宣言：它的最后目的，不但在打倒帝国主义在中国的统治，而且打倒帝国主义在全世界的统治。”③ 重申苏维埃政权坚决废除一切帝国主义不平等条约，没收一切帝国主义在华的银行、工厂、矿山与交通工具，坚决反对任何秘密外交，消灭全世界人剥削人的资本主义的制度，走上苏联工农们所走的社会主义的道路，用革命的国内战争消灭一切反革命的战争，取得世界的永远和平！

中共中央及中华苏维埃临时政府以最为彻底的反日反帝话语方式对外发出宣传号令，召唤广大党员和贫苦群众集结于中国共产党和苏维埃旗帜下进行反日、反帝、反国民党的斗争。如宣称，只有苏维埃政权“才能没收帝国主义以

---

① 中共中央文献研究室，中央档案馆．建党以来重要文献选编：第10册［G］．北京：中央文献出版社，2011：164.

② 中共中央文献研究室，中央档案馆．建党以来重要文献选编：第8册［G］．北京：中央文献出版社，2011：651.

③ 中共中央文献研究室，中央档案馆．建党以来重要文献选编：第8册［G］．北京：中央文献出版社，2011：655.

及中国大资本家所有的一切银行，工厂，企业，交通工具与一切他们的财产”“没收地主，大商人以及富农的一切粮食”，将其“充当民族革命战争的军费”和“军饷”，才能武装全中国的工农群众来举行民族的革命战争，“在苏维埃政权下面，全中国将变成民族革命战争的战斗的国家”，“才能取得民族革命的胜利，打倒日本帝国主义与一切帝国主义，实现中国民族的独立解放!”只有中国苏维埃与红军才“是反帝国主义的组织者与领导者，是目前反帝国主义最强有力的与伟大的先锋力量”①。正如毛泽东 1934 年 1 月 24 日在第二次全国苏维埃代表大会上的报告总结的那样：“苏维埃领土之内，则早已完全取消了帝国主义的特权，肃清了帝国主义的影响。牧师、神父是被民众驱逐了，教会侵占人民的财产是被收回了，教会学校是取消了。在中国境内，只有苏区是脱离了帝国主义统治的地方。”“只有苏维埃政府才是唯一反对帝国主义的政府”。② 以苏维埃政权对帝国主义势力及影响的清除与禁绝等事实，引导舆论和民众认同中国共产党的反帝话语和政策，站在苏维埃伟大旗帜下斗争。

中华苏维埃共和国临时中央政府是第一个正式发出对日战争宣言的局部执政政府。1932 年 4 月 15 日，中华苏维埃共和国临时中央政府在《对日战争宣言》中提出“直接与日本帝国主义作战”。指出“中华苏维埃共和国临时中央政府特正式宣布对日战争，领导全中国工农红军和广大被压迫民众，以民族革命战争驱逐日本帝国主义出中国，反对一切帝国主义瓜分中国，以求中华民族彻底的解放和独立”。③ 同一天共和国中央执行委员会主席毛泽东、副主席项英、张国焘发出《中华苏维埃共和国临时中央政府关于动员对日宣战的训令》，要求广泛实施全体红军政治军事总动员：

> 当着工农红军还未发展到接近日本帝国主义势力的地方，红军的作战任务首先是要消灭与帝国主义勾结一致的国民党军队。……当着红色游击队向外发展到接近日本帝国主义势力的地方，则应领导民众组织抗日义勇军，自动武装起来，实行游击运动，直接对日作战，吸引白军士兵，自动对日作战，共同组织指挥这一行动的革命军事委员会，以脱离和推翻国民

---

① 中共中央文献研究室，中央档案馆．建党以来重要文献选编：第 9 册［G］．北京：中央文献出版社，2011：138－139.

② 中共中央文献研究室，中央档案馆．建党以来重要文献选编：第 11 册［G］．北京：中央文献出版社，2011：91－92.

③ 中共中央文献研究室，中央档案馆．建党以来重要文献选编：第 9 册［G］．北京：中央文献出版社，2011：244.

党军阀的统治。①

要求广泛实施苏区群众总动员，参加红军、担任后方工作、接受军事训练、节省经费粮食，屯集公谷，努力耕种、巩固苏区交通，征收商业税、土地税，开辟政府收入、提高军需生产，组织担架队、运输队、洗衣队、慰劳队等，并“实行红军优待条例，帮助红军家属耕田，耕种红军公田”，表明了中华苏维埃共和国临时政府坚决彻底的直接对日宣战的鲜明立场和进行广泛苏区动员的直接行动态度。与蒋介石南京政府形成了鲜明对比，构成了对国民党政权反帝合法性的事实上的解构。

在整体反对一切帝国主义的话语下，作为共产国际支部的中国共产党将拥护苏联运动当作了根本任务，虽然存在着“左”的脱离中国实际的一面，但在推动中国共产党进行中国苏维埃运动、建立红色政权方面却具有巨大的意义。它使民众深刻认识到苏联社会主义建设的伟大成就，认识到苏联劳苦群众对中国工农群众反帝斗争的同情与援助，认识到中国共产党所建立的苏维埃是反帝最彻底的革命政权，在理论上和行动上成为建构中国共产党及其苏维埃政权和红军反帝正当性的重要组成部分，在政治动员上具有深远意义。

（2）关于反帝革命主力问题上的话语表现与特征

大革命失败后到1932年间，中国共产党在将工人、农民、贫苦的市民作为反帝的主体力量之时，却将中间阶级排斥在反帝革命队伍之外，对中间阶级存在着严重的“左”倾关门主义错误。主张建立的反帝统一战线实质是下层统一战线。围绕着“民族统一战线”的概念而对国民党的观点进行批判具有积极的解构作用。

第一，将工人、农民、贫苦的市民作为反帝的主体力量，建立下层统一战线。

中国共产党在反帝的主体力量上将工人、农民、贫苦的市民作为主要而基本的依靠力量。在整体反对帝国主义的斗争中可动员的力量主要集中于工人、市民、士兵、华捕和印捕以及警察中间的“左倾”分子、革命学生、近郊的农民②等。因此，体现出以下层反帝统一战线作为反帝斗争力量的主要策略。1931年6月5日，中央政治局通过的《中共中央关于动员群众扩大反帝运动的决议》

① 中共中央文献研究室，中央档案馆．建党以来重要文献选编：第9册［G］．北京：中央文献出版社，2011：249.

② 中共中央文献研究室，中央档案馆．建党以来重要文献选编：第9册［G］．北京：中央文献出版社，2011：74－76.

中引用了共产国际 1930 年 7 月关于中国问题决议中的话语，强调建立与各种反帝革命组织、与小资产阶级团体的反帝统一战线，吸收城市贫民小资产阶级小手工业者、学生等贫苦阶层群众参加统一战线。1931 年 9 月 20 日，中国共产党在《关于工农红军冲破第三次“围剿”及革命危机逐渐成熟而产生的党的紧急任务》中明确提出在非苏区建立下层的反帝统一战线的任务。① 因此，这一时期反帝统一战线政策只是工农兵小资产阶级的下层统一战线。这在艰苦卓绝、面临生死考验的国内阶级斗争历史境遇下具有守住基本革命力量的重要意义。

第二，因将中间派别视为与国民党蒋介石同流合污的帮凶而存在“左”倾关门主义错误。

由于“左”倾关门主义错误的存在，中国共产党反帝话语将中间派别的知识分子作为反动的力量来看待。在此语境中，各种中间力量代表人物及政党或组织的抗日行动和言论，都成为稳固国民党政权而欺骗民众的把戏。这一时期的中共中央文件中，“邓演达”“社会民主党”“托陈取消派”“国家主义派”“罗章龙派”“黄色工会”等都被当作反革命力量加以反对。② 张闻天 1931 年 10 月 26 日在关于《满洲事变中各个反动派别怎样拥护着国民党的统治》③ 一文中的观点就比较具有代表性，文中以批判的口吻对五类中间派别言论大加批驳，如“杀身成仁，舍生取义的国家主义派”“博士如毛的新月派”“绝交救国论的社会与教育派”“左派反革命的托陈取消派”“地方实力派”，如阎锡山、冯玉祥、陈济棠等对日宣战的派别等。在列举这些派别反日的种种言论主张后，都贴上“跪求”“欺骗”等标签。如关于“杀身成仁，舍生取义的国家主义派”，认为他们关于对日绝交，立请宣战，废除一党专政，组织国防政府的主张是“跪求”国民党的奴才态度。关于“博士如毛的新月派”，认为这一派代表人物，如胡适、罗隆基、王造时等，他们的抗日言论皆以欺骗民众、维护国民党统治为目的。文中列举了如胡适要求美帝国主义主持公道、帮助中国是引狼入室；罗隆基就沈阳事件写的小册子是在为日本献策，提出改组政府的建议与国家主义派没什么两样；王造时的所谓救国小册子中关于对日宣战的本意，实则为了引起国际干涉，保存国民党领袖地位等。关于“绝交救国论的社会与教育

① 中共中央文献研究室，中央档案馆．建党以来重要文献选编：第 8 册［G］．北京：中央文献出版社，2011：560.

② 中共中央文献研究室，中央档案馆．建党以来重要文献选编：第 8 册［G］．北京：中央文献出版社，2011：445.

③ 中共中央文献研究室，中央档案馆．建党以来重要文献选编：第 8 册［G］．北京：中央文献出版社，2011：588－605.

派”，认为这一派代表人物如胡愈之、樊仲云、陶希圣，主张绝交救国论，寄希望于国联干涉，并以《国际联盟公约》和华盛顿《九国公约》的内容为法律依据的观点和想法实为一个幻想。关于“左派反革命的托陈取消派”，认为这一派提出的“排货”“对日宣战”“革命的民众武装”“民族革命战争”，“革命的民众政权”等都是“拿这一在工农民众中普遍的名词，来欺骗民众”。关于“地方实力派”如阎锡山、冯玉祥、陈济棠等人对日宣战的主张，也认为是为发展自己的武力，“对付革命，维持在革命恐怖之前整个地主资产阶级的统治”。对于国民党内部的各种派别宣传召开和平统一会议，成立“国防政府”的“统一政府”等，一律看作欺骗民众的宣传。上述把国民党看作“铁板一块”，抹杀中间力量反日立场，把中间派看作与国民党一样的反革命而排斥其抗日立场与行动的言论与态度无疑是严重的“左”倾关门主义表现。1932 年 1 月 1 日，《中国共产党对于时局的主张》中所列国家主义派与新月人权派的“国防政府”、改组派的“国民救国会议”、宋庆龄第三党的“行动委员会”、江苏“耆老派”的“国难救济会”、陈独秀托洛茨基派的“全权的国民会议”等“救国方案”及其分析，继续坚持了这种“左”倾关门主义立场。

第三，对国民党提出的“民族统一战线”进行解构和批判的积极主张。

国民党也提出建立“民族统一战线”。中国共产党人对此进行了批判和解构。中共中央文件指出：“国民党的‘民族统一战线’，实际是要工人增加生产，要农民加倍服从地主，要兵士更进一步的服从长官，要灾民镇静牺牲，要红军放下武装一致对外。很明显的，这种统一战线不是为了对付帝国主义，而是为了对付革命。在这统一战线之下，国民党可以在任何时候，拿破坏民族统一战线的名义，向工人农民与兵士进攻，实行它屠杀的拿手好戏，很巧妙地将民众的反帝情绪转移到破坏民族战线的‘国贼’身上。”① 在蒋介石国民党继续奉行“攘外必先安内”政策、对中国共产党以及部分地方实力派的抗日主张不予理会与认同，反而加以绞杀和制止时，中国共产党对国民党提出的“民族统一战线”的假抗日、真妥协的政策进行解构和批判，无疑具有重要意义。

2. 1933 年到 1937 年全面抗战爆发前中国共产党反帝话语的表现与特征

（1）在反帝革命对象上的话语转变及表现与特征

1933 年开始，中国共产党反帝话语在革命对象上开始逐步地调整。尽管此间仍然坚持整个地反对一切帝国主义国民党的话语叙事，如从 1933 年 8 月 5 日

---

① 中共中央文献研究室，中央档案馆．建党以来重要文献选编：第 8 册［G］．北京：中央文献出版社，2011：556.

的《中共中央为帝国主义瓜分中国与国民党的五次“围剿”告全国民众书》、1934 年 1 月 8 日的《中共中央关于“一二八”两周年运动的决议》、1934 年 4 月 10 日的《中共中央为日本帝国主义对华北新进攻告民众书》中的话语表述，都能看出中国共产党仍然坚持整个地反对一切帝国主义的话语叙事。但是，进入 1933 年，中国共产党反帝革命对象话语开始发生转变。一方面聚焦最主要敌人——日本帝国主义，另一方面开始有区别地看待国民党内部各派，把部分爱国分子从反革命队伍中剥离出去，逐步形成“反日反蒋”的主张与口号。由于日本帝国主义入侵山海关，进逼平津热河，中国部分军队打破了蒋介石的“不抵抗”政策，掀起了长城抗战热潮。1933 年 1 月 17 日，中共驻共产国际代表团以中华苏维埃临时中央政府主席毛泽东，副主席项英、张国焘，中国工农红军革命军事委员会主席朱德的名义发表宣言，提出为反对日本帝国主义侵入华北，中国工农红军愿意在共同抗日三条件下准备与任何武装部队订立作战协定的主张。共同抗日三条件是：立即停止进攻苏维埃区域；立即保证民众的民主权利，集会、结社、言论、罢工、出版之自由等；立即武装民众，创立武装的义勇军，以保卫中国及争取中国的独立统一与领土的完整。①

中共驻共产国际代表团率先开始对反帝革命对象进行调整，推动着中国共产党反帝话语范式的新发展。1933 年 1 月 26 日，中共中央在《中共中央给满洲各级党部及全体党员的信——论满洲的状况和我们党的任务》即“一二六指示信”中提出全民族“共同敌人——日本帝国主义及其走狗斗争”，全民族的反帝国主义，“首先便是反日的统一战线”② 的观点。随后中华苏维埃共和国中央政府、中国工农红军革命军事委员会先后多次发布宣言，重申“共同抗日三条件”主张。如 1933 年 4 月 15 日的《中华苏维埃临时中央政府与中国工农红军革命军事委员会宣言——重申愿在三条件下与任何武装部队共同抗日的主张》、1933 年 5 月 30 日的《中华苏维埃共和国中央政府为反对国民党出卖平津华北宣言》都一再重申愿在三条件下与任何武装部队共同抗日。

中国共产党以“共同抗日三条件”为反对日本帝国主义“殖民地化”中国的民族立场和政策，对国民党确实产生了分化作用，部分反日爱国的力量被逐步从反帝对象中剥离出去，而使反帝革命对象范畴开始逐渐缩小，这对民族矛

① 中共中央文献研究室，中央档案馆．建党以来重要文献选编：第 10 册［G］．北京：中央文献出版社，2011：28.

② 中共中央文献研究室，中央档案馆．建党以来重要文献选编：第 10 册［G］．北京：中央文献出版社，2011：44.

盾与阶级矛盾在激烈的变动中实现主次的转变产生了重要影响。部分爱国的地方实力派受此影响而走上“反蒋抗日”道路，在实践层面用事实证明中国共产党这一认知转变带来的较大影响力。察哈尔抗日、福建事变的发生，中华苏维埃共和国临时中央政府及工农红军与福建政府及十九路军于1933年10月26日达成“反日反蒋”的初步协定，就是中国共产党这一话语转变带来的影响力的表现，也在客观上推动着中国共产党反帝革命正当性及影响力的不断增长和反帝话语范式影响力的扩展。

在日本帝国主义更近一步侵略华北，并发表声明将中国纳入日本帝国主义保护国，而其他帝国主义国家发表反对日本的声明的情况下，中共中央在对外表态上仍然坚持了整体反对一切帝国主义的态度。1934年4月毛泽东在接受“红色中华”社记者采访时，对于日本外务省4月17日发表了题为“对华政策致列强”的通牒并遭到国际帝国主义反对的情况指出，国际帝国主义反对的真实的意义，“只是限于不愿意日本把中国独占，要使中国由国际帝国主义来瓜分，成为‘门户开放’的公共的殖民地。至于直接镇压中国革命和加强反苏联战争的后方，各个帝国主义与日本当然是完全一致的。”① 1934年6月29日发表的《中华苏维埃共和国中央政府为国民党出卖华北宣言》中对日、英、法、美共同瓜分中国事例的列举，1934年8月14日发表的《中共上海中央局为拥护红军北上抗日运动给白区各级党部的信》中对日本帝国主义进攻华北、华南、福建更加疯狂，一切帝国主义瓜分中国的斗争更加尖锐，帝国主义反苏战争形势异常紧张，国民党的投降出卖更加无耻，两条道路之间的斗争已经进入决胜负的关头等话语的坚持，即可看出中国共产党对“反日反蒋”斗争对象的聚焦是基于日本帝国主义入侵中国、殖民地化中国，现实地将反日反蒋民族民主革命紧迫地摆在面前，因而强调首先反对日本帝国主义；但整体反对一切帝国主义的一般意义上的坚持是对世界革命理想的坚守。上述反帝革命对象话语表述中几种矛盾观点的并存也表明中国共产党在反帝话语上的转变还没有完成，思想观点还没有取得一致认识。

长征开始前后，中共中央派出北上抗日先遣队，以“北上抗日，与日本帝国主义直接作战”② 的声明表达彻底抗日的决心和行动。同时“北上抗日”也

① 中共中央文献研究室，中央档案馆．建党以来重要文献选编：第11册［G］．北京：中央文献出版社，2011：383.

② 中共中央文献研究室，中央档案馆．建党以来重要文献选编：第11册［G］．北京：中央文献出版社，2011：531.

与“反蒋抗日”的政策口号紧密地联系起来，既对红军及广大指战员起到重要的政治激励和思想导向作用，也对国民党集团分化瓦解，对地方实力派“反蒋抗日”继续产生激励导向作用，在“抗日”的民族立场上变被动为主动，最终赢得道义上的优势。北上抗日先遣队以及主力红军经历长征“最后达到了抗日最前线的中国西北地区”① 的事实，直接宣告了中国共产党反帝话语的胜利。“北上抗日”与“反蒋抗日”话语在使中国共产党具有了站在抗日最前线的道义优势的同时，也为中国共产党扭转被动局面、对反帝革命对象的认识与政策策略发生根本转变提供了重要契机和条件。

在共产国际“七大”新政策实施的影响和推动下，1935 年 8 月 1 日，中共驻共产国际代表团以中国苏维埃政府、中国共产党中央的名义发出《为抗日救国告全体同胞书》即“八一宣言”，并在法国巴黎出版的《救国报》上公开发表，向外界公布了中国共产党“停止内战”、反蒋“抗日救国”的思想主张。到达陕北的中共中央明确将“抗日反蒋”作为当前的具体革命任务，1935 年 10 月，《中共中央为目前反日讨蒋的秘密指示信》中指出，“抗日必先抗蒋”，“抗日讨蒋是目前中国唯一的出路，是中国共产党目前工作中最主要的任务。”② 1935 年 11 月 28 日发表的《中国苏维埃共和国中央政府、中国工农红军革命军事委员会抗日救国宣言》号召以“抗日反蒋”作为各政治派别、武装力量、社会团体、任何个人类别订立抗日救国作战协定的前提条件。

1935 年 12 月 1 日，张闻天发表了《拥护苏维埃政府与工农红军的抗日救国宣言》，在对 11 月 28 日的宣言内容进行解释时，进一步突破了反对一切帝国主义话语范式中将英、美与日并提作为敌人范畴的认识，将英、美从整体反对帝国主义的革命对象中剥离出来。

> 为了整个民族的生存与利益，我们欢迎一切人民到抗日反蒋的运动中来，即是对于其他帝国主义的国家也是如此。不论是英国或美国帝国主义，如果他们现在能够对中国抗日的民族运动表示同情赞助或守善意的中立，那我们即可以同他们建立亲密的友谊关系。
>
> 正像英国或美国帝国主义现在如果同情于我们反日的民族革命运动，那我们虽是知道他们这种同情有着他们自己的帝国主义的目的与动机，然

---

① 中共中央文献研究室，中央档案馆．建党以来重要文献选编：第 12 册［G］．北京：中央文献出版社，2011：490.

② 中共中央文献研究室，中央档案馆．建党以来重要文献选编：第 12 册［G］．北京：中央文献出版社，2011：430.

而我们绝不因此而拒绝同他们建立亲密的友谊关系。①

1936年7月15日毛泽东关于外交问题同美国记者斯诺进行了谈话，并载于美国《美亚》杂志1937年八月号。毛泽东关于与各种类型的国家，包括反战国家、殖民地和半殖民地国家、社会主义国家“组成一个反侵略、反战、反法西斯的世界联盟”② 的主张，将美、英、法等国家纳入反战国家，在话语表述上已经不再是敌对目标范畴，而将敌对目标更为突出地放在日本帝国主义身上。这一话语范式的改变，在客观上推动了中共中央在“抗日”前提下在“反蒋”立场上的改变。从反蒋到逼蒋再到联蒋，实现了只反日本帝国主义和国内汉奸卖国贼的革命对象目标的根本转变。

（2）在反帝革命力量上的话语转变及建立抗日民族统一战线话语

1933年起，伴随着反帝革命对象日益聚焦于日本帝国主义，中国共产党对反帝革命力量的认识也开始发生改变。在整体坚持工、农、兵、城市小资产阶级为反帝基本阶级阶层外，对部分抗日团体派别有了新认识，逐步将中间力量纳入反帝革命力量范围。1933年1月17日，中共驻共产国际代表团发出的关于“愿在三条件下与全国各军队共同抗日”的主张，是对“左”倾关门主义错误的突破。部分爱国反日的地方实力派被当作反日革命可以团结的力量纳入反日统一战线中。1933年1月26日发布的《中共中央给满洲各级党部及全体党员的信——论满洲的状况和我们党的任务》即“一二六指示信”提出了全民族的反帝国主义话语，强调这种反日的统一战线包含建立上层统一战线或者某种反帝联盟。在肯定满洲的工人、农民、苦力、小资产阶级作为反日革命主力外，强调“有一部分的有产阶级直到现在对侵略者抱敌视态度”③，“我们总策略方针，是一方面尽可能的造成全民族的（计算到特殊的环境）反帝统一战线来聚集和联合一切可能的，虽然是不可靠的动摇的力量，共同的与共同敌人——日本帝国主义及其走狗斗争”④。指出，这种“特殊的”“反日的统一战线”策略，要考虑到不同的对象，采取“下层”的或“上层”的或“某种反帝联盟”形式的

① 中共中央文献研究室，中央档案馆．建党以来重要文献选编：第12册［G］．北京：中央文献出版社，2011：491－492.

② 中共中央文献研究室，中央档案馆．建党以来重要文献选编：第13册［G］．北京：中央文献出版社，2011：178.

③ 中共中央文献研究室，中央档案馆．建党以来重要文献选编：第10册［G］．北京：中央文献出版社，2011：37.

④ 中共中央文献研究室，中央档案馆．建党以来重要文献选编：第10册［G］．北京：中央文献出版社，2011：43.

统一战线。要靠着夺取和保证无产阶级在这统一战线中的领导权来完成。

> 在实际执行统一战线的策略时，必须具体的注意的计算到客观的环境和主观的因素，须分别的对付各种不同的对象——如对上述的第一种游击队……主要是从下面和兵士组织统一战线。……对第二种游击队，除下层统一战线外，在某种程度和范围内，或能实行上层的统一战线。对第三种游击队，根据其反对反动领袖的斗争以及我们在他们中间的革命政治影响的程度而决定具体的实行统一战线的程度和范围，甚至可与他们订立某种反帝联盟的形式。①

"一二六指示信"关于建立包括上层统一战线在内的反日统一战线思想话语强调了反日统一战线的特殊性；反日斗争成员的广泛性，将一切可能的，哪怕是不可靠的动摇的力量包括在内；统一战线策略的灵活性，根据斗争的具体情形灵活实施统一战线；无产阶级在统一战线中的领导权等问题。这些富有创新性的见解，是中国共产党在阶级斗争仍十分残酷激烈的斗争环境下的重要理论突破，十分可贵。

1933年6月8日，《中央给各级党部及全体同志的信———论反帝运动中的统一战线》一文进一步对建立统一战线的意义、建立统一战线中存在的工作错误、建立反帝统一战线的行动纲领等内容进行系统阐释。强调了反帝群众成分的复杂性与团结一切反帝力量实行广大统一战线的重要意义。对党内存在的不公开、组织工作不得力、认识出现偏差，诸如模糊独立政治面目、降低或放弃原则立场，认为争取公开活动只是一种有害的幻想，保持"革命的清高"不肯"同流合污"等错误做了自我剖析。提出反帝统一战线的七条行动纲领，如抨击国民党的投降叛变；提出全国民众必须起来为保卫中国的领土与独立而作神圣的民族革命战争；号召民众参加反日的战争与游击战争；武装民众；完全脱离日本及一切帝国主义和一切民族叛徒的影响；中国必须完全对日绝交，动员整个海陆空军对日作战，立刻停止进攻苏区及军阀战争；反对国民党南京政府出卖东北和华北及中国的停战协定等。提出当前的行动计划，如召集群众大会，组织示威游行，反对卖国的"华北停战协定"；鼓动群众要求南京政府立即宣布对日绝交，调遣全国海陆空军对日作战；组织工人、学生抗日义勇军；组织农民游击战争；组织群众募捐；号召救国会立即召集代表会议创立反帝组织，

① 中共中央文献研究室，中央档案馆．建党以来重要文献选编：第10册［G］．北京：中央文献出版社，2011：44－45.

等等。

1934年4月10日，中共中央在《中共中央为日本帝国主义对华北新进攻告民众书》中对反帝统一战线纲领进行了阐释，提出七项主张，号召义勇军、游击队、劳苦群众、华北士兵和劳苦民众、全国工人们、劳苦农民、灾民、难民和城市贫民们、革命的学生和智识劳动者、全国白军士兵们，一起武装起来进行民族革命战争，反抗日本帝国主义。

1934年4月20日，中国共产党公布《中国人民对日作战的基本纲领》并展开共同签名运动。动员一切名流学者、新闻记者，及其他社会上有相当地位的自由职业者作为纲领发起人和赞成人进行签名。宋庆龄、何香凝、李杜等1779人签了名并于5月于上海成立中华民族武装自卫委员会总会。《中国人民对日作战的基本纲领》的对外公布和签名运动以及中华民族武装自卫委员会总会的成立，使反日革命力量进一步扩大和聚集，反日统一战线的范围和影响进一步扩展。有了可以抗日的共同组织机构"中华民族武装自卫委员会"，有了共同抗日的《基本纲领》，以中华民族武装自卫是救中国的唯一出路，强调对日战争的正义性、进步性，是"正义的战争""进步的战争""保障中国民族生存的战争""拯救四万万人民的战争"，"是为保障我国国家独立自主和领土完整的战争"，"是使全人类四分之一的人口不当亡国奴的神圣战争"①；以进行全体海陆空军总动员、全体人民总动员、全体人民总武装，立刻设法解决抗日军费，成立全中国民族武装自卫委员会作为总机关，联合一切被日本帝国主义压迫的民族、在日本国内进行英勇斗争，反对日本天皇和日本帝国主义的革命工人、农民、兵士、知识界等内容作为对日作战的共同行动纲领；以一切对中国人民武装抗日作战表同情援助或守善意的中立的国家和民族为朋友，将帮助日本帝国主义反对中国人民，或者学日本强盗一样实行瓜分中国政策的国家视为中国人民的敌人，并以此为对外宣言。《中国人民对日作战的基本纲领》使抗日统一战线的内涵、外延扩展为不仅包括国内上下层结合的统一战线，而且包括了国际统一战线，对国际上表同情援助或守善意的中立的国家和民族实施联合的主张，在话语表述上实现了进一步的突破。

长征开始后，中共中央以"北上抗日"和"反蒋抗日"的政策口号继续分化瓦解国民党集团，激励更多的中间派和地方实力派投入"反蒋抗日"队伍，使国内反日统一战线的力量不断扩大。1935年8月1日发表的"八一宣言"

① 中共中央文献研究室，中央档案馆．建党以来重要文献选编：第11册［G］．北京：中央文献出版社，2011：368.

呼吁：

> 当今我亡国灭种大祸迫在眉睫之时，共产党和苏维埃政府再一次向全体同胞呼吁：无论各党派间在过去和现在有任何政见和利害的不同，无论各界同胞间有任何意见上或利益上的差异，无论各军队间过去和现在有任何敌对行动，大家都应当有“兄弟阋墙外御其侮”的真诚觉悟，首先大家都应当停止内战，以便集中一切国力（人力、物力、财力、武力等）去为抗日救国的神圣事业而奋斗。苏维埃政府和共产党特再一次郑重宣言：只要国民党军队停止进攻苏区行动，只要任何部队实行对日抗战，不管过去和现在他们与红军之间有任何旧仇宿怨，不管他们与红军之间在对内问题上有任何分歧，红军不仅立刻对之停止敌对行为，而且愿意与之亲密携手共同救国。①

长征到达陕北后，中共中央对于统一战线的思考也更加深入。统一战线话语内容日臻完善。1935 年 12 月 1 日张闻天发表了《拥护苏维埃政府与工农红军的抗日救国宣言》，指出在反日共同目标下，联合一切政治派别、军阀甚至包括国民党蓝衣社。“不论过去同我们处于敌对地位的军阀，或是过去是坚决反对我们的政治派别，只要他现在在抗日反蒋上同我们有共同之处，那我们可以完全不念旧恶，同他们联合在一起。”“就是蒋介石的蓝衣社”，有抗日的意愿，“我们也决不拒绝他们参加这一运动的”，绝不“拒绝一切那些可能的同盟者，即使是暂时的、与动摇的、与不可靠的。”②文中对与英、美等帝国主义国家建立共同反对日本帝国主义的联合战线表达了中国共产党反帝的新思路。这使中国共产党建立国际国内统一战线的内涵、外延得到了进一步的拓展。

1935 年 12 月 25 日，中共中央政治局瓦窑堡会议通过了由张闻天起草，后载于 1936 年 1 月 14 日《斗争》第 81 期的《中共中央关于目前政治形势与党的任务的决议》，该决议提出“最广泛的反日民族统一战线下层的与上层的”作为党的策略总路线。内容包括：①关于统一战线的广泛性问题。如包含“对于反日反汉奸卖国贼的斗争采取同情，或善意中立，或直接参加”的一部分民族资产阶级与军阀，“暂时处于不积极反对反日战线地位”的地主买办阶级营垒中间的某些反革命力量等。②关于统一战线的领导权问题。提出要“坚决不动摇的

---

① 中共中央文献研究室，中央档案馆．建党以来重要文献选编：第 12 册［G］．北京：中央文献出版社，2011：265.

② 中共中央文献研究室，中央档案馆．建党以来重要文献选编：第 12 册［G］．北京：中央文献出版社，2011：491.

同反日统一战线内部一切动摇，妥协，投降与叛变的倾向做斗争”；“反日战线中的广大民众，应该满足他们的基本利益的要求（农民的土地要求，工人、兵士、贫民、知识分子等改良生活待遇的要求）”① “使他们相信共产党不但是工人阶级的利益的代表者，而且也是中国最大多数人民的利益的代表者，是全民族的代表者。”② ③关于统一战线的组织形式与行动纲领问题。主张以国防政府与抗日联军作为“最广泛的与最高的民族统一战线的组织”，以“抗日救国十大纲领”为“最广泛的行动纲领”。

1935 年 12 月 27 日毛泽东在陕北瓦窑堡党的活动分子会议上做《论反对日本帝国主义的策略》的报告，系统阐释了抗日统一战线策略总路线。报告以“变中国为独立、自由和领土完整的国家”为目标，以“建立广泛的民族革命统一战线”为主题和概念，阐释了建立抗日民族统一战线的理论问题。从抗日革命的长期性和不平衡性视角分析了必要性，从中国社会阶级变动情况分析了可能性。对民族资产阶级加入统一战线或保持中立的可能性、地主买办阶级加入统一战线的可能性做出了肯定性分析。报告以简洁的语言概括了统一战线策略与“左”倾关门主义策略的主要区别：“一个要招收广大的人马，好把敌人包围而消灭之”，“一个则依靠单兵独马，去同强大的敌人打硬仗”③，指出“只有统一战线的策略才是马克思列宁主义的策略。关门主义的策略则是孤家寡人的策略”。④ 报告以“发起人”“台柱子”的提法清晰了中国共产党在抗日民族统一战线中的核心地位和作用。“共产党和红军不但在现在充当着抗日民族统一战线的发起人，而且在将来的抗日政府和抗日军队中必然要成为坚强的台柱子，使日本帝国主义者和蒋介石对于抗日民族统一战线所使用的拆台政策，不能达到最后的目的。”⑤ 报告以“义战”的提法强调了中国抗日战争的正义性、国际人民特别是苏联人民援助的必然性和中国不再孤立革命必然胜利的必然性。1936 年 1 月 1 日，毛泽东致电朱德时对已发生转变的反帝革命话语做了总结。指出

---

① 中共中央文献研究室，中央档案馆．建党以来重要文献选编：第 12 册［G］．北京：中央文献出版社，2011：537.

② 中共中央文献研究室，中央档案馆．建党以来重要文献选编：第 12 册［G］．北京：中央文献出版社，2011：547.

③ 中共中央文献研究室，中央档案馆．建党以来重要文献选编：第 12 册［G］．北京：中央文献出版社，2011：562.

④ 中共中央文献研究室，中央档案馆．建党以来重要文献选编：第 12 册［G］．北京：中央文献出版社，2011：564.

⑤ 中共中央文献研究室，中央档案馆．建党以来重要文献选编：第 12 册［G］．北京：中央文献出版社，2011：565.

政治局在共产国际指示之下有“新策略”决定，目前主要口号为“民族统一战线，苏维埃人民共和国，国防政府，抗日联军，土地革命与民族革命相结合，国内战争与民族战争相结合”①。

进入1936年以来，以蒋介石为代表的国民党南京政府开始通过秘密渠道与中国共产党接触谈判。中共中央执行抗日革命统一战线政策，与国民党接触谈判。1936年3月4日的《张闻天等关于同南京当局谈判的意见给周继吾的电报》中提出了谈判五项条件。与此同时，与地方实力派如东北军王以哲部订立口头协定，强调双方于3月5日开始执行一致对日、互不侵犯、通商、贸易等五项协定。为了以实际行动表明苏维埃与红军是抗日的先锋队，中共中央决定组织东征军直接对日作战。4月1日，西北革命军事委员会发出命令，将第一方面军改编为中国人民红军抗日先锋队到华北直接对日作战。1936年4月25日中共中央发表《为创立全国各党各派的抗日人民阵线宣言》，倡议40多个党派、团体为了“抗日救国”而团结起来，创立抗日人民阵线。罗列的40多个党派、团体排在第一位的政党就是“中国国民党”。1936年5月5日中共中央以毛泽东、朱德的名义发布《关于停战议和一致抗日通电》（史称“五五通电”），以“南京政府当局诸公”称谓国民党当局，以“蒋氏”称谓蒋介石，声言“为了促进蒋介石氏及其部下爱国军人们的最后觉悟”②，决定将人民抗日先锋军撤回黄河西岸，呼吁南京国民政府停止内战，一致抗日。希望南京政府当局“幡然改悔”。1936年6月20日发表《中共中央为提议“停止内战，一致抗日”致国民党二中全会书》，言辞恳切，希望国共谈判取得建立反日合作关系的实质进展。1936年8月25日毛泽东起草《中国共产党致国民党书》，将国民党称为“贵党”，对蒋介石称作“蒋委员长”。在对国民党五届二中全会有限度的抗日声明表示肯定的同时，提出国共两党重新合作建立抗日统一战线的主张。“抗日民族统一战线”的提法进一步明确。1936年9月1日发布《中共中央关于逼蒋抗日问题的指示》，指出“目前中国的主要敌人，是日帝，所以把日帝与蒋介石同等看待是错误的，‘抗日反蒋’的口号，也是不适当的。”“我们的总方针，应是逼蒋抗日。”③ 1936年9月17日中共中央政治局通过的《中共中央关于抗日救亡运动

---

① 中共中央文献研究室．毛泽东年谱：上［M］．修订本．北京：中央文献出版社，2013：501.

② 中共中央文献研究室，中央档案馆．建党以来重要文献选编：第13册［G］．北京：中央文献出版社，2011：116.

③ 中共中央文献研究室，中央档案馆．建党以来重要文献选编：第13册［G］．北京：中央文献出版社，2011：276.

的新形势与民主共和国的决议》中对国民党南京政府做了“有缩小以致结束其动摇地位，而转向参加抗日运动的可能”的判断下，强调“推动国民党南京政府及其军队参加抗日战争，是实行全国性大规模的严重的抗日武装斗争之必要条件”。① 为此提出，建立全国普选的民主共和国，“苏维埃区域即将成为他的一个组成部分”的重要思想，体现了中国共产党为建立抗日民族统一战线的最大诚意。1936 年 9 月 18 日毛泽东致信宋庆龄先生，以“停止内战，联合抗日”的主张希望宋庆龄说服国民党中枢干部。② 9 月 23 日，毛泽东同美国记者斯诺谈话，就建立国共合作民族统一战线的问题继续表达中共“联合抗日”的主张和立场。9 月 22 日以后，周恩来也先后给蒋介石、陈立夫、陈果夫、胡宗南、张学良等人致信，表达停止内战、“联合抗日”之主张和诚意。10 月 26 日，毛泽东、朱德等 40 多位红军将领致信蒋介石及国民革命军西北各将领，要求“停止内战，合作抗日”。

正是在中国共产党政策的感召和积极推动下，西安事变发生并得到和平解决，国内战争得以停止，国内和平得以实现。西安事变也直接推动国共两党的磋商谈判进入快车道。1937 年 2 月 10 日，中国共产党致电国民党五届三中全会，提出了将苏维埃政府改为中华民国特区政府、红军改为国民革命军、接受南京政府及军事委员会指导等四项保证。1937 年 3 月 1 日，毛泽东在和史沫特莱的谈话中介绍中国共产党的统一战线政策时指出，“我们的统一战线是民族的。这就是说，包括全民族一切党派及一切阶级，只除开汉奸在外。共产党倡导的是民族阵线，这种民族阵线比起法国或西班牙的人民阵线来，范围广大得多”。③ 1937 年 7 月 15 日，《中共中央为公布国共合作宣言》发表，9 月 23 日，国民党通讯社发表蒋介石承认中国共产党合法地位的谈话，标志着抗日民族统一战线正式建立。抗日民族统一战线话语的形成与建构无疑是反帝话语范式在土地革命战争时期最伟大的理论贡献和实践创新。“抗日民族统一战线”成为中国共产党领导中国抗战的重要标志，获得广泛而深厚的认同。

---

① 中共中央文献研究室，中央档案馆．建党以来重要文献选编：第 13 册［G］．北京：中央文献出版社，2011：283.

② 中共中央文献研究室，中央档案馆．建党以来重要文献选编：第 13 册［G］．北京：中央文献出版社，2011：289.

③ 中共中央文献研究室，中央档案馆．建党以来重要文献选编：第 14 册［G］．北京：中央文献出版社，2011：57.

三、抗日战争时期中国共产党反帝话语的演进及内容特征

抗日战争时期，是中国共产党反帝革命话语构建最为成熟，且内容丰富发展、形成完整体系的时期。在抗日民族统一战线下，国共两党第二次携手合作共同抗日，推动形成了全民族同仇敌忾的抗日热潮，这是近百年来中国反抗外来侵略的历史进程中前所未有的。中国共产党面对着的是一个空前复杂、充满不确定性的国际国内局势。国际上，中国的抗日战争已经不是孤悬于国际之外的孤立战争，而是整个世界反法西斯战争的重要组成部分。但由于世界反法西斯战线阵营中存在着苏联社会主义国家和英、美、法等资本主义国家，这使世界反法西斯战线存在复杂性。第二次世界大战未爆发前，英、美等国基于自己国家的利益实施先欧后亚战略，在总体同情、支持、援助中国抗日的同时，却也存在着在日、德等法西斯国家压力下，有牺牲中国利益而搞所谓“远东慕尼黑阴谋”的一面；社会主义国家苏联深陷“二战”泥潭，但对中国抗战一直抱以同情支持的态度。共产国际在 1943 年宣布解散引发了国内舆论质疑否定社会主义、共产主义的声浪，等等。

在国内，重新合作的国共两党是经过十年生死较量而重新走到一起的，是为着抗击试图灭亡中国的日本帝国主义这一共同敌人而捐弃前嫌、重新携手合作的，这是两党能够合作的基本前提。但同时，第二次合作的两党已经与第一次合作大不相同，是各自拥有政权、军队的合作。在合作的统一战线中，两党地位与身份也各不相同。国民党作为全国执政党，拥有几百万军队及国际承认的外交地位。但国民党在与中国共产党的合作中，强烈的“自大心态”和固有的阶级属性，使其对中国共产党的发展存在深深的疑惧。在中日战争复杂的走向中，国民党蒋介石集团一面坚持抗日，一面却伺机对中国共产党进行限制、溶化甚至最后消灭。或者借助日本之手消灭中国共产党，或者自己发动反共高潮制造分裂。而国民党内部，以汪精卫为代表的一部分人公开叛变投靠日本帝国主义并成立汪伪政权，带来了国民党执政的社会危机和投降妥协空气的弥漫，一度也使整个抗日战争面临复杂而不确定性的前途。

这一时期的中国共产党经过生死考验，意志坚定、百折不挠，拥有了局部政权和一支坚强的人民军队，是抗日民族统一战线政策的“首倡者”和推动者，在民众中拥有日益增高的威信和影响力。党的六届六中全会形成的以毛泽东为核心的成熟而团结统一的领导集体，能够准确分析中国与世界关系，具备了把马克思主义理论与时代特征和中国具体革命实践相结合的理论自觉性，能够不断克服自身的缺点错误，以马克思主义的理论气魄和理论自觉建构新理论、指

导新实践；能够采取正确政策策略展开与同盟者的斗争而又不破裂统一战线，以此不断推动抗日战争走向进步和胜利。全面抗战历经八年，国共两党在摩擦中能够做到不破裂，整个抗日战争得以长期坚持直到胜利确实来之不易。体现出了中国共产党超强的理论创新能力和灵活务实的实践力。日益成熟的中国共产党自觉将马克思主义理论与中国波澜壮阔的抗日战争实践相结合，将国民革命时期和十年内战时期正确的反帝话语和思想理论成果推向前进，将抗日战争时期创新性的实践经验加以总结，形成了成熟且成体系的抗日战争时期反帝话语理论，中国共产党成为抗日战争坚持到底取得胜利的理论贡献者和巩固、发展抗日民族统一战线，在敌后根据地抗击消灭日寇的重要力量，成为抗日战争的“中流砥柱”。

中国共产党抗日战争时期的反帝话语内容丰富，构成完整体系。主要内容如下：

（一）关于中国抗战的时代性、进步性、正义性及树立抗战必胜信念话语

中国的抗日战争“具有拯救人类文明、保卫世界和平”① 的伟大意义。中共领导人在全面抗战爆发后不久就以高瞻远瞩的预见性阐释了它的伟大意义和战争性质。以“开辟一个新时代”“是为永久和平而战”的话语表达了中国抗战对中国和世界的深远影响。“进步的与革命的神圣的民族战争”“这个战争是正义的”“中华民族是不可屈服的”“胜利是属于中华民族的”等富有标识性的话语阐释了抗日战争的正义性、进步性，树立起了中国抗战必胜的信念和自信。

1. 关于“开辟一个新时代”“是为永久和平而战”的时代意义

关于“开辟一个新时代”话语。1937 年 9 月 25 日出版的《解放》第一卷第十七期发表了张闻天的《论抗日民族革命战争的持久性》，该文指出：

> 全国性的抗战已经开始了。中华民族的新时代开始到来了。
>
> 东方的睡狮，最后怒吼起来了。卢沟桥的抗战，从此成了中华民族新时代之开始的界碑！
>
> 全国性抗战的开始，即是中华民族新时代的开始，也即是独立自由幸福的新中国的诞生的开始，也即是东方被压迫民族历史的转变期的开始。
>
> 中华民族在这个抗战中，已经开始成为全世界反法西斯侵略阵线中一只坚强的生力军，成为全世界为和平为自由而奋斗的和平民主阵线中一个

① 李忠杰．中华民族团结抗战的伟大意义［J］．中共党史研究，2015（9）．

有力的战士。中华民族从此要同苏联社会主义共和国，西班牙民主共和国，人民阵线等法兰西共和国，以及一切为和平与自由而奋斗的伟大民族在同一条战线上，手携手的向着光明的世界前进。①

1937年10月25日，毛泽东和英国记者贝特兰谈话，在回答记者关于“中国的抗战也有它的成绩没有”之问时，强调了前所未有、团结、受到国际尊重和承担反法西斯国际责任的伟大意义。

一现在的抗日战争，是自有帝国主义侵略中国以来所没有的。它在地域上是真正全国的战争。这个战争的性质是革命的。二战争使全国分崩离析的局面变成了比较团结的局面。国共合作是这个团结的基础。三唤起了国际舆论的同情。国际间过去鄙视中国不抵抗的，现在转变为尊重中国的抵抗了。四给了日寇以很大的消耗。……中国的抗战不但为了自救，且在全世界反法西斯阵线中尽了它的伟大责任。②

以张闻天和毛泽东为代表的中国共产党以中华民族与世界人民共同的历史命运视角，热情洋溢地评价了中国抗战这场意义深远的民族战争。“开辟了一个新时代”的话语，深刻阐释了中国的抗战不仅代表着中华民族全民觉醒、开启了独立自由幸福新中国诞生的新时代，而且对于世界争取和平与自由、反侵略反法西斯阵线也具有划时代意义，既是被压迫民族历史转变期的开始，也是中华民族对全世界反法西斯阵线尽其国际责任的重要表现。

关于“是为永久和平而战”话语。中国共产党领导人站在人类永久和平的高度进一步阐释了中国抗战的重要性。毛泽东在《论持久战》中专门以“为永久和平而战”的小标题论述了中国抗日战争追求人类永久和平的终极目标指向。基于对世界资本主义总危机、苏联社会主义存在和世界人民觉悟程度提高的分析框架，以即将爆发的世界性战争必将埋葬帝国主义、资本主义的革命豪情和必胜信念，对中国抗日战争“是为永久和平而战”的深远意义阐释指出，“中国抗日战争的持久性同争取中国和世界的永久和平，是不能分离的。没有任何一个历史时期像今天一样，战争是接近于永久和平的。”强调中国的抗日战争“是这个为永久和平而战的战争的一部分”，“中华民族的解放将从这个战争中得来。将来的被解放了的新中国，是和将来的被解放了的新世界不能分离的。因此，

① 中共中央文献研究室，中央档案馆．建党以来重要文献选编：第14册［G］．北京：中央文献出版社，2011：510－511.

② 中共中央文献研究室，中央档案馆．建党以来重要文献选编：第14册［G］．北京：中央文献出版社，2011：617－618.

我们的抗日战争包含着为争取永久和平而战的性质。"①

毛泽东进一步从正义与非正义角度阐释"是为永久和平而战"的深刻意蕴：

> 我们的战争是神圣的、正义的，是进步的、求和平的。不但求一国的和平，而且求世界的和平，不但求一时的和平，而且求永久的和平。欲达此目的，便须决一死战，便须准备着一切牺牲，坚持到底，不达目的，决不停止。牺牲虽大，时间虽长，但是永久和平和永久光明的新世界，已经鲜明地摆在我们的前面。我们从事战争的信念，便建立在这个争取永久和平和永久光明的新中国和新世界的上面。……四亿五千万的中国人占了全人类的四分之一，如果能够一齐努力，打倒了日本帝国主义，创造了自由平等的新中国，对于争取全世界永久和平的贡献，无疑地是非常伟大的。这种希望不是空的，全世界社会经济的行程已经接近了这一点，只须加上多数人的努力，几十年工夫一定可以达到目的。②

2. 关于抗日战争的进步性正义性

中国共产党用"进步的与革命的神圣的民族战争""反侵略的民族革命战争""抗日民族自卫战"等话语标示了中国抗日战争的正义性与进步性。毛泽东先后在《论持久战》和党的六届六中全会上关于抗日战争的进步性、正义性的论述，深刻地表达了中国反对日本帝国主义侵略的这场民族战争的神圣性、革命性。

毛泽东在《论持久战》中从时代性层面和正义性与非正义性角度进行了论述。从时代性角度指出，"中日战争不是任何别的战争，乃是半殖民地半封建的中国和帝国主义的日本之间在二十世纪三十年代进行的一个决死的战争。全部问题的根据就在这里。"③ 强调这个时代的中国有了比任何一个历史时期更为进步的因素，其中，"中国共产党及其领导下的军队，就是这种进步因素的代表"。④ 因此，从时代性视角上对中国抗日战争进步性与正义性的分析，是基于这个时代是世界无产阶级社会主义革命时代判断的坚持与运用。这是对自中国

---

① 中共中央文献研究室，中央档案馆．建党以来重要文献选编：第 15 册［G］．北京：中央文献出版社，2011：413.

② 中共中央文献研究室，中央档案馆．建党以来重要文献选编：第 15 册［G］．北京：中央文献出版社，2011：414.

③ 中共中央文献研究室，中央档案馆．建党以来重要文献选编：第 15 册［G］．北京：中央文献出版社，2011：388.

④ 中共中央文献研究室，中央档案馆．建党以来重要文献选编：第 15 册［G］．北京：中央文献出版社，2011：390.

共产党成立以来关于时代观在抗日战争这一特殊历史时期的继续坚持、运用和发展，使关于中国抗日战争进步性、正义性的理论基础更为充实具有说服力。毛泽东说：

> 所谓抗日战争是进步的，不是说普通一般的进步，不是说阿比西尼亚抗意战争的那种进步，也不是说太平天国或辛亥革命的那种进步，而是说今天中国的进步。今天中国的进步在什么地方呢？在于它已经不是完全的封建国家，已经有了资本主义，有了资产阶级和无产阶级，有了已经觉悟或正在觉悟的广大人民，有了共产党，有了政治上进步的军队即共产党领导的中国红军，有了数十年革命的传统经验，特别是中国共产党成立以来的十七年的经验。这些经验，教育了中国的人民，教育了中国的政党，今天恰好作了团结抗日的基础。①

从正义与非正义角度，毛泽东以是否推动历史进步的唯物史观视角揭露了日本侵略战争的非正义性和中国反侵略战争的正义性、进步性。他以中国全民包括国共两党“一律举起了义旗”的话语，阐释了“我们的战争是神圣的、正义的，是进步的、求和平的”② 的伟大性。以进步性产生正义性，进而唤起全国团结、激起敌国人民同情，争取世界多数国家援助的逻辑推演出中国抗日战争的不孤立。特别是关于世界人民的同情与援助，毛泽东这样说：“今天的世界的人民运动，正在以空前的大规模和空前的深刻性发展着。苏联的存在，更是今天国际政治上十分重要的因素，它必然以极大的热忱援助中国，这一现象，是二十年前完全没有的。”③从进步性带来正义性，进而带来国际援助使中国抗战不再孤立无援的分析视角，真实表达了中国共产党在道义上对中国抗战的神圣性、革命性的话语建构和权威性解释。这一解释鼓舞激励全体中华民族以进步正义的力量和精神战胜日本帝国主义侵略。

关于抗日战争的进步性，毛泽东在六届六中全会上所做的《论新阶段》报告中说：

> 我们今天的这一伟大的民族战争，和中国过去一切历史时期的战争都

---

① 中共中央文献研究室，中央档案馆．建党以来重要文献选编：第 15 册［G］．北京：中央文献出版社，2011：392.

② 中共中央文献研究室，中央档案馆．建党以来重要文献选编：第 15 册［G］．北京：中央文献出版社，2011：413 – 414.

③ 中共中央文献研究室，中央档案馆．建党以来重要文献选编：第 15 册［G］．北京：中央文献出版社，2011：393.

不相同。因为这个战争是为了把中华民族从半殖民地状态中从亡国灭种危险中解放出来的战争，而且这个战争是在中华民族历史上最进步的这一时期进行的；同时，又是在我们的敌人日本帝国主义自寻死路走向崩溃的时期进行的；同时，又是在全世界先进人类正准备着空前广大与空前深刻的斗争力量以便抵抗与战胜德日意法西斯魔王争取世界光明前途的时期进行的。这样三方面因素的结合——以中国进步并且继续进步为主要基础的三方面的结合，就保证了我们的抗日战争一定能够最后取得胜利，而自由解放的新中国一定要出现于东亚，并成为未来光明世界中一个极重要的组成部分。这样的一个中国，不但将造福于四万万五千万中国人，而且将造福于全人类。①

我们今天的抗日战争不同于中国一切历史时期的战争，我们的战争是民族革命战争，是进步的战争。不但战争本身的性质是进步的，而且这个战争是在中国前所未有的进步基础之上进行的。二十世纪四十年代的中国，不同于一切历史时期的中国，我们有了比之任何历史时期都不相同的进步的人民，进步的政党与进步的军队。在这个基础之上进行的抗日民族革命战争，它本身包含着可能继续发展进步的伟大力量。这一点，就是存在于我们方面而使我们足以支持长期战争取得最后胜利的主要的根据。十五个月的经验证明，在原有进步基础上进行着的伟大神圣的民族革命战争，已经推动了全中国的进步，旧的民族腐败传统是在破坏着，新的民族进步力量是在生长着，一个全民族统一团结进步发展的伟大过程是在向前完成着。②

站在时代的进步性，中国抗战本身的进步性，中国共产党成立以来所积累的党、人民、军队的进步性，以及抗战以来继续发展扩大着的全民族团结进步的伟大力量及其过程也是极其伟大而进步的这一视角所进行的阐释和总结，全面深刻地建立起了中国抗日战争的伟大性、神圣性、正义性的认知观念，这种认知观念所内蕴的道义责任感无疑成为中华民族团结御辱，战胜日本帝国主义的强大精神力量。

---

① 中共中央文献研究室，中央档案馆．建党以来重要文献选编：第15册［G］．北京：中央文献出版社，2011：576－577.

② 中共中央文献研究室，中央档案馆．建党以来重要文献选编：第15册［G］．北京：中央文献出版社，2011：584－585.

3. 关于抗战必胜的民族自信心塑造

对于民族自尊与自信问题，涉及中华民族能不能以及如何打赢日本帝国主义而不是被其所消灭的问题。1935 年 12 月毛泽东在《论反对日本帝国主义的策略》一文中指出：“我们中华民族有同自己的敌人血战到底的气概，有在自力更生的基础上光复旧物的决心，有自立于世界民族之林的能力。”①中国共产党以“中华民族是不可屈服的”“胜利是属于中华民族的”等充满民族自尊、自信的话语激励起全民族血战到底、不怕牺牲的英雄精神与气概，对扫除各种民族失败主义、妥协投降言论、动摇失望情绪、塑造民族抗战必胜的民族自尊心、自信心起到了巨大的推动作用。

在全面抗战爆发前，以毛泽东为代表的中国共产党领导人多次在公开场合表达中国应该有战胜日本的自信心。1937 年 3 月 1 日，毛泽东在与史沫特莱的谈话中，鲜明地表达了“中国人应该有战胜日本的自信心”② 的观念。1937 年 7 月 15 日，中共中央交付给国民党公开发表的《中共中央为公布国共合作宣言》明确表明，“我们伟大的悠久的中华民族是不可屈服的”“胜利是属于中华民族的”③，以此坚定国共两党合作抗日到底的决心和信心。

抗战以来由于敌强我弱、日方进攻野蛮猛烈、我方军事战略策略举措失当等因素，整体对日作战处于失利状态。由此生长的民族失败主义、妥协投降言论、动摇失望情绪、亲日派的“不亡于日即亡于共”的谣言威吓不绝于耳；“台儿庄战役”等局部胜利，“速胜论”等论调也充斥舆论。上述论调或者高估日本帝国主义的残暴性、经济力和军事力的强大性，或者在局部胜利面前轻视日本灭亡中国的决心和持久计划等。归根结底就是对中日战争走向认识的非理性，世界观方法论存在的极大片面性。这些错误言论误导民众对抗战必胜产生动摇和怀疑，对抗日民族统一战线内部打赢战争的民族自信心生长以及抗战到底决心的坚持产生了消极影响。以毛泽东为代表的中国共产党人将中国共产党强大的民族自信心内蕴在“抗日战争是持久战，最后的胜利一定属于中国”等一整套话语理论中，建构起令人信服的对抗战前途命运充满信心的分析逻辑，成为坚定抗战胜利信心的最有影响力的话语表达，为全民族树立抗战必胜的信念、决心与勇气提供了重要理论武器。

---

① 毛泽东选集：第 1 卷［M］. 北京：人民出版社，1991：161.

② 中共中央文献研究室，中央档案馆. 建党以来重要文献选编：第 14 册［G］. 北京：中央文献出版社，2011：65.

③ 中共中央文献研究室，中央档案馆. 建党以来重要文献选编：第 14 册［G］. 北京：中央文献出版社，2011：371.

1937年8月25日，中共中央洛川会议《关于目前形势与党的任务的决定》中，批判悲观失望的民族失败主义，指出已经发动的抗战是一场“艰苦的持久战”，但也“必将因为我党与全国人民的努力，冲破一切障碍物，而继续的前进与发展”①。1937年9月18日，中共中央总书记张闻天在《论抗日民族革命战争的持久性》一文中说，“要使全中国人民相信抗战的最后胜利，必然是我们的。要使他们了解一切困难只要大家努力奋斗，都是可以克服的。要在所有中华民族儿女的心灵中，造成坚强不拔的民族自信心，这种民族自信心，是中国战胜日本帝国主义等精神上的保证。”②1937年10月，毛泽东在《目前抗战形势与党的任务报告提纲》中围绕“决定中日战争胜负的三个因素”的对比分析提出“决定的因素是中国自己的力量”“中国有力量战胜日本”③。1937年11月27日，《解放》第一卷第二十五期发表彭德怀在抗日军政大学的演讲《争取持久抗战胜利的几个先决问题》，对抗战必胜的理论逻辑做了初步的、较为系统的建构。“我们固然不应过分估计敌人的力量，而致丧失自己胜利的信心；但亦不应轻视敌人的力量，而放松自己的动员与必需的准备。我们需要最高的抗战热情与胜利的信心，我们尤需要有冷静而客观的态度，讲求争取抗战胜利的办法。”④彭德怀抨击了“弱国牺牲论”“恐日亡国论”和“急性病速胜论”。指出，“一个具有冷静头脑的国人，一个老成谋国的当局者，是不会为暂时的、局部的现象所迷惑的。”重申了“从持久战中去取得抗战的最后胜利，已成为唯一正确的公论了”的基本观点，对持久作战取得最后胜利的前提条件及中日力量对比转化的辩证演进趋势阐释强调，“动员全国人民参加抗日战争与建立正确的军事作战方针和指挥，是争取抗战胜利必须首先解决的前提”，“必须清楚认识，敌我力量的对比决不是一成不变的东西，在持久抗战的过程中，是必然会变动的，我们的力量会逐渐变强，而敌人的力量则会逐渐变弱的。”⑤彭德怀以历史上以弱国战胜强国的事实进一步强化了中国抗战必胜结论的说服力与必胜信念。

---

① 中共中央文献研究室，中央档案馆．建党以来重要文献选编：第14册［G］．北京：中央文献出版社，2011：473－474.

② 中共中央文献研究室，中央档案馆．建党以来重要文献选编：第14册［G］．北京：中央文献出版社，2011：518.

③ 中共中央文献研究室，中央档案馆．建党以来重要文献选编：第14册［G］．北京：中央文献出版社，2011：649，650.

④ 中共中央文献研究室，中央档案馆．建党以来重要文献选编：第14册［G］．北京：中央文献出版社，2011：692.

⑤ 中共中央文献研究室，中央档案馆．建党以来重要文献选编：第14册［G］．北京：中央文献出版社，2011：693.

他说：

伟大的中华民族，有着数千年的灿烂光辉的历史，有着高度的文化，有着不愿当亡国奴的四万万五千万同胞，有着无量的蕴藏着的资源，有着充分的条件，在持久抗战中迅速改变自己的劣势地位为优势地位，必能最后战胜日本帝国主义。

让那些恐日病者，'弱国牺牲论'者去散布民族失败主义的空气吧！让那些急性病者去悲观失望吧！我们每一个不愿当亡国奴的中国人，是要坚决地从持久抗战中去取得胜利的。①

1938 年 1 月 7 日，周恩来撰写的《怎样进行持久抗战》一文发表在《群众》第一卷第五期上。文中列举了抗战五个月中的八条经验与教训以及持久抗战的具体办法，强调要从两个方面树立必胜信心："加强和巩固中华民族能够支持长期抗战的信心和决心，反对一切动摇，反对一切妥协、屈服、投降的思想""必须坚决相信进行这些持久抗战的具体办法，是能够度过目前难关，准备进行决定性的战斗的。"②

最具代表性的是 1938 年 5 月毛泽东在延安抗日战争研究会发表的《论持久战》演讲。这篇演讲随后发表在 7 月 1 日的《解放》第四十三、四十四期合刊上。后来又以单行本公开发行，成为增强广大指战员和全国民众必胜信念的经典之作。毛泽东通过对中日两国互相矛盾着的四个方面的力量对比呈现出的基本特征，以及这些基本特征在长期战争中发生转化的必然趋势的系统分析，对发生转化将经历三个发展阶段的科学预见以及对推动转化的具体的战略策略分析，对"亡国论""速胜论"的系统驳斥，强化了"经过长期抗日，最后的胜利一定属于中国"这一结论的科学性逻辑性。以层层递进、严密辩证的逻辑分析架构和令人信服的结论建构起了抗战必胜的理论基石。通过对"中国抗战为什么是持久战""为什么最后的胜利是中国的"这些重大问题的科学回答，解决了困扰国人的关于抗日战争发展规律问题认识的重大难题。这是中国共产党在抗战时期做出的重大理论创新之一，为树立中华民族战胜日本帝国主义的民族自信和坚守抗战到底的勇气和决心提供了重要武器。

---

① 中共中央文献研究室，中央档案馆．建党以来重要文献选编：第 14 册［G］．北京：中央文献出版社，2011：694，696.

② 中共中央文献研究室，中央档案馆．建党以来重要文献选编：第 15 册［G］．北京：中央文献出版社，2011：14.

（二）关于坚持巩固扩大抗日民族统一战线话语

毛泽东在六届六中全会上指出："假如没有国共两党为基础的抗日民族统一战线的发起、建立与坚持，如此伟大的抗日民族革命战争之发动、持久与争取胜利，是不可能的。"①抗日战争全面爆发以来，以国共合作为基础的抗日民族统一战线已经不是要不要建立的问题，而是如何坚持和巩固发展壮大的问题。以毛泽东为代表的中国共产党领导人将马克思列宁主义关于统一战线的理论运用于中国实践，最大限度地将朋友，哪怕是暂时的朋友团结起来，凝聚起了战胜日本帝国主义及汉奸的强大革命力量，在革命主体和主力问题上实现了真正意义上的全民动员。中国共产党关于抗日民族统一战线的话语，具有鲜明的中国特色，也是中共反帝话语在抗日战争时期的重要理论创新表现之一。它以"抗日高于一切""全面全民族的"、国共"长期合作""既统一又独立""独立自主的"等一系列精准的概念界定和思想表达，解决了谁是敌人、谁是朋友，国共如何合作、统一战线如何巩固等重要问题，为坚持抗战胜利提供了重要理论与实践指导。

1. 关于"抗日高于一切"话语

日本帝国主义灭亡中国的侵略行动及侵略的残暴性、野蛮性、长期性，使中华民族面临亡国灭种的危险，这是抗日民族统一战线得以建立维系的基本前提。"抗日高于一切"话语，清晰地表达了在一个较长的时期内，日本作为首要敌人、中华民族要团结御辱的基本认知。国共合作统一战线建立的伟大意义在于使战胜日本帝国主义的力量实现了前所未有的聚合而具有了胜利的可能。抗日能否取胜的决定性因素在于国共合作统一战线是否以及能否坚持发展与巩固。正是基于此意义，毛泽东在 1937 年 9 月 29 日撰写的《国共合作成立后的迫切任务》中这样描述："这在中国革命史上开辟了一个新纪元。这将给予中国革命以广大的深刻的影响，将对于打倒日本帝国主义发生决定的作用。""中国是否能由如此深重的民族危机和社会危机中解放出来，将决定于这个统一战线的发展状况。"②因此，"抗日高于一切"话语蕴含着中国共产党团结各党派、各阶级、各团体、各地民众携手抗日战胜日本帝国主义的思想，指出由于国共两党以及其他党派分属于不同阶级，必然在统一战线内部存在各种各样的阶级矛盾，

① 中共中央文献研究室，中央档案馆．建党以来重要文献选编：第 15 册［G］．北京：中央文献出版社，2011：576.

② 中共中央文献研究室，中央档案馆．建党以来重要文献选编：第 14 册［G］．北京：中央文献出版社，2011：550.

存在不可避免的斗争与摩擦，但是在抗日大局下，所有党派应该树立互让互助、携手抗日的大局意识。正如1937年10月毛泽东在《目前抗战形势与党的任务报告提纲》指出的那样，“首先必须向党内外人士说明，统一战线的基本条件是抗日，‘抗日高于一切’，民主民生均在其次。”“统一战线内部的矛盾与磨擦不可避免，只能减弱不能消灭，应在发展抗日运动与抗日高于一切的原则下解决与和缓内部矛盾与磨擦。”①1937年12月21日，张闻天在《巩固国共合作，争取抗战胜利》中说：“共产党人始终认为，在各党各派合作的过程中，各党各派所占领的地位，绝不是由一党一派自己的意愿来决定，而是要由全国人民的公意来决定。”主张国共两党“要能够善于在‘抗日高于一切’、‘一切为了抗日’的基本原则下，用‘互相谅解，互相让步’的方法，求得不同意见的合理解决。”②

“抗日高于一切”话语，提醒着统一战线内部各阶级各党派要清晰主要矛盾、认准主要敌人、妥善处理内部阶级矛盾，始终将民族大义摆在首要位置，团结御辱，抗战到底，拒绝妥协。中国共产党以“抗日高于一切”的原则及相关政策策略激励鞭策国民党坚持抗日，规范国共两党抗日区域，发挥中国共产党侧翼配合国民党正面战线展开游击战争的优势。国共两党形成共同抗击日本侵略者的战略合力，为夺取抗日战争胜利做出了重大贡献。

2. 关于“全面全民族的”统一战线话语

中国共产党关于“全面全民族的”统一战线话语包含着对统一战线范围广狭的界定和采取何种抗战路线的深入思考。以毛泽东为代表的中国共产党领导人精准地表达了在统一战线的范围上实现“全面全民族性”，在如何取得抗战胜利问题上实施全面全民族抗战路线的重要观念，以“唤起民众”“兵民是胜利之本”等经典语句为“全面全民族的”统一战线话语提供唯物史观的科学解释逻辑和方法论依据。

（1）鲜明地指出了抗日民族统一战线的空前广泛性特征。1937年3月1日，毛泽东在和史沫特莱的谈话中说，“我们的统一战线是民族的。这就是说，包括全民族一切党派及一切阶级，只除开汉奸在外。有人说共产党倡导人民阵线，这是不对的。共产党倡导的是民族阵线，这种民族阵线比起法国或西班牙的人

① 中共中央文献研究室，中央档案馆．建党以来重要文献选编：第14册［G］．北京：中央文献出版社，2011：650－651.

② 中共中央文献研究室，中央档案馆．建党以来重要文献选编：第14册［G］．北京：中央文献出版社，2011：747，748.

民阵线来，范围广大得多。”①1937年9月29日，毛泽东在《国共合作成立后的迫切任务》一文中对“全民族”内涵进一步解释说，“抗日民族统一战线是否只限于国共两个党的呢？不是的，它是全民族的统一战线，两个党仅是这个统一战线中的一部分。抗日民族统一战线是各党各派各界各军的统一战线，是工农兵学商一切爱国同胞的统一战线。”②对于抗日民族统一战线的“全面性”，毛泽东在1937年10月25日和英国记者贝特兰的谈话中将之解释为：不但在地域上是全国性的，而且在参战成分上是全国性的，即广大的人民群众得到普遍动员。六届六中全会上毛泽东将“空前的广泛性”“全民性”作为抗日民族统一战线的第一个特点与优点。强调“我们统一战线的组成，是包括全民族所有不同党派，不同阶级，不同军队，不同国内民族之一个最广大团体”。“我们统一战线的这种最基本的特点——政治目的之反对异族侵略与组织成分之异常广大，不同于法国与西班牙的人民阵线，也不同于第一次大革命时期的民族阵线（当时的国共合作），使得今天的统一战线产生了许多特殊内容与特殊结果，这是今天统一战线的第一个特点与优点”。③

（2）建构了“全面全民族”抗日总路线话语，批判了国民党的片面抗战路线。1937年8月25日洛川会议上，毛泽东关于“中国抗战存在着两种政策和两个前途，即我们的全面的全民族抗战的政策和国民党的单纯政府抗战的政策，坚持抗战到胜利的前途和大分裂、大叛变的前途”④ 的讲话，从两种政策和两个前途命运对比的角度提出抗战胜利必须坚持“全面全民族抗战路线”的深刻见解。洛川会议通过的《中共中央关于目前形势与党的任务的决定》指明，争取抗战胜利的中心关键，是使国民党发动的抗战发展为全面的全民族的抗战。强调抗日救国十大纲领是争取抗战最后胜利的具体道路。

国民党对抗日力量的限制以及单纯依靠政府和军队实施抗战的片面抗战路线带来了全面抗战爆发以来的步步失利。当然，失利的原因是综合的，包含有日本帝国主义准备充分、武器精良、作战野蛮残暴带来总体失利的不可避免性，但主观上国民党作为执政党举措失当、不能动员全民参战是其重要原因。因此，

---

① 中共中央文献研究室，中央档案馆．建党以来重要文献选编：第14册［G］．北京：中央文献出版社，2011：57.

② 中共中央文献研究室，中央档案馆．建党以来重要文献选编：第14册［G］．北京：中央文献出版社，2011：551.

③ 中共中央文献研究室，中央档案馆．建党以来重要文献选编：第15册［G］．北京：中央文献出版社，2011：607.

④ 中共中央文献研究室．毛泽东年谱：中［M］．修订本．北京：中央文献出版社，2013：15.

中国共产党关于“全面全民族”的抗日路线的提出、深入阐释形成系统观念，是在总结反思抗战初期国民党正面战场不断失利原因，批评揭露片面抗战路线实质中完成的。洛川会议《决定》指出：

今天的抗战，中间包含着极大的危险性。这主要的是由于国民党还不愿意发动全国人民参加抗战。相反的，企图把抗战看成只是政府的事，处处惧怕与限制人民的参战运动，阻碍政府军队与民众结合起来，不给人民以抗日救国的民主权利，不去彻底改革政治机构，使政府成为全民族的国防政府。这种抗战可能取得局部的胜利，然而决不能取得最后胜利。相反的，这种抗战存在着严重失败的可能。①

1937 年 9 月 29 日毛泽东在《国共合作成立后的迫切任务》中指出：

现在的统一战线事实上还停止在两个党的范围之内，广大的工人、农民、兵士、城市小资产阶级及其它许多爱国同胞还没有被唤起，还没有被发动，还没有组织起来和武装起来。这是目前的最严重的情形。它的严重性，就是影响到前线不能打胜仗。②

1937 年 10 月 25 日毛泽东在和英国记者贝特兰的谈话中，对单纯政府和军队的抗战带来的深刻教训总结道：

说到教训，那也是很大的。几个月的抗战，暴露了中国的许多弱点。这首先表现在政治方面。这次参战的地域虽然是全国性的，参战的成分却不是全国性的。广大的人民群众依然如过去一样被政府限制着不许起来参战，因此现在的战争还不是群众性的战争。反对日本帝国主义侵略的战争而不带群众性，是决然不能胜利的。③

1937 年 11 月 12 日毛泽东在《上海太原失陷以后抗日战争的形势和任务》中对全面抗战路线与片面抗战路线的不同前途走向进行概括指出：

我们主张全国人民总动员的完全的民族革命战争，或者叫作全面抗战。因为只有这种抗战，才是群众战争，才能达到保卫祖国的目的。

---

① 中共中央文献研究室，中央档案馆．建党以来重要文献选编：第 14 册［G］．北京：中央文献出版社，2011：474.

② 中共中央文献研究室，中央档案馆．建党以来重要文献选编：第 14 册［G］．北京：中央文献出版社，2011：551.

③ 中共中央文献研究室，中央档案馆．建党以来重要文献选编：第 14 册［G］．北京：中央文献出版社，2011：618.

> 国民党主张的片面抗战，虽然也是民族战争，虽然也带着革命性，但其革命性很不完全。片面抗战是一定要引导战争趋于失败的，是决然不能保卫祖国的。
>
> 这是共产党的抗战主张和现时国民党的抗战主张的原则分歧。如果共产党员忘记了这个原则性，他们就不能正确地指导抗日战争，他们就将无力克服国民党的片面性，就把共产主义者降低到无原则的地位，把共产党降低到国民党。他们就是对于神圣的民族革命战争和保卫祖国的任务犯了罪过。①

通过不断地揭露、批判国民党不全面、不全民的片面抗战路线实质、危害及后果，用事实进一步论证说明了“全面全民族”的抗日总路线才是战胜日本帝国主义的唯一路线。在全党和全民中树立起坚持全面抗战路线，反对片面抗战路线的思想观念。

（3）以“唤起民众”“兵民是胜利之本”等唯物史观的经典语句强化“全面全民族”话语的权威性科学性，使解释框架更具有说服力。

中国共产党借用孙中山“唤起民众”话语，将自己关于人民主体地位的唯物史观价值观念蕴含其中，建构起全面全民族抗战思想的道义基础和权威解释框架，借以批评国民党的片面抗战及路线。1937 年 9 月 29 日，毛泽东在《国共合作成立后的迫切任务》中指出：“挽救危机的唯一道路，就是实行孙中山先生的遗嘱，即‘唤起民众’四个字。孙先生临终时的这个遗嘱，说他是积四十年的经验，深知必须这样做，才能达到革命的目的。究竟根据什么理由一定不肯实行这个遗嘱？究竟根据什么理由在如此危急存亡的关头还不下决心实行这个遗嘱？谁也明白，统制、镇压，是和‘唤起民众’的原则相违背的。单纯的政府和军队的抗战，是决然不能战胜日本帝国主义的。”② 1937 年 10 月 25 日，毛泽东在与英国记者贝特兰谈话指出，“现在的抗日民族统一战线，范围还很狭小，必须把它扩大起来，这就是实行孙中山先生的‘唤起民众’的遗嘱，动员社会的下层民众加进这个统一战线去。”③

“兵民是胜利之本”话语同样以简洁的语言阐释了人民群众才是中国抗日的

---

① 中共中央文献研究室，中央档案馆．建党以来重要文献选编：第 14 册［G］．北京：中央文献出版社，2011：660－661.

② 中共中央文献研究室，中央档案馆．建党以来重要文献选编：第 14 册［G］．北京：中央文献出版社，2011：551－552.

③ 中共中央文献研究室，中央档案馆．建党以来重要文献选编：第 14 册［G］．北京：中央文献出版社，2011：620.

真正主体，才能为抗日提供不竭的动力，才能使抗日战争走向胜利的深刻道理，为"全面全民族的"话语提供唯物史观解释逻辑。《论持久战》一文中关于"战争的伟力之最深厚的根源，存在于民众之中""把日本侵略者置于我们数万万站起来了的人民之前，使它像一匹野牛冲入火阵，我们一声唤也要把它吓一大跳，这匹野牛就非烧死不可""动员了全国的老百姓，就造成了陷敌于灭顶之灾的汪洋大海，造成了弥补武器等等缺陷的补救条件，造成了克服一切战争困难的前提"① 等经典性话语阐释了全民全民族抗战思想的唯一正确性。

3. 关于国共两党"长期合作"话语

抗日民族统一战线是以国共合作为基础的统一战线，离开国共合作，统一战线不仅是不完整的、非全民性质的，而且必然不会有胜利的前途。因此国共两党能否长期合作关涉统一战线能否坚持以及抗日战争最后能否打赢的问题。中国共产党坚持国共两党合作是长期的，并为维护这种长期性进行了不懈的努力。中国共产党关于国共两党"长期合作"话语包含着诚意合作、"互相帮助，互相发展"、有原则有纲领的合作等思想和正确处理"长期合作"中的问题摩擦而采取的一系列正确的战略策略原则等内容。

关于长期合作问题，中国共产党在认识上和实践上一直较为清醒。在认识上包含着基于共同抗日与建国目的，进行"诚意合作""有原则的合作"才能使合作长期坚持下去直到胜利的观点。1937 年 10 月，毛泽东在《目前抗战形势与党的任务报告提纲》中指出，国共合作"是一个长期的几十年的合作，而不是一时期的合作或玩弄手腕"②，提出了诚意合作的问题。1937 年 12 月 21 日，张闻天在《巩固国共合作，争取抗战胜利》一文中针对诸如合作是假、争夺领导权是真等错误言论，提出"真诚合作"、长期合作的问题，主张国共两党要"互相帮助、互相发展""共同负责、共同领导""互相谅解，互相让步"。1938 年 2 月，毛泽东同到访延安的美国合众社记者王公达进行了谈话，在回答"此次国共合作是具有永久的吗""代表着两个不同阶级的政党，将来怎么合作建立新国家"等问题时，不仅从国共两党合作抗日和合作建国两大目的角度强调合作的长久性，而且重申"诚意合作"才能长久的观点。提出"有原则的合作"才能真正走到合作建立新国家未来的思想。而所谓"有原则的合作"就是有纲

① 中共中央文献研究室，中央档案馆．建党以来重要文献选编：第 15 册［G］．北京：中央文献出版社，2011：445，446，418.

② 中共中央文献研究室，中央档案馆．建党以来重要文献选编：第 14 册［G］．北京：中央文献出版社，2011：651.

领的合作，是真正的合作。国共两党“合作是在一定纲领下的合作，是有原则的合作，是真正的合作，而不是苟合与貌合。如果离开纲领与原则，必变成苟合与貌合，这是任何有原则的政党所不许可的。有纲领有原则的合作，如同朋友之间的道义之交，只有这种道义之交，交情才能长久。”①

六届六中全会上，毛泽东在《论新阶段》政治报告中对国共两党“长期合作”问题做了较为系统而全面的阐释。他从“战争的长期性决定合作的长期性”“战争中的合作决定战争后的合作”“长期合作的内容与主要条件”“长期合作的组织形式”“长期合作中的互助互让政策”等方面回答了国共两党长期合作的必然性、重要性以及如何合作等问题，进一步丰富充实了坚持巩固抗日民族统一战线的核心观点。

（1）关于长期合作的内容与主要条件。基于对日本帝国主义战争的野蛮性与长期性分析，报告详细论证了国共合作必然是长期的结论。但到底能不能长期合作下去，却决定于两党是否采取了正确的政策策略及做了必要的工作。其核心要义就是兼顾各方的政策策略。“应该是照顾现在又照顾将来，照顾这一阶级又照顾那一阶级，照顾这一党派又照顾那一党派，照顾这一军队又照顾那一军队，照顾这一民族又照顾那一民族的政策与工作。否则政策不对，工作不行，自乱步骤，将使合作难于持久。”②

（2）关于长期合作的共同的组织形式。报告列举三种类型的组织形式：国民党本身变为民族联盟；或各党共同组织民族联盟，组织各级共同委员会；或者如现在的办法，没有成文，不要固定，遇事协商的办法。以毛泽东为代表的中国共产党人一直主张应该有一个长期合作的组织形式，尤其赞成前两种。但整个抗战期间并没有建立起统一合作的组织，而主要采取了第三种遇事协商的方式。

（3）关于长期合作中的互助互让政策。报告指出，所谓互助，就是“任何一党除了发展与巩固自己之外，还应对友党的发展与巩固取赞助态度。”对于国民党提出要组织三民主义青年团，中国共产党基于抗日的立场采取赞助态度，但主张将其发展为全国广大青年群众团结救国的统一组织，一个吸收各党各派各界的青年个人与青年团体加入进去的大集团。对于互助，毛泽东从道德层面

---

① 中共中央文献研究室，中央档案馆．建党以来重要文献选编：第 15 册［G］．北京：中央文献出版社，2011：136.

② 中共中央文献研究室，中央档案馆．建党以来重要文献选编：第 15 册［G］．北京：中央文献出版社，2011：625.

强调互相规过而非互害的美德才是值得倡导的正确的作风。“互助就不是互害，损人利己，在个人道德是不对的，在民族道德更加不对。因此，无理的磨擦，甚至捉人杀人等事，无论如何是要不得的，共产党员决不应该以此对待友党。而如若友党以此对待我们时，我们也决不容置之不理，凡无理的事必须以严正态度对待之，才是待己待人的正道。互相规过，是朋友间的美德，也是政党间应该提倡的作风。”①

对于统一战线中的“互让”，毛泽东将其解释为“一定条件下的让步”。如中国共产党在政治上停止没收土地、改编红军、改变苏区制度，国民党承认共产党的合法地位等就属于这种正确的“互让”。他认为这种让步“是为了建立统一战线团结全民共同对敌的必要步骤。”对于“互让”，还包括不在对方内部发展党员等方面。毛泽东解释道：“互不在对方内部招收党员，组织支部，进行秘密活动”“双方同志接触，应采谦和、尊敬、商量态度，不采傲慢、轻视、独断态度”；互助互让应该是积极的，“决不能把必要的互让政策解释为消极行为”。为了使互让互助政策落地，毛泽东表达了“一切我们所说的，共产党员应该首先实行”的态度立场，要求共产党员“必须有互助互让的精神，必须有尊重友党及和友党同志用谦和商量态度解决问题的精神，一切有友党同志的地方，都应和他们商量解决有关事项，不应独断。”② 以毛泽东为代表的中国共产党从共同抗日与建国的目的和大局出发，对长期合作的必要性、可能性的深入分析，对长期合作中的“诚意合作”“有原则的合作”、互助互让政策的详细阐释，以及“一切我们所说的，共产党员应该首先实行”的言行一致的态度立场表达，充分展现了中国共产党维护长期合作、赢得抗战胜利的大局意识和政治智慧。

4. 关于抗日民族统一战线中的“既统一又独立”话语

抗日民族统一战线中的“既统一又独立”话语，是中国共产党对抗日战争长期性和抗日民族统一战线复杂性的科学解答与回应。以国共合作为基础的抗日民族统一战线是在中日民族矛盾成为压倒一切的矛盾、国共两党经历十年生死搏斗的历史境遇下建立的。国共两党是在各自拥有政权和军队的基础上的合作，呈现出两党地位的不平等性和不平衡性等特点。国民党是在日本帝国主义的野蛮进攻压力下被迫走到抗日立场上的，其代表着地主资产阶级的利益，拥

① 中共中央文献研究室，中央档案馆．建党以来重要文献选编：第 15 册［G］．北京：中央文献出版社，2011：630.

② 中共中央文献研究室，中央档案馆．建党以来重要文献选编：第 15 册［G］．北京：中央文献出版社，2011：631.

有国家政权和军队，在国际上有合法的国际地位。作为第一大党又是执政党的“自傲自大”心理，使国民党在与共产党的合作中处处限制共产党及其领导的人民力量的发展。而中国共产党虽然拥有局部政权和军队，但力量相对薄弱，其合法地位和军队建制、政权地位等不断受到限制，需要在与国民党的谈判与斗争中解决。这种不对等、不平衡以及十年惨痛经历使中国共产党对国民党时刻抱有戒备心理。国共两党的复杂关系使抗日民族统一战线始终存在着对“统一性”与“独立性”的不同理解以及由此而来的国共两党的摩擦与斗争甚至生死较量。从整个抗日战争历程看，国共两党的摩擦与斗争从未间断，有时甚至十分激烈和严重。而围绕“统一性”与“独立性”的话语较量关涉两党的意识形态较量和对统一战线领导权的争夺，因而是十分激烈的。以毛泽东为代表的中国共产党以高超的政治智慧和战略视野建构了“既统一又独立”的话语范式，为自己政党灵活发挥先锋作用、影响力乃至领导力提供了理论依据，为批判国民党错误的“统一论”提供了理论支撑，为对国民党限制、削弱、溶化，乃至消灭中国共产党的军事行动和政治企图进行有力反击提供了合理性和正当性依据，为以中国共产党为代表的先进力量的发展壮大和抗日民族统一战线的坚持与巩固提供了实践路径。

中国共产党对于统一战线的“统一性”与“独立性”关系的思考和认识，是在国共合作统一战线的建立发展巩固的实践中完成的。中国共产党在抗战初期对抗日民族统一战线之“统一”的思考，主要指向有统一的纲领、统一的军队、统一的新政府方向。1937 年 7 月 15 日，中国共产党提交给国民党公开发表的《中共中央为公布国共合作宣言》中提出四项保证，强调愿意实行全国政权统一，军队统一、思想主张以三民主义为奋斗纲领，取消苏区，接受红军改编等，就是这种指向的表现。洛川会议上中共中央提出抗日救国十大纲领，也是指向成立国共两党和全国民众认同的统一政府、统一军队、统一的民众动员等方向。中共中央关于统一的政府、统一的军队、统一的民众的思考是针对国民党对其政党、国家政权和军队做出改革之后的新政府、新军队、新民众的。

1937 年 10 月，毛泽东在《目前抗战形势与党的任务报告提纲》中指出：

> 一我们要以抗日的国民政府为基础，建立统一的国防政府，不是另外建立一个政府。
>
> 二我们要求各党各派有威信的分子，共产党也在内，加入政府，巩固中枢，坚持抗战的方针。
>
> 三逐渐淘汰政府中的亲日派分子与贪污腐化分子。

四帮助中央政府改进地方政府，反对封建割据的局面。帮助地方政府进步成为中央政府的有机的一部。消除中央与地方的对立。

五迅速解决特区问题。解决特区政府的原则：1. 保持党的领导；2. 使特区成为中华民国的一部分的地方政府；3. 保持特区为抗日的先进地区、全国民主化的推动机和新中国的雏形。①

中国共产党除了主张对现有政府进行必要的改革外，主张对军队进行改革，使军队建立统一的国防军，建立政治工作制度，实行统一指挥、纪律、武装、供给、作战计划等，实施征兵制、培养军政人才、改善军事技术与指挥、扩大与巩固八路军力量，共产党员到军队中、使游击战与正规战配合起来等。关于统一的民众团体，就是"动员与武装人民，帮助政府与军队抗战，组织巩固的后方"等。

国民党蒋介石对抗日民族统一战线之"统一"的言论，是指向将中国共产党溶化在国民党当中、将其军队统一在国民党军队中、将其政权淹没在国民党地方政权中的。国共合作初期，尽管国民党蒋介石抗日很积极，但限制并削弱中国共产党及民众运动的真实企图隐含在各种战略思想和政策中。任弼时在1938年5月17日给共产国际提交的书面报告大纲《中国抗日战争的形势与中国共产党的工作和任务》中，历数了国民党蒋介石在国共合作以来歧视限制乃至消灭中国共产党的种种做法。诸如国民党在庐山军官训练班的政治教材中关于"在抗战中消耗中共五分之三力量"的详细说明，在国民党五届三中全会中仍然使用"根绝赤祸"字样，禁止其报章上用"国共合作"名词，不愿意公开表示国共两党是平等的合作等。关于国共合作的方式，国民党一度想在两党之上成立一个共同的党，两党分子均可加入，由两党选出同等数量人员组织最高委员会，而以蒋介石为主席，有最后决定之权，两党必须服从这最高机关的决议而行动，共产党不再与第三国际发生关系，以此剥离中国共产党与共产国际的关系。或者曾试图引诱中国共产党加入国民党成为其一个派别，将共产党溶化在国民党中。甚至一些文人如复兴社的上层领袖等，依据蒋介石的意图，利用"统一"的名词，制造了"一个主义、一个政党、一个领袖"，以所谓"团结统一"的滥调强调合并。如他们说："中国团结有两种方式，一为联合，一为统一，而联合式的团结，不能坚固，亦不能持久，而且在某种情形之下，还要火并起来。统一的团结方式，是用以大并小的方法，溶化小的单位，合而为一，

① 中共中央文献研究室，中央档案馆．建党以来重要文献选编：第14册［G］．北京：中央文献出版社，2011：652.

则根本没有离心倾向；所以主张加紧团结的人，应该主张合并。”① 国民党想借统一之名来消灭中国共产党的意图十分明显也具有一定市场，除了国民党内一部分反共分子支持外，还有少数党外的希望中国统一团结但又反对中国共产党的分子支持。国民党蒋介石试图用他的所谓统一论，将中国共产党及其军队统一在国民党及其军队控制下，以逐渐削弱溶化共产党，这与中国共产党主张建立高效能的国防政府，建立统一编制的军队，实施协同对日作战的抗日救国十大纲领的思想有着根本区别。

抗日民族统一战线中的“统一性”与“独立性”关系，归根结底是由谁来领导抗日民族统一战线的问题。对于统一战线的领导权问题，毛泽东在1937年8月25日的洛川会议上就提出要“争取民族革命战争领导权”，强调共产党在统一战线中必须坚持独立自主的原则，对国民党要保持高度的阶级警觉性。指出在统一战线下是相对的独立自主。②

1937年11月12日，毛泽东在《上海太原失陷以后抗日战争的形势和任务》中对统一战线中的领导权问题深入分析道：

> 在统一战线中，是无产阶级领导资产阶级呢，还是资产阶级领导无产阶级？是国民党吸引共产党呢，还是共产党吸引国民党？在当前的具体的政治任务中，这个问题即是说：把国民党提高到共产党所主张的抗日救国十大纲领和全面抗战呢，还是把共产党降低到国民党的地主资产阶级专政和片面抗战？③

导致“谁领导谁的问题”尖锐地摆在面前的原因，除了中国资产阶级的妥协性、国民党实力上的优势及对中国共产党及其军队政权的各种限制外，主要还有共产党内理论水平不平衡带来错误认识发生、导致在统一战线领导权问题上发生了混乱。如党内存在“一切经过统一战线”“一切服从统一战线”的右倾错误认识，对国民党无原则的迁就，八路军中新军阀主义倾向发生、共产党员以参加国民党政权为荣耀等。毛泽东强调“‘统一战线中的独立自主’这个原

---

① 中共中央文献研究室，中央档案馆．建党以来重要文献选编：第15册［G］．北京：中央文献出版社，2011：316.

② 中共中央文献研究室．毛泽东年谱：中［M］．修订本．北京：中央文献出版社，2013：15－16.

③ 中共中央文献研究室，中央档案馆．建党以来重要文献选编：第14册［G］．北京：中央文献出版社，2011：664.

则的说明、实践和坚持，是把抗日民族革命战争引向胜利之途的中心一环。”①

统一战线中独立自主原则是中国共产党对国民党一面抗日、一面限制中国共产党和进步力量的企图的突破，是保存自己、坚持发展巩固抗日民族统一战线的重要原则，是不放弃对国民党批评的合作原则。1937 年 9 月 13 日，毛泽东和张闻天致电潘汉年、刘晓等人，指出：“民族资产阶级的影响，在部分左倾领袖及党员中是在增长，主要表现是在对国民党的投降，只知对国民党统一，处处迁就它的要求，而不知同它的错误政策作斗争。”“民族统一战线，不但不取消对于国民党的错误政策进行批评与斗争，而且只有在这一基础上才能使统一战线充实巩固起来，使之继续前进。”②

1937 年 11 月 15 日，毛泽东给周恩来等人发去电报，对山西工作在统一战线中进一步执行独立自主原则做出指示：“因为国民党及阎、黄、卫在日寇打击之下，已基本上丧失在山西继续支持的精神与能力。我们需自己做主，减少对于他们的希望与依靠，故‘独立自主’之实行，须比较过去‘进一步’，这是完全必要的。但仍然是在统一战线中的独立自主，不是绝对的独立自主。在大的方面仍应与国民党及阎、黄、卫商量，例如周电所述各条及朱、彭要求补充等是完全对的，仅仅不要希望与依靠他们，因为他们答应的东西很多不能兑现。我们计划要放在他们不答应不兑现不可靠时，我们还是能够干下去这样一个基点上。”③

上述文献进一步说明，中国共产党主张的独立自主是在统一战线中的独立自主，是相对的独立自主，是由于国民党在部分战场表现出精神能力上的颓废和不足，为了打破对国民党的依靠而要求中国共产党自己做主、独立自主地开辟敌后战场的战略决策思考。因此，中国共产党关于统一战线中的独立自主原则，是最能把抗日有生力量充分调动起来、力求团结进步、克服妥协投降，使抗日战争向着胜利方向前进的正确原则。

1938 年 10 月召开的六届六中全会上，毛泽东对统一战线中“统一性”与“独立性”关系的全面阐释，将中国共产党的理论认识提升到新的高度。(1) 关于坚持统一战线之“统一”，即统一于国民政府，统一于抗日民族统一

---

① 中共中央文献研究室，中央档案馆．建党以来重要文献选编：第 14 册［G］．北京：中央文献出版社，2011：666.

② 中共中央文献研究室．毛泽东年谱：中［M］．修订本．北京：中央文献出版社，2013：32.

③ 中共中央文献研究室，中央档案馆．建党以来重要文献选编：第 14 册［G］．北京：中央文献出版社，2011：676.

战线。对此是毋庸置疑的。毛泽东说，“没有问题，统一战线以国共两党为基础，而两党中又以国民党为主干，我们承认这个事实。因此，我们是坚决拥护蒋委员长及其领导下之国民政府与国民党的，并号召全国一致拥护。承认与拥护这个主干而又同时发展各党，是相互联系又不互相冲突的。”① （2）关于统一战线中的“独立性”，即在统一前提下必须坚持政党思想政治组织上的独立性。毛泽东说，“必须保持加入统一战线中的任何党派在思想上、政治上与组织上的独立性，不论国民党也好，共产党也好，其他党派也好，都是一样。”② 主张独立性必须服从统一性。否认独立性，只谈统一性，或者抹杀相对独立性都是破坏统一战线，破坏团结对敌的总方针的。“三民主义中的民权主义是什么呢？在党派问题上说来，就是容许联合统一，同时又容许其独立共存。否认独立性，只谈统一性，这是背弃民权主义的思想，不但我们共产党不能同意，任何党派也是不能同意的。没有问题，统一战线中，独立性不能超过统一性，而是服从统一性，统一战线中的独立性，只是也只能是相对的东西。不这样做，就不算坚持统一战线，就要破坏团结对敌的总方针。但同时，决不能抹杀这种相对的独立性，无论思想上也好，政治上也好，组织上也好，各党必须有相对的自由权。如果被人抹杀或自己抛弃这种相对的独立性或自由权，也同样将破坏团结对敌，破坏统一战线。这是每个共产党员，同时也是每个友党党员，应该明白的。”③ （3）关于“既统一又独立”方针的简洁概括。基于对阶级斗争与民族斗争关系的正确分析，毛泽东以“既统一又独立”的简洁概括高度凝练地表达了中国共产党坚持统一战线又充分发挥自己政党的影响力和领导力的思想。“总之，我们一定不要破裂统一战线，但又决不可自己束缚自己的手脚。”“我们的方针是统一战线中的独立自主，既统一，又独立。”④

中国共产党关于抗日民族统一战线中“统一性”与“独立性”关系的话语，是在批判国民党片面的“统一”论调中提出，也是针对党内关于“一切经过统一战线”“一切服从统一战线”等错误言论和实践偏差进一步总结教训而成熟完善的。毛泽东在对“一切经过统一战线”的批驳中论证了“既统一又独

---

① 中共中央文献研究室，中央档案馆．建党以来重要文献选编：第15册［G］．北京：中央文献出版社，2011：623.

② 中共中央文献研究室，中央档案馆．建党以来重要文献选编：第15册［G］．北京：中央文献出版社，2011：641.

③ 中共中央文献研究室，中央档案馆．建党以来重要文献选编：第15册［G］．北京：中央文献出版社，2011：641－642.

④ 中共中央文献研究室，中央档案馆．建党以来重要文献选编：第15册［G］．北京：中央文献出版社，2011：715.

立”原则的正确性。他说：

> 中国的情形是国民党剥夺各党派的平等权利，企图指挥各党听他一党的命令。我们提这个口号，如果是要求国民党“一切”都要“经过”我们同意，是做不到的，滑稽的。如果想把我们所要做的“一切”均事先取得国民党同意，那末，他不同意怎么办？国民党的方针是限制我们发展，我们提出这个口号，只是自己把自己的手脚束缚起来，是完全不应该的。①

毛泽东关于“应根据国民党许可程度的不同可以采取先斩后奏、先奏后斩、暂时斩而不奏、暂时不斩不奏”等灵活自主的方式方法为保持中国共产党在统一战线中的独立自主性起到了重要作用。中国共产党关于“既统一又独立”的思想原则成为中国共产党善处同盟者、维护抗日民族统一战线、保持自己的独立性的重要工作指针。

相持阶段到来后，抗日民族统一战线面临严峻挑战。妥协投降空气弥漫，汪伪政权建立，蒋介石集团在坚持抗日立场下，采取摩擦政策，掀起了三次反共高潮。中国共产党坚持抗日立场，对蒋介石集团的消极抗日、积极反共采取正确政策，对其抗日言论与行动采取积极的赞扬态度，对其妥协投降和反共言论与行动给予揭露和批评，形成了一整套维护抗日民族统一战线的正确的战略策略原则。1939 年 1 月 25 日的《中共中央为国共关系问题致蒋介石电》中，中国共产党对蒋介石发表驳斥日本近卫关于“反共即灭华”的抗日态度给予高度赞赏。称之为“一针见血之论”“名言至理，中外同钦”。指出，“盖共产党为中华民族进步之力量，国民革命不可缺少之因素，反共实即反对中华民族解放之事业，反共实即反对国民党抗战建国之友军，反共实即反对并分裂国民党。凡此，当前历史之具体真理，谅先生必有同感也。”②

1940 年 2 月 1 日，毛泽东在延安民众讨汪大会上发表讲演，对国共两党的“统一论”概括总结，批判国民党的统一论是假统一论，声明只有中国共产党的统一论才是真统一论。

> 我们的统一论，就是全国人民的统一论，就是一切有良心的人的统一论，这种统一论是以抗战、团结、进步三件事做基础的。只有进步才能团结，只有团结才能抗日，只有进步、团结、抗日才能统一。这就是我们的

---

① 中共中央文献研究室，中央档案馆．建党以来重要文献选编：第 15 册［G］．北京：中央文献出版社，2011：715.

② 中共中央文献研究室，中央档案馆．建党以来重要文献选编：第 16 册［G］．北京：中央文献出版社，2011：31 –32.

统一论，这就是真统一论，这就是合理的统一论，这就是实际的统一论。①

国民党的反共顽固派强调统一，但是他们的所谓“统一”，乃是假统一，不是真统一；乃是不合理的统一，不是合理的统一；乃是形式主义的统一，不是实际的统一。他们高唤统一，却原来是要取消共产党、八路军、新四军和陕甘宁边区，说有共产党、八路军、新四军和边区存在，中国就不统一，他们要把全国一切都化为国民党；不但继续他们的一党专政，而且还要扩大他们的一党专政。如果是这样，那还有什么统一呢？②

那种假统一论，不合理的统一论，形式主义的统一论，乃是亡国的统一论，乃是丧尽天良的统一论。他们要把共产党、八路军和民主的抗日根据地消灭，要把一切地方的抗日力量消灭，以便统一于国民党。这是阴谋，这是借统一之名，行专制之实，挂了统一这个羊头，卖他们的一党专制的狗肉。③

中国共产党为维护抗日民族统一战线中的“统一”与“独立”，采取了正确的战略方针和策略原则，先后提出了“又团结又斗争，以斗争求团结”的方针，“坚持抗战，反对投降”“坚持进步，反对倒退”“坚持团结，反对分裂”的三大口号，“发展进步势力，争取中间势力，孤立顽固势力”的策略总方针，对于顽固派坚持“人不犯我，我不犯人；人若犯我，我必犯人”和有理、有利、有节的自卫斗争原则，在行动上抑制和粉碎了蒋介石集团的三次反共高潮，最终使统一战线得到维护并发挥作用，取得了抗日战争的最后胜利。抗日民族统一战线中的“既统一又独立”话语，创造了在极其复杂的环境条件下使中国共产党成为抗日“中流砥柱”的历史必然性，展现了日益走向成熟的中国共产党对马克思主义中国化理论创新的高度自觉。

（三）从三民主义到新民主主义话语

三民主义思想是中国共产党在抗日战争时期为了与国民党实现长期合作、维护巩固抗日民族统一战线而与国民党共举的一面理论旗帜。由孙中山先生创立并发展的三民主义学说，在反对外来侵略、追求民族独立的历史演进中具有革命性和进步性。经过1924年重新解释的三民主义成为国共两党第一次合作的

① 中共中央文献研究室，中央档案馆．建党以来重要文献选编：第17册［G］．北京：中央文献出版社，2011：109－110.

② 中共中央文献研究室，中央档案馆．建党以来重要文献选编：第17册［G］．北京：中央文献出版社，2011：108.

③ 中共中央文献研究室，中央档案馆．建党以来重要文献选编：第17册［G］．北京：中央文献出版社，2011：110.

政治基础。孙中山先生逝世后，三民主义遭遇了曲折的历史命运。1927 年后以蒋介石为代表的国民党明言继承三民主义思想实则抛弃孙中山三民主义的核心要义，对外妥协投降，对内反共、镇压工农民众。“七七事变”后，以蒋介石为代表的国民党对孙中山三民主义纲领和主张进行修正，出现了资产阶级修正的三民主义。相持阶段到来前后，以汪精卫为代表的一部分人污辱孙中山及其革命的三民主义，企图以盗窃三民主义作为投降的根据。中国共产党一直是孙中山三民主义的忠实继承者和实践者，抗战以来，中国共产党以三民主义话语建构抗日民族统一战线的政治基础，具有正当性和合理性。但由于抗日民族统一战线中国共两党不同的阶级属性，围绕着“谁来解释”三民主义的话语争夺与较量始终存在着。三民主义的论战及其话语走向的复杂性说明围绕“谁来解释”的话语争夺较量是极其激烈的。历史证明用三民主义解释中国共产党的抗日主张遭遇到较大阻碍，也使党在理论旗帜上显现出一定的被动性。以毛泽东为代表的中国共产党一方面高举三民主义旗帜，对其进行正本清源，将孙中山的三民主义称为“真三民主义”“革命的三民主义”，将其他面目出现的三民主义称作“伪三民主义”“修正的三民主义”等，同时将“革命的三民主义”升华发展为“新民主主义”，建构起中国共产党立于主导地位的独特的“新民主主义”话语范式，实现了反帝话语理论在抗日战争时期的历史性创新和飞跃。从“革命的三民主义”到“新民主主义”的话语转变，体现了话语转变的历时性和复杂性。其间，中国共产党对“革命的三民主义”进行了阐释，对真、假三民主义、三民主义的“旧”与“新”、三民主义与新民主主义关系、新民主主义的话语内涵等问题进行了阐释，厘清了众多概念，最终以新民主主义话语的创新性实现了思想理论的重大超越，使反帝话语思想体系化。

1. 关于“革命的三民主义”为国共合作的政治基础话语

在抗日民族统一战线正式建立前，中国共产党就提出以“革命的三民主义”为“团结救国的基础”，呼吁国共两党为真正实现革命的三民主义而奋斗，在革命性上坚持并举起孙中山革命的三民主义理论旗帜。中国共产党以“我们老早就是信仰三民主义的”“我们是最坚决最忠诚地为实现三民主义中国而奋斗的”“革命的三民主义”与中国共产党的现行政纲“并无不和”、与共产主义也“不相冲突”等话语表达中国共产党对孙中山革命的三民主义的继承和坚守，因而表明国共两党具有合作的共同理论基础。但中国共产党所尊崇的三民主义是仅指国民党第一次全国代表大会所通过的三民主义而非其他三民主义。

1937 年 5 月，毛泽东在延安召开的中国共产党全国代表会议苏区党代表会议上对三民主义的内涵作简略表达，即“对外独立解放的民族主义，对内民主自由的民权主义，与增进人民幸福的民生主义”，指出中国共产党的民主革命纲领与这个三民主义“基本上是不相冲突的”。强调国共两党在此基础下重新合作“是完全适合于中国革命的历史要求”的。“因此，我们不但不拒绝三民主义，而且愿意坚决地实行三民主义，而且要求国民党和我们一道实行三民主义，而且号召全国人民实行三民主义。”“共产党、国民党、全国人民，应当共同一致为民族独立、民权自由、民生幸福这三大目标而奋斗。”① 1937 年 7 月 15 日，《中共中央为公布国共合作宣言》中郑重声明“孙中山先生的三民主义为中国今日之必需，本党愿为其彻底的实现而奋斗。”②

抗日民族统一战线正式建立后，在全国范围内维护并践行孙中山“革命的三民主义”就成为巩固抗日民族统一战线的重要任务。围绕三民主义与共产主义关系的质疑不断出现在统一战线内部。怀疑中国共产党实行三民主义的动机、质疑中国共产党土地革命时期政策是否与三民主义一致、散布三民主义与共产主义不相容等错误言论在报刊不时闪现。如上海的诸青来等人在上海刊物上发声，把三民主义看作是国民党的，对于共产党愿意实行感到奇怪。这实际上是国民党中资产阶级分子出于自身阶级立场对中国共产党的三民主义话语进行攻击与否定。中国共产党对上述诸多错误言论展开了批驳，以维护对三民主义的解释权。

1937 年 9 月 29 日，毛泽东在《国共合作成立后的迫切任务》中对怀疑共产党实行三民主义动机的言论批驳指出，那些“以为共产主义和三民主义是不能并存的”观点“是一种形式主义的观察”。指出，中国共产党是忠实的三民主义者，其最低纲领是彻底的三民主义纲领，共产主义是将来实行的纲领；十年内战期间的一切政策就是在实行彻底的三民主义政策；第一次国共统一战线的共同纲领即革命的三民主义，现在的任务是在全国范围内恢复孙中山先生的三民主义革命精神；抗日救国十大纲领是真正革命的三民主义的纲领。

1938 年 2 月 2 日毛泽东同《新中华报》记者其光的谈话中，批驳诸如“共产党既宣布相信三民主义，便不能再相信共产主义”“三民主义与共产主义不相容”等错误思想。指出，这些“拨弄是非者的谣言”“绝不合乎事实”。并通过大量引用孙中山观点论证了“三民主义与共产主义是能够相容并存的，三民主

---

① 中共中央文献研究室，中央档案馆．建党以来重要文献选编：第 14 册［G］．北京：中央文献出版社，2011：184 – 185.

② 中共中央文献研究室，中央档案馆．建党以来重要文献选编：第 14 册［G］．北京：中央文献出版社，2011：370.

义与共产主义是一个很好的朋友关系”“在中山先生亲手著作的三民主义理论中，绝找不出三民主义与共产主义不相容的指示来。”① 在充分肯定和高度评价共产主义思想的科学性、伟大性，要求国民党要细心研究共产主义的基础上，更指出，两个主义和两个党同时合法并存，对中国人民和国家是有益处的。铁的事实证明，“三民主义共产主义互助合作，则国家统一革命发展；三民主义与共产主义互相对立、互相否定，则国家分裂，革命困难。”强调“三民主义与共产主义不相容”的观点，“既不合乎首创三民主义和国民党的革命导师孙中山先生的理论和行动，也不合乎中国革命的实际情形”②，而且会“把目前举国一致对外的良好政局，转移成视线对内、增加内部困难的可能局面”。③

1938 年 10 月召开的六届六中全会上，毛泽东在《论新阶段》的政治报告中，对三民主义与共产主义的关系再次进行系统阐释。指出，三民主义与中国共产党的民族民主革命阶段纲领的总目标是一致的。要求中国共产党要诚心诚意地实行三民主义，用马克思主义的眼光研究三民主义理论。

> 我们坚决地反对帝国主义，这是符合于民族主义的；我们实行了人民代表会议的政治制度，这是符合于民权主义的；我们又实行了耕者有其田的土地制度，这是符合于民生主义的。那时，我们的一切做法，并未超过资产阶级民主革命基本范畴的私有财产制。在现在抗战的阶段与战后彻底完成民主共和国的阶段，都是三民主义的阶段，都是资产阶级民主革命性质的阶段。④

中国共产党关于“革命的三民主义”话语不仅包含着以三民主义为国共合作的政治基础，国共两党携手合作抵御外辱，维护巩固统一战线的立场；而且包含着抗日胜利后建立一个民族独立、民权自由、民生幸福的三民主义共和国的思想。毛泽东在多次讲话中阐释了这一主张。1938 年 2 月，毛泽东在回答合众社记者王公达“关于共产党主张的民主共和国，如何理解”的问题时指出，“中共主张的民主共和国便是全国所有不愿当亡国奴的人民，用无限制的普选方

---

① 中共中央文献研究室，中央档案馆．建党以来重要文献选编：第 15 册［G］．北京：中央文献出版社，2011：59，61.

② 中共中央文献研究室，中央档案馆．建党以来重要文献选编：第 15 册［G］．北京：中央文献出版社，2011：57－58.

③ 中共中央文献研究室，中央档案馆．建党以来重要文献选编：第 15 册［G］．北京：中央文献出版社，2011：63.

④ 中共中央文献研究室，中央档案馆．建党以来重要文献选编：第 15 册［G］．北京：中央文献出版社，2011：136.

法选举代表组织代议机关这样一种制度的国家，这种国家就是民权主义的国家，大体上是孙中山先生早已主张了的，中国建国的方针，应该向此方向前进。”① 1938 年 7 月 2 日，毛泽东同世界学联代表团谈话指出，未来“新国家”是“一个自由平等的民主国家。在这个国家内，有一个独立的民主的政府，有一个代表人民的国会，有一个适合人民要求的宪法。在这个国家内的各个民族是平等的。在平等的原则下建立联合的关系。”除此之外，毛泽东还强调，这个国家经济是向上发展的，人民有言论、出版、集会、信仰的完全自由，军队与人民打成一片。指出“这样的国家，还不是社会主义的国家，这样的政府，也不是苏维埃政府，乃是实行彻底的民主制度与不破坏私有财产原则下的国家与政府。”② 六届六中全会上毛泽东详细阐释了未来国家的“三民主义共和国”政权样貌。“我们所谓民主共和国就是三民主义共和国，它的性质是三民主义的。按照孙中山先生的说法，就是一个‘求国际地位平等，求政治地位平等，求经济地位平等’的国家。”它“不是苏维埃，也不是社会主义”③ 的样貌。

2. 关于区分甄别“真、假、修正的三民主义”话语

伴随着抗日相持阶段的到来，一场关于“三民主义”的争论不可避免地在国、共、汪伪派别中展开。1939 年 4 月，叶青创办了《时代思潮》，先后发表了《三民主义的创造性》《三民主义的时代性》等文章，出版了《民生主义真解》《与社会主义者论中国革命》等书，挑起了三民主义论战。国民党宣传家声称：“中国有了三民主义就够了，用不着社会主义”；共产主义“不合于中国的历史道路”。在 1939 年 1 月召开的国民党五届五中全会上，蒋介石做了题为“唤醒党魂，发扬党德，巩固党基”的报告。所谓“唤醒党魂”“发扬党德”，就是实行“一个主义”“一个政党”“一个领袖”的专制主义。

汪精卫叛变投敌后，也以“三民主义”作护身符，对三民主义进行歪曲解释，使之变为其协同日本侵华反共反蒋的话语武器。无论是国民党蒋介石集团还是汪伪投降派别，在对三民主义的曲解中有一点是一致的，就是打着三民主义旗号反对中国共产党和共产主义。中国共产党以毛泽东为代表，以真、假、伪三民主义的话语解构国民党修正的三民主义，否定汪精卫的伪三民主义，实

① 中共中央文献研究室，中央档案馆．建党以来重要文献选编：第 15 册［G］．北京：中央文献出版社，2011：136.

② 中共中央文献研究室，中央档案馆．建党以来重要文献选编：第 15 册［G］．北京：中央文献出版社，2011：482.

③ 中共中央文献研究室，中央档案馆．建党以来重要文献选编：第 15 册［G］．北京：中央文献出版社，2011：632－633.

现对真三民主义的正本清源和理论重塑。

1939 年 4 月 26 日，《中共中央为开展国民精神总动员告全党同志书》提出“真、假三民主义”的概念。对于那些言行不一，口是心非的所谓三民主义者称其为“假三民主义者”。“如果口称信仰民族主义而又企图与敌人妥协，口称信仰民权主义而又实行压制人民，口称信仰民生主义而又不顾人民生活的痛苦，都是假三民主义者，叛徒汪精卫辈就曾经是这样一种人，孙中山先生在世之时对于这种人是深恶痛绝的。”号召“揭穿汉奸汪精卫辈的假三民主义，为具体实施民族独立民权自由民生幸福的真三民主义而斗争”。① 强调要“坚定正确的政治方向”“纠正一切不利于抗战的纷歧错杂的错误思想”②。

> 一切破坏抗日民族统一战线的思想和言论，反蒋反共的邪说，依赖外力的空论空想，以及否认劳动人民是民族基本主干的反民族论调，否认马克思主义是三民主义好朋友的反劳动阶级论调等等，都是属于不利抗战的纷歧错杂的思想，都应加以纠正。只有这样，才能具备坚定正确的政治方向，巩固以三民主义为政治基础的抗日民族统一战线，也才能发扬艰苦奋斗的作风，争取抗战的胜利。③

1939 年 6 月，毛泽东在《反投降提纲》中指出，“代表国民党写文章的人，包括托派叶青等在内，发表了许多不但反对共产主义而且也是反对真三民主义的‘纷歧错杂的思想’，亦即假三民主义或中间三民主义的思想，应该加以严正的批驳。”④

1939 年 5 月 4 日毛泽东在《青年运动的方向》中，进一步提出判断真、假三民主义者的标准，即以是否与广大的工农群众相结合为判断标准。“所以我们看人的时候，看他是一个假三民主义者还是一个真三民主义者，是一个假马克思主义者还是一个真马克思主义者，只要看他和广大的工农群众的关系如何，

① 中共中央文献研究室，中央档案馆．建党以来重要文献选编：第 16 册［G］．北京：中央文献出版社，2011：184.

② 中共中央文献研究室，中央档案馆．建党以来重要文献选编：第 16 册［G］．北京：中央文献出版社，2011：185.

③ 中共中央文献研究室，中央档案馆．建党以来重要文献选编：第 16 册［G］．北京：中央文献出版社，2011：186.

④ 中共中央文献研究室，中央档案馆．建党以来重要文献选编：第 16 册［G］．北京：中央文献出版社，2011：383.

就完全清楚了。只有这一个辨别的标准，没有第二个标准。"① 1939 年 7 月 29 日，张闻天在《拥护真三民主义，反对假三民主义》一文中从真、伪三民主义的内涵及前途指向甄别了真、伪三民主义，告诫国人拥护真三民主义，反对假的伪的三民主义。"孙中山先生的真三民主义是要经过巩固与扩大抗日民族统一战线，以争取民族独立、民权自由、民生幸福的民主共和国的建立，而汪精卫的伪三民主义，则是要经过'中日提携'、'共同防共'，建立'东亚新秩序'以灭亡中国的。"② 汪精卫之流"恬不知耻的利用着孙中山先生的三民主义的招牌，进行他们公开卖国的活动""把孙中山先生一切革命的主张言论，都有意曲解为他们公开卖国的理论根据"。张闻天对"把三民主义修正为不彻底的一民主义或曲解他为'反共防共'的思想武器"的修正的三民主义也做了初步区分。③ 1939 年 8 月 4 日，周恩来在《三民主义与共产主义》提纲中将三民主义甄别为"真正的三民主义""汪精卫的伪三民主义""戴季陶的修正三民主义""企图马克思主义化的三民主义"，指出三民主义与共产主义的区别在于"在世界观，人生观，社会观的哲学方法论上有基本的不同，即在民族民主及社会政策上也有许多差异"，批判了统一战线内部各种反对共产党、取消共产主义的错误观点。④

1939 年 9 月 25 日，王稼祥在《关于三民主义与共产主义》一文中，在如下几个方面进一步丰富充实了关于"革命的三民主义"与"修正的三民主义""共产主义"之间的差异性认识。(1) 在高度赞扬孙中山及其三民主义的革命性同时，进一步指出孙中山三民主义学说与马克思主义学说的根本不同之处。即在哲学方面是唯心论，在社会学方面否认阶级斗争和唯心史观，在经济学方面没有脱出资产阶级的经济学说范围，在将来的社会理想上是主观的社会主义等。(2) 剖析了修正主义的三民主义本质。即把三民主义变成一民主义，取消孙中山的民权主义和民生主义，是独裁主义者、军国主义者和一党专政主义者，是代表剥削阶级而仇视工农的斗争。指出："三民主义的修正主义的确抛弃了孙中山基本革命的主张，在三民主义的最主要的问题上都是修正了和曲解了孙中

---

① 中共中央文献研究室，中央档案馆. 建党以来重要文献选编：第 16 册 [G]. 北京：中央文献出版社，2011：286.

② 中共中央文献研究室，中央档案馆. 建党以来重要文献选编：第 16 册 [G]. 北京：中央文献出版社，2011：551.

③ 中共中央文献研究室，中央档案馆. 建党以来重要文献选编：第 16 册 [G]. 北京：中央文献出版社，2011：543.

④ 中共中央文献研究室，中央档案馆. 建党以来重要文献选编：第 16 册 [G]. 北京：中央文献出版社，2011：562 - 563.

山的基本立场。”修正的三民主义“不是引导到民族团结，而是引导到民族分裂；不是引导抗日民族革命战争的胜利，而是引导到失败。”（3）在驳斥各种将三民主义与共产主义对立起来的错误论调中鲜明地指出，共产主义不仅是将来社会的理想和共产主义奋斗的最后目标，而且“共产主义又是一种学说，思想与科学，这正是马克思主义列宁主义。”指出，“把三民主义与共产主义——马列主义混同起来的企图，不管来自右边的叶青之流，或者来自马克思主义者营垒，都应当反对。”“任何企图证明只有三民主义适合中国而马克思列宁主义不适合中国的说法都是错误的反动的，任何希望以三民主义来溶化和消灭共产主义马列主义的企图都是非科学的反革命的。”①

3. 关于区别“新、旧民主主义”与“新、旧三民主义”，实现话语超越

在这场关于“三民主义”的话语较量中，以毛泽东为代表的中国共产党深刻体会到“三民主义”话语对中国共产党意识形态造成的困扰，因此，跳脱“三民主义”语言范式束缚，建构自己的思想理论形态就成为紧迫的任务。这样“新民主主义”的解释范式逐渐在甄别真、假三民主义的思考中孕育形成。1939年12月，毛泽东在《中国革命和中国共产党》中最早使用了“新民主主义”的概念，在表述近代以来反帝反封建的中国革命性质上，提出了“旧式民主主义”与“新式民主主义”“旧民主主义的三民主义”与“新民主主义的三民主义”等概念，并用这些新概念，区分了革命的不同时代，区分了领导者、革命动力、革命前途等问题。毛泽东用“新民主主义革命”的概念定义了这个“新式的特殊的资产阶级民主主义革命”的特殊性和时代性，即这个革命从第一次世界大战和俄国十月革命开始，在中国以“五四”运动划界，这个革命已经“是世界无产阶级社会主义革命的一部分”，“在政治上是几个革命阶级联合起来对于帝国主义者和汉奸反动派的专政”，工、农、小资产阶级成为革命主力，无产阶级居于领导地位，这个革命的前途将“避免资本主义的前途，实现社会主义的前途”。毛泽东将孙中山的三民主义也划分为新、旧两个阶段，用“这种新民主主义的革命，和孙中山在一九二四年所主张的三民主义的革命在基本上是一致的”的话语，将孙中山联俄联共扶助农工三大政策的三民主义纳入新民主主义范畴。指出，孙中山联俄联共扶助农工三大政策的三民主义，已“把适应于旧的国际国内环境的旧民主主义的三民主义，改造成了适应于新的国际国内环境的新民主主义的三民主义”，中国共产党为之奋斗的，就是这个革命的新民主主义的三

① 中共中央文献研究室，中央档案馆．建党以来重要文献选编：第16册［G］．北京：中央文献出版社，2011：631－642.

民主义，“即联俄、联共和扶助农工政策的三民主义”。①

1940年1月，毛泽东在《新民主主义论》中，在系统驳斥“资产阶级专政”“一次革命论”“左”倾空谈主义、顽固派的错误言论中，阐释了中国共产党的最低纲领和最高纲领，对比了三民主义与共产主义的异同，厘清了旧三民主义和新三民主义概念，全面系统地阐释了世界革命的时代性、革命分两步的战略步骤、革命的直接前途和最终前途、革命纲领等问题，论证了资产阶级专政在中国走不通的原因，热情讴歌了共产主义思想体系和社会制度的科学性合理性，对比了三民主义与共产主义的异同，在对旧、新三民主义的区分中重构了对三民主义的马克思主义解释。关于共产主义思想体系和社会制度的科学性、合理性，毛泽东指出：

> 共产主义是无产阶级的整个思想体系，同时又是一种新的社会制度。这种思想体系和社会制度，是区别于任何别的思想体系和任何别的社会制度的，是自有人类历史以来最完全最进步最革命最合理的。……惟独共产主义的思想体系和社会制度，正以排山倒海之势，雷霆万钧之力，磅礴于全世界，而葆其美妙之青春。中国自有科学的共产主义以来，人们的眼界是提高了，中国革命也改变了面目。中国的民主革命，没有共产主义去指导是决不能成功的，更不必说革命的后一阶段了。②

关于三民主义与共产主义的根本区别，指出主要在民主革命的一部分纲领、有无社会主义革命阶段、宇宙观、革命彻底性等方面根本不同。关于旧三民主义与新三民主义的区分，强调“只有《中国国民党第一次全国代表大会宣言》里对于三民主义的解释才是‘真释’，其他一切都是‘伪释’。”“这篇宣言，区分了三民主义的两个历史时代。”③

> 这种三大政策的三民主义，革命的三民主义，新三民主义，真三民主义，是新民主主义的三民主义，是旧三民主义的发展，是孙中山先生的大功劳，是在中国革命作为社会主义世界革命一部分的时代产生的。只有这种三民主义，中国共产党才称之为‘中国今日之必需’，才宣布‘愿为其彻

① 中共中央文献研究室，中央档案馆．建党以来重要文献选编：第16册［G］．北京：中央文献出版社，2011：834－836.

② 中共中央文献研究室，中央档案馆．建党以来重要文献选编：第17册［G］．北京：中央文献出版社，2011：33.

③ 中共中央文献研究室，中央档案馆．建党以来重要文献选编：第17册［G］．北京：中央文献出版社，2011：36.

底实现而奋斗'。只有这种三民主义，才和中国共产党在民主革命阶段中的政纲，即其最低纲领，基本上相同。①

关于中国要建立一个什么样的新中国，《新民主主义论》中描绘了蓝图："今天的中国，这种新民主主义的国家形式，就是抗日统一战线的形式。它是抗日的，反对帝国主义的；又是几个革命阶级联合的，统一战线的。"②新民主主义话语关于未来新国家样貌蓝图引导推动中国共产党在各抗日根据地，为建设各革命阶级联合专政的新政权进行探索、积累经验、提供示范。1940 年 2 月 1 日，《中共中央书记处关于抗日民主政权的阶级实质问题的指示》指出，抗日民主政权应当在政策上和阶级实质上都是抗日统一战线的政权，即一切拥护抗日统一战线、不投降、不反共、不倒退的人都应当吸收其代表加入政权，但绝不是大地主、大资本家、工农小资产阶级的联合政权，而是以工农小资产阶级为主，同时又不拒绝进步的中产阶级分子及进步士绅参加的政权。1940 年 3 月 6 日，毛泽东在《抗日根据地的政权问题》的党内指示中提醒全党，要把抗日根据地建设成"民族统一战线"性质的政权，"一切赞成抗日又赞成民主的人们的政权，是几个革命阶级联合起来，对于汉奸和反动派的民主专政。它是和地主资产阶级的反革命专政区别的，也和土地革命时期的工农民主专政有区别。"在人员分配上主张按照三三制原则建构政权，"应规定为共产党员占三分之一，非党的左派进步分子占三分之一，不左不右的中间派占三分之一。"实施人民选举、民主集中制的组织形式，施政方针"以反对日本帝国主义、保护抗日人民，调节各抗日阶层的利益，改善工农生活和镇压汉奸、反动派为基本出发点"。③在上述思想指引下，以陕甘宁边区政权建设为代表的各抗日根据地，以新民主主义国家政权建设的思路展开实践并取得了建设成效。晋察冀边区和陕甘宁边区成为抗日与民主的先进示范区。到 1942 年底，各边区基本按照"三三制"原则建立起了民意和行政机关。新民主主义话语及实践成果成为抗日战争时期具有代表性的创新成果，标志着毛泽东思想的成熟。

《新民主主义论》对新民主主义基本概念的科学界定，对时代性、革命性质、革命前途、革命步骤、革命纲领等的全面阐释，科学回答了"中国向何处

① 中共中央文献研究室，中央档案馆．建党以来重要文献选编：第 17 册［G］．北京：中央文献出版社，2011：39.

② 中共中央文献研究室，中央档案馆．建党以来重要文献选编：第 17 册［G］．北京：中央文献出版社，2011：24.

③ 中共中央文献研究室，中央档案馆．建党以来重要文献选编：第 17 册［G］．北京：中央文献出版社，2011：169－171.

去”，中国要建立一个什么样的新中国等重大问题。在完成对三民主义话语的重塑中，从三民主义的话语范式中跳脱出来，将三民主义话语转变为新民主主义话语，将孙中山革命的三民主义包括在新民主主义范畴，创造性地完成了对“新民主主义”话语的建构。新民主主义话语体现了中国共产党在继承孙中山革命的三民主义的合理元素中超越了三民主义的话语逻辑，在以马克思主义基本原理具体分析中国革命实际中创新发展了马克思主义理论，实现了马克思主义中国化的重大飞跃。“新民主主义”话语成为中国共产党反帝话语演进中具有重要意义的话语贡献。

（四）关于建立世界反法西斯统一战线话语

国际反帝统一战线是中国共产党反帝理论的重要内容。抗日战争时期中国共产党将国际反帝统一战线从联合苏联及一切平等待我之民族，发展成为范围更大、更广泛的国际反法西斯统一战线。伴随着国际局势的复杂演变，中国共产党的国际统一战线完成从建立国际反侵略、反法西斯统一战线到反革命统一战线再到国际反法西斯统一战线的转变。

1. 抗战初期关于国际反侵略、反法西斯统一战线话语

抗战初期中共中央主张中国政府要实现抗日的积极外交，拥护国际和平阵线，建立反侵略反法西斯阵线。《中国共产党抗日救国十大纲领》规定，中国的抗日外交政策是“在不丧失领土主权的范围内，与一切反对日本侵略主义的国家订立反侵略的同盟，及抗日的军事互助协定。拥护和平阵线，反对德日意侵略阵线。联合朝鲜台湾及日本国内的工农人民反对日本帝国主义”①。因此，这一时期国际反侵略、反法西斯统一战线话语将中国的反侵略战争纳入世界反侵略反法西斯阵营，强调其是世界反法西斯战争的重要组成部分，充分肯定了中国抗战的国际地位和影响力。同时也将世界反法西斯各国对中国抗战的广泛同情与援助，看作是中国抗战取得彻底胜利的必要条件，要求中国政府展开积极的抗日外交，建立广泛的世界反侵略反法西斯统一战线。1938 年 2 月 11 日，毛泽东在延安反侵略大会上发表演说，提出“三个统一战线”思想，即中国抗日民族统一战线、全世界反侵略统一战线、日本人民的统一战线，这三个统一战线互相配合成为中国战胜日寇的重要国际因素。

抗战初期国际反侵略、反法西斯统一战线话语，强调苏联社会主义国家对中国援助的积极诚意，继续坚持与苏联的统一战线居于核心地位的思想。1938

① 中共中央文献研究室，中央档案馆．建党以来重要文献选编：第 14 册［G］．北京：中央文献出版社，2011：476.

年5月，毛泽东在《论持久战》中指出，“特别是苏联的存在，鼓舞了中国的抗战。空前强大的社会主义的苏联，它和中国是历来休戚相关的。苏联和一切资本主义国家的上层成分之唯利是图者根本相反，它是以援助一切弱小民族和革命战争为其职志的。中国战争之非孤立性，不但一般地建立在整个国际的援助上，而且特殊地建立在苏联的援助上。”①

抗战初期国际反侵略、反法西斯统一战线话语，强调要尽力争取英美等西方民主国家的同情与援助。首先争取这些国家人民的同情与援助，其次争取这些国家的资产阶级政府的同情与援助。1938年5月，毛泽东在《抗日游击战争的战略问题》中，基于对日本独占中国的侵略计划日益加深日本与美、英之间矛盾的判断，预想建立太平洋反日阵线的国际反包围圈。“如果我们能在外交上建立太平洋反日阵线，把中国作为一个战略单位，又把苏联及其他可能的国家也各作为一个战略单位，我们就比敌人多了一个包围，形成了一个太平洋的外线作战，可以围剿法西斯日本。”② 当太平洋战争爆发后，这种反包围圈形成了。六届六中全会上，毛泽东在《论新阶段》政治报告中充分肯定了各民主国家在抗战爆发以来给予中国的同情与援助。“十五个月来，我们有了国际间广大的舆论声援，苏联和其他民主国家根据国联决议已经给了我们许多帮助，证明了我们不是孤立的。”③

抗战初期国际反侵略、反法西斯统一战线话语，强调坚持两个“立脚点”，即以“自力更生”为基本立脚点，同时也以“建立国际统一战线获得援助”为立脚点。由于这一阶段西方民主国家在援助我国抗日态度和政策上的摇摆，如“资本主义国家，人民助我，政府则取某种程度的中立态度，其资产阶级则利用战争做生意，还在大量输送军火与军火原料给日本”；苏联则由于“国际形势目前还不容许它作超过现时程度的援助”④，以毛泽东为代表的中国共产党强调要坚持两个“立脚点”，即“中国无论何时也应以自力更生为基本立脚点”，“但中国不是孤立也不能孤立，中国与世界紧密联系的事实，也是我们的立脚点，

① 中共中央文献研究室，中央档案馆．建党以来重要文献选编：第15册［G］．北京：中央文献出版社，2011：396.

② 中共中央文献研究室，中央档案馆．建党以来重要文献选编：第15册［G］．北京：中央文献出版社，2011：372.

③ 中共中央文献研究室，中央档案馆．建党以来重要文献选编：第15册［G］．北京：中央文献出版社，2011：581.

④ 中共中央文献研究室，中央档案馆．建党以来重要文献选编：第15册［G］．北京：中央文献出版社，2011：581.

而且必须成为我们的立脚点。”① “抛开自力更生的方针，而主要地寄其希望于外援，无疑是十分错误的。十五个月经验证明：只有主要依靠自力更生，同时不放松外援之争取，才是正确的道路。”②

抗战初期国际反侵略、反法西斯统一战线话语，包含着建立中国与日本兵民及朝鲜等被压迫民族的反侵略统一战线，体现出孤立分化日本帝国主义的目的。在六届六中全会上，毛泽东深入分析了建立这种统一战线的必要性及具体措施。指出，“和日本兵民大众及朝鲜、台湾等民族建立其共同反侵略战线的政策，是不可缺少的部分。日本侵略战争愈延长，这一个统一战线便愈有建立的基础。”对于建立与日本兵民的反侵略统一战线，毛泽东提出了诸如学习日本话在前线感化日本军官、尊重与优待日军俘虏、组织日本内地反侵略文化人员到中国参战、保护在中国的诚实日本侨民、区别对待日本帝国主义与日本人民、敌军军官与士兵、上级军官与下级军官等具体措施，以实现对日本帝国主义战争分子和反动军人的分化瓦解，团结日本国内反战人民建立反侵略统一战线。

2. 从革命统一战线到国际反法西斯统一战线话语

法德、英德等欧洲战争爆发后，由于判断英国有搞所谓“远东慕尼黑阴谋”的危险与可能，中国共产党一度把欧洲爆发的法德、英德等战争称为第二次帝国主义战争。如毛泽东在1939年9月14日的《论第二次帝国主义战争》演讲中指出，英、法参加战争，使战争变成“帝国主义的世界大战”，“是帝国主义战争的新阶段”,③ 是“一群疯狗打架”④。随着苏德战争、太平洋战争的先后爆发，苏、美参战，第二次世界大战正式爆发。中共中央依据飞速变化的国际形势，迅速提出建立国际反法西斯统一战线的号召。1941年7月7日，中共中央为抗战四周年纪念宣言强调，“一个强大的反法西斯侵略的阵线，正在全世界树立起来。目前是全世界法西斯阵线与反法西斯阵线的伟大斗争时代，双方的

① 中共中央文献研究室，中央档案馆．建党以来重要文献选编：第15册［G］．北京：中央文献出版社，2011：633.

② 中共中央文献研究室，中央档案馆．建党以来重要文献选编：第15册［G］．北京：中央文献出版社，2011：581.

③ 中共中央文献研究室，中央档案馆．建党以来重要文献选编：第16册［G］．北京：中央文献出版社，2011：599.

④ 中共中央文献研究室，中央档案馆．建党以来重要文献选编：第16册［G］．北京：中央文献出版社，2011：601.

决斗已经开始了。”① 1941 年 7 月 14 日，中共中央在关于一九四一年政治情报中指出，“法西斯德国进攻苏联与苏联为保卫祖国的反德战争，是目前世界政治转变的枢纽。过去两大帝国主义营垒互相冲突的帝国主义战争及苏联采取和平中立政策的局面，从此转变为法西斯与反法西斯两大阵线的局面。”②

苏德战争爆发后的国际反法西斯统一战线话语，不仅在反对对象上清晰明确了“以德意日法西斯”为对象，在道义上高度肯定了美英等国反法西斯战争的正义性和进步性，积极支持中国国民政府站在反法西斯阵线一边，对法西斯国家绝交。1941 年 6 月 23 日，毛泽东起草的《关于反法西斯的国际统一战线的决定》指出，“在外交上，同英美及其他国家一切反对德意日法西斯统治者的人们联合起来，反对共同的敌人。”③ 1941 年 7 月 7 日，中共中央发表抗战四周年纪念宣言，强调中国共产党“拥护国际反法西斯阵线，促进中、苏、英、美及其他一切反对法西斯的国家民族一致联合，反对德、意、日法西斯同盟，拥护国民政府对德、意绝交的正确行动，并准备采取新的步骤。”④ 1941 年 7 月 6 日，毛泽东关于苏联战局与国内外形势等问题给周恩来的电报中指出，“不管是否帝国主义国家，凡反法西斯的就是好的，凡助法西斯者就是坏的，以此来分界限，不会错的。”⑤ 1941 年 7 月 12 日，中共中央书记处在《关于凡属反对法西斯德意日者均应联合的指示》中指出，“在目前条件下，不管是否帝国主义国家或是否资产阶级，凡属反对法西斯德意日，援助苏联与中国者，就是好的，有益的，正义的。凡属援助德意日、反对苏联与中国的，都是坏的，有害的，非正义的。在此标准下，对于目前英国的对德战争，美国的援苏、援华、援英行动及可能的美国反德反日战争，都不是帝国主义性质的，都是正义的，我们均应表示欢迎，均应联合一致，反对共同敌人。”⑥ 1941 年 7 月 14 日，中共中央关于一九四一年政治情报中指出，“在反法西斯阵线方面，强大的苏联红军成

① 中共中央文献研究室，中央档案馆．建党以来重要文献选编：第 18 册［G］．北京：中央文献出版社，2011：487.

② 中共中央文献研究室，中央档案馆．建党以来重要文献选编：第 18 册［G］．北京：中央文献出版社，2011：502.

③ 中共中央文献研究室，中央档案馆．建党以来重要文献选编：第 18 册［G］．北京：中央文献出版社，2011：441.

④ 中共中央文献研究室，中央档案馆．建党以来重要文献选编：第 18 册［G］．北京：中央文献出版社，2011：488.

⑤ 中共中央文献研究室，中央档案馆．建党以来重要文献选编：第 18 册［G］．北京：中央文献出版社，2011：484.

⑥ 中共中央文献研究室，中央档案馆．建党以来重要文献选编：第 17 册［G］．北京：中央文献出版社，2011：496.

了打击法西斯武力的主力，抗战四年的中国则起着钳制日本的作用，英国决定联苏反德，美国援英援华外，并申明尽可能援苏，欧洲各被奴役国家的人民亦正在酝酿反德斗争。所有这些力量所进行的战争及一切斗争，都是为着保卫自由独立的，都是正义的，都已经成为全世界总的反法西斯战争的组成部分。”①

1941 年 12 月 8 日太平洋战争爆发后，中国共产党在 12 月 9 日的《中国共产党为太平洋战争的宣言》中充分肯定了英美及其他国家起而抵抗日本“是为了保卫独立自由与民主的正义的解放的战争”的正义性质，认为将“全世界一切国家一切民族划分为举行侵略战争的法西斯阵线与举行解放战争的反法西斯阵线，已经最后地明朗化了”。②“法西斯阵线的最后失败局面与反法西斯阵线的最后胜利局面是已经确定了。”号召中国政府与英美及其他抗日诸友邦缔结军事同盟，实行配合作战，建立太平洋一切抗日民族的统一战线。1941 年 12 月 9 日，中共中央发出《太平洋战争反日统一战线的指示》，高度肯定英美及太平洋各国的抗日战争的正义性及为民主与自由胜利而战的性质，号召全中国人民、全体海外侨胞及南洋各民族把建立与开展太平洋各民族反日、反法西斯的广泛统一战线作为中心任务，指出这个统一战线是包括反对日本侵略的一切民族的政府、党派及一切阶层的人民，日本国内的反战人民和日本殖民地朝鲜、越南等国和台湾地区的人民在内。强调这个统一战线是上、下层结合的、政府与民众联盟的统一战线。指出“中国人民与中国共产党对英美的统一战线特别有重大的意义”，强调中国共产党“应该在各种场合与英美人士做诚恳坦白的通力合作，以增加英美抗战力量，并改进中国抗战状况。”③ 1942 年 1 月 1 日，以中、美、英、苏四国为首的 26 国在华盛顿签署《联合国家宣言》，郑重表示，签字国保证使用全部军事和经济资源，共同对抗德意日法西斯的侵略；各国保证不同敌国单独缔结停战协定或合约。这标志着国际反法西斯统一战线的正式形成。

中国共产党关于国际反法西斯统一战线话语建构面对的时空场域的复杂性以及话语建构的正确走向、话语内容对国际反法西斯统一战线规律的正确揭示表明，中国共产党依据国际局势变化迅速调整、修正认知的能力空前提高、达到成熟，马克思主义中国化的理论构建能力得到实践检验。中国共产党为推动

① 中共中央文献研究室，中央档案馆．建党以来重要文献选编：第 18 册［G］．北京：中央文献出版社，2011：502.

② 中共中央文献研究室，中央档案馆．建党以来重要文献选编：第 18 册［G］．北京：中央文献出版社，2011：729.

③ 中共中央文献研究室，中央档案馆．建党以来重要文献选编：第 18 册［G］．北京：中央文献出版社，2011：732－733.

建立世界反法西斯统一战线做出了不可磨灭的理论贡献。

（五）关于中国共产党是中华民族解放的先锋队话语

抗日战争时期中国共产党已经是一个成熟的政党，一系列以“抗日团结民主”为核心的话语体系建构，展现了无可辩驳的领导力和影响力，对抗日战争胜利起了“中流砥柱”的作用。中国共产党深刻认识到，党的坚强统一、政策正确、作风优良，是“中华民族与中国人民最后解放的保证”①。中国共产党以“共产党是无产阶级的先锋队，同时又是最彻底的民族解放的先锋队”② 话语，建构了中国共产党反帝爱国、理想高远的先进性。以先进政党的身份要求党员永远站在反日斗争的最前线，成为抗日的先锋分子。“共产党员及其所领导的民众和武装力量，应该最积极的站在斗争的最前线，应该使自己成为全国抗战的核心”③。1937 年 10 月 19 日，毛泽东在《论鲁迅》一文中对抗日先锋分子品质进行描述：

> 这种先锋分子是胸怀坦白的，忠诚的，积极的与正直的；他们是不谋私利的，唯一地为着民族与社会的解放；他们不怕困难，在困难面前总是坚定的，勇往直前；他们不是狂妄分子，不是分头主义者，而是脚踏实地富于实际精神的人们。④

中国共产党以加强政治部建制的方式强化并实现党对统一战线的领导者、组织者身份，并为此不懈努力。1937 年 10 月毛泽东在《目前抗战形势与党的任务报告提纲》中，要求扩大与巩固八路军力量，加强党的领导，加强政治工作，改善技术装备，使之成为国防军之一部，并在其中起模范作用；共产党员应该到军队中去，到军官学校中去，到保卫队、壮丁队、义勇军、游击队中去，成为政治觉悟、坚决勇敢、刻苦耐劳、遵守纪律的模范，并利用自己的地位以影响其他的将士，改变军队的质量；把苏区与红军的党建设成全中国的强固

① 中共中央文献研究室，中央档案馆．建党以来重要文献选编：第 15 册［G］．北京：中央文献出版社，2011：476.

② 中共中央文献研究室，中央档案馆．建党以来重要文献选编：第 14 册［G］．北京：中央文献出版社，2011：591.

③ 中共中央文献研究室，中央档案馆．建党以来重要文献选编：第 14 册［G］．北京：中央文献出版社，2011：474.

④ 中共中央文献研究室，中央档案馆．建党以来重要文献选编：第 14 册［G］．北京：中央文献出版社，2011：591.

的党。①

六届六中全会上毛泽东在《论新阶段》② 的政治报告中专门探讨了“中国共产党在民族战争中的地位”问题，以便加强全党的自我认识，实现自身团结、强大，尽自己最大责任。毛泽东围绕爱国主义与国际主义关系、共产党员在民族战争中的模范作用、加强党的全面建设方面提出了许多重要理论观点。

（1）关于“爱国主义与国际主义”问题。针对“国际主义者的共产党员，是否可以同时又是一个爱国主义者呢”的疑问，毛泽东在做出肯定回答后详细分析了国际主义与爱国主义相统一的问题。①爱国主义是受历史条件限制的。毛泽东指出，不同的人有不同的爱国主义。对于共产党而言，“侵害世界人民也侵害本国人民的侵略主义”，虽然标榜爱国主义，实质是法西斯主义。法西斯主义国家的共产党，“用一切方法使日本侵略者与希特勒的战争失败，越失败得彻底越好”，这是爱国主义的也是国际主义的。②爱国主义是国际主义在民族革命战争中的具体体现。毛泽东指出“对于我们，爱国主义与国际主义密切结合着”“对于我们，失败主义是罪恶，全力援助蒋委员长与国民政府是天职，是责无旁贷，在这里，不能有一点消极性”。基于爱国主义与国际主义高度统一的认识，毛泽东指出“只有为着保卫祖国而战才能出全民族于水火，只有全民族的解放才能有无产阶级与劳动人民的解放，爱国主义就是国际主义在民族革命战争中的实施。”“为此理由，每一个共产党员必须发挥其全部的积极性，英勇坚决地走上民族革命战争的战场，拿每一枪口瞄准日本侵略者，不容有任何的消极。必须用全力援助友党友军，不容有任何坐观成败的心理。”中国共产党关于建立抗日民族统一战线等做法既是爱国主义的又是国际主义的。毛泽东回顾了“九一八”事变以来中国共产党提出用民族自卫战争反抗日本侵略者的口号，提出与坚持抗日民族统一战线，命令红军改编为抗日的国民革命军开赴前线作战，命令自己的党员站在抗日战争的最前线、为保卫祖国流最后一滴血等做法，指出，这一切都是爱国主义的，是正当的，正是国际主义在中国的发挥，并没有违背国际主义。

（2）关于共产党员在民族战争中的模范作用。由于中国抗日战争环境的艰难性和复杂性，诸如大多数民众并没有被及时组织动员起来，普遍民族觉悟、

---

① 中共中央文献研究室，中央档案馆．建党以来重要文献选编：第 14 册［G］．北京：中央文献出版社，2011：653.

② 中共中央文献研究室，中央档案馆．建党以来重要文献选编：第 15 册［G］．北京：中央文献出版社，2011：639—640.

民族自尊心、自信心不足，大多数民众的无组织、军力的不坚强、经济的落后、政治的不民主化、腐败现象与悲观情绪的存在、统一战线内部团结巩固之不足，等等，更需要共产党员发挥先锋模范作用，担负起团结全民族提高落后的重大责任。因此毛泽东强调八路军、新四军、共产党员要在一切领域发挥先锋模范作用：

> 在八路军与新四军，应该成为英勇作战的模范，执行命令的模范，纪律的模范，政治工作的模范与内部团结统一的模范。共产党员在与友党友军发生关系中，应该坚持统一团结的立场，坚持统一战线的纲领，成为实行抗战任务的模范。应该言必信，行必果，不要傲慢态度，诚心诚意地同友党友军商量问题，协同工作，成为统一战线中各党相互关系的模范。共产党员在政府工作中，应该是十分廉洁，不用私人，多做工作，少取报酬的模范。共产党员在民众运动中应该是民众的朋友，而不是民众的上司，是诲人不倦的教师，而不是官僚主义的政客。共产党员无论何时何地都不应以个人利益放在第一位，个人利益服从于民族的与群众的利益。因此，自私自利，消极怠工，贪污腐化，风头主义等等，是最可鄙的。而大公无私，积极努力，克己奉公，埋头苦干等等精神，才是值得尊敬的模范。共产党员应与党外一切先进分子协同一致，为了团结全民提高落后而努力。……对于落后人们的态度，不是轻视他们，看不起他们，而是尊重他们，亲近他们，团结他们，说服他们，鼓励他们前进。共产党员对于在工作中犯过错误的人们，除了不可救药者外，不是采取排斥态度，而是采取规劝态度，使之翻然改进，弃旧图新。共产党员应是实事求是的模范，又是具有远见卓识的模范。……共产党员又应成为学习的模范，他们每天都是民众的教师，但又每天都是民众的学生，只有向民众学习，向环境学习，向友党友军学习，了解了他们，才能对于工作实事求是，对于前途有远见卓识。长期战争与艰苦环境中，只有共产党员协同友党友军与人民大众中之一切先进分子，高度地发挥其先锋的与模范的作用，才能动员全民族一切生动力量，提高落后，克服困难，为战胜敌人创造新中国而奋斗。

以毛泽东为代表的中国共产党，为把党建设成为一个全中国的先进政党，在思想、政治、组织、干部、纪律、作风、党内路线斗争等方面提出了全面建设要求。如“大胆发展而又不让一个坏分子侵入”的组织建设路线；“政治路线确定之后，干部就是决定的因素”的“任人唯贤”的干部政策；以党规方式加强纪律建设的要求；发展党内民主、贯彻民主集中制调动积极性的民主化建设；

正确开展两条战线斗争的思想；加强学习使马克思主义理论中国化；全党团结统一成为全民族团结一致的核心和重心的思想，等等。“中华民族解放先锋队”话语塑造了中国共产党先进者的身份和地位，规范了广大党员干部的模范行为，展现出先进政党应该有的气质与形象。一个旗帜鲜明、奋斗目标明确、团结统一、纪律严明、作风优良、党员先锋作用突出的政党，必将产生对广大民众的示范榜样作用和凝聚力。这为中国共产党成为整个抗日战争的“中流砥柱”提供了必然性。

（六）抗日话语的传播与宣传

抗日战争时期中国共产党的抗日话语主要通过几种途径得到传播。一是通过公开发行的报纸、杂志刊登理论文章等方式进行传播。如毛泽东、张闻天等中国共产党领导人的重要理论文章，借助延安创办的《新中华报》、《解放》周刊、《解放日报》、《共产党人》等报刊阵地广泛传播。中共中央南方局在重庆公开发行的报纸《新华日报》《群众》周刊等成为在大后方传播中共抗战话语的重要阵地。二是在不断揭露、批判汪伪政权降日反动言行、国民党顽固派消极抗日、积极反共的错误言行中广而传播。如围绕“三民主义与共产主义关系”的话语论战、对国民党妥协投降、发动三次反共高潮的揭露与批判，对汪伪政权投降卖国言行的揭露等，贯穿整个抗日战争时期，使中国共产党抗日话语在凌厉的批判话语中得到了广泛传播。三是通过参与抗战国民教育体系的恢复重建工作实现对农民、工人等底层民众的教育宣传，培养战胜日寇的新国民。主要通过积极支持国民政府颁布的恢复重建国民教育体系工作并积极参与大后方国民教育体系建设工作的方式，以及通过在各抗日根据地建立国民教育体系的方式实现抗战话语的传播。四是就宣传的具体内容而言，除了把抗战话语内容通俗化地广布于民众之中外，还以宣传抗日战争中涌现出的典型事例、揭露控诉日本残暴罪行于全世界的方式实现传播。此外，通过推动国民政府实行民主政治的实践运动，通过抗日根据地政权建设的民主化典型示范，通过邀请国际友人和同情者到延安等抗日根据地实地参观考察的方式实现抗日话语的传播。通过创办各种干部学校、培养提升干部宣传水平和能力的方式实现上述目标和传播任务。

1938 年 10 月，六届六中全会上毛泽东强调指出，“必须动员报纸，刊物，学校，宣传团体，文化艺术团体，军队政治机关，民众团体，及其他一切可能力量，向前线官兵，后方守备部队，沦陷区人民，全国民众，作广大之宣传鼓动”，将抗战到底，反对投降妥协，清洗悲观情绪的主张广布于民众之中。要“利用已经产生并正在继续产生的民族革命典型（英勇抗战，为国捐躯，平型关，台儿庄，八百壮士，游击战争的前进，慷慨捐输，华侨爱国，等等）向前线后方国内国外，广为传播”；要“揭发、清洗、淘汰民族阵线中存在着与增长着的消极性（妥协倾向、悲观情绪，腐败现象，等等）”“将敌人一切残暴兽行的具体实例，向全国公布，向全世界控诉，用以达到提高民族觉悟，发扬民族自尊心与自信心之目的。”①

推进民主政治对于抗战胜利具有重大意义。毛泽东指出，“民主政治是发动全民族一切生动力量的推进机，有了这种制度，全国人民的抗日积极性将会不可计量地发动起来，成为取之不尽用之不竭的深厚渊源。”② 为了推动民主政治发展，中共中央对于国民党推行的国民参政会采取积极态度，并推动各省各级地方参政会的建立；呼吁保证人民言论、出版、集会、结社、信仰等自由权在全国范围之充分实施；主张各战区及敌人后方实施多量的民主制，如民选各级地方政府、采用民主集权的委员制、设立各级人民代表机关、战区男女公民除汉奸外均有选举和被选举权、一切抗日党派均有公开合法地位等。

为了培养具有抗战精神的新国民，主张实行抗战教育政策。毛泽东说，“伟大的抗战必须有伟大的抗战教育运动与之相配合”，强调要“组织各种补习学校，识字运动，戏剧运动，歌咏运动，体育运动，创办敌前敌后各种地方通俗报纸，提高人民的民族文化与民族觉悟。”③ 为了在战区和敌后培养具有民族精神的新后代，主张办好义务小学教育。为了加强对宣传工作的领导，强调建立各级宣传部门，加强出版发行工作。六届六中全会上，张闻天在《关于抗日民族统一战线与党的组织问题》报告提纲中，就宣传抗日民族英雄、发扬牺牲奋斗精神、暴露敌人凶恶残暴兽行、暴露国内一切黑暗面、宣传马列主义、提高全国的理论水平、宣传共产党是中华民族中优秀分子的党等内容提出进一步指导意见。在宣传方法上强调要注意面向大众、生动活泼，要“向全中国人民说话”“使我们的话为大众所了解”；“多采取谦逊的、商讨的、和平的、合于中国民族习性的形式”“不要太抽象、太刻板，太偏激，而要生动、活泼、具体，带有充分的科学性与说服力。”④

① 中共中央文献研究室，中央档案馆．建党以来重要文献选编：第15册［G］．北京：中央文献出版社，2011：610－611.

② 中共中央文献研究室，中央档案馆．建党以来重要文献选编：第15册［G］．北京：中央文献出版社，2011：615.

③ 中共中央文献研究室，中央档案馆．建党以来重要文献选编：第15册［G］．北京：中央文献出版社，2011：619.

④ 中共中央文献研究室，中央档案馆．建党以来重要文献选编：第15册［G］．北京：中央文献出版社，2011：701.

中共中央将国民教育培养抗日新国民纳入传播抗日话语通道中。1940 年 3 月 18 日，《中共中央书记处关于开展抗日民主地区的国民教育的指示》指出：“开展抗日民主地区的国民教育，是当前深入动员群众参加与坚持抗战，培养革命知识分子与干部的重要环节。”① 强调要重视并加强国民教育，重视学校教育和社会教育。就学校教育方面，提出“尽可能恢复与重新建立各地小学校”，“建立广泛的小学网”“某些县区内公立中学校的设立，仍然是必要的”，且“应相当正规化”。就社会教育方面，主张“建立民革室，救亡室，俱乐部一类的文化教育活动的中心”。“开办各种民众学校，夜学，识字班，组织各种识字组，大众黑板，读报，演讲，娱乐体育，壁报，戏剧等一切适合于民众需要及为民众所喜欢参加的活动。”提出“大大发展农村中戏剧歌咏运动”并注意“通俗化，大众化，民族化，地方化”；“在每县的中心市镇设立民众教育馆”；以“新民主主义的教育”为“国民教育的基本内容”；“以社教督导团或巡回教育团之类去负责推广社会教育”等②思路。为了进一步加强根据地小学教育建设，中共中央宣传部于 1940 年 11 月 15 日特别发布《关于各抗日根据地内小学教育的指示》，要求“各根据地党和政府的领导机关，必须把建设新民主主义的小学教育事业提到重要的地位上来，并注意纠正克服党内轻视或忽视国民教育的倾向”③。

为了多方揭破国民党的反动宣传，提高民众觉悟，中共中央宣传部在 1941 年 5 月发布了《关于展开对国民党宣传战的指示》，要求在对国民党的宣传战中注意区分其两面性，“只拥护他的真实进步和真实合理的东西”“批评它的不彻底性，揭露它的两面性、虚伪性、冲破它的局限性”“利用他的进步即合理的一面，以打击他的反动的错误的一面”“把它的进步的和合理的宣传，变成群众性的鼓动，造成‘支票兑现’运动”“以马列主义批评其反动理论，以真正三民主义和总理遗嘱对抗其修正三民主义，以新民主主义文化对抗其复古主义文化，以三大政策击破其反动政策”。在宣传战中注意以理服人，“应坚持革命现实主义的和真正科学的立场”，坚持“以科学立场，解释共产主义和中共适合中国国情之需要”“以客观事实证明八路军新四军及各抗日根据地的合法地位”“以真

---

① 中共中央文献研究室，中央档案馆．建党以来重要文献选编：第 17 册［G］．北京：中央文献出版社，2011：212.

② 中共中央文献研究室，中央档案馆．建党以来重要文献选编：第 17 册［G］．北京：中央文献出版社，2011：212－214.

③ 中共中央文献研究室，中央档案馆．建党以来重要文献选编：第 17 册［G］．北京：中央文献出版社，2011：654.

凭实据粉碎其造谣污蔑，以公开揭露对付其秘密宣传”“以说理明事的态度，去贯彻义正辞严的立场”“对于顽固的、有影响的反共对手（人或言论），则应向之进行系统的斗争，直到他全军覆没，哑口无言为止”。①

1941年6月20日由张闻天起草的《中共中央宣传部关于党的宣传鼓动工作提纲》总结了中国共产党区别于其他政党的宣传鼓动的三个特点，即所宣传的党的理论、纲领、政策等内容符合客观真理，符合客观发展规律，因而是“有生命的，有力量的”；符合全民族与全国人民的利益，因而是“能为群众所接受与拥护的”；“严格的保持言论和行动的一致”，因而“是行动的、战斗的”。②张闻天围绕“宣传与鼓动的相互关系”“宣传鼓动的基本原则”“宣传鼓动工作的方法”“群众鼓动工作”“文化运动”“报纸、刊物、通讯及出版工作”“宣传鼓动工作与组织工作的关系”“宣传鼓动工作的干部的培养”“宣传鼓动工作的统一领导和组织系统”等十二个方面系统总结阐释了传播中国共产党革命话语的原则和方式方法，为有效动员民众参加反日革命战争提供了理论及方法论的指导。在宣传鼓动的基本原则方面，要注重“必须掌握党的路线与党的政策”“必须正确估计客观的环境，了解具体的情况，了解宣传鼓动的对象”，做到有的放矢、“必须区分各种不同情况下的宣传鼓动工作”“必须根据群众自身的政治经验，使群众接受党的宣传鼓动”“必须使我党的宣传鼓动工作，循着建立最广泛的统一战线的道路来进行”等；在宣传鼓动工作方法方面，要注意“讲什么”“对什么人讲”“要达到什么目的”“怎样讲”“随时留心群众的反映”等一般方法的阐释，以及注意宣传内容的充实而非空洞、宣传语句简单明了、清楚透彻、宣传事实真实、生动、恳切而带有说服性、由具体到抽象、由近到远、由中国到外国等具体方法的阐释；在宣传鼓动工作主题上，要指向揭露“日本帝国主义的侵略、压迫、残暴”罪行，揭露国民党“反共政策、妥协阴谋、以及危害人民的民主民生”等消极面及注重党的理论政策的阐释；关于宣传家，要求具备革命性、政治性、自我学习精神、可创造性地解说马克思主义等品质和素养；鼓动家要求具备了解党的路线政策、有鼓动能力、熟悉群众语言、了解群众生活和心理的品质素养，等等，内容丰富形成体系，为有效地将中共抗

---

① 中共中央文献研究室，中央档案馆．建党以来重要文献选编：第18册［G］．北京：中央文献出版社，2011：252－255.

② 中共中央文献研究室，中央档案馆．建党以来重要文献选编：第18册［G］．北京：中央文献出版社，2011：423.

战理论及观念宣传及传播到民众中起到了重要指导作用。[①] 1941 年 7 月 10 日，中共中央宣传部发布了《关于各抗日根据地群众鼓动工作的指示》，按照上述思路推动根据地民众动员工作积极有效展开。

总之，抗日战争时期，中国共产党不但在反对外来侵略的抗日话语范式上建构了一整套充满创新并且成熟的话语体系，同时也在抗日话语的传播与宣传上建构了一整套体制完备、方法科学的传播体制，为最终战胜日本帝国主义侵略提供了强有力的思想武器、实践路径、组织保障。

四、解放战争时期中国共产党反帝话语的继续发展

解放战争时期，是中国共产党反帝话语继续发展完善的时期。这一时期，国际上，和平民主成为世界潮流，但美国称霸全球的战略意图日益明显，美苏冷战格局逐步形成，1947 年 3 月美国“杜鲁门主义”的出现是冷战开始的标志。冷战格局演进趋势下，美国视中国为推行“杜鲁门主义”的重要区域，积极介入中国事务，对华实行“扶蒋”政策，试图使中国成为由蒋介石统领的统一民主国家。解放战争时期美国对华政策从调停国共争端转变为援蒋反共打内战，就是对“二战”后国际局势从和平民主向冷战格局演变的反映，也是美国扶助蒋介石统一中国，将中国纳入以美国主导的国际帝国主义阵营这一战略意图的体现。由于反帝国主义阵营力量的强大，美国侵入中国被迫采取了出钱出枪“帮助蒋介石打内战的政策”而非“大规模地直接地武装进攻的政策”。[②]

抗战胜利后，国共两党围绕“建什么国”的斗争深深打上“美国干涉中国”的印记。以蒋介石为代表的国民党坚持独裁、专制、卖国的反动政策，接受美国扶助，先后以和谈和内战方式与中国共产党展开激烈较量。由于蒋介石集团毫无诚意，撕毁和平协议，发动内战，召开“伪国民大会”，制定“伪宪法”、成立不要共产党及民盟等民主党派的“伪政权”，在全国人民面前暴露出独裁内战、反人民、反民主的本质；蒋介石集团允许美国驻军、建立美军基地，接受美国运送国民党兵到华北、东北，与美国签署一系列出卖国家主权的条约、协定，如北平国民党当局与美国驻军签订了《中美警宪联合勤务协定书》、1946 年 11 月签订了《中美商约》、12 月签订了《中美空中运输协定》，放纵美军在

① 中共中央文献研究室，中央档案馆．建党以来重要文献选编：第 18 册［G］．北京：中央文献出版社，2011：422－433.

② 中共中央文献研究室，中央档案馆．建党以来重要文献选编：第 26 册［G］．北京：中央文献出版社，2011：648.

华实施暴行、放弃审判权等，暴露出投降卖国、接受美国殖民统治的反动本质；加之国统区贪污腐败的吏治、崩溃危机的经济、专制的文化统治、军事上的处处失利造成深刻危机，日益激起全民强烈的反对，陷入失败、孤立的境地，最终被人民所抛弃。

抗战胜利后，中国共产党以更加成熟自信且威信不断上升的先进政党形象展开斗争。以国际视野观察世界与中国的关系，准确判断历史发展走向的能力继续得到提高。坚持新民主主义胜利方向，为建立独立、自由、民主、富强的新政权而努力奋斗。中国共产党站在人民立场，顺应历史潮流，为争取和平民主，建立民主联合政府不懈努力。与国民党多次谈判，做出重大让步，表现出真民主真和谈的诚意；以自卫战争与国民党进行针锋相对的军事斗争，获得和谈与自卫战争的主动权和正当性。中国共产党的政治威信空前提高，其主张和行动获得了全国人民特别是越来越多民主党派的认同与拥护。全面内战爆发后，中国共产党揭破美国干涉侵略中国、变中国为其殖民地的帝国主义本质，将“美蒋”作为整体的革命对象，以一系列观点鲜明的论述，阐释了“美蒋必亡”，要求全民树立战胜美蒋反动派的信心与决心；在军事上采取人民战争的十大军事原则，先后打破国民党发动的全面进攻和重点进攻，从战略防御转入战略进攻，展开战略决战，取得军事斗争的节节胜利，奠定彻底打败美蒋集团的强大军事胜利基础；发动并支持国统区人民反内战、争民主运动，并与解放区军事斗争相互配合，形成两条战线斗争的局面，使美蒋集团日益陷入人民的包围之中；不断用事实教育中间阶级丢掉幻想，放弃资产阶级共和国方案，坚定跟随中国共产党一起为建立新民主主义中国而奋斗；揭破美蒋企图划江而治的和谈阴谋，以将革命进行到底，干净、彻底地消灭国民党残余的军事行动和召开没有反动分子参加的新的政治协商会议的政治行动，宣告了独立、自由、民主的新中国的诞生，宣告了中国人民的胜利和新生。

这一阶段中国共产党以马克思主义唯物史观、阶级斗争、世界革命理论观察中国与世界，创新发展中国化马克思主义的能力和水平得到了进一步验证和检验。中国共产党对“二战”后美帝国主义替代日本帝国主义企图称霸世界、美帝国主义侵略干涉中国内政试图变中国为其殖民地、帝国主义阵营和反帝国主义阵营之间展开较量等做出准确判断；以“中间地带理论”“帝国主义和一切反动派都是纸老虎”“社会主义阵营的力量超过了帝国主义阵营的力量”等科学论断，对第三次世界大战短期内打不起来，制止战争的最好办法就是全世界人民团结起来进行反美斗争等做出正确结论；以“必须打败而且能够打败蒋介石”以粉碎美国殖民中国企图、“为建立独立、民主、自由、幸福、富强的新中国而奋斗”、采取“一边倒”“不承认国民党签署的各种不平等条约”、切断与国民党联系后在平等原则基础上建立新的外交关系等富有自信、彻底反帝的革命话语武装民众，并在事实上取得了反帝革命的彻底胜利，实现了建立人民当家作主的新中国的目标。这些充分展现出话语主体强大的自信力、话语内容的革命性彻底性、话语实践的原则性与灵活性的高度统一，证明新民主主义革命时期中共反帝话语创新发展建构体系的正确与成功。中国百年来受人宰制的殖民地半殖民地的历史命运的终结，证明了中国以独立平等的国家新身份参与国际新秩序建设、推动国际社会走向公正合理新未来的反帝目标的实现。

这一时期中国共产党的反帝话语为新民主主义革命阶段反帝话语的丰富发展继续增添了新内容，为之画上了圆满句号。主要内容有：

（一）第三次世界大战打不起来，全世界人民团结起来打败美帝及一切反动派话语

二战后复杂多变的国际局势一时使人看不清其走向。关于“美苏必战”“第三次世界大战不可避免”并且即将爆发的论调充斥舆论。美国开动宣传机器“大吹大擂地强调美苏战争，闹得乌烟瘴气”①；蒋介石集团也在渲染美国“异常强大”，“举世无敌”，手里拿着原子弹，叫嚣“美苏必战”“第三次世界大战必然爆发”等言论；各种“恐美”情绪在中间势力及中国共产党内部或多或少地存在；认为“二战”后民主势力向前发展的规模不如“一战”后的规模那样大，巩固与持久的世界和平不能取得②等论调纷杂于报端。面对如此纷繁复杂的国际局势，以毛泽东为代表的中国共产党拨开云雾看本质，以高超的理论智慧和创新能力提出了“中间地带”理论、“帝国主义和一切反动派都是纸老虎”的著名论断、社会主义阵营的力量超过了帝国主义阵营的力量等思想，建构了对国际格局的正确判断。并从国际社会主要矛盾的剖析中建立起了由美国称霸世界、美国与世界人民为敌、第三次世界大战有爆发的可能性但也存在制止大战爆发的强大因素、全世界人民要团结起来打败美帝、制止第三次世界大战爆发等重要观点和战略策略组成的理论认知体系。

1. 关于中间地带的理论

以毛泽东为代表的中国共产党创造性地提出中间地带的理论，以此分析揭

---

① 中共中央文献研究室，中央档案馆．建党以来重要文献选编：第23册［G］．北京：中央文献出版社，2011：386.

② 中共中央文献研究室，中央档案馆．建党以来重要文献选编：第24册［G］．北京：中央文献出版社，2011：8.

露美国独霸世界的全球扩张战略意图并得出第三次世界大战不会马上爆发的结论。这对看清所谓“笼罩在世界人民头上的战争迷雾实质只是一种宣传”具有十分重要的意义。毛泽东借助与美国记者安娜·路易斯·斯特朗谈话的方式，阐释了中国共产党对于国际局势的认识与思考，首次将具有独特分析视角的“中间地带”理论公布于众。毛泽东说：“美国和苏联中间隔着极其辽阔的地带，这里有欧、亚、非三洲的许多资本主义国家和殖民地、半殖民地国家。美国反动派在没有压服这些国家之前，是谈不到进攻苏联的。”“现在美国在太平洋控制了比英国过去的全部势力范围还要多的地方，它控制着日本、国民党统治的中国、半个朝鲜和南太平洋；它早已控制着中南美；它还想控制整个大英帝国和西欧。美国在各种借口之下，在许多国家进行大规模的军事布置，建立军事基地。”① 这段描述清晰地勾勒出美国试图替代英国，在欧、亚、非、中南美广大中间地带建立殖民统治的战略意图。

尽管美国反动派将到处建立军事基地宣传为是“为着反对苏联的”，但对于美苏战争不会马上爆发的思考和观点却了然于中间地带理论中。毛泽东指出，美苏战争宣传与“美苏战争”根本不是一回事。对此，他做了如下阐释：

> 关于反苏战争的宣传，包括两个方面。在一方面，美国帝国主义确是在准备着反苏战争的，目前的反苏战争宣传和其他的反苏宣传，就是对于反苏战争的政治准备。在另一方面，这种宣传，是美国反动派用以掩盖当前美国帝国主义所直接面对着的许多实际矛盾，所放的烟幕。②

毛泽东深刻地揭示出，美苏战争喧嚣的背后掩盖着美帝国主义面对着的最主要的矛盾是美国反动派与美国人民、与广大中间地带人民之间的矛盾，并不是美苏矛盾。“在现时，首先受到美国侵略的不是苏联，而是这些被建立军事基地的国家。”美国反苏战争宣传，“在目前的实际意义，是压迫美国人民和向资本主义世界扩张它的侵略势力”，是“把美国向外扩张的一切对象国都变成美国的附属物”③。

毛泽东以中间地带理论分析揭示出第三次世界大战不会马上爆发的重要观

---

① 中共中央文献研究室，中央档案馆．建党以来重要文献选编：第 23 册［G］．北京：中央文献出版社，2011：385 – 386.

② 中共中央文献研究室，中央档案馆．建党以来重要文献选编：第 23 册［G］．北京：中央文献出版社，2011：385.

③ 中共中央文献研究室，中央档案馆．建党以来重要文献选编：第 23 册［G］．北京：中央文献出版社，2011：385 – 386.

点和结论。究其原因，一方面是美国反动派在没有成功压服“中间地带”这些国家之前是不会进攻苏联的，因此，美苏双方不会马上爆发一场大战；另一方面是由于“二战”后苏联以及各国人民民主力量的发展壮大，成为阻止战争爆发的重要因素。毛泽东说，“苏联是世界和平的保卫者，是阻碍美国反动派建立世界霸权的强大的因素，有了苏联，美国和世界反动派的野心就根本不能实现。”“苏联以及各国爱好民主自由的人民的力量，却是比人们预料的强大的多。”① 面对由于美国称霸全球有可能带来第三次世界大战爆发的潜在前景，毛泽东提出了制止战争的最好办法就是全世界人民团结起来战胜美帝国主义和各国反动派的重要观点。“美国人民和一切受到美国侵略威胁的国家的人民，应当团结起来，反对美国反动派及其在各国的走狗的进攻。只有这个斗争胜利了，第三次世界大战才可以避免，否则是不能避免的。”②

中间地带理论关于世界主要矛盾、战争爆发可能性及阻止其爆发因素的分析，为认清国际时局走向提供了重要理论指导。以毛泽东为代表的中国共产党继续深化对世界主要矛盾的认识并在全党形成共识。1946 年 11 月 21 日，中共中央会议上毛泽东提出了美帝国主义称霸世界会带来其与世界人民矛盾和对立的观点。“现在世界上有三块地方：美国，苏联，还有美苏之间。这三块地方的人民都反对美国反动派，今天的世界是美帝国主义同全世界人民的矛盾和对立。”“总之，世界在进步，苏联在发展，美国在面临危机，今天主要矛盾是美国和资本主义世界其他国家的矛盾，美国和中间地带的矛盾。”③ 1946 年 12 月 6 日，毛泽东同三位西方国家记者谈话指出，“现在美国反苏是放烟幕弹，是想独霸世界，首先是损害中国和英国的利益，其次是美苏之间的中间地带，而苏联闭门搞建设，对它毫无影响。所以这种政策一定要失败。”④

毛泽东关于中间地带的理论在 1947 年 1 月 2 日中宣部部长陆定一撰写的《对于战后国际形势中几个基本问题的解释》⑤ 中得到系统阐释和宣传。文中关

① 中共中央文献研究室，中央档案馆. 建党以来重要文献选编：第 23 册［G］. 北京：中央文献出版社，2011：386，387.

② 中共中央文献研究室，中央档案馆. 建党以来重要文献选编：第 23 册［G］. 北京：中央文献出版社，2011：386.

③ 中共中央文献研究室，中央档案馆. 建党以来重要文献选编：第 23 册［G］. 北京：中央文献出版社，2011：562.

④ 中共中央文献研究室，中央档案馆. 建党以来重要文献选编：第 23 册［G］. 北京：中央文献出版社，2011：589.

⑤ 中共中央文献研究室，中央档案馆. 建党以来重要文献选编：第 24 册［G］. 北京：中央文献出版社，2011：6－19.

于“第二次世界大战以后，美国的帝国主义者代替了德意日法西斯的地位，而成为世界反对势力的堡垒。世界的反动势力，就是美国的帝国主义者加上各国的反动派（中国的蒋介石，英国的丘吉尔，法国的戴高乐等），再加上法西斯残余（西班牙的佛朗哥政府，日本的吉田内阁，德国的巴本、沙赫特等），各国的反动派和法西斯残余，现在都由美国的帝国主义者直接间接的支持着和包庇着，成为出卖各国人民的卖国贼”的观点；关于世界主要矛盾不在美苏之间，“美国的帝国主义者，在压服美国人民和压服各资本主义国家及殖民地半殖民地国家之前，无法去进攻苏联，而要压服这些，却是不可能的”的观点；“美国反动派的反苏，不能不是奴役美国人民与侵略全世界的代名词”“其目的在于使美国人民和一切资本主义国家与殖民地半殖民地国家的广大人民，对美国帝国主义者的实际政策失去警觉性，因而失去或减少对美国帝国主义进攻与侵略的抵抗力”的观点；关于全世界人民包括“美国人民、各资本主义国家的人民与殖民地半殖民地各国人民，势必也联成一气，结成世界规模的统一战线，来反对美国帝国主义和各国的反动派”的思想；关于力量对比朝着有利于人民民主的方向发展，胜利的前途将是人民的观点等，构成了中国共产党对国际战略认知的基本框架，是对中间地带理论观点的系统总结，是中国共产党国际视野和政治视野达到新高度的体现，提供了战胜美帝国主义及各国反动派的理论武器。

2. 关于“帝国主义和一切反动派都是纸老虎”的论断

中间地带的理论揭示了以中国等为代表的中间地带国家，反对美帝国主义及国内反动派的革命战争不会导致第三次世界大战爆发的重要结论，回答了中间地带的国家能不能与美帝国主义及各国反动派打仗的问题。面对被夸大为“异常强大”“举世无敌”、手里拿着原子弹的美帝国主义，以毛泽东为代表的中国共产党提出“帝国主义和一切反动派都是纸老虎”的著名论断，解决了中间地带的国家能不能打得赢的信心问题。他在与美国记者安娜·路易斯·斯特朗的谈话中说，“原子弹是美国反动派用来吓人的一只纸老虎，看样子可怕，实际上并不可怕。当然，原子弹是一种大规模屠杀的武器，但是决定战争胜败的是人民，而不是一两件新式武器。”① “一切反动派都是纸老虎。看起来，反动派的样子是可怕的，但是实际上并没有什么了不起的力量。从长远的观点看问题，真正强大的力量不是属于反动派，而是属于人民。”他以中外历史上革命力量战胜反革命力量的诸多具体事实论证了“反动派总有一天要失败，我们总有

① 中共中央文献研究室，中央档案馆．建党以来重要文献选编：第23册［G］．北京：中央文献出版社，2011：386.

一天要胜利。这原因不是别的，就在于反动派代表反动，而我们代表进步"①的观点。

在另外的中央会议和与其他记者谈话中，毛泽东以"外强中干""一方面藐视他们，一方面重视他们"等重要观点继续充实丰富着"帝国主义和一切反对派都是纸老虎"话语的内涵。在1946年11月21日中共中央会议上，他说，"美帝国主义外强中干，蒋介石也是如此，都是可以打倒的。""我们说中外反动派外强中干，要藐视他们，这不是单单为了鼓励自己，而是有事实根据的。"②"我们一方面要藐视他们，非此不足以长自己志气，灭敌人威风，而另一方面又要重视他们，每一仗都要谨慎周密，不要疏忽。"③ 毛泽东在1946年12月6日同三位西方国家记者的谈话中指出，美国反对分子"想独霸世界，势必引起全世界人民的反对。反动分子世界各国都有，他们违背大多数人民的意志，压迫民主，压迫人民，一定遭到人民的反对。""这种政策一定要失败。"④"帝国主义和一切反动派都是纸老虎"的论断，坚持唯物史观立场，对"人民主体地位"的进步性以及必然战胜反动派的观点进行了理论论证，又以历史事例加以说明，增强了这一论断的真理性、科学性、说服力和权威性，与中间地带的理论共同成为中国人民战胜美帝国主义及一切反动派的理论武器。

3. 关于社会主义阵营的力量超过了帝国主义阵营的力量话语

1947年末，毛泽东及时捕捉到美苏走向冷战的演变态势，于1947年12月的中共中央会议上明确用"帝国主义阵营""反帝国主义阵营"的新概念和"全世界反帝国主义阵营的力量超过了帝国主义阵营的力量"的观点，丰富了中间地带的理论和"帝国主义和一切反动派都是纸老虎"论断。

毛泽东指出，所有关于美国帝国主义强大的狂妄叫嚣以及"美苏必战"等狂妄设想，实际上都是美帝国主义和各国反动派走向失败、全世界革命力量强大的现实反映。反映了"第二次世界大战给予世界资本主义的打击的严重性"，"各国反动派力量的薄弱及其心理的恐慌和丧失信心""全世界革命力量的强大，使得各国反动派除了依靠美国帝国主义的援助，就感到毫无出路。"毛泽东从经

---

① 中共中央文献研究室，中央档案馆．建党以来重要文献选编：第23册［G］．北京：中央文献出版社，2011：387.

② 中共中央文献研究室，中央档案馆．建党以来重要文献选编：第23册［G］．北京：中央文献出版社，2011：562.

③ 中共中央文献研究室，中央档案馆．建党以来重要文献选编：第23册［G］．北京：中央文献出版社，2011：564.

④ 中共中央文献研究室，中央档案馆．建党以来重要文献选编：第23册［G］．北京：中央文献出版社，2011：588，589.

济危机周期性爆发的深层原因及其矛盾的不可调和性方面，进一步阐明了美帝国主义强大的表面性和暂时性。他说，“美国的战争景气，仅仅是一时的现象。它的强大，只是表面的和暂时的。国内国外的各种不可调和的矛盾，就像一座火山，每天都在威胁美国帝国主义，美国帝国主义就是坐在这座火山上。”①

而对于“以苏联为首的反帝国主义阵营”的形成及其力量的强大性，毛泽东指出，欧洲、美国、拉丁美洲、整个亚洲的人民在团结与斗争，“全世界反帝国主义阵营的力量超过了帝国主义阵营的力量。优势是在我们方面，不是在敌人方面。”②强调“一切过高地估计敌人力量和过低地估计人民力量的观点，都是错误的。”他以“现在是全世界资本主义和帝国主义走向灭亡，全世界社会主义和人民民主主义走向胜利的历史时代”③ 的话语，预见了社会主义和人民民主主义必将走向胜利的未来发展前景，号召“我们和全世界民主力量一道，只要大家努力，一定能够打败帝国主义的奴役计划，阻止第三次世界大战使之不能发生，推翻一切反动派的统治，争取人类永久和平的胜利。”强调既要认清困难与障碍，也要树立必胜信心。“只要我们能够掌握马克思列宁主义的科学，信任群众，紧紧地和群众一道，并领导他们前进，我们是完全能够超越任何障碍和战胜任何困难的，我们的力量是无敌的。”④

毛泽东关于社会主义阵营的力量超过了帝国主义阵营的力量话语，进一步强化了打败美帝国主义的理论和政策内容基础，为建立反对帝国主义的国际统一战线，为即将诞生的新中国实施“一边倒”外交政策提供了重要理论依据。

（二）关于彻底打败美蒋反动派的革命话语

1. 关于反对美蒋反动派革命的正义性

中国共产党以中间地带理论、“帝国主义和一切反动派都是纸老虎”论断、“社会主义阵营的力量超过了帝国主义阵营的力量”等观念和话语提供了战胜美帝国主义和各国反动派的理论武器。中国共产党将美国称霸世界的国际局势分析与中国国内面对美国侵略的现实境遇紧密联系，将反帝思想理论建立在国际

---

① 中共中央文献研究室，中央档案馆．建党以来重要文献选编：第 24 册［G］．北京：中央文献出版社，2011：538.

② 中共中央文献研究室，中央档案馆．建党以来重要文献选编：第 24 册［G］．北京：中央文献出版社，2011：538.

③ 中共中央文献研究室，中央档案馆．建党以来重要文献选编：第 24 册［G］．北京：中央文献出版社，2011：539－540.

④ 中共中央文献研究室，中央档案馆．建党以来重要文献选编：第 24 册［G］．北京：中央文献出版社，2011：539.

视野和国内现实革命目标紧密相连的分析框架中。将美国扶蒋反共、武装干涉中国内政，试图殖民地化中国的政策和行动看成是美国称霸亚洲乃至世界的重要步骤，把中国人民反对美蒋的革命斗争看作世界革命和反帝国主义阵营的重要组成部分，把彻底打败美蒋反动派看成是彻底摆脱殖民统治获得真正独立平等国际地位的重要途径，看成是中国人民对世界革命做出的重大贡献。

中国共产党将“美蒋”作为“一体的敌人”①，以“美国反动派也在中国反动派的合作之下，企图代替日本的地位，变中国为美国帝国主义的殖民地”②；“因此，很明显的，中华民族的生存现在是已经受着中外反动派的共同威胁，他们正在同谋着把我国变为尸横遍野的地狱，变为浩大的集中营，变为殖民地和帝国主义新侵略战争的基地”③ 等话语阐释了打败“美蒋”反动派的必要性和正义性。

中国共产党以建立反对美蒋的国际国内统一战线为聚集革命力量打败美蒋反动派的重要途径。强调将所有属于中间地带的国家、苏联、美国人民作为国际统一战线联合的对象，认为“这个世界规模的统一战线，将标志着世界历史的新的一页，即第二次世界大战后到世界的巩固与持久的和平得到保障的日子为止的世界历史。中国的独立、和平、民主运动，是这一段世界历史中的重要一部分。”④ 强调“一切国家的革命力量必须团结起来，必须组成以苏联为首的反对帝国主义的统一战线”⑤，“我们在国际上是属于以苏联为首的反帝国主义战线一方面的”⑥。将国内包括工人、农民、城市小资产阶级、民族资产阶级、开明绅士、其他爱国分子、少数民族和海外华侨在内的所有民众团结起来，结成“极其广泛的全民族的统一战线”，指出这个统一战线“和抗日时期的统一战

---

① 中共中央文献研究室，中央档案馆. 建党以来重要文献选编：第 23 册 [G]. 北京：中央文献出版社，2011：536.

② 中共中央文献研究室，中央档案馆. 建党以来重要文献选编：第 23 册 [G]. 北京：中央文献出版社，2011：337－338.

③ 中共中央文献研究室，中央档案馆. 建党以来重要文献选编：第 23 册 [G]. 北京：中央文献出版社，2011：340.

④ 中共中央文献研究室，中央档案馆. 建党以来重要文献选编：第 24 册 [G]. 北京：中央文献出版社，2011：16.

⑤ 中共中央文献研究室，中央档案馆. 建党以来重要文献选编：第 25 册 [G]. 北京：中央文献出版社，2011：619.

⑥ 中共中央文献研究室，中央档案馆. 建党以来重要文献选编：第 26 册 [G]. 北京：中央文献出版社，2011：507.

线相比较，不但规模同样广大，而且有更加深刻的基础。”①

全面内战爆发后，中共中央在纪念“七七”九周年的宣言中指出，“独立、民主与和平，这已经成为我国人民三位一体的斗争任务”“历史永远不会再重复。一百年来我国人民为独立民主的斗争，从来没有象今天这样强大有力，这样充满光明的希望。”“解放区人民的斗争和国民党统治区城市乡村各阶层人民的斗争，正在连为一片燎原的怒火”，强调“我们的要求是这样的合理，我们的事业是这样的具备正义性，那么，我们的要求是一定要实现，我们的事业是一定要胜利的。”② 以正义性、进步性视角关于反对美蒋的革命一定能胜利的话语，也通过宣传广播于民众之中。1946 年 9 月 20 日，《解放日报》的社论《蒋军必败》一文中从反动派外强中干，解放区、八路军、新四军的强大，政策正确，策略得当，不速胜，不骄傲，不轻敌，战略上藐视反动派，战术上重视反动派等方面建立了能够战胜美蒋的强大信心。

2. 关于建立独立、民主、和平、统一的新中国目标

（1）关于人民民主专政的国家政权结构

中国共产党以建立独立、民主、和平、统一及富强的新中国为反对美蒋革命话语指向的根本性目标，体现了反帝革命的彻底性。抗战胜利后，中国共产党以建立独立、自由、富强的新中国为建国目标，以成立由各党派、各团体都参加的联合政府为国家组建的基本结构，体现真诚的建国愿望。1945 年 9 月 27 日，英国路透社驻重庆记者甘贝尔书面提出了十二个问题要求中国共产党答复，毛泽东通过回应外国记者的提问，阐释了中国共产党关于建立“联合政府”主张的重要内涵，即建设独立、自由、富强的新中国，彻底实行孙中山先生的三民主义。在对联合政府的性质及结构进行描绘时，强调了政治上实施普选、实现孙中山的三民主义、坚持林肯的民有、民治、民享原则与罗斯福的四大自由即言论和表达的自由、信仰上帝的自由、免于匮乏的自由、免于恐惧的自由，主张国家的独立、团结、统一及与各民主强国的合作；在经济上强调了减轻人民负担，改善人民生活，实行土地改革，发展工业化，奖励私人企业，在平等互利原则下欢迎外国人投资与发展国际贸易；教育上推广群众教育，消灭文盲等。体现出了中国共产党愿意与国民党合作建国，以革命的三民主义为纲领，

---

① 中共中央文献研究室，中央档案馆．建党以来重要文献选编：第 24 册［G］．北京：中央文献出版社，2011：66.

② 中共中央文献研究室，中央档案馆．建党以来重要文献选编：第 23 册［G］．北京：中央文献出版社，2011：341，342，343.

建立以蒋介石为最高统帅的联合政府。

蒋介石撕毁和平协议、发动内战后，中国共产党关于联合政府的主张转变为建立由中国共产党领导、不要任何反动派参加的人民民主的联合政府，使新国家建立在彻底消灭美蒋反动派、真正人民当家作主的联合政府之基础上。1947 年 10 月 10 日，《中国人民解放军宣言》提出“打倒蒋介石独裁政府，成立民主联合政府”“彻底干净全部地歼灭一切敌人”的号令，标志着推翻国民党反动政权，建立由中国共产党领导的人民民主的联合政府的工作提上议事日程。1947 年 12 月中共中央十二月会议上，毛泽东在《目前形势和我们的任务》报告中，全面阐释了新民主主义的经济纲领和政治纲领，确定了国家政权结构将不再有蒋介石反动集团的地位，而以人民民主的联合政府作为新国家的建设目标。

随着反对美蒋的军事战争接续胜利，政治上实行人民民主专政的国家政权成为中国共产党日益明确的思考和选择。1948 年 6 月 1 日，中宣部在发出的“关于重印《左派幼稚病》第二章前言”的通知中提出了“人民民主专政”概念，在同年的九月会议上毛泽东使用了这一概念。1949 年 6 月 30 日，毛泽东专门撰写了《论人民民主专政》一文，全面阐释了对人民民主，对敌人专政的国家政权结构性质，并将人民民主专政概括为中国共产党奋斗 28 年的最基本的经验。“总结我们的经验，集中到一点，就是工人阶级经过共产党领导的以工农联盟为基础的人民民主专政。这个专政必须和国际革命力量团结一致。这就是我们的公式，这就是我们的主要经验，这就是我们的主要纲领。”① 1949 年 9 月，中国人民政治协商会议胜利召开并通过《共同纲领》，明确“中华人民共和国为新民主主义即人民民主主义的国家，实行工人阶级领导的、以工农联盟为基础的、团结各民主阶级和国内各民族的人民民主专政。”② 因此，人民民主专政的新中国的成立宣告了中国共产党成立以来建构的反帝话语范式指向的目标实现了，它为实现富强的新国家提供了根本政治制度前提。

（2）关于废除一切不平等条约，在平等友好的基础上建立外交关系原则的确立

伴随着独立、民主、和平、统一及富强新中国建立的脚步日益临近，中国共产党将成立以来一直明确的反帝话语指向的建国目标付诸实践，将中华苏维

---

① 中共中央文献研究室，中央档案馆．建党以来重要文献选编：第 26 册［G］．北京：中央文献出版社，2011：512.

② 中共中央文献研究室，中央档案馆．建党以来重要文献选编：第 26 册［G］．北京：中央文献出版社，2011：759.

埃时期、陕甘宁时期一直秉持的废除不平等条约、建立新型平等外交关系的思想和行动继承和坚持，在着手清理国民党时期建立的各种不平等条约及其媚外卖国的外交思想中，明确提出了新中国的基本外交思想。1947 年 2 月 1 日，中共中央发表声明强调不承认国民党政府的一切卖国协定。1947 年 12 月，中共中央十二月会议上，毛泽东强调新国家的外交方针及政策，就是要废除一切不平等条约，在新条件下签订平等条约的思想。1948 年 11 月 21 日，针对南京国民党政府要求美国给予军事保护的卖国行为，中共中央发表声明表达抗议，坚决反对此类背叛行为。并以中国共产党、中国解放区人民民主政府、中国人民解放军的名义表示，“愿与一切外国包括美国在内建立平等的友好的关系，并保护一切外国在华侨民包括美国侨民在内的正当利益；但是必须保持中国领土主权的完整，不受任何侵犯。凡与此庄严立场相违反者，我们将坚决地彻底地反对到底。”① 1949 年 1 月 19 日，由周恩来起草、毛泽东修改发出的《中共中央关于外交工作的指示》，全面阐释了即将成立的新中国外交方针与原则，声明“在原则上，帝国主义在华的特权必须取消，中华民族的独立解放必须实现，这种立场是坚定不移的”。1949 年 3 月 5 日，毛泽东在中共七届二中全会上发表讲话，就“中国人民在帝国主义面前真正站立起来”的问题提出真知灼见：

> 不承认国民党时代的任何外国外交机关和外交人员的合法地位，不承认国民党时代的一切卖国条约的继续存在，取消一切帝国主义在中国开办的宣传机关，立即统制对外贸易，改革海关制度，这些都是我们进入大城市的时候所必须首先采取的步骤。在做了这些以后，中国人民就在帝国主义面前站立起来了。②

除此之外，毛泽东关于摧毁帝国主义在中国的控制权话语，关于不急于解决帝国主义承认的问题，“关于帝国主义对我国的承认问题，不但现在不应急于去解决，而且就是在全国胜利以后的一个相当时期内也不必急于去解决”“只要一天它们不改变敌视的态度，我们就一天不给帝国主义国家在中国以合法的地位”的话语；关于在平等原则下与一切国家建立外交关系，“我们是愿意按照平等原则同一切国家建立外交关系的”的话语；关于同外国人做生意“必须尽可能地首先同社会主义国家和人民民主国家做生意，同时也要同资本主义国家做

① 中共中央文献研究室，中央档案馆．建党以来重要文献选编：第 25 册［G］．北京：中央文献出版社，2011：657.

② 中共中央文献研究室，中央档案馆．建党以来重要文献选编：第 26 册［G］．北京：中央文献出版社，2011：167.

生意"① 的思想等，为新中国彻底清除帝国主义对中国的影响力和控制权，使中华民族真正站起来提供了重要原则政策指引。

1949 年 4 月 17 日，周恩来对来北京参加新政治协商会议的部分爱国民主人士、北平部分大学教授做报告，鲜明地表达了新中国对外政策坚持反帝原则、独立原则及平等原则，实施彻底反帝的革命外交政策。1949 年 4 月 30 日，毛泽东起草的《中国人民解放军总部发言人为英国军舰暴行发表的声明》强烈谴责英国军舰侵入中国长江的暴行，重申中国领土主权不可侵犯，要求撤离帝国主义在华军事力量。并对新中国建立外交关系的原则及条件做了进一步说明，即必须与国民党断交、在华帝国主义驻军必须撤离。1949 年 6 月 15 日毛泽东在新政协筹备会上的讲话重申愿意同任何与国民党断交的外国政府建交。《中国人民政治协商会议共同纲领》中的外交政策明确规定："中华人民共和国外交政策的原则，为保障本国独立、自由和领土主权的完整，拥护国际的持久和平和各国人民间的友好合作，反对帝国主义的侵略政策和战争政策。""对于国民党政府与外国政府所订立的各项条约和协定，中华人民共和国中央人民政府应加以审查，按其内容，分别予以承认，或废除，或修改，或重订。""凡与国民党反动派断绝关系、并对中华人民共和国采取友好态度的外国政府，中华人民共和国中央人民政府可在平等、互利及互相尊重领土主权的基础上，与之谈判，建立外交关系。""中华人民共和国可在平等和互利的基础上，与各外国的政府和人民恢复并发展通商贸易关系。"②《共同纲领》代行国家宪法之责，它直接宣告了一切帝国主义在中国的控制权和影响力被彻底终结，一切帝国主义侵略中国的历史一去不复返，从此一个独立、自由、和平、民主的中华人民共和国将巍然屹立于世界民族之林。

(3) 关于"一边倒"政策的确立

倒向以苏联为首的社会主义一边是中华人民共和国外交政策的基本原则。伴随着中国革命的节节胜利，中国共产党以毛泽东为代表，日益清晰了"一边倒"的外交政策，体现了新中国鲜明的意识形态和正义立场及其价值追求，是在冷战格局演进下对世界革命理论的继续坚持。"一边倒"的政策原则是毛泽东在 1949 年 6 月 30 日发表的《论人民民主专政》一文中首次明确提出的。他说：

---

① 中共中央文献研究室，中央档案馆．建党以来重要文献选编：第 26 册［G］．北京：中央文献出版社，2011：166 – 167.

② 中共中央文献研究室，中央档案馆．建党以来重要文献选编：第 26 册［G］．北京：中央文献出版社，2011：768.

“一边倒，是孙中山的四十年经验和共产党的二十八年经验教给我们的，深知欲达到胜利和巩固胜利，必须一边倒。积四十年和二十八年的经验，中国人不是倒向帝国主义一边，就是倒向社会主义一边，绝无例外。骑墙是不行的，第三条道路是没有的。我们反对倒向帝国主义一边的蒋介石反动派，我们也反对第三条道路的幻想。”①《中国人民政治协商会议共同纲领》总纲规定：“中华人民共和国联合世界上一切爱好和平、自由的国家和人民，首先是联合苏联、各人民民主国家和各被压迫民族，站在国际和平民主阵营方面，共同反对帝国主义侵略，以保障世界的持久和平。”②《共同纲领》代行国家宪法，对新中国将站在和平、民主、反对帝国主义侵略的正义一边的声明同样具有伟大的划时代意义。表明中华人民共和国已经跨入了和平民主国家行列，将以一个完全独立、自由、民主、反对帝国主义侵略的国家新身份在世界舞台上支持正义，推动永久和平，建立国际新秩序。

（三）反对美蒋革命话语的传播

这一时期，中国共产党依靠日益成熟的宣传媒介，将反对“美蒋”的政策思想广布于民众之中。新华社及《解放日报》成为传播中共中央思想的权威窗口。中国共产党领导人毛泽东、周恩来等亲自撰写社论，战斗在舆论斗争的第一线。中共中央还通过领导人和发言人发表声明、与外国记者谈话等方式，阐明事实，揭露美帝国主义侵略本质，阐释解放战争的正义性和进步性，动员全民特别是中间力量丢掉对美幻想，破除“恐美病”，树立战胜美蒋的信心与决心。

中国共产党通过《解放日报》社论，揭露美国侵略事实，要求国人丢掉对美国的幻想。1946 年 8 月 14 日的社论《七个月总结——评马、司联合声明》揭露了美国调停失败的结果，历数 1946 年 2 月 9 日以来美国反动分子一步步帮助国民党反动派运兵，装备，配合其作战的种种侵略事实。1946 年 9 月 20 日的社论《蒋军必败》，呼吁国人必须彻底抛弃对于美国政府的任何幻想，彻底抛弃所谓独立和平民主可以轻易获得的幻想，彻底抛弃内战将会容易结束的幻想。1946 年 11 月 26 日的社论《评蒋美商约》，认为“这是历史上最可耻的卖国条约，是蒋政府把中国作为美国附属国的重大标志之一，是中华民族又一次新的

① 毛泽东选集：第四卷［M］. 北京：人民出版社，1991：1472－1473.

② 中共中央文献研究室，中央档案馆. 建党以来重要文献选编：第 26 册［G］. 北京：中央文献出版社，2011：760.

大国耻。”① “签订了这张卖身契约，就把中国一切经济命脉双手奉献与美国金融财阀了！把中国变成美国商品所独占的殖民地市场了！把从水上到陆上的全部中国领土，中华民族的生存权利，拍卖得干干净净了！”②

中共中央领导人也在不同场合发表声明、与外国记者谈话，对美帝国主义援蒋内战的政策进行了揭露。1946年9月14日，周恩来给马歇尔的备忘录，强烈抗议美国与蒋介石签订售让协定，要求立即冻结全部剩余物资。1946年9月29日，毛泽东与美国记者斯蒂尔进行谈话，揭露了美国所谓“调解”真相，“是在借所谓调解作掩护，以便从各方面加强蒋介石，并经过蒋介石的屠杀政策，压迫中国民主力量，使中国在实际上变为美国的殖民地。”③ 1946年12月6日，毛泽东同三位西方国家记者进行谈话，揭露了中美商约是不平等条约，强调十一月四号是中国新的国耻纪念日，要废止这一条约。

中共中央宣传部在党内、军队内、群众中组织讨论，揭露美国帮助蒋介石打内战的种种事实和解放军取得的一系列战绩，说明美帝国主义及其走狗蒋介石不可避免的失败前途，并从美蒋内战政策在政治上的非正义性、军事上“军心厌战与兵力不足”的致命弱点等方面揭示了美蒋必败的原因。这一时期，中共中央发言人也活跃在舆论舞台上，代表中共中央发表声明，谴责美国侵略中国的罪行。如1946年7月1日，中共中央发言人评阿泽逊的声明，揭露了美国所谓“军事援华”法案实质是“侵华”，是“以汽油来浇泼中国的火灾，以枪炮和军事顾问团来制造中国的和平，以无条件拥护蒋介石独裁内战来实现中国的团结民主，以强迫中国人民在战争恐怖和饥饿中大量死亡来寻求中国的友谊。”④ 1947年12月2日，中共中央发言人关于蒋介石出卖海关的声明，1948年2月22日，中共中央发言人驳斥杜鲁门援蒋咨文的谈话，历数蒋介石出卖国家主权和美国侵略中国的种种罪行，要求肃清恐美思想，团结起来。1949年2月13日，中共中央发言人针对澳大利亚外长提出由联合国干涉中国内政的建议的谈话，驳斥澳大利亚外长的建议“是荒谬的和侮辱中国人民的”，严正声明

---

① 中共中央文献研究室，中央档案馆．建党以来重要文献选编：第23册［G］．北京：中央文献出版社，2011：568.

② 中共中央文献研究室，中央档案馆．建党以来重要文献选编：第23册［G］．北京：中央文献出版社，2011：569.

③ 中共中央文献研究室，中央档案馆．建党以来重要文献选编：第23册［G］．北京：中央文献出版社，2011：455.

④ 中共中央文献研究室，中央档案馆．建党以来重要文献选编：第23册［G］．北京：中央文献出版社，2011：329.

"任何外国政府或联合国组织，绝对无权干涉中国的内政。"①

随着美国对华政策的破产，1949 年 8 月 5 日美国国务院发表了《美国同中国的关系》白皮书，试图为失败的政策进行辩护。中共中央开动宣传机器，揭露了美国对华政策破产的原因，教育人民丢掉幻想，准备斗争，将革命进行到底。从 1949 年 8 月 12 日到 9 月 16 日期间，新华社连续发表由毛泽东亲自撰写的六篇社论，酣畅淋漓地批判、揭露美国对华政策的帝国主义本质，剖析美国侵略中国的历史，教育中间阶级丢掉对美幻想；论证了资产阶级共和国方案在中国的破产；对中国近代革命发生、发展及走向胜利进行了理论说明，引发了全国大讨论，对认清美帝国主义本质起到了很好的教育作用，为迎接新中国的到来准备了思想舆论。这六篇社论分别是：《无可奈何的供状——评美国关于中国问题的白皮书》《丢掉幻想，准备斗争》《别了，司徒雷登》《四评白皮书——为什么要讨论白皮书》《五评白皮书——"友谊"还是侵略》《六评白皮书——唯心历史观的破产》。

《无可奈何的供状——评美国关于中国问题的白皮书》揭露了美国白皮书"毫不掩饰美国政府的帝国主义的侵略立场"，"是一部颠倒黑白的'杰作'""是美帝国主义反动政策在中国惨败的史册"②。《丢掉幻想，准备斗争》揭露了"美国出钱出枪蒋介石出人替美国打仗杀中国人的战争"③本质，批评国内部分具有"民主个人主义思想"的人士对美帝国主义的幻想，号召对他们施以教育，"用善意去帮助他们，批评他们的动摇性，教育他们，争取他们站到人民大众方面来，不要让帝国主义把他们拉过去，叫他们丢掉幻想，准备斗争。"④《别了，司徒雷登》揭露美国侵略中国的战争"组成了美国帝国主义在第二次世界大战以后的世界侵略政策的一个重大的部分"⑤，指出美国采取"帮助蒋介石打内战的政策"而非"大规模地直接地武装进攻的政策"⑥

① 中共中央文献研究室，中央档案馆．建党以来重要文献选编：第 26 册［G］．北京：中央文献出版社，2011：120.

② 中共中央文献研究室，中央档案馆．建党以来重要文献选编：第 26 册［G］．北京：中央文献出版社，2011：632，638.

③ 中共中央文献研究室，中央档案馆．建党以来重要文献选编：第 26 册［G］．北京：中央文献出版社，2011：641.

④ 中共中央文献研究室，中央档案馆．建党以来重要文献选编：第 26 册［G］．北京：中央文献出版社，2011：644.

⑤ 中共中央文献研究室，中央档案馆．建党以来重要文献选编：第 26 册［G］．北京：中央文献出版社，2011：647.

⑥ 中共中央文献研究室，中央档案馆．建党以来重要文献选编：第 26 册［G］．北京：中央文献出版社，2011：648.

的无可奈何和被迫性，告诫部分知识分子和中间人士丢掉幻想，“站到人民方面来，不上帝国主义的当”。①《四评白皮书——为什么要讨论白皮书》指出，美国白皮书引发了全世界关注、热议中国革命，表明“中国革命在整个世界历史上的伟大意义”②。《五评白皮书——“友谊”还是侵略》，列举了1840年以来美帝国主义侵略中国的历史，教育青年人认清美国侵略者的面目。《六评白皮书——唯心历史观的破产》驳斥了艾奇逊胡诌中国近代史的唯心历史观及否定马克思主义真理性、科学性的错误观点。并运用马克思主义阶级斗争学说，对中国近代革命发生发展取得胜利的历史必然性进行了理论说明，阐释了“帝国主义的侵略引起反抗”，资产阶级共和国方案破产，马克思主义拯救中国的道理。社论关于中国人被迫从帝国主义的老家即西方资产阶级革命时代的武器库中学来的东西，“也和封建主义的思想武器一样，软弱得很，又是抵不住，败下阵来，宣告破产了”③ 的论述；关于“一九一七年的俄国革命唤醒了中国人，中国人学得了一样新的东西，这就是马克思列宁主义。中国产生了共产党，这是开天辟地的大事变。孙中山也提倡‘以俄为师’，主张‘联俄联共’。总之是从此以后，中国改换了方向”④ 的阐释；关于马克思主义作为一种“新文化”，具有“科学的宇宙观和社会革命论”而被中国人民学会后，先后打败了来犯的帝国主义及其走狗北洋军阀、蒋介石、汪精卫，最后结束了美国和一切帝国主义及其走狗蒋介石等一切反动派统治的历史回顾；关于“马克思列宁主义来到中国之所以发生这样大的作用，是因为中国的社会条件有了这种需要，是因为同中国人民革命的实践发生了联系，是因为被中国人民所掌握了”“自从中国人学会了马克思列宁主义以后，中国人在精神上就由被动转入主动，从这时起，近代世界历史上那种看不起中国人，看不起中国文化的时代应当完结了。伟大的胜利的中国人民解放战争和人民大革命，已经复兴了并正在复兴着伟大的中国人民的文化。这种中国人民的

---

① 中共中央文献研究室，中央档案馆．建党以来重要文献选编：第26册［G］．北京：中央文献出版社，2011：652.

② 中共中央文献研究室，中央档案馆．建党以来重要文献选编：第26册［G］．北京：中央文献出版社，2011：673.

③ 中共中央文献研究室，中央档案馆．建党以来重要文献选编：第26册［G］．北京：中央文献出版社，2011：719.

④ 中共中央文献研究室，中央档案馆．建党以来重要文献选编：第26册［G］．北京：中央文献出版社，2011：719－720.

文化，就其精神方面来说，已经超过了整个资本主义的世界”① 的话语分析，等等，是对近代以来中国人民反帝反封建革命发生发展胜利的基本经验的高度概括，对“只有马克思主义才能救中国”的真理性结论的系统阐释，对中国共产党反帝话语做了全面概述并将其提升到了一个新高度。

① 中共中央文献研究室，中央档案馆．建党以来重要文献选编：第 26 册［G］．北京：中央文献出版社，2011：720－721.

第三章

中华人民共和国最初的三十年中国共产党反帝话语的演进及基本逻辑

中华人民共和国的成立，证明了中国共产党反帝的新民主主义革命话语理论与实践路径的正确与成功。中国共产党从一个夺取政权的革命党转变成为一个建设国家巩固政权的执政党；从一个局部执政的党转变成为一个全面执政的党。新中国的存在、巩固发展及壮大，为中国共产党继续推翻不合理的外部秩序，构建平等公正的国际新秩序并在其中扮演重要角色提供了坚实的国家政权基础和强大的自信心。在社会主义阵营和帝国主义阵营冷战对峙的这一时期，中国共产党继续高举反帝旗帜，坚持世界革命立场又能审时度势，不断调整反帝话语内容和实践路径，对推动国际秩序变革发挥了重要作用，做出了重要贡献。

一、20 世纪 50 年代以来时代发展的新形势、新判断

（一）20 世纪 50 年代时代发展的新形势

1. 冷战格局下社会主义与资本主义两大阵营的激烈较量

20 世纪 50 年代到 70 年代末的三十年，世界仍处在战争与革命的时代，但也逐步孕育着和平与发展的时代因子。第二次世界大战结束后形成的“冷战”格局，是以美苏为代表的资本主义阵营与社会主义阵营展开激烈较量为主要特征的。以美国为核心的帝国主义国家构建并巩固战后资本主义秩序，而以苏联为代表的社会主义国家团结人民民主国家及亚非拉美广大发展中国家，为反对资本主义秩序、争取民族独立、实现国际社会公平公正而展开斗争。资本主义国家、社会主义国家以及资本主义世界内的殖民地、半殖民地和附庸国这三种力量之间的存在与斗争，构成了这一时期国际关系的基本格局。① 三大基本矛盾即帝国主义国家之间、帝国主义同被压迫民族之间、帝国主义国家与社会主义国家之间的矛盾与斗争交织在一起，而以社会主义与资本主义两大阵营的矛盾与斗争为主线，推动三种力量此消彼长，推动国际社会在战争与革命的时代主

① 谢益显．中国当代外交史［M］．北京：中国青年出版社，1997：1.

题下缓慢向和平与发展的时代主题演进。这构成了这一阶段历史演进的基本逻辑图谱。

社会主义阵营与资本主义阵营的矛盾与斗争突出表现在：冷战一方的美帝国主义，在经济上对社会主义和反帝阵营其他国家实施封锁和禁运政策；在军事上武装所有临近社会主义国家及各人民民主国家的反动派，并在这些国家建立军事基地，形成对社会主义阵营的包围圈。比如新生的中国遭遇了以美国为代表的西方帝国主义国家的封锁禁运和军事打击，面对了朝鲜战争、越南战争的军事较量等局部热战；美苏发生第二次柏林危机、古巴导弹危机，等等。在舆论和意识形态方面，20 世纪 50—60 年代，美国先后掀起了三次反华反社会主义高潮，分别是中华人民共和国成立初期反华浪潮、1956 年苏共二十大后的反社会主义浪潮、1959 年的反华浪潮等。与此同时，以美国为代表的帝国主义国家渗入老殖民主义者英法的殖民地，试图替代英法实行新的殖民统治。20 世纪 50 年代中期到 60 年代末，美国对亚非拉国家的干涉和侵略甚嚣尘上。如美国在中东地区实施军事经济援助计划的"艾森豪威尔主义"、颠覆叙利亚运动、武装入侵黎巴嫩、在印度支那制造紧张局势、武装侵入台湾地区、武装入侵加勒比海小国多米尼加等行动，美国充当世界警察的军事扩张行动急剧增大。

冷战另一方的社会主义阵营在与资本主义阵营的对立斗争中经受考验。20 世纪 50 年代这十年，以中国为代表的一系列社会主义国家得到巩固及壮大，为反帝、反霸、反侵略，维护世界和平与正义事业提供了强大的领导力量和坚强的制度基础。首先，新生的中华人民共和国以独立平等新原则展开和平外交，与各国建立新型平等外交关系；以"一边倒"政策与苏联等社会主义国家结成同盟关系，巩固社会主义阵营力量；以坚决果敢的行动打破了以美国为代表的西方帝国主义国家对中国的封锁禁运和军事打击。先后在抗美援朝战争、援越抗美战争、解放台湾等军事行动中取得积极成果。巩固了新生的国家政权，建立起了坚实的反对帝国主义的社会主义国家制度基础。其次，为打破反社会主义浪潮，社会主义阵营团结起来，克服分歧，坚信社会主义必胜，为赢得制度优势不懈努力。新生的中国更是站稳阶级立场和社会主义立场，采取有效手段打破和化解了三次对新中国和社会主义造成的危机。巩固了中华人民共和国政权，维护了社会主义制度形象。

冷战中社会主义阵营与资本主义阵营也存在着合作共处。如苏共二十大提出与资本主义国家和平共处、和平竞赛、和平过渡的理论。1955 年以来美苏逐步改善关系并在核武器等问题上愿意谈判。50 年代中期国际局势总体缓和，社会主义中国也积极展开了与美国的谈判，试图改善与美国的关系，并保留了与美国以谈判方式接触的渠道。同时，还积极展开与日本的民间外交。

20 世纪 60 年代是世界格局处于两极格局下逐步向多极化方向演变的开始和过渡期。60—70 年代，中苏两党两国出现分歧，中苏两党展开意识形态大辩论，这严重影响到两国关系，导致社会主义阵营逐渐走向分裂。苏联在冷战格局下逐步向侵略扩张的社会帝国主义演变。如武装入侵捷克斯洛伐克、与中国发生珍宝岛战役、干涉安哥拉内部事务、策动阿富汗政变等。无论是社会主义阵营的分裂，还是以美国为代表西方帝国主义阵营内部的斗争，都是这种过渡期复杂性的表现。70 年代以后，世界格局在大分化大改组下开始向和平与发展的时代主题演进成为历史必然。冷战格局下社会主义与资本主义在冷战共处的激烈较量中推动社会主义与资本主义以及资本主义世界内的殖民地、半殖民地和附庸国三种力量此消彼长，使国际社会缓慢地朝着和平、发展的时代主题演进。

2. 民族解放运动风起云涌推动殖民体系瓦解

二战后民族解放运动风起云涌。以苏联为首的社会主义阵营团结支持民族独立国家和亚非拉美广大发展中国家的民族解放运动，使反帝、反殖、反侵略的民族解放运动不断向前推进，获得独立与解放的国家与日俱增。从 1956 年到 1965 年，先后有 30 个非洲国家摆脱殖民统治获得独立。1965 年到 20 世纪 70 年代，越南、柬埔寨、老挝先后展开反美侵略斗争并取得积极成果。二战后渐入高潮的民族解放运动推动“第三世界”形成力量并开始在国际舞台上表达意志。1955 年的亚非会议，就是独立的民主主义国家在国际舞台上发声的重要标志。1971 年中华人民共和国恢复联合国合法席位是“第三世界”巩固壮大并在国际舞台上形成重要力量的体现和成果。20 世纪 60—70 年代，反帝、反殖、反侵略、反霸权运动推动了殖民体系迅速瓦解。1975 年葡萄牙宣布从其在非洲的大片殖民地上撤除直接统治，标志着老殖民体系整个崩溃。以美国为代表建立的新殖民体系也在 60 年代不结盟运动和反美浪潮中开始走向衰落。

3. 中国以双重身份祭起反帝、反殖、反侵略、反霸权大旗

作为马克思主义世界革命理论及反对帝国主义理论的成功实践者，中华人民共和国以双重身份登上世界舞台，对推动二战后国际社会秩序的缓慢变革发挥重要作用。中华人民共和国既是社会主义国家的一支重要力量，又是获得民族独立的新兴民族国家一员。以社会主义国家身份和被压迫民族获得独立的新国家身份登上国际舞台的中华人民共和国领导人，表现出反帝、反殖、反侵略、反霸权的坚强意志及果敢的行动力和执行力。作为社会主义国家一员的中国，以和平立国，坚持和平建国，在平等基础上广交朋友，向世界发出和平善意，创造有利的和平环境。在国家建设上深谋远虑，通过几个五年计划的持续建设，

展现出社会主义现代化发展的勃勃生机，奠定实现社会主义现代化的坚实基础。中华人民共和国逐步成长为社会主义阵营的一支不可或缺的重要力量，为反帝、反殖民、反侵略斗争提供了坚强后盾和有生力量。中华人民共和国领导人对苏联国家性质的逐步演变有着清醒的认识并展开积极斗争，为维护社会主义发展前途和形象做出努力。作为民族独立的新兴民族国家，中华人民共和国成立后继续坚持反帝立场，赋予世界革命新的内涵，支持并推动世界范围的反帝、反殖、反侵略的民族解放运动不断走入高潮。援越抗法、抗美援朝先后取得胜利，是中国对亚非拉美民族解放运动大力支持并做出重大贡献的标志。1956 年以来，中华人民共和国先后对阿拉伯民族运动、印度支那地区反殖民反侵略运动、阿尔及利亚民族解放斗争、刚果人民反对新老殖民主义的斗争、古巴人民反对美国的侵略干涉斗争、巴拿马人民反对美国侵略干涉斗争等给予了无私的经济援助和外交声明支持，表现出了爱国主义与国际主义的高度统一。同时，中国积极参加日内瓦会议和万隆会议，推动和平进程，形成“万隆精神”，推动“第三世界”形成有生力量，在国际舞台上发声表达意志。当然，由于时代的局限，新中国在反帝、反殖民、反侵略、反霸权斗争中对国际局势的演变也存在认识滞后、理论与实践发生失误的局限性。如“文化大革命”时期发生的“左”的错误。

（二）20 世纪 50 年代以来时代发展的新判断

二战后，“两极格局”的存在及演变，使各国对帝国主义发展新态势的认识及理论也有了新的发展。涌现出诸如保罗·巴兰与保罗·斯威齐的“消费不足理论”、弗兰克与沃勒斯坦的“中心外围说”、阿明的“不平等发展理论”、伊曼纽尔的“不平等交换理论”、卡多佐的“依附论”等理论。这些思想与理论在很大程度上是对列宁“帝国主义理论”的继承和坚持。而其中以斯大林为代表的“两个世界市场平行”理论和“世界资本主义体系总危机进一步加深”的理论对当时两大阵营的较量产生重要影响。

1. 斯大林的国家垄断资本主义和“两个世界市场平行”理论

1952 年斯大林写成《苏联社会主义经济问题》；1954 年由苏联科学院经济研究所编的《政治经济学教科书》出版，以教科书方式对斯大林书中观点进行阐释。斯大林关于国家垄断资本主义的理论认为：“国家垄断资本主义在于国家机构从属于资本主义的垄断组织并被用来干预国内经济特别是由于经济的军事化，以保证垄断组织最大限度利润和巩固财政资本的独裁。这样，个别的企业、部门和经济职能……就在国内保留生产资料私有制统治的情况下转到资产阶级国家手中。"①

基于社会主义阵营和资本主义阵营冷战对峙的基本事实，斯大林提出了"两个世界市场对立论"的观点，即"资本主义统一世界市场体系瓦解论"和"世界资本主义体系总危机的进一步加深"② 论。这些论断被事实证明是存在局限性的，主要就是夸大了资本主义经济危机的现实，低估了资本主义社会的生命力。过分强调了资本主义社会基本矛盾的对抗性和资本主义生产关系不适应生产力发展的矛盾，低估了资本主义上层建筑对经济基础和生产力发展的推动作用，特别是忽略了科学技术带给资本主义自我调节的巨大能量和空间。"两个世界市场对立论"和"世界资本主义体系总危机的进一步加深"论虽然在客观上反映了20世纪50年代初的世界经济现实，但没有真正把握住垄断资本主义深层次的发展逻辑和社会变革机制，客观上造成了社会主义国家忽略对资本主义创造的先进文明成果的正确认识。

2. 赫鲁晓夫的"和平共处""和平竞赛""和平过渡"论

以1956年苏共二十大为标志，以赫鲁晓夫为代表的苏共领导人提出了"和平共处""和平竞赛""和平过渡"论。基于对以美国为代表的西方发达的资本主义国家经济快速发展、科学技术新发明使核武器不再被美苏两国所垄断的事实，赫鲁晓夫在继续沿用斯大林关于"资本主义总危机继续加深"的论断，强调"资本主义总危机由于社会主义力量的增长、殖民体系的瓦解和内部社会矛盾的尖锐化，在继续加深""资本主义经济的动荡正在加剧""资本主义的矛盾还在继续增多，孕育着新的动荡"③ 的同时，提出了与资本主义国家"和平共处""和平竞赛""和平过渡"的理论。如苏共二十大上"关于社会制度不同的各国和平共处的原则，过去是现在仍然是我国外交政策的总路线"，"现在苏联有一切必要的条件可以在和平的经济竞赛中，在最短的历史时期内，解决苏联的基本经济任务——在按人口计算的产量方面赶上并超过最发达的资本主义国家"④ 的声明以及关于不要把暴力和内战看成是向社会主义过渡的唯一途径，也有可能通过议会道路向社会主义过渡的提法，就是苏共二十大提出的所谓

---

① 苏联科学院经济研究所．政治经济学教科书［M］．中共中央马克思恩格斯列宁斯大林著作编译局，译．北京：人民出版社，1955：280－281.

② 斯大林选集：下卷［M］．北京：人民出版社，1979：561.

③ 苏联共产党第二十一次非常代表大会文献：下册［M］．北京：人民出版社，1960：1178.

④ 布尔加宁．关于苏联共产党第二十次代表大会关于1956—1960年苏联发展国民经济第六个五年计划的指示的报告［M］．北京：人民出版社，1956：6.

“三和路线”。和平共处与和平竞赛的思想确实部分地缓和了社会主义与资本主义的关系，推动了社会主义阵营不断得到发展，优越性得以显现。

3. 勃列日涅夫争霸世界战略与理论

勃列日涅夫时期抛弃赫鲁晓夫和平竞赛战略，继续强化斯大林关于“资本主义总危机继续加深”的论断。在1966年苏共二十三大上，勃列日涅夫指出，“整个资本主义体系经受着总危机，它的内部矛盾正在加深”“无论是一体化的过程，还是帝国主义者联合起来反对世界社会主义所能得到的阶级利益，都没有消除帝国主义国家之间的矛盾……它们之间正在愈来愈尖锐地展开经济上和政治上的竞争”。① 勃列日涅夫时期宣布苏联已经进入发达的社会主义时期，而资本主义处于总危机时期，为了争霸世界做超级大国，重新展开与美国的军备竞赛，世界格局出现苏攻美守态势。

4. 20世纪70年代依诺泽姆采夫等学者对“冷战”向不同社会制度国家和平共处转变的认识

依诺泽姆采夫在1975年出版的《现代垄断资本主义政治经济学》中将国际形势的变动描述为由长期“冷战”转向不同社会制度国家的和平共处，社会主义制度和资本主义制度同时并存和展开竞赛。和平竞赛下社会主义对资本主义经济产生重大影响。基尔萨诺夫则强调社会主义与资本主义两种社会制度在较量中逐步异位，资本主义逐步丧失历史的主动性，而世界社会主义体系逐步掌握了历史的主动性，这是导致国际形势由长期“冷战”转向不同社会制度国家和平共处的重要因素。苏东学者也看到了科学技术对战后资本主义新发展带来的深刻影响。

二、中华人民共和国最初的三十年中国共产党反帝、反殖、反侵略、反霸权话语的演变及基本内容

（一）中华人民共和国最初的三十年中国共产党反帝、反殖、反侵略、反霸权话语的演变

20世纪50年代到70年代末的三十年，以毛泽东为代表的中国共产党将无产阶级的反帝使命与中华人民共和国自身民族巩固发展振兴使命紧密地结合起来。一方面以和平共处五项原则的新理念展开国际外交，以新的身份登上国际舞台，以新姿态屹立于世界民族之林，展现了真正站起来的新国家形象，为反

① 苏联共产党第二十三次代表大会主要文件汇编［G］. 辛华，译. 北京：生活·读书·新知三联书店，1978：18，30.

帝、反殖民、反侵略斗争提供了强有力的社会主义国家制度基础。另一方面积极支持亚非拉美国家的民族解放运动，推动世界革命向前发展，推动国际秩序向着公平正义的方向演进。

在此三十年中，以70年代中期“三个世界”划分理论的提出及开启中美关系新时代为标志，中国共产党的反帝话语范式经历了从反帝、反殖、反侵略、反霸权为主轴和核心并以“世界革命”战略展开实践的阶段开始向跳出意识形态和阵营思维范式，以经济水平和国家实力视角分析国际社会力量分野并展开外交实践的伟大转变。其理论与实践鲜明地分为两个阶段，前一阶段以革命斗争话语范式为主线，持续时间长，斗争实践波澜壮阔，为后一阶段酝酿并提出“三个世界”划分理论与和平合作外交实践提供理论积累和实践基础。后一阶段在坚持世界革命立场的同时，开始用“三个世界”划分理论指引外交实践。中国重返联合国，中美建交新征程开启以及对美苏争霸世界态势的深刻认识，为中国共产党领导人提出“三个世界”划分理论并开始向和平合作话语实践转换提供重要依据。

第一阶段，中华人民共和国坚持反帝正义立场，积极展开和平立国，建设和平国家。以毛泽东为代表的中国共产党领导全国人民，努力冲破帝国主义在经济上封锁禁运、外交上不予承认的困局，为建设一个独立自主发展壮大的中华人民共和国努力奋斗。中华人民共和国彻底清除帝国主义在华一切特权和不平等条约，按照平等互利、相互尊重和“一个中国”的新原则建立与各国的新型外交关系，为建设强大稳固的新国家努力创造和平的外部环境；与社会主义国家建立同盟关系，而自己也成为社会主义国家并不断为巩固壮大社会主义阵营，最终战胜资本主义创造制度条件；高举世界革命的伟大旗帜，持续推动亚非拉美反帝反殖反侵略的民族解放运动在世界范围内风起云涌达到高潮。党和国家领导人完整提出“中间地带”理论，建立反帝反殖的国际反美、反霸统一战线，支持和推动民族解放运动成为这一阶段的主线。

由于受两大阵营力量的大分化大改组、国际环境和斗争态势的复杂性、中国社会主义建设面临很多独立探索的现实困境、中国共产党首次掌握国家政权需要不断积累国家建设及发展对外关系的基本经验、需要对国际局势及其演进不断做出准确判断和适时调整等因素的影响，中国共产党在高举世界革命伟大旗帜，推动反帝反殖反侵略斗争的进程中存在局限，在理论与实践上犯有“左”倾错误。

第二阶段，随着世界进入大分化、大改组、大调整的阶段，美苏争霸世界的斗争更趋激烈，但和平与发展的时代因子也已孕育。社会主义阵营中的苏联发生变化，入侵捷克等行径使之滑向霸权主义，中苏关系日益紧张，苏联被中国认定变质为苏修社会帝国主义，社会主义阵营已经失去了存在的依据而实际上已走向消亡。在美苏争霸世界的斗争中，美国处于守势，其被迫做出战略调整而积极寻求与中国改善关系；中国由于非洲朋友的努力终于重返联合国国际组织。种种新态势促使毛泽东审时度势，突破意识形态限制，基于中国国家利益和世界和平公正立场，在理论上提出了“三个世界划分理论”，在实践上着力改善中美关系，并在中美建交、中日建交问题上迈出重要一步，主动参与国际事务，推动中国在坚持反帝、反霸、反殖民、反侵略的斗争主旋律的基础上逐步向和平发展的新时代主题转变并为这种转变积累经验、创造条件。

（二）中华人民共和国最初的三十年中国共产党反帝、反殖、反侵略、反霸权话语的基本内容

中华人民共和国最初的三十年，中国共产党反帝、反殖、反侵略、反霸权的话语范式是在世界革命的立场下，以彻底打败帝国主义，建立一个独立自主的新中国，推动世界范围内的民族解放运动不断发展为主线的。因此其基本内容围绕独立自主、和平共处、建立合理公正的国际新秩序等展开，体现出了独特的话语特征。

1. 关于以独立平等、“一个中国”原则建立新型外交关系话语

以毛泽东为代表的党和国家领导人继续坚持《共同纲领》提出的外交主张，坚持以独立平等、“一个中国”的原则与所有国家建立新型外交关系，坚持以与国民党断交、通过谈判建立新型外交关系为前提条件和方式方法。这为中华人民共和国彻底摆脱殖民统治历史，建立主权独立的新国家提供了原则与方向指引。1949 年 10 月 1 日，毛泽东在开国大典上宣布《中华人民共和国中央人民政府公告》，声明“凡愿遵守平等、互利及互相尊重领土主权等项原则的任何外国政府，本政府均愿与之建立外交关系”①。

必须先断绝与国民党的关系，蕴含着并不急于为了获得美国等西方国家的承认而牺牲国家利益和主权完整的“一个中国”内涵。在中华人民共和国外交实践中，必须先断绝与国民党的关系这一建交的前提条件得到了贯彻和遵循，也体现在加入联合国的问题上。以毛泽东为代表的党和国家领导人主张不急于进入联合国，在没有驱逐国民党代表之前坚决不加入联合国等国际组织，这也是对“一个中国”立场的坚守。1957 年，毛泽东与捷克斯洛伐克政府代表团谈

---

① 中华人民共和国，中共中央文献研究室．毛泽东外交文选［M］．北京：中央文献出版社，1994：116.

话时说："关于参加国际组织问题，如奥林匹克委员会、联合国的附属机构等，有些兄弟国家不大了解我们，一片好心，总希望我们参加这些组织——我不知道包括不包括你们在内，认为我们太'左'。我们的看法是：如果这些组织内有国民党代表在，我们就不参加；如果参加了，那就是承认'两个中国'。"①1961年6月13日，毛泽东在同印尼总统阿哈默德·苏加诺的谈话中进一步明确中国在联合国只能有一个代表。他说，"只要蒋介石的代表在联合国，我们就不进联合国。""我们不忙于进联合国。"② 对苏加诺提出的"中国大陆同台湾成为整体，作为一个国家进入联合国"的一步走方案表示赞同。反对以美国为代表的西方国家操纵联合国制造"两个中国"的企图，始终是党的国家领导人保持高度警觉所坚持的基本立场。因此，中华人民共和国以不急于加入国际组织表达对美国操控联合国等国际组织的反对和对"一个中国"原则的坚守，这在20世纪50—60年代是符合中华人民共和国国际地位的正确选择，对中华人民共和国建立真正平等参与的国际新关系具有重要意义。

2. 关于"另起炉灶""打扫干净屋子再请客""一边倒"话语

以毛泽东为代表的党和国家领导人从"新中国能否真正站立起来"、如何对待"帝国主义是否承认新中国"等问题出发，富有创造性地提出了"另起炉灶""打扫干净屋子再请客""一边倒"的三大外交方针。其话语范式蕴含着中华人民共和国彻底的反帝革命立场和独立自主掌握国家命运的深刻意蕴。

（1）关于"另起炉灶"。

以毛泽东为代表的党和国家领导人，从中华人民共和国能否真正站立起来的问题思考出发，提出彻底结束帝国主义对中国的控制，实行"另起炉灶"方针。"另起炉灶"话语包含着不承认国民党政府同各国建立的旧的外交关系，而是要在新的基础上同各国通过谈判另行建立新的外交关系的内容。早在1949年3月5日召开的七届二中全会上，毛泽东就提出并强调了中国人民在帝国主义面前如何真正站立起来的问题，明确表达了彻底结束帝国主义对中国的控制，新中国在外交上要"另起炉灶"。1952年4月30日，周恩来在我国驻外使节会议上讲话，对"另起炉灶"内涵明确指出："就是不承认国民党政府同各国建立的

---

① 中华人民共和国，中共中央文献研究室．毛泽东外交文选［M］．北京：中央文献出版社，1994：287.

② 中华人民共和国，中共中央文献研究室．毛泽东外交文选［M］．北京：中央文献出版社，1994：468.

新旧的外交关系，而要在新的基础上同各国另行建立新的外交关系。”①

（2）关于“打扫干净屋子再请客”

以毛泽东为代表的党和国家领导人，围绕帝国主义是否承认新中国问题的思考，提出了“打扫干净屋子再请客”思想。早在1949年2月，毛泽东在石家庄会见苏联领导人米高扬时就说：“我们这个国家，如果形象地把它比作一个家庭来讲，它的屋内太脏了，柴草，垃圾，尘土，跳蚤，臭虫，虱子什么都有。解放后，我们必须认真清理我们的屋子，从内到外，从各个角落以至门窗缝里，把那些脏东西统统打扫一番，好好加以整顿。等屋内打扫清洁、干净，有了秩序，陈设好了，再请客人进来。”② 在七届二中全会上，毛泽东指出，“我们是愿意按照平等原则同一切国家建立外交关系的，但是从来敌视中国人民的帝国主义，决不能很快地就以平等的态度对待我们，只要一天它们不改变敌视的态度，我们就一天不给帝国主义国家在中国以合法的地位。”③ “关于帝国主义对我国的承认问题，不但现在不应急于去解决。而且就是在全国胜利以后的一个相当时期内也不必急于去解决。”④ 这是“打扫干净屋子再请客”思想的最早表述。关于“打扫干净屋子再请客”的思想，1952年4月30日，周恩来在我国驻外使节会议上的讲话指出，“帝国主义总想保留一些在中国的特权”，“我们要在建立外交关系以前把‘屋子’打扫一下，‘打扫干净屋子再请客’”。⑤ 1957年1月27日，毛泽东在省市自治区党委书记会议上的讲话指出，我们不急于和美国建交，不急于进联合国，目的是“打扫干净屋子再请客”。“我们采取这个方针是为了尽量剥夺美国的政治资本，使它处于没有道理和孤立的地位。”“总有一天美国要跟我们建交。那时美国人跑进中国来一看，就会感到后悔无及。因为中国这个地方变了，房子打扫干净了，‘四害’也除了，他们再找不到多少‘朋友’了，散布一点细菌也没有多大作用了。”⑥ 因此，所谓“打扫干净屋子再请

① 中华人民共和国外交部，中共中央文献研究室．周恩来外交文选［M］．北京：中央文献出版社，1990：48.

② 师哲．在历史巨人身边——师哲回忆录［M］．增订本．北京：中共中央党校出版社，1998：338.

③ 中华人民共和国，中共中央文献研究室．毛泽东外交文选［M］．北京：中央文献出版社，1994：80－81.

④ 中华人民共和国，中共中央文献研究室．毛泽东外交文选［M］．北京：中央文献出版社，1994：80.

⑤ 中华人民共和国外交部，中共中央文献研究室．周恩来外交文选［M］．北京：中央文献出版社，1990年：48.

⑥ 中华人民共和国，中共中央文献研究室．毛泽东外交文选［M］．北京：中央文献出版社，1994：281.

客”就是不急于和敌视中国的帝国主义国家如美国建立外交关系，而是首先要彻底清除帝国主义在中国的残余势力及其影响。其次巩固发展中国，拥有强大的经济实力之后迫使帝国主义国家以平等的态度对待中国，此时再与其建立平等的外交关系。“打扫干净屋子再请客”话语呈现出一种崭新思维，对待国际承认问题，不再以这些国家是否给中国恩惠为标准，而是以对方是否能够平等对待中国的态度和中国自身发展建立强大实力为基础，这鲜明地表达了彻底清除帝国主义的影响和控制，掌握国家主动权的独立自主意识。

“另起炉灶”“打扫干净屋子再请客”思想具有鲜明的反帝革命性。所建立的中华人民共和国新国家坚持与旧中国遭受歧视的屈辱外交彻底决裂，显现出外交的革命性和主动掌握自己命运的新形象，为开启独立自主新外交奠定坚实基础。在“另起炉灶”“打扫干净屋子再请客”话语范式指导下，中华人民共和国采取断然措施彻底摧毁帝国主义在华控制权和残余势力，包括收回帝国主义兵营，统一航运管理，改造海关实行新的海关税则，统制对外贸易，实行外汇管制，清理外国在华企业和房地产，处理外国在华文教和宗教事业、中止外国在华新闻、报纸、通讯社、广播电台的活动，等等。

（3）关于“一边倒”

以毛泽东为代表的党和国家领导人，用“一边倒”话语表达坚决站在社会主义阵营一边的立场。基于中国共产党反帝的革命性、党性的阶级属性，受美国等西方资本主义国家的敌视态度、社会主义苏联的平等友好态度以及美苏冷战格局下两大阵营的对峙状态，以及需要建立国际统一战线获得国际支持等因素影响，中华人民共和国实施“一边倒”政策。“一边倒”话语思想包含着中华人民共和国选择社会主义发展道路的指向和将继续高举反帝的世界革命旗帜，站在和平、民主、民族独立、社会主义力量一边的进步立场。中华人民共和国建立前夕毛泽东在《论人民民主专政》一文中公开提出“一边倒”思想。中国人民政治协商会议第一届全体会议通过《共同纲领》，以国家临时宪法的形式公开阐释了“一边倒”政策内涵。“一边倒”话语反映了中华人民共和国当时国际冷战格局对峙下对外关系选择的唯一性和必然性，体现了其反帝革命性和人民性、进步性的鲜明立场和站位。

“一边倒”话语范式下，党和国家领导人毛泽东成功访问苏联并签署了《中苏友好同盟互助条约》。这一新型平等条约，其意义极为深远。它使社会主义阵营力量团结壮大了，对帝国主义形成了威慑，对探索中华人民共和国走上社会主义建设道路产生深远影响。毛泽东在电文和多次讲话中对签署《中苏友好同盟互助条约》的伟大意义深表赞赏。他说，《中苏友好同盟互助条约》的签署将

"使中华人民共和国处于更有利的地位，使资本主义各国不能不就我范围，有利于迫使各国无条件承认中国，废除旧约，重订新约，使各资本主义国家不敢妄动。"① "在国际上我们可以有更大的政治资本去对付帝国主义国家，去审查过去中国和各帝国主义国家所订的条约。"② 毛泽东在 1950 年 4 月 11 日中央人民政府委员会第六次会议上指出：

> 这次缔结的中苏条约和协定，使中苏两大国家的友谊用法律形式固定下来，使得我们有了一个可靠的同盟国，这样就便利我们放手进行国内的建设工作和共同对付可能的帝国主义侵略，争取世界的和平。
>
> 用条约把中苏两国的友谊固定下来，建立同盟关系。……帝国主义者如果准备打我们的时候，我们就请好了一个帮手。这个条约是爱国主义的条约。……这个条约又是国际主义的条约。它是国际主义的。③

毛泽东在七届三中全会上的书面报告中指出："具有伟大历史意义的新的中苏条约，巩固了两国的友好关系，一方面使我们能够放手地和较快地进行国内的建设工作，一方面又正在推动着全世界人民争取和平和民主反对战争和压迫的伟大斗争。"④ 1952 年 9 月 2 日，毛泽东在庆祝抗日战争胜利七周年致斯大林的电报中指出，"中国与苏联的牢不可破的友好同盟是共同制止日本和其他在侵略行为上与日本相勾结的任何国家之重新侵略、保卫东方与世界和平的有力保证。"⑤

1955 年 2 月 12 日，为祝贺中苏友好同盟互助条约签署五周年，毛泽东同刘少奇、周恩来联名致电苏维埃社会主义共和国联盟领导人，对《中苏友好同盟互助条约》的伟大意义再次表达敬意。

> 中苏两国友好同盟的巩固和发展，对保证我们两国的安全和维护远东和世界的和平产生了不可估量的影响。……中苏两国的真诚的合作不仅符

---

① 中华人民共和国，中共中央文献研究室．毛泽东外交文选［M］．北京：中央文献出版社，1994：122.

② 中华人民共和国，中共中央文献研究室．毛泽东外交文选［M］．北京：中央文献出版社，1994：120－121.

③ 中华人民共和国，中共中央文献研究室．毛泽东外交文选［M］．北京：中央文献出版社，1994：131，132.

④ 中华人民共和国，中共中央文献研究室．毛泽东外交文选［M］．北京：中央文献出版社，1994：135－136.

⑤ 中华人民共和国，中共中央文献研究室．毛泽东外交文选［M］．北京：中央文献出版社，1994：154.

合于中苏两国人民的利益，同时也符合于亚洲、欧洲和世界一切爱好和平的国家和人民的利益，它是维护远东和世界和平的可靠保证。

中苏两国的友好同盟，在新的国际紧张局势下，在反对侵略、保卫和平的事业中必将日益发挥它的重大作用。

中苏友好同盟互助条约是一个伟大的和平条约，是中苏两国间伟大友谊的标志。五年来的事实证明了这个条约在促进世界和平和人类进步方面的伟大作用，今后的生活和实践将更加显示出这个条约的巨大力量和无限光辉。①

在“一边倒”话语范式下，中国同东欧各社会主义国家签署协议，广泛发展经济贸易合作和交流往来。党和国家有了建设强大国家的有力外部支援。

3. 关于和平为上话语

和平为上话语是新中国反帝话语范式中颇具特色的内容。在局部热战频繁爆发的冷战格局下，以毛泽东为核心的党和国家领导人审慎分析抑制第三次世界大战爆发的因素，对中国需要和平环境建设国家有清醒思考，提出和平为上。这一话语凝结了党和国家领导人对战争与和平问题的思考，表达了反对和制止战争、维护和建设和平的意愿，是中华人民共和国外交的核心观念，指引着它采取和平的方式立国，和平的方式建国，和平的方式发展对外关系，抑制、阻止以美国为代表的战争政策和侵略政策。其基本内容如下：

（1）新的世界战争能够被制止，大的战争打不起来，但要做好两手准备

以毛泽东为核心的党和国家领导人根据对冷战格局下战争与和平两种力量消长情况的分析，得出新的世界战争能够被制止，大的战争打不起来的结论。奠定了和平为上话语的逻辑认知前提。其分析依据如下：

①战后和平民主力量的迅速发展，成为制止新的世界战争爆发的重要因素。毛泽东在1950年6月6日党的七届三中全会做报告指出，“以苏为首的世界和平民主阵线比去年更为壮大。世界各国争取和平反对战争的人民运动有了发展。欲挣脱帝国主义压迫的民族解放运动有了广大的发展，其中特别值得注意的是日本人民和德国人民反对美国占领的群众运动已经起来，东方各被压迫民族的人民解放斗争有了发展。”② 毛泽东强调，虽然帝国主义阵营的战争威胁以及第

---

① 中华人民共和国，中共中央文献研究室．毛泽东外交文选［M］．北京：中央文献出版社，1994：198－199.

② 中华人民共和国，中共中央文献研究室．毛泽东外交文选［M］．北京：中央文献出版社，1994：135.

三次世界大战爆发的可能性依然存在，但是制止战争危险，避免大战爆发的斗争力量发展得也很快，全世界大多数人民的觉悟程度正在提高。只要全世界共产党能够继续团结一切可能的和平民主力量，并使之获得更大的发展，新的世界战争是能够制止的。

②总结历史经验得出第三次世界战争打不起来的结论。毛泽东先后于 1954 年 10 月同印度总理贾瓦哈拉尔·尼赫鲁谈话、1955 年 4 月 29 日同英国共产党主席波立特谈话、1955 年 5 月 26 日同印度尼西亚总理阿里·沙斯大特罗阿米佐约谈话，总结两次世界大战历史经验，以战争究竟对谁有利的逻辑分析得出了两次世界大战的结果都是对人民民主发展壮大极其有利而对西方国家是不利的结论。毛泽东说，"如果再打大战，我看美国不一定得利，而且美国本身就会发生问题。如果再打大战，西亚和非洲的大部或全部、整个拉丁美洲都会脱离帝国主义。"① "战争打起来，资本主义制度就会早些完蛋；如果不打，还可以多活几年。"② 1955 年 5 月 26 日，他在同印度尼西亚总理阿里·沙斯特罗阿米佐约谈话时说："第一次世界大战后，苏俄解脱了旧有的关系；第二次世界大战后，中国和许多国家得到了解放。第二次世界大战产生了两种结果：第一，产生了像中国、波兰、捷克斯洛伐克等由共产党管事的国家；第二，像在印尼、印度、缅甸这样的许多亚非国家中，民族主义者所领导的运动使这些国家成为独立自主或者接近独立自主的国家。"③ 1957 年 2 月，毛泽东在最高国务会议第十一次会议上继续坚持上述分析逻辑指出，第三次世界大战一旦发生，其结果"必定又要有多少亿人口转到社会主义方面，帝国主义剩下的地盘就不多了，也有可能整个帝国主义制度全部崩溃"。④

③美国兵力分散在全世界无法打仗。毛泽东继续坚持用中间地带理论和"美帝国主义是纸老虎"的哲学论断为"大的战争打不起来"的判断做了逻辑性论证。"美国的军队到处不受人欢迎。美国有三百万军队，驻在世界各地却有一百五十万。这样把自己的力量钉死了，无法打仗。看样子美国现在是想霸占

---

① 中华人民共和国，中共中央文献研究室．毛泽东外交文选［M］．北京：中央文献出版社，1994：170.

② 中华人民共和国，中共中央文献研究室．毛泽东外交文选［M］．北京：中央文献出版社，1994：205－206.

③ 中华人民共和国，中共中央文献研究室．毛泽东外交文选［M］．北京：中央文献出版社，1994：210－211.

④ 中华人民共和国，中共中央文献研究室．毛泽东外交文选［M］．北京：中央文献出版社，1994：284.

些地方，不一定就会打起仗来。”①

④反对战争又不惧怕战争，做好两手准备。以毛泽东为核心的党和国家领导人阐明了中国对待战争的“两手”态度。1957年2月，毛泽东在最高国务会议第十一次会议上指出，中国对待战争，一是反对，二是不怕。1961年8月19日，毛泽东同巴西共产党干部参观团和干部学习团谈话时说，要警惕战争爆发，做好打与不打的两手准备。“准备好对付帝国主义要打好一些。就是说做坏的方面的准备，这么做了准备，也许可以不打。”②以不怕打的决心准备打仗，是冷战格局中面对局部热战，中国共产党领导人抑制阻止战争爆发的重要思考和对策。在事实上也确实武装了中国乃至世界各国人民，对抑制战争大规模爆发做出了重要的理论贡献。

（2）中国希望和平、维护和平，主张和平为上

以毛泽东为核心的党和国家领导人关于中国希望和平、维护和平、主张和平为上的话语，表达了中华人民共和国对和平进步正义原则的坚守，以及需要和平环境建设国家和以和平方式解决国际问题的意愿。其丰富的内涵主要如下：

维护世界和平、追求人类进步是中国共产党矢志不渝的目标追求和立国原则。以毛泽东为核心的党和国家领导人提出维护世界和平，追求人类进步的外交奋斗目标，表达人民共和国继续坚持人类和平进步的崇高目标，坚守世界和平人类进步的正义性原则。毛泽东在中国人民政治协商会议第一届全体会议上致开幕词指出：“我们团结起来，以人民解放战争和人民大革命打倒了国内压迫者，宣布中华人民共和国的成立了。我们的民族将从此列入爱好和平自由的世界各民族的大家庭，以勇敢而勤劳的姿态工作着，创造自己的文明和幸福，同时也促进世界的和平和自由。我们的民族将再也不是一个被人侮辱的民族了，我们已经站起来了。我们的革命已经获得全世界广大人民的同情和欢呼，我们的朋友遍于全世界。”③

从《共同纲领》到第一部社会主义宪法，都明确规定了维护世界和平、追求人类进步的立国根本原则，表达出反对帝国主义侵略政策和战争政策的鲜明立场。《共同纲领》指出，“中华人民共和国外交政策的原则，为保障本国独立、

① 中华人民共和国，中共中央文献研究室．毛泽东外交文选［M］．北京：中央文献出版社，1994：206.

② 中华人民共和国，中共中央文献研究室．毛泽东外交文选［M］．北京：中央文献出版社，1994：470.

③ 中华人民共和国，中共中央文献研究室．毛泽东外交文选［M］．北京：中央文献出版社，1994：113－114.

自由和领土的完整，拥护国际的持久和平和各国人民间的友好合作，反对帝国主义的侵略政策和战争政策。”第一部社会主义宪法在序言中指出：“在国际事务中，我国坚定不移的方针是为世界和平和人类进步的崇高目的而努力。”

国家建设需要一个和平的国际环境。以毛泽东为核心的党和国家领导人从国家建设需要一个较长的和平期的现实出发，在多个场合表达中国不愿打仗、中国爱好和平、希望创造几十年的和平期的意愿，发出和平善意。这既是对反对帝国主义战争政策一贯立场的坚持，也是顺应历史潮流、反对以美国为代表的西方国家诋毁中国发动战争的错误言论的回击，更是中华人民共和国走和平建国道路的真诚表露。1954 年 6 月 29 日，周恩来在缅甸仰光与缅甸总理吴努会谈时强调，“新中国奉行的是和平的外交政策。我们立国的根本原则是把自己的国家搞好，我们没有任何领土野心。同时，我们热烈希望我们周围的国家强盛起来，并和她们和平共处，因为这是有利于亚洲和世界和平的。”① 1954 年 7 月 23 日，日内瓦会议结束后，周恩来率领中国代表团在行前机场讲话中指出，“中国不是孤立的，中国支持世界和平，世界和平也支持中国建设。”② 1954 年 8 月 24 日，毛泽东同英国工党代表团谈话时指出，“中国是一个正在开始改变面貌的落后国家，经济上、文化上都比西方国家落后。但是现在正在开始改变面貌，已经取得了改变的可能性。中国是农业国，要变为工业国需要几十年，需要各方面帮助，首先需要和平环境。经常打仗不好办事，养许多兵是会妨碍经济建设的。”“我们要继续创造一个和平的国际环境。”“我们的国家现在还很穷，如果能得到几十年和平就好了。”③ 1954 年 10 月，毛泽东同印度总理贾瓦哈拉尔·尼赫鲁谈话时说，“我们现在需要几十年的和平，至少几十年的和平，以便开发国内的生产，改善人民的生活。我们不愿打仗。假如能创造这样一个环境，那就很好。凡是赞成这个目标的，我们都能同它合作。”④ “如果发生战争，我们的全盘计划就会打乱。我们的钱都放在建设方面了。如果发生战争，我们的经济和文化计划都要停止，而不得不搞一个战争计划来对付战争。这就会使中国的工业化过程延迟。”⑤ 周恩来在 1955 年 4 月 19 日出席亚非会议时做

① 中共中央文献研究室．周恩来年谱：上［M］．北京：中央文献出版社，1997：393.

② 中共中央文献研究室．周恩来年谱：上［M］．北京：中央文献出版社，1997：403.

③ 中华人民共和国，中共中央文献研究室．毛泽东外交文选［M］．北京：中央文献出版社，1994：160.

④ 中华人民共和国，中共中央文献研究室．毛泽东外交文选［M］．北京：中央文献出版社，1994：168.

⑤ 中华人民共和国，中共中央文献研究室．毛泽东外交文选［M］．北京：中央文献出版社，1994：173.

书面发言，指出“我们迫切地需要一个和平的国际环境，来发展我国独立自主的经济”。① 1955 年 4 月 29 日，毛泽东同英国共产党主席波立特谈话指出，“只要有五十年的和平，我们便可进行十个五年计划。”“我们要努力阻止战争的爆发。”② 1957 年 11 月 18 日，毛泽东在莫斯科共产党和工人党代表会议上指出，中国是一个大国又是一个小国，“要把中国变成一个真正的大国”“归根结底，我们要争取十五年和平。到那个时候，我们就无敌于天下了，没有人敢同我们打了，世界也就可以得到持久和平了。”③ 在 20 世纪 60 年代，毛主席在与外国客人的谈话中继续始终坚持和平立场。1964 年 6 月 23 日，毛泽东同智利新闻工作者代表团谈话，强调打仗对我们没有好处。中国都是被迫打仗，外国人打到中国来，中国被迫打仗取得胜利。“我们要进行建设，打仗就会把我们进行的建设打烂了。”④ “到现在，我们搞建设只有十五年的时间。要改变中国的落后面貌，不是很短的时间能做到的，至少要几十年的工夫。”⑤

“和平为上”，以和平方式解决国际问题。以毛泽东为核心的党和国家领导人借助日内瓦会议开创的和平新局面，进一步表达了“和平为上”观念，主张以和平方式解决国际问题。出席日内瓦会议的周恩来，参与并见证了日内瓦会议的艰难谈判并最终取得成功的过程及意义，在国际舞台上多次表达和平方式解决国际问题是可能的。1954 年 7 月 21 日，周恩来在印度支那和平问题的最后一次会议上指出，从印度支那恢复和平协议的达成可以看出，“如果有关国家具有和平诚意，国际争端是可以经过协商获得解决的。”⑥ 7 月 23 日，周恩来率领中国代表团离开日内瓦的行前机场讲话，高度肯定日内瓦会议所取得的成就，“它又一次有力地证明：国际争端是可以经过和平协商获得解决的。”“印度支那和平的恢复，缓和了国际紧张局势，并为进一步协商解决其他重大国际问题开辟了道路。”“中国愿意与有关各国为争取世界和平而共同努力”。⑦ 1955 年 5 月

① 中共中央文献研究室．周恩来年谱：上［M］．北京：中央文献出版社，1997：466.
② 中华人民共和国，中共中央文献研究室．毛泽东外交文选［M］．北京：中央文献出版社，1994：206.
③ 中华人民共和国，中共中央文献研究室．毛泽东外交文选［M］．北京：中央文献出版社，1994：296.
④ 中华人民共和国，中共中央文献研究室．毛泽东外交文选［M］．北京：中央文献出版社，1994：529.
⑤ 中华人民共和国，中共中央文献研究室．毛泽东外交文选［M］．北京：中央文献出版社，1994：530.
⑥ 中共中央文献研究室．周恩来年谱：上［M］．北京：中央文献出版社，1997：403.
⑦ 中共中央文献研究室．周恩来年谱：上［M］．北京：中央文献出版社，1997：403－404

26日，毛泽东同印度尼西亚总理阿里·沙斯特罗阿米佐约的谈话提出“和平为上”①。从中可以看出，“和平为上”话语，凝结了党和国家领导人为解决国际问题、维护世界和平的努力和贡献。

“和平为上”话语蕴含着反对种族歧视，承认民族差异的深刻内涵。“一个民族多少世纪以来不仅保存了而且发展了，一定有它的长处，否则不能理解。西方国家说我们的民族不好，那末我们的民族怎么能保存并发展了呢?”②

“和平为上”话语，主张亚非国家要互利合作，增加互信。“在西方国家面前，我们的问题是团结起来，保卫自己，而不是互相打主意，彼此损害。我们的关系不是互相损害，而是互利，不仅在商业上和文化上如此，在政治上也进行合作，万隆会议就是一个例子。”“要采取步骤来消除存在于我们之间的不了解和障碍，增加互相的了解。”如中印西藏问题、中印尼之间的华侨问题、中泰之间的不信任问题等。③

“和平为上”话语，主张与西方国家和平共处，用和平方法解决与西方的关系。“只要它们愿意，我们也愿同它们合作。我们愿意用和平的方法来解决存在的问题。打仗总是不好的，特别对西方国家是没有好结果的。”④ 主张“用谈判来解决问题”⑤“如果美国愿意签订一个和平条约，多长的时期都可以。”⑥

“和平为上”话语，主张巩固团结，坚持反帝国际统一战线。党和国家领导人强调“和平为上”并不是放弃革命原则和正义立场，而是主张团结一切可以团结的国际力量建立国际统一战线，使之成为制止战争爆发的根本力量。在1957年2月最高国务会议第十一次会议上，毛泽东指出：巩固同苏联、一切社会主义国家的团结，这是我们的基本方针，基本利益所在；巩固和亚非国家以及一切爱好和平的国家和人民的团结；团结帝国主义国家的人民，争取同帝国主义国家和平共处，做些生意，制止可能发生的战争。

---

① 中华人民共和国，中共中央文献研究室．毛泽东外交文选［M］．北京：中央文献出版社，1994：212.

② 中华人民共和国，中共中央文献研究室．毛泽东外交文选［M］．北京：中央文献出版社，1994：209.

③ 中华人民共和国，中共中央文献研究室．毛泽东外交文选［M］．北京：中央文献出版社，1994：209－210.

④ 中华人民共和国，中共中央文献研究室．毛泽东外交文选［M］．北京：中央文献出版社，1994：210.

⑤ 中华人民共和国，中共中央文献研究室．毛泽东外交文选［M］．北京：中央文献出版社，1994：211.

⑥ 中华人民共和国，中共中央文献研究室．毛泽东外交文选［M］．北京：中央文献出版社，1994：213.

"和平为上"话语，包含着中国愿意向世界上所有国家学习的积极态度。1956年4月10日，毛泽东同丹麦驻华大使金·阿·格瑞杰生的谈话指出，"愿意向世界上所有国家学习"①。1956年4月25日，毛泽东在《论十大关系》中明确指出，每个民族都有优点和缺点，主张向一切国家特别是资本主义国家有分析有批判地学习。"学习资本主义国家的先进的科学技术和企业管理方法中合乎科学的方面。工业发达国家的企业，用人少，效率高，会做生意，这些都应当有原则地好好学过来，以利于改进我们的工作。"②

"和平为上"话语，蕴含着对西方世界必然失败、社会主义必然胜利的强烈信心。1958年11月25日，毛泽东在中国驻英代办宦乡给外交部的论西方世界破裂的报告的批语中的"请看今日之域中，竟是谁家之天下"③，就是对上述两个必然历史规律的充分信心。1958年12月1日，毛泽东在于武昌召开的中共第八届中央委员会第六次全体会议期间写下《帝国主义和一切反动派是不是真老虎的问题》一文，论证了帝国主义和一切反动派都是纸老虎的历史唯物主义观点。

4. 关于以和平共处五项原则为处理国际关系基本准则的话语

和平共处五项原则话语是中国领导人贡献给世界最伟大的思想和中国智慧，是冷战格局下对不同制度国家实现和平共处最为成功的实践探索及经验总结，是引领世界各国摒弃战争思维、凝聚共识、求同存异最为成功的思想和案例。和平共处五项原则话语从最初用于处理与邻国的关系，到随后扩展到处理不同社会制度国家间的关系和社会主义国家间的关系，其发展轨迹清晰地演绎了和平共处五项原则作为处理国际关系的基本准则被普遍遵循所折射出的强大生命力。正如习近平在2014年6月28日北京举行的和平共处五项原则发表六十周年纪念大会上的发言指出的那样："这是国际关系史上的重大创举，为推动建立公正合理的新型国际关系作出了历史性贡献。"④ 著名学者章百家指出，和平共处五项原则不仅是对新型外交关系与和平外交政策的总结，也是求同存异思想的结晶。特别值得注意的是，五项原则中的每一项均来自公认的国际准则，周恩

---

① 中华人民共和国，中共中央文献研究室．毛泽东外交文选［M］．北京：中央文献出版社，1994：234.

② 中华人民共和国，中共中央文献研究室．毛泽东外交文选［M］．北京：中央文献出版社，1994：237－238.

③ 中华人民共和国，中共中央文献研究室．毛泽东外交文选［M］．北京：中央文献出版社，1994：361.

④ 中共中央党史和文献研究院室．十八大以来重要文献选编：中［G］．北京：中央文献出版社，2016：127.

来的创造性表现在对普遍认同的诸多原则的提炼上，不仅使之成为一个新的整体，也体现了新中国外交强调共识、自律与互相约束的价值取向和道德品格。①

和平共处五项原则话语丰富的内涵在历史见证中固定下来。从 1953 年 12 月 31 日周恩来接见参加中印谈判的印度代表团时首次提出，历经 1954 年 6 月中印、中缅联合声明，到亚非会议，最终形成固定的表述："互相尊重主权和领土完整、互不侵犯、互不干涉内政、平等互利、和平共处。"

和平共处五项原则话语中的互相尊重内涵，包含着互相尊重主权和领土完整基础之上对各民族独立和自主权的尊重，对各民族彼此长处的尊重。"世界上各个民族都是向前发展的，都有它的长处，如果没有长处，它就要消灭了。"②"中国古代的圣人之一孟子曾经说过：'夫物之不齐，物之情也。'这就是说，事物的多样性是世界的实况。马克思主义也是承认事物的多样性的，这是同形而上学不同的地方。"③ 承认并尊重世界各民族的多样性，是和平共处五项原则的重要内容。

和平共处五项原则话语中的互不侵犯内涵，包含着中国绝不侵略他国，也反对任何国家对别国侵略的内容，这是中国一贯的坚定立场。1954 年 4 月 19 日，在美国公然宣传反对停战、策划扩大战争、动员舆论叫嚣的情况下，周恩来指示在 4 月 21 日发表的《人民日报》社论里加入："我们不侵略别人，也坚决反对任何人的侵略行为；我们不威胁别人，也反对任何人的威胁行为；我们不干涉别人内政，也反对别人干涉任何人的内政；我们主张和平，反对战争，但别人对我们的任何武装侵略，我们决不会置之不理!"④ 这是对互不侵犯内涵的生动表达和阐释。毛泽东在会见外国客人时以感同身受的话语叙事一再声明中国关于不侵犯他国、反对大国主义的坚定立场。"我们认为，侵略就是犯罪，我们不侵犯别人一寸土一根草。我们是爱好和平的，是马克思主义的。""在国际上，我们反对大国主义""我们非常谨慎小心，不盛气凌人，遵守五项原则，我们自己曾是被欺辱的，知道受欺辱的滋味不好受。"⑤ 和平共处五项原则话语

---

① 章百家．我们怎样走向世界——新中国外交视角与观念的演变［J］．史学月刊，2019（9）．

② 中华人民共和国，中共中央文献研究室．毛泽东外交文选［M］．北京：中央文献出版社，1994：222.

③ 中华人民共和国，中共中央文献研究室．毛泽东外交文选［M］．北京：中央文献出版社，1994：167.

④ 中共中央文献研究室．周恩来年谱：上［M］．北京：中央文献出版社，1997：360.

⑤ 中华人民共和国，中共中央文献研究室．毛泽东外交文选［M］．北京：中央文献出版社，1994：256.

中的互不干涉内政，包含着不输出革命，承认别国人民对国家制度和生活方式的选择。这是党和国家领导人对外解释的重点，是和平共处五项原则的核心内容。

1954 年 12 月，毛泽东同缅甸总理吴努谈话时对互不干涉内政进行了解释：

> 什么叫互不干涉内政呢？那就是说，一国的国内纠纷，由这个国家自己管，别国不得过问，也不得利用这种国内纠纷。一个国家只能承认别国的人民自己选择的政府。因此，缅甸承认我们的政府，我们承认吴努总理的政府。一国也只能有一个政府。至于一个国家将来是否会有另外一个政府，那是这个国家的事，我们不管；中国将来是否会有另外一个政府，那是中国的事，别国也不能管。这就是我们的方针。
>
> 我们两国的国界很长，有些疆界还没有定。我们两国边界上的少数民族也有许多是相同的，这些人互相往来是非常可能的；不满意政府的人相互跑也是非常可能的。但是我们决不利用跑来的人，去损害缅甸政府的利益。这就是互不干涉内政。①

对于什么样的行为是干涉内政的行为，毛泽东进一步指出，“一个国家到另外一个国家的土地上去建立军事基地，附带军事和政治条件的援助和贷款，在另外一个国家建立的宗教机关进行间谍活动等，都是干涉内政。”“纯粹属于内政范围的事，如民族之间或党派之间的斗争，如果外国介入，就是干涉内政。”②

1956 年 8 月 21 日，毛泽东同老挝王国首相梭发那·富马亲王谈话，指出：

> 我们不会干涉你们的内政，不会在你们那儿宣传共产主义，也不会去推翻你们的政府，我们是讲友好的。你们采取什么制度、政策和宗教，那是你们自己的事，我们不会也不应去干涉。我们一定在五项原则的基础上支持你们，这对双方都有利。③

和平共处五项原则话语中关于平等的内涵，是指“国家不论大小一律平等”和“平等相待”的含义。1954 年 12 月，毛泽东同缅甸总理吴努的谈话对“国

① 中华人民共和国，中共中央文献研究室．毛泽东外交文选［M］．北京：中央文献出版社，1994：181.

② 中华人民共和国，中共中央文献研究室．毛泽东外交文选［M］．北京：中央文献出版社，1994：195.

③ 中华人民共和国，中共中央文献研究室．毛泽东外交文选［M］．北京：中央文献出版社，1994：244.

家不论大小应该一律平等”的内涵解释道：

国家不应该分大小。我们反对大国有特别的权利，因为这样就把大国和小国放在不平等的地位。大国高一级，小国低一级，这是帝国主义的理论。一个国家不论多么小，即使它的人口只有几十万或者甚至几万，它同另外一个有几万万人口的国家，也应该是完全平等的。

这是一个基本原则，不是空话。既然说平等，大国就不应该损害小国，不应该在经济上剥削小国，在政治上压迫小国，不应该把自己的意志、政策和思想强加在小国身上。既然说平等，互相就要有礼貌，大国不能像封建家庭里的家长，把其他国家看成是它的子弟。……不论大国小国，互相之间都应该是平等的、民主的、友好的和互助互利的关系，而不是不平等的和互相损害的关系。①

1958 年 8 月 16 日，毛泽东同柬埔寨王国首相诺罗敦．西哈努克亲王谈话，强调大国小国应该平等相待。“大国、小国应该平等相待。有这样一种论调：大国是不好惹的，小国是可以随便欺侮的。这种论调是绝对没有道理的。”② 1961 年 10 月 5 日，毛泽东同尼泊尔国王马亨德拉和王后谈话，强调“不能说一个国家比另一个国家高或低，我们是平等的”“不平等待人是不应该的，我们称它为大国沙文主义”。③

和平共处五项原则话语中关于互利内涵，指向各国彼此信任基础上的各国合作的互利性。1954 年 10 月，毛泽东同印度总理贾瓦哈拉尔·尼赫鲁的谈话强调，国与国之间的合作必须是互利的，国与国之间足以引起怀疑、妨碍合作的问题都要解决。

我们在合作方面得到一条经验：无论是人与人之间、政党与政党之间、国与国之间的合作，都必须是互利的，而不能使任何一方受到损害。如果任何一方受到损害，合作就不能维持下去。

凡是足以引起怀疑、妨碍合作的问题，我们都要来解决，这就能达到五项原则中的平等互利。合作不能对任何一方有害，否则就不能持久，一

① 中华人民共和国，中共中央文献研究室．毛泽东外交文选［M］．北京：中央文献出版社，1994：191－192.

② 中华人民共和国，中共中央文献研究室．毛泽东外交文选［M］．北京：中央文献出版社，1994：334.

③ 中华人民共和国，中共中央文献研究室．毛泽东外交文选［M］．北京：中央文献出版社，1994：478－479.

定会破裂。不论是朋友之间、国与国之间或是政党与政党之间的合作，都是如此。①

和平共处五项原则话语中关于不同社会制度国家可以和平共处的内涵，包含着与民族独立国家的和平共处和与西方发达国家的和平共处。中印、中缅签订和平共处协定，以和平共处五项原则为指导中印、中缅国家关系的原则，以实际行动证明了民族独立国家之间和平共处是必要且能够实现的，对实现与中国周边邻国的和平共处产生积极影响。在此基础上，党和国家领导人着力推动实现与西方资本主义国家的和平共处。毛泽东在1954年8月24日同英国工党代表团谈话时指出，“不同的制度是可以和平共处的”。他说，“和非社会主义的事务，像资本主义、帝国主义、封建王国等能共处吗？我认为，回答也是肯定的，只需要一个条件，就是双方愿意共处。”② “有两个基本条件使我们完全可以合作：一、都要和平，不愿打仗；二、各人搞自己的建设，因此也要做生意。和平、通商，这总是可以取得同意的。”“这也包括美国在内，希望美国也采取和平共处政策”③。如把第七舰队拿走，不要搞东南亚条约，不武装日本和德国等。1955年4月27日，毛泽东同巴基斯坦驻华大使苏尔丹乌丁·阿哈默德的谈话指出，“中国愿意同一切国家包括美国在内和平共处”④。

和平共处五项原则话语蕴含着普遍适用性，因而被中国领导人强调要推广到所有国家关系中，实现真正落地。1954年6月27日，周恩来在印度记者招待会上发表书面谈话时说：中印两国所确定的五项原则“不仅对我们两国适用，而且对于亚洲的其他国家以及对世界一切国家都能适用”。“如果这些原则在亚洲更大的范围内适用了，那么，战争的危险便会减少，亚洲国家合作的可能便会扩大。”⑤ 1954年6月28日，周恩来和尼赫鲁总理发表《联合声明》，指出：“如果这些原则不仅适用于各国之间，而且适用于一般国际关系之中，它们将形

---

① 中华人民共和国，中共中央文献研究室．毛泽东外交文选［M］．北京：中央文献出版社，1994：167，176.

② 中华人民共和国，中共中央文献研究室．毛泽东外交文选［M］．北京：中央文献出版社，1994：160.

③ 中华人民共和国，中共中央文献研究室．毛泽东外交文选［M］．北京：中央文献出版社，1994：161.

④ 中华人民共和国，中共中央文献研究室．毛泽东外交文选［M］．北京：中央文献出版社，1994：204.

⑤ 中共中央文献研究室．周恩来年谱：上［M］．北京：中央文献出版社，1997：392

成和平和安全的坚固基础，而现时存在的恐惧和疑虑，则将为信任感所代替。"① 1954 年 10 月，毛泽东同印度总理贾瓦哈拉尔·尼赫鲁谈话时说，"应当把五项原则推广到所有国家的关系中去"。② 1954 年 12 月毛泽东同缅甸总理吴努说，要采取步骤将五项原则落实于实际的对外交往中。

> 五项原则是一个大发展，还要根据五项原则做些工作。我们应该采取些步骤使五项原则具体实现，不要使五项原则成为抽象的原则，讲讲就算了。现在世界上就有两种态度，一种是讲讲算了，另一种是要具体实现。英美也说要和平共处，但是它们是讲讲就算了的，真正要和平共处，他们就不干了。我们不是那样。我们认为，五项原则是一个长期方针，不是为了临时应付的。③

习近平在2014 年6 月28 日北京举行的和平共处五项原则发表六十周年纪念大会上发言时指出：

> 和平共处五项原则生动反映了联合国宪章宗旨和原则，并赋予这些宗旨和原则以可见、可行、可依循的内涵。和平共处五项原则中包含四个"互"字、一个"共"字，既代表了亚洲国家对国际关系的新期待，也体现了各国权利、义务、责任相统一的国际法治精神。
>
> ……
>
> 六十年来，历经国际风云变幻的考验，和平共处五项原则作为一个开放包容的国际法原则，集中体现了主权、正义、民主、法治的价值观。
>
> ——和平共处五项原则已经成为国际关系基本准则和国际法基本原则。
>
> ——和平共处五项原则有力维护了广大发展中国家权益。
>
> ——和平共处五项原则为推动建立更加公正合理的国际政治经济秩序发挥了积极作用。……和平共处五项原则为和平解决国家间历史遗留问题及国际争端开辟了崭新道路。④

---

① 中共中央文献研究室．周恩来年谱：上［M］．北京：中央文献出版社，1997：392－393

② 中华人民共和国，中共中央文献研究室．毛泽东外交文选［M］．北京：中央文献出版社，1994：165.

③ 中华人民共和国，中共中央文献研究室．毛泽东外交文选［M］．北京：中央文献出版社，1994：186.

④ 习近平．论坚持推动构建人类命运共同体［M］．北京：中央文献出版社，2018：128－130.

5. “中间地带”“三个世界划分”理论与建立国际反帝、反霸统一战线话语

(1)“中间地带”理论与建立国际反美、反霸统一战线话语

20世纪50年代末至60年代初，随着中苏关系恶化，以毛泽东为核心的党和国家领导人将外交战略从“一边倒”转向“两个拳头打人”。在反对美国帝国主义的同时也反对苏联修正主义，在维护社会主义制度的纯洁性的同时，以无产阶级国际主义精神推动亚非拉美民族解放运动进入高潮。而“中间地带”理论就是50—60年代初为建立反帝、反霸统一战线，实现社会主义与民族解放运动相互配合、相互支持汇合成革命潮流而提出并不断丰富完善的重要理论。

“中间地带”理论与建立国际反美、反霸统一战线话语是以把世界革命推向全世界的战略思考为依据的。60年代以来，以毛泽东为核心的党和国家领导人以极高的热情推动世界革命，构建了世界革命战略。尽管这个世界革命战略反映了中国共产党对国际局势的“左”的错误认识及实践，但其思想内涵中夹杂着的正确认识却是极其宝贵的。

“中间地带”理论与建立国际反美、反霸统一战线话语的丰富内涵指向团结最广大的中间地带国家，建立反帝、反霸统一战线。

中间地带人口众多，是反美帝的同盟者。1955年4月29日，毛泽东同英国共产党主席波立特谈话指出：“目前美国在广大的中间地带，从东京到伦敦建立军事基地，把三百万军队中的一百多万人都钉在这些基地上，动都动弹不得。”“这广大中间地带的人民中，亚非两大陆就有十四个亿，还有欧洲的人民，都是我们反对美国侵略的同盟者。所以我们在国内和国际方面都有很多工作可做，美国最后必定要被孤立起来。在其他国家中支持美国战争政策的人也会愈来愈孤立”。①

中间地带国家的性质各不相同，但他们被帝国主义、霸权主义欺负的命运相同。1962年1月3日，毛泽东同日本禁止原子弹、氢弹协议会理事会长安井郁谈话，强调“中间地带国家的性质也各不相同：有些国家有殖民地，如英、法、比、荷等国；有些国家被剥夺了殖民地，但仍有强大的垄断资本，如西德、日本；有些国家取得了真正的独立，如几内亚、阿联、马里、加纳；还有一些国家取得了名义上的独立，实际上仍然是附属国。中间地带国家各式各样，各

① 中华人民共和国，中共中央文献研究室．毛泽东外交文选［M］．北京：中央文献出版社，1994：205.

不相同，但美国统统想把他们吞下去。”① 1963 年 9 月以来，毛泽东明确将性质各不相同的国家划分在“两个中间地带”，强调这些国家都受美苏压迫或控制。1963 年 9 月毛泽东在中共中央工作会议上讲话时说，“我看中间地带有两个，一个是亚、非、拉，一个是欧洲。日本、加拿大对美国是不满意的。”② 指出，法国闹独立，苏联和东欧各国矛盾在明显发展，关系紧张。苏、美达成协议不太容易。大西洋许多国家也不会赞成美国。1964 年 1 月，毛泽东同日共中央政治局委员听涛克己谈话时指出，“中间地带有两部分：一部分是指亚洲、非洲和拉丁美洲的广大经济落后的国家，一部分是指欧洲为代表的帝国主义国家和发达的资本主义国家。这两部分都反对美国的控制。在东欧各国则发生反对苏联控制的问题。这种情况看起来比较明显。”③ 1964 年 7 月毛泽东同日本社会党人士谈话，将第二个中间地带的范围扩大到欧洲、北美加拿大、大洋洲和日本。

广大中间地带的国家都是反帝、反霸的同盟者。以毛泽东为代表的党和国家领导人，坚持国际阶级斗争立场，将全世界人民，包括工人阶级、农民、城市小资产阶级、革命的民族资产阶级、革命的知识分子作为国际反对美帝国主义及其走狗的主要革命力量。同时，广大中间地带的国家则成为反帝、反霸的同盟者。其中，第一中间地带的广大亚非拉美经济落后的国家是反帝、反霸的直接同盟者，第二中间地带的国家是间接的同盟者。英国和法国“可以作为人民的间接同盟者”，日本的一些不喜欢美国的人士，“可以作为人民的中间同盟者”④，英国、法国、比利时、葡萄牙虽不是朋友，但可以利用他们同美国的矛盾。这些统一战线观点是对民主革命时期中国革命经验的运用和推广。

“中间地带”理论与建立国际反美、反霸统一战线话语代表了中国领导人对世界格局和世界各种力量分化组合态势的洞察与思考，对 60 年代中国坚持社会主义，支持不结盟运动和民族独立运动，推动反帝、反霸的正义斗争发挥了重要指导作用，成为中国制定外交政策的基本出发点。在“中间地带”理论与建立国际反美、反霸统一战线话语引导下，中国迎来了第二次建交高潮。与亚非拉美获得独立的国家建立外交关系，发展与广大亚非国家的友好关系。除了国

① 中华人民共和国，中共中央文献研究室．毛泽东外交文选［M］．北京：中央文献出版社，1994：487.

② 中华人民共和国，中共中央文献研究室．毛泽东外交文选［M］．北京：中央文献出版社，1994：507 - 508.

③ 中华人民共和国，中共中央文献研究室．毛泽东外交文选［M］．北京：中央文献出版社，1994：508.

④ 中华人民共和国，中共中央文献研究室．毛泽东外交文选［M］．北京：中央文献出版社，1994：487 - 488.

家领导人互访外，周恩来访阿期间提出的中国处理与阿国家关系五项原则和访非期间提出的中国对外经济技术援助的八项原则，成为贯彻落实和平共处五项原则的典范。发展了与西欧国家及日本的关系，正确处理和解决了同周边国家的历史遗留问题如华侨的双重国籍问题、边界问题等。

（2）“三个世界划分”理论与建立国际反帝、反霸统一战线话语

20 世纪 70 年代，伴随着美苏争霸世界出现苏攻美守的新形势，美国陷入越战和经济滞胀，苏联霸权主义不断扩张，对中国边界构成直接威胁，以毛泽东为核心的党和国家领导人将外交战略从“两个拳头打人”转变为“一条线”“一大片”，建立了联美抗苏战略。正是在现实的外交困局中，中国领导人开始摆脱阵营思维，从国家利益和经济发展水平等方面审视国家安全和自身生存问题，提出了“三个世界划分”理论。“三个世界划分”理论尽管也是以世界革命战略为依据，以建立国际反帝、反霸统一战线为立足点的，但与“中间地带”理论所不同的是，它根据国际力量对比变化，首次明确以经济发展水平和国家利益而不是单纯的意识形态为划分敌、我、友的标准，这成为 70 年代具有里程碑意义的创新性成果，体现了新中国领导人对复杂多变的国际形势特征的捕捉和较强的理论创新能力。正如学者评论所言：“毛泽东划分三个世界的理论是他晚年不仅在国际上为世界革命提供了总的战略原则，也为我国长期赢得世界最广大的国家和人民的友好信任奠定了政策基础，这是毛泽东为中国走向世界所构建的又一个划时代的历史性支点。”①

“三个世界划分”理论与建立国际反帝、反霸统一战线话语学习借鉴了西方经济学家的理论成果。西方经济学家在 50—60 年代有“自由世界”即资本主义世界或第一世界、“共产主义世界”即实现了社会主义的国家或第二世界、第三世界即奉行中立、不结盟政策的国家等提法。“三个世界划分”理论借鉴了这些西方术语。却对西方关于世界政治力量美、苏、中“三大角”说法持否定态度。1970 年 6 月 19 日，毛泽东会见由最高革命委员会副主席艾南希率领的索马里政府代表团时指出，我们把自己算作第三世界的。现在报纸上经常吹美国、苏联、中国叫做大三角，我就不承认。他们去搞他们的大三角、大四角、大两角好了。我们另外一个三角，叫做亚、非、拉。

“三个世界划分”理论与建立国际反帝、反霸统一战线话语的内容包含着对中国属于第三世界国际地位的首次确认。1974 年 2 月 22 日，毛泽东同赞比亚总

① 王均甫，王安东．毛泽东为中国走向世界构建了历史性支点［J］．青岛海洋大学学报（社会科学版），2001（4）．

统卡翁达谈话，就“三个世界划分”理论明确指出，“我看美国、苏联是第一世界。中间派，日本、欧洲、澳大利亚、加拿大，是第二世界。咱们是第三世界。”“美国、苏联原子弹多，也比较富。第二世界，欧洲、日本、澳大利亚、加拿大，原子弹没有那么多，也没有那么富；但是比第三世界要富。”“第三世界人口很多”“亚洲除了日本，都是第三世界。整个非洲都是第三世界，拉丁美洲也是第三世界。”“希望第三世界团结起来。”① 尽管此前毛泽东多次使用过“第三世界”如1964年、1970年6月，但1974年是首次完整地按照富裕程度和军事实力等表述“第三世界”的内涵，即不富裕、没有多少原子弹、人口多等。概括起来就是亚非拉美国家都属于第三世界。第一次明确提出中国属于第三世界。从此至今，这一提法再也没有改变过。

“三个世界划分”理论与建立国际反帝、反霸统一战线话语内容把美国和苏联看作是第一世界，但在实际的外交统一战线建立上，是把反对苏联霸权主义作为首要任务的。联系到1973年中国实施“一条线”“一大片”外交，和中国改善与美国关系、中国加入联合国等外交行动，都可以看到“三个世界划分”理论话语跳出意识形态、主张建立反对苏联霸权主义的统一战线、将奉行霸权主义的苏联最大限度地孤立起来的战略思考。在1970年7月13日，毛泽东同法国政府代表团谈话时强调“国际间的事要由大家商量解决，不能由两个大国来解决。”② 折射着中国坚定不移地反对霸权主义的鲜明立场。“三个世界划分”理论即是以反对霸权主义为其基本立场的。

“三个世界划分”理论与建立国际反帝、反霸统一战线话语内容也在实质上蕴含着建立公正合理国际新秩序的内容。这在1974年4月10日，邓小平在联合国大会第六届特别会议上的发言中得到体现。邓小平系统地阐述了毛泽东“三个世界划分”理论，受到与会的第二世界和第三世界国家的拥护和赞成。邓小平指出，社会主义阵营已经不复存在，西方帝国主义集团也已经四分五裂。现在是三个世界。“从国际关系的变化看，现在的世界实际上存在着相互联系又相互矛盾的三个方面，三个世界。美国、苏联是第一世界。亚非拉发展中国家和其他地区的发展中国家，是第三世界。处于这两者之间的发达国家是第二世界。”③ 邓小平对会议讨论的“原料和发展问题”发表看法，揭示出这一问题的

---

① 中华人民共和国，中共中央文献研究室．毛泽东外交文选［M］．北京：中央文献出版社，1994：600－601.

② 中华人民共和国，中共中央文献研究室．毛泽东外交文选［M］．北京：中央文献出版社，1994：590.

③ 邓小平文集：下［M］．北京：人民出版社，2014：346.

实质。“原料和发展问题的实质，就是发展中国家维护国家主权，发展民族经济，反对帝国主义、特别是超级大国的掠夺和控制的问题。这是当前第三世界国家和人民反殖、反帝、反霸斗争的一个极其重要的方面。”① 因此，深刻地指出了发展中国家要冲破帝国主义经济垄断，采取一切措施保护国家经济资源和自然资源，并且逐步地摆脱外国资本的控制，这对于巩固政治独立、发展民族经济是必要的。“在现阶段，发展中国家要发展民族经济，首先必须掌握自己的自然资源，并且逐步地摆脱外国资本的控制。”② 邓小平指出，“第三世界国家强烈要求改变目前这种极不平等的国际经济关系，并且提出了许多合理的改革建议。”邓小平真切表达了中国支持第三世界国家提出的正义主张，并阐释了中国政府对于建立平等的国际经济关系的深刻见解。

> 我们主张，国家之间的政治和经济关系都应当建立在互相尊重主权和领土完整、互不侵犯、互不干涉内政、平等互利、和平共处五项原则的基础上。
>
> 我们主张，各国的事务应当由各国人民自己来管。
>
> 我们主张，国家不论大小，不论贫富，应该一律平等，国际经济事务应该由世界各国共同来管，而不应当由一两个超级大国来垄断。
>
> 我们主张，国际贸易应当建立在平等互利、互通有无的原则基础上。
>
> 我们主张，对发展中国家的经济援助，应当严格尊重受援国的主权，不附带任何政治、军事条件，不要求任何特权或借机牟取暴利。
>
> 我们主张，对发展中国家的技术转让必须实用、有效、廉价、方便。③

邓小平关于中国政府对于建立平等的国际经济关系的深刻见解蕴含着通过和平发展建立国际新秩序的思想观点。邓小平再次声明，“中国是一个社会主义国家，也是一个发展中的国家。中国属于第三世界。中国政府和人民，一贯遵循毛主席的教导，坚决支持一切被压迫人民和被压迫民族争取和维护民族独立，发展民族经济，反对殖民主义、帝国主义、霸权主义的斗争。这是我们应尽的国际主义义务。中国现在不是，将来也不做超级大国。”④ 这无疑对中国国际形象的塑造和国际影响力提升起到了积极的正面的作用。

“三个世界划分”理论与建立国际反帝、反霸统一战线话语虽然仍然保留着

---

① 邓小平文集：下［M］. 北京：人民出版社，2014：349.
② 邓小平文集：下［M］. 北京：人民出版社，2014：352.
③ 邓小平文集：下［M］. 北京：人民出版社，2014：354－355.
④ 邓小平文集：下［M］. 北京：人民出版社，2014：355.

阶级斗争与革命意识形态痕迹，但无疑是中国从世界革命主义向和平发展话语过渡的非常重要的理论贡献。预示着按意识形态和社会制度区分敌友、建立统一战线以开展国际斗争的做法已进入尾声。①“三个世界划分”理论是中国在20世纪70年代贡献给世界的重要理论成果，它指引中国在反帝斗争的历史进程中跨入新的阶段，以真正独立的力量和第三世界以及社会主义国家身份，活跃于国际政治舞台，为推动国际秩序向公正合理方向转变做出重大贡献。

① 章百家．我们怎样走向世界——新中国外交视角与观念的演变［J］．史学月刊，2019（9）．

第四章

改革开放最初的三十年中国独立自由、和平发展合作话语的建构

从20世纪70年代末到21世纪最初的十年，是中国改革开放和中国特色社会主义启航并不断向前发展变革的三十年。在这三十年改革开放的历史征程中，中国共产党关于反对帝国主义的话语范式和实践方式也随之发生了深刻变革。即从之前与西方发达的资本主义国家持续激烈的阶级对立、矛盾斗争的方式向和平发展合作的方式转变；从过去受两个平行市场理论影响，与西方发达的资本主义国家在两个各自运行的市场轨道中发展的半封闭的方式，逐步转向融入西方发达国家引导的全球化进程，在学习和借鉴资本主义创造的一切文明成果中不断发展壮大社会主义经济力量，彰显社会主义制度优势的转变。这一时期，中国共产党从世界的变局中敏锐地观察到了国际格局和时代主题的转换，从社会主义经济文化落后的现实发展困局和资本主义经济科技高速发展的鲜明对比中深切地感受到了时代及资本主义发展带来的严峻挑战。因此，这一时期，中国共产党准确审视了时代主题的变换，在坚持马克思关于全球化、世界历史理论、“两个历史必然性”理论的基础上，积极探索社会主义发展新模式新道路，实现了对中国传统社会主义的超越，走出了一条中国特色社会主义的新发展创新之路。这条道路不仅让社会主义中国的人民过上了好生活，而且大幅度地提高了国家的综合国力和国际竞争力，形成了发展的中国模式，给广大发展中国家提供了重要经验启示。社会主义中国也在不断缩小与西方发达的资本主义国家之间的差距中展示了社会主义终将战胜资本主义和帝国主义的光明前景。因而也用发展的事实证明了中国共产党实现反帝话语范式转换的正确性和创新性、伟大性，是对马克思主义反帝理论的重要发展。

这一时期中国共产党的反帝话语以“独立自主”与“和平发展”为主要特征，在坚持以毛泽东为代表的第一代领导集体富有创新性的反帝思想的基础上，科学理性地解决了时代主题转换问题，解决了社会主义与资本主义和平共处、竞争发展并获得制度优势的问题，探索并走出了在全球化发展态势下社会主义复兴的历史新篇章。这一时期的独立自主、和平发展话语范式的建构与发展，经历了以邓小平为核心的党和国家领导人所做的开创性探索，以江泽民和胡锦涛为代表的党和国家领导人接续发展的三个阶段。具有中国特色的独立自主、

和平发展话语是马克思主义中国化第二次历史性飞跃的重要成果组成部分，也为当代马克思主义反帝话语及思想增添了创新性内容，做出了重要理论贡献。

一、以邓小平为核心的中国共产党领导人对中国特色独立自主和平发展话语的开创性建构

（一）20世纪70年代以来资本主义发展的新态势、新特征

1. 冷战格局下的多极化趋势开始显现

20世纪70年代末，国际政治经济形势发生了广泛而深刻的变化。在冷战格局下的局部热战虽然依然尖锐、冲突激烈，但推动和平发展的力量持续增长使和平发展趋势变得日益明朗化。依照1974年2月毛泽东关于“三个世界”划分理论的阐述，处于“中间地带”的第二世界、第三世界国家成为反对并抑制战争、推动世界格局趋向多极化的重要力量。70年代末，美苏两极冷战争霸态势出现新变局，美苏双方攻守易势，苏联由攻转守，美国由守转攻并在80年代出现美苏均衡的相持状态。1978年以来冷战格局下的局部热战在区域间依然严重，影响较大的有在苏联支持下的1978年越南侵入中国边境而引发中国抗击越南自卫反击战、1978年越南武装入侵柬埔寨，1979年12月苏联入侵阿富汗、1983年美国出兵入侵东加勒比海小国格林纳达制造“格林纳达事件”、1983年下半年以来支持尼加拉瓜反政府武装颠覆国家政权行动、1983—1985年间美苏围绕在欧洲部署核武器的激烈较量等。但在解决局部热战中主张并推动和平谈判、结束战争的力量不断汇聚成一股强大的力量，最终使热战地区的矛盾冲突得以缓解。如在1983—1985年间美苏在欧洲部署核武器的激烈较量中，欧洲各国强烈呼吁并掀起了反核和平运动，召开了“欧洲建立信任与安全措施和裁军大会”，世界其他地区人民的声援等，最终推动美苏首脑会晤举行并做出永远不打核战争的承诺。“中间地带”国家特别是广大亚非拉美第三世界国家成为推动世界走向和平的重要力量。同属第三世界并作为维护世界和平重要力量的中国，在改善与美关系、对苏关系、发展与各国的友好合作关系上做出了重要努力，使世界和平发展的趋势更加明显。

2. 社会主义与资本主义的较量呈现复杂态势

20世纪50年代以来，经过近30年的斗争与较量，以中国为代表的社会主义国家政权得以巩固并获得初步发展。社会主义与资本主义长期并存，谁也消灭不了谁也成了一种世界常态。但社会主义国家内部诸多问题和矛盾的存在与其复杂化、尖锐化也考验着社会主义的生存与发展。在美苏军备竞赛掩盖下的经济发展短板也已开始在苏联内部显现，而其他社会主义国家如中国在维护主

权独立、巩固政权中并没能从总体上摆脱贫困落后的经济发展状况。20 世纪 70 年代中期后，以电子计算机、微电子技术为中心、集光纤通信、生物工程、新材料等尖端科学技术为主要内容的新科技革命浪潮在西方世界蓬勃兴起。推动了西方发达资本主义国家科技进步，经济高速增长。这对社会主义国家而言是一场严峻挑战。能否在新科技革命浪潮下使社会主义国家经济发展，人民生活持续改善，国家实力增强，缩小与西方发达资本主义国家的差距，并获得比资本主义更快的发展速度和前景，最终彰显出社会主义制度优越性，就成为这一时期必须面对并加以解决的重大问题。70 年代末，中国召开十一届三中全会，开启了改革开放实现社会主义现代化的新征程，以适应这种变化了的国际形势和科技革命浪潮的挑战。中国共产党领导人以宽广的视野观察时代主题的变化和社会主义与资本主义的关系，富有创造性地提出了独立自主和平发展新话语，展现出开放、务实、学习、借鉴西方资本主义社会创造的文明成果的新风貌。

（二）以邓小平为核心的中国共产党独立自主、和平发展新话语的基本内容

1978 年以来中国共产党伴随着改革开放发展形成了独立自主、和平发展的新话语范式。这一话语理性认识了社会主义与资本主义和平共处的关系。既对时代主题做出了新判断，又在坚持和平共处五项原则的基础上丰富了其内涵；既坚持了 70 年代中期提出的建立公正合理的国际新秩序观，又在此基础上提出南南合作、南北对话的观点。尽管这一时期，仍然存在着霸权主义、强权政治的战争威胁，但以邓小平为核心的中国共产党第二代领导集体，审时度势，团结第二世界、第三世界的人民共同推动和平进程，很好地处理并抑制了霸权主义和强权政治对世界的战争威胁。

中国特色独立自主、和平发展新话语包含的基本内容有：关于和平与发展时代主题的新判断、关于反对霸权主义和中国永远不称霸话语；关于建立国际经济政治新秩序的新思考；靠发展和制度优越性战胜资本主义话语；独立自主与真正的不结盟话语；关于和平共处五项原则的新思考；关于韬光养晦、有所作为、绝不当头的策略话语，等等。这些富有创新性的新话语不仅丰富发展了马克思主义理论，推动中国特色社会主义反帝话语实现了创造性建构，而且有效指导了中国外交展现新风貌。

1. 和平与发展的时代主题话语

关于“战争是可以避免的”的观点。伴随中国改革开放实现社会主义现代化新征程的开启，中国迫切需要一个稳定的国际环境，一心一意发展经济实现现代化。以邓小平为代表的中国共产党第二代领导集体对国际形势先后做出了

“世界大战短期内打不起来”“世界和平力量的增长超过战争力量的增长”的判断，进而得出“和平发展成为当今世界的两大突出问题”的时代主题结论，这使中国特色的独立自主、和平发展新话语建立在和平发展的时代主题判断之下，而且具有了强烈的时代气息。从邓小平的系列讲话中我们能够清晰地看到中国共产党领导人对战争与和平走向的判断、从战争与革命转向和平与发展的演变历程。1977 年邓小平指出：“苏联的全球战略部署还没有准备好。美国在东南亚失败后，全球战略目前是防守的，打世界大战也没有准备好。所以，可以争取延缓战争的爆发。”① 1980 年关于“战争的危险始终存在，但是，争取一点时间，延缓战争的爆发，是可能的”②；1984 年关于“我们感到战争危险仍然存在，仍要提高警惕，但防止新的世界战争爆发的因素在增长”③ 等。到 1985 年 6 月 4 日军委扩大会议上邓小平关于“世界和平力量的增长超过战争力量的增长”④ 的判断首次明确了世界和平力量超过战争力量，从而奠定了对和平与发展时代主题判断的逻辑基础。随后，“战争是可以避免的”“争取比较长期的和平是可能的”“现在世界从对抗转向对话、由紧张转到缓和的趋势是明显的，至少在今后三十年、五十年内这一趋势还会发展”⑤ 等论断标志着中国共产党对“战争不会马上发生”做出了科学认识。

关于和平与发展是两大突出问题的观点。1984 年以来，以邓小平为代表的党和国家领导人对时代主题的判断日益清晰。1984 年 5 月 29 日，邓小平在会见巴西总统菲格雷多时说：现在世界上问题很多，有两个比较突出。一是和平问题，二是南北问题。⑥ 1984 年 10 月 31 日，邓小平在会见缅甸总统吴山友时指出：“国际上有两大问题非常突出，一个是和平问题，一个是南北问题。还有其他许多问题，但都不像这两个问题关系全局，带有全球性、战略性的意义。”⑦ 1985 年 3 月 4 日，邓小平在会见日本商工会议所访华团时说：“现在世界上真正大的问题，带全球性的战略问题，一是和平问题，一个是经济问题或者说发展问题。和平问题是东西问题，发展问题是南北问题。概括起来，就是东西南北四个字。南北问题是核心问题。”⑧ 至此，关于“和平与发展是关系全球性、战

① 邓小平文选：第 2 卷［M］. 北京：人民出版社，1994：77.
② 中共中央文献研究室. 邓小平思想年谱［M］. 北京：中央文献出版社，1998：171.
③ 邓小平文选：第 3 卷［M］. 北京：人民出版社，1993：82.
④ 邓小平文选：第 3 卷［M］. 北京：人民出版社，1993：126 – 127.
⑤ 中共中央文献研究室. 邓小平思想年谱［M］. 北京：中央文献出版社，1998：412.
⑥ 邓小平文选：第 3 卷［M］. 北京：人民出版社，1993：56.
⑦ 邓小平文选：第 3 卷［M］. 北京：人民出版社，1993：96.
⑧ 邓小平文选：第 3 卷［M］. 北京：人民出版社，1993：105.

略性意义的两大突出问题”的思考成为党和国家领导人对时代主题科学把握的最为精彩的论断。1989年以来，苏联东欧剧变，社会主义遭遇挫折并走入低潮。但这并没有改变党和国家领导人对时代主题的科学判断。邓小平关于“和平与发展两大问题，和平问题没有得到解决，发展问题更加严重”①“世界和平与发展这两个大问题，至今一个也没有解决”② 的思考，使中国得以继续坚持改革开放，实现社会主义现代化的战略目标不动摇，对待国际局势冷静观察、沉着应对，在行动上打破封锁，积极主动加大融入世界经济全球化浪潮的步伐。

2. 反对霸权主义话语

在和平与发展时代主题的判断下，以邓小平为核心的中国共产党第二代领导集体对霸权主义有着更为深刻的认识，把“反对霸权主义”作为维护世界和平、实现各国发展的重要前提。“反对霸权主义”就成为这一时期坚定不移地打击和抑制、威胁世界和平根源的重要任务，其话语内涵构成了中国独立自主、和平发展新话语的重要内容。对于什么是霸权主义，1983年1月5日《人民日报》将其解释为：“霸权主义就是推行对外侵略扩张的政策，谋求一个地区或者世界的霸权。辨别一个国家是不是搞霸权主义，不是看它的面积、人口和兵力有多少，而是要看它执行的是什么样的对外政策。”中国独立自主、和平发展话语中的“反对霸权主义”，包含着如下五方面的内涵。

（1）霸权主义是阻碍世界和平的根源。“霸权主义是世界战争的根源”是中华人民共和国成立以来一直坚持的判断和立场。改革开放以来，中国站在维护世界和平的视角揭露霸权主义是当今阻碍世界和平的根源，强调：“当今世界不安宁的根源来源于霸权主义的争夺，它损害的是第三世界国家的利益。”③“霸权主义仍然威胁着世界和平”④。基于此论断，党和国家领导人将反对霸权主义与维护世界和平紧紧联系在一起，认为“要争取和平就必须反对霸权主义，反对强权政治”⑤。中国将反对霸权主义、维护世界和平作为对外政策的纲领。

（2）反对霸权主义主要反对的是国际社会中的霸权主义行为而非某个特定的国家。以邓小平为核心的党和国家领导人克服了过去“阵营”“集团”的狭隘视野，以超越社会制度和意识形态的全球化国际视野，从事实出发，以事情

① 邓小平文选：第3卷［M］. 北京：人民出版社，1993：353.
② 邓小平文选：第3卷［M］. 北京：人民出版社，1993：383.
③ 中共中央文献研究室. 邓小平思想年谱［M］. 北京：中央文献出版社，1998：282－283.
④ 中共中央文献研究室. 邓小平思想年谱［M］. 北京：中央文献出版社，1998：400.
⑤ 邓小平文选：第3卷［M］. 北京：人民出版社，1993：56.

的是非曲直作为评判标准，将反对霸权主义指向霸权主义行为而非某个特定国家，集中反对在国际领域把自己的利益凌驾于别国之上、践踏他国主权、破坏国际制度和规则的一切政策和行为。早在1975年4月16日，邓小平会见日本池田大作一行时，就已经针对反对霸权主义问题指出，中日两国都不在亚太地区谋求霸权，都不搞霸权主义，也反对任何国家、任何国家集团在这个地区谋求霸权的努力。在中日建交、签订中日和平友好条约问题上，中国坚持将反对霸权主义作为条约的中心内容，作为中日两国友好的政治基础，旨在抑制霸权主义，维护亚太和平。邓小平关于“谁搞霸权就反对谁”① “谁搞战争就反对谁”②“讲公道话，办公道事”③ 的话语，表达了中国反对霸权主义的公道公正的鲜明立场。

（3）坚持中国永远不称霸。中国永远不称霸是中华人民共和国成立以来矢志不渝坚持的基本立场。改革开放以来强调的中国永远不称霸包含着中国不会首先发动战争的内涵。1977年10月26日，邓小平会见法国《地方大报集团》访华团时指出，中国不会发动战争，现在因为落后没有资格发动战争，将来强大了也不会发动战争，否则就是社会帝国主义国家了④。中国永远不称霸还包含着中国永远属于第三世界的立场。中国领导人多次在外交场合强调中国“永远不要搞霸权主义，永远属于第三世界，即使我们比较富的时候，还是属于第三世界”⑤。中国永远不称霸也包含着中国永远实行国际主义的责任义务。1979年10月15日，邓小平会见了格林率领的英国知名人士代表团并在接受电视采访时说：“我们希望永远保持社会主义制度”，“在国际上永远实行国际主义，不搞霸权主义。我们希望若干年后，在下个世纪不长的时间，作为社会主义的、比较富的中国，能够对人类特别是第三世界，尽到符合我们自己身份的国际主义义务。”⑥

（4）回应误解和猜忌，反复强调中国不称霸，也决不当头。针对东盟一些国家对中国的不信任，1985年7月1日，邓小平在会见泰国友好访华团时说，有的国家对我们还不信任，他们认为亚洲、太平洋地区的主要威胁是中国。消除这样的错误观点，也许还要时间，但时间将证明他们的观点是错误的。我们

---

① 中共中央文献研究室．邓小平思想年谱［M］．北京：中央文献出版社，1998：74.
② 中共中央文献研究室．邓小平思想年谱［M］．北京：中央文献出版社，1998：323.
③ 中共中央文献研究室．邓小平思想年谱［M］．北京：中央文献出版社，1998：356.
④ 中共中央文献研究室．邓小平思想年谱［M］．北京：中央文献出版社，1998：48.
⑤ 中共中央文献研究室．邓小平思想年谱［M］．北京：中央文献出版社，1998：134.
⑥ 中共中央文献研究室．邓小平思想年谱［M］．北京：中央文献出版社，1998：134.

自己的事情都忙不过来，还能去干涉别人的事情？针对第三世界一些国家对中国发展强大之后会不会称霸的疑虑和猜忌，中国领导人在各种场合反复强调中国永远不称霸，中国决不当头。“当头”的说法内隐着霸权主义的嫌疑和味道。第三世界一些国家希望中国当头，本意是好的，但中国作为社会主义国家决不能走这一步。邓小平多次强调中国决不当头，以打消对中国的疑虑。“决不当头”意味着中国不以意识形态或社会制度为标准来处理国与国之间的关系，避免卷入不必要的国际纷争之中。1982 年 6 月 29 日，邓小平在会见马耳他总理明托夫时说：中国“千万不要想当什么头，兄弟关系、朋友关系比那个牢靠得多。”① 1982 年 8 月 21 日，他会见联合国秘书长德奎利亚尔时说，中国决不能当第三世界的头头。搞霸权主义的名誉很坏，当第三世界的头头名誉也不好。这不是客气话，这是一种真实的政治考虑。② 1990 年 12 月 24 人邓小平在同几位负责人谈话时指出，第三世界有一些国家希望中国当头。我们千万不要当头，这是一个根本国策。这个头我们当不起，自己力量也不够。当了绝无好处，许多主动都失掉了。③“决不当头”的语意鲜明地表达了中国对“霸权主义”“集团政治”的反对与否定，根本意义上维护了中国独立自主的主权意识与国家形象。

（5）面对霸权主义对中国的威胁，中国不信邪、不怕鬼、不示弱。1989 年在国际反对社会主义的大气候影响下，以美国为代表的西方国家对中国进行和平演变，制造了“动乱”。随后在巴黎召开的西方七国首脑会议对中国横加指责并实施经济制裁。面对这种霸权主义行径，邓小平在多个场合揭露指出，“西方世界，特别是美国在许多国家煽动动乱，实际上是搞强权政治、霸权主义，要控制这些国家，把过去不能控制的国家纳入他们的势力范围。”④ 针对西方七国首脑会议对中国的横加指责，邓小平强调“那是不符合事实的，是根据谣言做出的，中国不能接受。我们对西方七国首脑会议主宰一切表示怀疑。中国不怕威胁，不怕孤立，也不怕制裁。”指出，巴黎七国首脑会议的决策人“至少有两点对中国认识不清。第一，中华人民共和国是打了二十二年仗建立起来的，建国后又进行了三年抗美援朝战争。第二，世界上最不怕孤立、最不怕封锁、最

---

① 中共中央文献研究室．邓小平思想年谱［M］．北京：中央文献出版社，1998：222.

② 中共中央文献研究室．邓小平思想年谱［M］．北京：中央文献出版社，1998：229－230.

③ 中共中央文献研究室．邓小平思想年谱［M］．北京：中央文献出版社，1998：452.

④ 中共中央文献研究室．邓小平思想年谱［M］．北京：中央文献出版社，1998：445.

不怕制裁的就是中国。”① “什么威胁也吓不到我们”② “我们决不能示弱”③ 的这种中国不信邪、不怕鬼、不示弱的坚定立场成为反对霸权主义话语语意中的重要内容。

3. 建立国际新秩序话语

二战后形成的国际秩序，是在“雅尔塔体系”的基础上形成发展起来的。这种国际秩序体现大国强国的意志，在政治上具有强权政治、霸权主义的特征，在经济上具有大国强国掠夺、剥削、控制小国弱国经济的特征，是一种不公正、不合理的国际秩序。1974 年 4 月，联合国第 6 次特别大会在讨论“原料与发展问题”时通过了《关于建立国际经济新秩序的宣言》和《行动纲领》，代表了第三世界国家对所主张的合理、公正可行的新秩序的期盼。邓小平代表中国在大会上发出了中国关于建立公平、平等、合理的国际经济新秩序的声音。20 世纪 80 年代以来，以邓小平为核心的中国共产党第二代领导集体将建立国际新秩序作为独立自主、和平发展话语的重要内容，作为对外政策的核心内容，不遗余力地推动国际新秩序的建立。这一阶段中国主张建立的国际新秩序话语包含建立国际经济新秩序和国际政治新秩序。“我们对外政策还是两条，第一条是反对霸权主义、强权政治，维护世界和平；第二条是建立国际政治新秩序和经济新秩序。”④

独立自主、和平发展话语中的建立国际经济新秩序话语，具有“繁荣世界经济”的深刻寓意，包含着南北对话、南南合作等内容。1983 年 6 月 10 日，中国政府副总理姚依林在联合国贸易与发展会议第 6 届大会上，就建立国际经济新秩序提出要妥善处理好三个关系：“第一，解决当前紧迫问题和建立新的国际经济秩序的长远目标的关系；第二，发展中国家的经济发展和振兴世界经济的关系；第三，南北对话和南南合作的关系。”⑤ “促进共同经济繁荣”的思想在 1986 年 4 月全国人大六届四次会议批准的国务院《关于第七个五年计划的报告》中被作为中国对外政策的根本目标而确立，主张发展各国友好合作、促进共同经济繁荣。

站在繁荣世界经济的高度建立国际经济新秩序，必然内在地要求处理好南

---

① 中共中央文献研究室．邓小平思想年谱［M］．北京：中央文献出版社，1998：438，439.

② 中共中央文献研究室．邓小平思想年谱［M］．北京：中央文献出版社，1998：444.

③ 中共中央文献研究室．邓小平思想年谱［M］．北京：中央文献出版社，1998：435.

④ 邓小平文选：第 3 卷［M］．北京：人民出版社，1993：353.

⑤ 谢益显．中国当代外交史［M］．北京：中国青年出版社，1997：447.

北关系，实现南南合作。处理南北关系主张南北对话与合作，旨在解决发达国家与发展中国家的矛盾问题，推动发达国家调整国际经济关系，改善发展中国家的外部环境，使发展中国家获得经济发展，实现世界经济共同繁荣。因而南北对话与合作的提法为建立国际经济新秩序提供了新思考。

南北对话的新内容包括如下方面：其一，强调南北发展不平衡、经济差距扩大是当前最突出的问题。邓小平在多个外交场合指出："改变国际经济秩序，首先是解决南北关系问题"①；南北问题是"今后国际问题中一个十分重要的方面。发达国家尽管也有其经济困难，但总的来说是越来越富。而第三世界是越来越穷。解决南北问题是实现国际局势稳定的一个长时间、很重要的问题。"② 1984 年 5 月 29 日，邓小平在会见巴西总统菲格雷多时指出：南北问题在目前十分突出。发达国家越来越富，相对的是发展中国家越来越穷。南北问题不解决，就会对世界经济的发展带来障碍。③ 1985 年 3 月 4 日，邓小平在会见日本商工会议所访华团时说："南北问题是核心问题。南方得不到适当的发展，北方的资本和商品出路就有限得很，如果南方继续贫困下去，北方就可能没有出路。"④ 其二，解决南北问题需要展开南北对话与合作，需要双方承担相应责任，北方应承担更多责任。邓小平在多个场合不断重申要展开南北对话。1984 年 5 月 29 日，邓小平在会见巴西总统菲格雷多时指出，解决这个问题当然要靠南北对话，我们主张南北对话。⑤ 1984 年 10 月 31 日，他在会见缅甸总统吴山友时指出：要推动南北合作。⑥ 以邓小平为核心的党和国家领导人认为南北双方都要以负责的态度对待南北问题。对于南方第三世界国家的责任就是实施开放政策，紧紧抓住和平的有利时机加快发展经济。"穷国有自己的责任。主要靠自己，要尽自己的责任，利用和平环境好好发展自己。"⑦ 对于北方发达国家需要承担更多责任回应发展中国家的开放要求。呼吁发达国家扩大对低收入国家的贸易优惠，停止和减少保护主义措施，消除歧视性限制等。1987 年 5 月 11 日，邓小平在会见联合国秘书长德奎利亚尔时说：

> 发达国家的贸易保护主义，表面上看是发达国家之间达成什么样的协

---

① 邓小平文选：第 3 卷［M］．北京：人民出版社，1993：20.
② 中共中央文献研究室．邓小平思想年谱［M］．北京：中央文献出版社，1998：282.
③ 中共中央文献研究室．邓小平思想年谱［M］．北京：中央文献出版社，1998：285.
④ 中共中央文献研究室．邓小平思想年谱［M］．北京：中央文献出版社，1998：309.
⑤ 中共中央文献研究室．邓小平思想年谱［M］．北京：中央文献出版社，1998：285.
⑥ 中共中央文献研究室．邓小平思想年谱［M］．北京：中央文献出版社，1998：300.
⑦ 中共中央文献研究室．邓小平思想年谱［M］．北京：中央文献出版社，1998：413.

议，实际受害的还是发展中国家。现在大多数发展中国家提出了开放政策，中国也坚持开放政策。发展中国家不搞开放，就发展不起来。如果不懂得利用外资的资金和技术，又闭关自守，根本不可能发展。但是发展中国家的开放政策如果得不到发达国家的响应，就非常困难。……发达国家内部已到了饱和程度的情况下，新市场在第三世界那里。①

总之，站在世界经济繁荣的立场强调南北对话与合作，是一种负责任的立场，既有利于发展中国家发展，也有利于发达国家可持续发展。1988 年 12 月 21 日，邓小平会见印度总理拉吉夫·甘地时说："应当把发展问题提到全人类的高度来认识，要从这个高度去观察问题和解决问题。只有这样，才会明了发展问题既是发展中国家自己的责任，也是发达国家的责任。"②

南南合作是 20 世纪 80 年代以来的新提法，是建立国际经济新秩序话语中的新概念。南南合作旨在加强第三世界国家的团结、交流与合作，在经济发展大潮中获得良好发展。正如邓小平指出的，"过去提出'南北'对话，'南南'合作是新提法，这个提法好，应该给发明者一枚勋章。不仅仅有'南北''东西'问题，还有'南南'合作问题。'南南'合作是国际关系中的一个重要问题，是历史发展的方向"。③ 南南合作，其一，强调不能仅寄希望于西方发达国家的恩赐上。以邓小平为核心的中国共产党第二代领导集体，始终站在第三世界立场，面对不确定的南北对话，强烈呼吁第三世界国家不应仅寄希望于南北问题解决或仅寄希望于发达国家的恩赐上。1982 年 1 月 1 日，邓小平在会见财政部部长亚拉为团长的阿尔及利亚政府代表团时指出，第三世界国家要发展自己也是一场战斗。超级大国、帝国主义和新老殖民主义都不希望我们发展。为了发展的需要，我们还是应该同它们建立良好的关系。④ 1984 年 5 月 17 日，邓小平在会见厄瓜多尔总统乌尔塔多时指出："不能把我们的命运完全放在发达国家的恩赐上。"⑤ 其二，主张南南各国，相互交流，取长补短，实现全球范围的南南合作。第三世界占世界人口的四分之三以上，第三世界市场是世界最大的市场。第三世界各国如果实现合作，将对摆脱贫困落后状况十分有益。1982 年 3 月 25 日，邓小平在会见巴西外长格雷罗时说，要十分重视发展第三世界国家

---

① 中共中央文献研究室．邓小平思想年谱［M］．北京：中央文献出版社，1998：387.

② 邓小平文选：第 3 卷［M］．北京：人民出版社，1993：282.

③ 中共中央文献研究室．邓小平思想年谱［M］．北京：中央文献出版社，1998：211－212.

④ 中共中央文献研究室．邓小平思想年谱［M］．北京：中央文献出版社，1998：211.

⑤ 中共中央文献研究室．邓小平思想年谱［M］．北京：中央文献出版社，1998：283.

之间的关系。现在发展中国家都有彼此可以借鉴的东西，这与过去有很大的不同。在除了科学技术以外其他很广泛的方面，发展中国家间的合作，可以得到某种程度上的解决，这对发展中国家本身的发展是很重要的。1982 年 10 月 22 日，邓小平在会见印度社会科学理事会代表团时指出："要采取新途径加强南南之间的合作""在可能的范围内，通过这种合作总能解决一些问题，这些年来第三世界有一些发展，各国都有一些好的东西，可以相互交流和合作。"① 1984 年 5 月 17 日，邓小平在会见厄瓜多尔总统乌尔塔多时指出："我们虽然很穷，但穷国之间的合作余地还是很大的，可以互取长处""发展中国家之间的相互合作多起来，积累起来，就会发生质的变化，也就是全球范围的南南合作。"② 1984 年 5 月 29 日会见巴西总统菲格雷多时指出："第三世界国家相互交流，相互学习，相互合作，可以解决许多问题，前景是很好的。"③ 1988 年 12 月 21 日，会见印度总理拉吉夫·甘地时说："归根到底，我们要靠自己来摆脱贫困，靠自己发展起来。主要靠自己，同时不要闭关自守，可以多方面找朋友。我们欢迎发达国家同我们合作，也欢迎发展中国家相互之间的合作，这后一种合作是非常重要的。"④

中国独立自主和平发展话语中的建立国际新秩序话语，主张充分发挥联合国的作用。中国作为联合国安理会常任理事国之一，致力于通过联合国推动建立国际新秩序。中国积极参加联合国及其下属分支机构和专门机构的活动，利用联合国平台为广大发展中国家发声，维护发展中国家利益，推动联合国致力于建立国际新秩序并作为主要任务抓紧抓实。1987 年 5 月 11 日，邓小平在会见联合国秘书长德奎利亚尔时说："我们关心的问题，一个是和平问题，一个是发展问题。解决这两个问题，联合国的作用越来越重要。"强调中国和联合国一样是把战争与和平的问题、南北经济发展问题、建立国际经济新秩序问题作为主要任务对待的。⑤

4. 靠发展和制度优越性战胜资本主义话语

面对社会主义与资本主义长期并存的历史常态，以邓小平为核心的中国共产党第二代领导集体，正视这一历史常态，并转换思路，提出了靠生产力发展和社会主义制度优越性最终战胜资本主义的话语。这一话语在坚持社会主义信

① 邓小平文选：第 3 卷［M］. 北京：人民出版社，1993：20.
② 中共中央文献研究室. 邓小平思想年谱［M］. 北京：中央文献出版社，1998：283.
③ 邓小平文选：第 3 卷［M］. 北京：人民出版社，1993：56.
④ 邓小平文选：第 3 卷［M］. 北京：人民出版社，1993：282.
⑤ 中共中央文献研究室. 邓小平思想年谱［M］. 北京：中央文献出版社，1998：387.

仰和自信的前提条件下，对社会主义中国与资本主义国家在生产力发展水平、科学技术发展水平、人民生活水平等方面差距急剧拉大的事实保持清醒认识。因而这一话语强调发展生产力、提高发展速度是显示社会主义优越性并最终战胜资本主义的首要任务。1978 年 9 月 16 日，邓小平在听取中共吉林省委党委汇报工作时说："生产力发展的速度比资本主义慢，那就没有优越性，这是最大的政治，这是社会主义和资本主义谁战胜谁的问题。"① 1982 年 12 月 14 日，邓小平在会见回国定居的台胞马璧和范寿康时强调："社会主义比资本主义优越不只是名词好听，而是生产力发展速度要超过资本主义。"② 1983 年 11 月 6 日，邓小平在会见澳大利亚共产党主席希尔和夫人时说，"如果中国要对国际共运、对人类做出重大贡献的话，关键是生产力的发展。这种发展不仅表现在国际上社会主义对资本主义比重的增加，而且要体现在社会主义比资本主义更加优越。"③ 1984 年 6 月 30 日，邓小平在会见第二次中日民间人士会议日方委员会代表团时说，"社会主义的优越性归根到底要体现在它的生产力比资本主义发展得更快一些、更高一些，并且在发展生产力的基础上不断改善人民的物质文化生活。"④

靠生产力发展和社会主义制度优越性最终战胜资本主义的话语，强调建设社会主义不可能一蹴而就，至少需要通过不间断地发展上百年的历程最终证明社会主义制度优越于资本主义，这也恰恰是中华人民共和国百年奋斗目标的时间点和战略步骤。邓小平强调"下世纪中叶，达到了中等发达国家的水平，才能说真的搞了社会主义，才能理直气壮地说社会主义优于资本主义"⑤。1988 年 10 月 17 日，邓小平在会见罗马尼亚共产党总书记、总统齐奥塞斯库时说，我们将用"共七十年的时间，努力向世界证明社会主义优于资本主义。我们要用发展生产力和科学技术的实践，用精神文明、物质文明建设的实践，证明社会主义制度优于资本主义制度，让发达的资本主义国家的人民认识到，社会主义确实比资本主义好。"⑥

靠生产力发展和社会主义制度优越性最终战胜资本主义的话语，强调必须坚持学习借鉴资本主义国家的先进技术管理经验。以邓小平为核心的中国共产

① 中共中央文献研究室．邓小平思想年谱［M］．北京：中央文献出版社，1998：80.
② 中共中央文献研究室．邓小平思想年谱［M］．北京：中央文献出版社，1998：243.
③ 中共中央文献研究室．邓小平思想年谱［M］．北京：中央文献出版社，1998：272.
④ 中共中央文献研究室．邓小平思想年谱［M］．北京：中央文献出版社，1998：288.
⑤ 中共中央文献研究室．邓小平思想年谱［M］．北京：中央文献出版社，1998：384.
⑥ 中共中央文献研究室．邓小平思想年谱［M］．北京：中央文献出版社，1998：416.

党第二代领导集体认为西方国家创造的先进技术管理经验是“人类共同的成果”①，中国实现现代化要“用世界的先进成果作出发点”②，实行拿来主义，“以世界先进的科学技术成果作为我们发展的起点”③。1979年3月21日，邓小平在会见英中文化协会执委会代表团时说：我们的方针是大量吸收、引进西方先进技术，甚至资金，我们还要善于吸收、善于使用、善于管理。但这一切都需要学习，我们有信心，我们可以学会。④ 1980年4月29日，邓小平在接受卢森堡电视组电视采访时讲到：关起门来建设不行，“必须充分吸收外国的先进经验、充分利用外国的资金，外国的技术，来加速我们的发展”。⑤

在坚定不移地走向开放的进程中，以邓小平为核心的中国共产党第二代领导集体对“当今的世界是开放的世界”“中国的发展离不开世界”有了更为深刻的体会，将对外开放变成长期坚持的基本国策，指导中国对外开放向纵深发展。与此同时，对日益走入世界市场的中国经济高度关注，并以此作为竞争力的表现。1985年9月21日，邓小平在会见以稻山嘉宽为团长的日中经济协会访华团时指出，“平衡国际贸易，发展国际贸易，这也是一种知识。”我们要学习，也“希望日本朋友在合作时帮助我们出主意，帮助我们进行技术改造，使更多中国的商品进入日本市场、进入世界市场。”⑥ 1986年6月10日，邓小平在听取中央负责人汇报当前经济情况时说，“要研究多方面打开国际市场，包括进一步打开香港、东南亚和日本市场。要打开出口销路，关键是提高质量。质量不高，就没有竞争力。”⑦

邓小平在1989年6月16日同几位中央负责人谈话时指出：“整个帝国主义西方世界企图使社会主义各国都放弃社会主义道路，最终纳入国际垄断资本的统治，纳入资本主义的轨道。现在我们要顶住这股逆流，旗帜要鲜明。”⑧ 1989年9月16日，他在会见李政道教授时指出，“美国，还有西方其他一些国家，对社会主义国家搞和平演变。美国现在有一种提法：打一场无硝烟的世界大战。我们要警惕。资本主义是想最终战胜社会主义，过去拿武器，用原子弹、氢弹，

---

① 中共中央文献研究室．邓小平思想年谱［M］．北京：中央文献出版社，1998：39.
② 中共中央文献研究室．邓小平思想年谱［M］．北京：中央文献出版社，1998：43.
③ 邓小平文选：第2卷［M］．北京：人民出版社，1994：129.
④ 中共中央文献研究室．邓小平思想年谱［M］．北京：中央文献出版社，1998：111.
⑤ 中共中央文献研究室．邓小平思想年谱［M］．北京：中央文献出版社，1998：154.
⑥ 中共中央文献研究室．邓小平思想年谱［M］．北京：中央文献出版社，1998：336.
⑦ 中共中央文献研究室．邓小平思想年谱［M］．北京：中央文献出版社，1998：355.
⑧ 中共中央文献研究室．邓小平思想年谱［M］．北京：中央文献出版社，1998：432.

遭到世界人民的反对，现在搞和平演变。”① 1989 年 11 月 23 日，邓小平在会见南方委员会主席、坦桑尼亚革命党主席尼雷尔时指出，只要中国社会主义不倒，社会主义在世界将始终站得住。正是对以美国为代表的资本主义国家和平演变社会主义的本质保持了清醒认识，中国才能依然坚定不移地坚持“靠发展和制度优越性战胜资本主义”话语判断，继续沿着改革开放实现社会主义现代化的道路前进，以更加清醒的战略步骤融入全球化、多极化发展之中。

5. 独立自主与真正的不结盟话语

独立自主始终是中国处理对外关系的基本准则和不可动摇的基本国策。以邓小平为核心的中国共产党第二代领导集体在新的时代条件下赋予独立自主新内涵。正如胡耀邦在中国共产党十二大报告中所讲的，中国坚持独立自主和平外交政策，主张“中国决不依附于任何大国或者国家集团，决不屈服于任何大国的压力。对一切国际问题，中共将根据其本身的是非曲直和从中国人民和世界人民的根本利益出发来决定自己的立场。”独立自主话语在新的时代条件下包含着如下新内涵：其一，中国的事情要按照中国的情况，依靠中国人自己的力量来办，坚持把国家利益放在首位，国家主权和安全是国家利益中最核心的利益。其二，中国对外开放学习西方的先进技术和管理经验归根结底在于增强中国独立自主的能力。正如邓小平在 1982 年 5 月 6 日会见利比亚国家元首多伊时所说，“从发达国家取得资金和先进技术不是容易的事情。有那么一些人还是老殖民主义者的头脑，他们企图卡住我们穷国的脖子，不愿意我们得到发展。所以，我们一方面实施开放政策，另一方面仍坚持新中国成立以来毛主席一贯倡导的自力更生为主的方针。必须在自力更生的基础上争取外援，主要依靠自己的艰苦奋斗。”② 其三，实行真正的不结盟。在对外交往中不针对第三国，坚决反对集团政治，不依附于任何大国，不参加任何集团，也决不当头。邓小平在 1984 年 5 月 29 日会见巴西总统菲格雷多时指出：“中国的对外政策是独立自主的，是真正的不结盟。中国不打美国牌，也不打苏联牌，中国也不允许别人打中国牌。中国对外政策的目标是争取世界和平。在争取和平的前提下，一心一意搞现代化建设，发展自己的国家，建设有中国特色的社会主义。”③ 在 1986 年 6 月 18 日会见荣氏家族回国观光团成员时说：“我们不参加任何集体。同谁都来

---

① 中共中央文献研究室．邓小平思想年谱［M］．北京：中央文献出版社，1998：437.

② 中共中央文献研究室．邓小平思想年谱［M］．北京：中央文献出版社，1998：220.

③ 中共中央文献研究室．邓小平思想年谱［M］．北京：中央文献出版社，1998：285－286.

往，同谁都交朋友，谁搞霸权主义就反对谁，谁侵略别人我们就反对谁。讲公道话，办公道事。这样，我们国家的政治分量就更加重了。”①

20 世纪 80 年代中国在独立自主与不结盟原则指导下广交朋友，先后与美国、苏联等大国改善关系，与日本发展友好关系，与欧共体成员国加强协调与合作，与亚太国家建立友好关系，与第三世界国家联合自强。在风云激荡的国际舞台上把握了主动权，避免了外来势力干涉中国内政，切实维护了国家的主权独立与尊严，也深刻地体会到把“国家的主权、国家的安全要始终放在第一位”的重要性。

6. 和平共处五项原则话语

以邓小平为核心的中国共产党第二代领导集体赋予和平共处五项原则以新内容，使之成为指导和处理国家间关系的基本准则。1984 年 10 月 31 日，邓小平在会见缅甸总统吴山友时指出：“处理国与国之间的关系，和平共处五项原则是最好的方式。其他方式，如‘大家庭’方式、‘集团政治’方式、‘势力范围’方式，都会带来矛盾，激化国际局势。总结国际关系的实践，最具有强大生命力的就是和平共处五项原则。”②

在新的时代条件下，和平共处五项原则话语主张超越社会制度和意识形态，寻求各国交往的共同利益。主张不同制度的国家在和平共处五项原则下建立和发展友好合作关系。1978 年 11 月日，邓小平在访问新加坡时说，“中国一贯主张和平共处五项原则的基础上同社会制度不同的国家建立和发展友好合作关系。中国政府坚持大小国家一律平等，坚持反对大国欺侮小国、强国凌辱弱国。”③ 1988 年 10 月 4 日，邓小平在会见联邦德国前总理施密特时说，“五项原则能够为不同制度的国家服务，能够为发达程度不同的国家服务，能够为左邻右舍服务。和平共处五项原则，虽然是亚洲的产物，也适用于全世界。所有国家应该能够接受这些原则。”④

以和平共处五项原则作为建立国际新秩序的基本准则，也是以邓小平为核心的中国共产党第二代领导集体赋予的新内容。1988 年 9 月 21 日，邓小平在会见斯里兰卡总理普雷马达萨时说，“现在需要建立国际经济新秩序，也需要建立国际政治新秩序。新的政治秩序就是要结束霸权主义，实行和平共处五项原则。

① 中共中央文献研究室．邓小平思想年谱［M］．北京：中央文献出版社，1998：356.

② 中共中央文献研究室．邓小平思想年谱［M］．北京：中央文献出版社，1998：300－301.

③ 中共中央文献研究室．邓小平思想年谱［M］．北京：中央文献出版社，1998：90－91.

④ 中共中央文献研究室．邓小平思想年谱［M］．北京：中央文献出版社，1998：413.

现在看来，最经得住考验的不是霸权政治，不是集团政治，而是和平共处五项原则。我们要经过几十年的努力，在和平共处五项原则的基础上建立国与国之间的关系，特别是邻国之间的关系。解决战争与和平的问题，建立国际新秩序的问题，都需要这些原则。"①

和平共处五项原则话语主张用和平方式解决国际争端。以邓小平为核心的中国共产党第二代领导集体，赋予和平共处五项原则的新内容还包括通过和平方式解决国际争端。主张通过和平谈判、和平共处、共同开发等方式解决国际争端。1984 年 2 月 22 日，邓小平在会见美国乔治城大学战略与国际问题研究中心代表团时说："世界上有许多争端，总要找个解决问题的出路。我多年来一直在想，找个什么办法，不用战争手段而用和平方式，来解决这种问题。"② 邓小平富有创新性地提出一系列解决国际争端的和平方式。诸如面对中国台湾问题、香港问题，提出了"一国两制"的新方式，并且通过与英国谈判协商，最终以"一国两制"的方式解决了香港问题，也使中英关系在平等交往的基础上健康发展。针对历史遗留下来的主权国家间的领土争端和边界纠纷主张"搁置争议，共同开发"。"有些国家上的领土争端，可以先不谈主权，先进行共同开发。"③从实际情况出发，将一些一时难以解决的历史问题或引起了激烈冲突的问题暂时搁置起来，留待时机成熟的时候再去解决，或是让其在历史发展进程中自然解决，这种方式也确实暂缓了矛盾，加强了相关国的交流与合作。中国与日本围绕钓鱼岛问题，与越南、菲律宾、马来西亚等国围绕南沙群岛争端，主张先搁置争议、共同开发、加强交流与合作，使历史遗留问题暂时搁置，各相关国交流与合作得到发展，地区局势得以稳定。1992 年 7 月，第 25 届东盟外长会议上，国务院副总理兼外长钱其琛就中国关于南沙群岛问题"搁置主权争议，共同开发"的立场表态时指出，"只要本地区有关各国共同努力，南中国海地区不仅不会成为新的冲突'热点'，而且沿岸国之间还可望开展广泛的互利合作"④。

7. "韬光养晦""有所作为"话语

韬光养晦就是在与外界交往的时候，表现出一种不露锋芒和隐藏才能的手段，反映了中国在与外界交往和自我定位时的一种价值取向，意在告诫国人，要善于掩藏自己的锋芒和优势，善于守拙，不显示能力、不与人争、不与人比。

---

① 中共中央文献研究室．邓小平思想年谱［M］．北京：中央文献出版社，1998：412－413.

② 中共中央文献研究室．邓小平思想年谱［M］．北京：中央文献出版社，1998：278.

③ 中共中央文献研究室．邓小平思想年谱［M］．北京：中央文献出版社，1998：278.

④ 谢益显．中国当代外交史［M］．北京：中国青年出版社，1997：501.

这为定位中国自己的国际发展提供了政策指导，有利于中国减少或少受外界干扰。有所作为，埋头苦干，就是集中精力干中国自己的事情，在原则立场上把握住和平共处五项原则，在国际上讲公道话办公道事。旨在追求实现国家利益的发展。① 1990 年 12 月 24 日，邓小平在同几位负责人谈话时指出，“在国际问题上无所作为不可能，还是要有所作为。我看要积极推动建立国际政治经济新秩序。我们谁也不怕，但谁也不得罪。按和平共处五项原则办事，在原则立场上把握住。”②

作为外交话语的“韬光养晦”“有所作为”内在的包含着处理重大事情需要有镇定的心理素质和沉着冷静的工作方法；在坚持独立自主、和平外交政策时，掌握和平与发展的世界主题，在政策和策略上不简单重复过去某些做法，如集中反对某个国家或某类国际势力；对国际上已经成为不少国家主要是发展中国家所肯定和主张的事情，中国不整个地加以反对或否定。中国努力办好自己的事情，以和平共处五项原则建立国际新秩序，在国际事务中说公道话、做公道事。③

1992 年以来中国外交坚持“韬光养晦”“有所作为”的政策和理念，正确处理各种国际问题。从 1992 年南斯拉夫地区的民族战争问题，到 1994 年的俄罗斯车臣问题；从美国大搞霸权主义、强权政治，对古巴封锁、禁运制裁，对中国人权、少数民族、劳改产品、出售武器、计划生育等问题横加指责，到对待核不扩散问题，中国坚持用“韬光养晦”“有所作为”的外交政策及理念进行处理，既不说过头话，做过头事，但也不是无原则的，而是主持公道，说公道话、办公道事。这使中国在西方敌对势力和平演变中国、社会主义处于发展低潮的历史境遇下，稳住了阵脚，坚持了立场，渡过了难关，迎来了发展的高潮期。

二、以江泽民为代表的中国共产党领导人对中国特色独立自主和平发展合作话语的新发展

1989 年苏联东欧剧变后，两极对峙的冷战格局结束。社会主义陷入低潮。西方学者叫嚣要用西方自由主义价值观和资本主义制度统一世界。一时间福山

---

① 何伟. 传统文化与中国外交话语体系构建：以改革开放初期为考察［J］. 教学与研究，2019（3）.

② 中共中央文献研究室. 邓小平思想年谱［M］. 北京：中央文献出版社，1998：452.

③ 谢益显. 中国当代外交史［M］. 北京：中国青年出版社，1997：477.

的“历史终结论”、亨廷顿的“文明冲突论”甚嚣尘上。如何看待剧烈变动着的世界局势？是否意味着社会主义在与资本主义的较量中陷入失败？马克思主义关于“两个必然”是否已经过时？如何分析社会主义与资本主义的未来发展趋势？社会主义能不能摆脱困局？中国特色社会主义能不能挺住并趋势向好？如何处理中国与世界的关系，制定中国未来发展方向？这些问题关涉改革开放以来中国特色独立自主和平发展话语是否科学、正确、具有生命力，关涉中国能否继续沿着邓小平开创的中国特色社会主义发展道路前进并使社会主义中国站稳脚跟的大问题。以江泽民为代表的中国共产党审慎分析国际局势、时代发展趋势及阶段性特征，对社会主义与资本主义既和平相处又充满斗争的矛盾态势进行了冷静分析，对中国特色社会主义必然趋势向好充满信心，同时又根据社会主义低潮期的阶段性特征，在坚持邓小平时期独立自主和平发展话语的基础上创新性地赋予其新内容。在对经济全球化、世界多极化趋势的深入分析中，引领中国以更加积极主动的姿态对外开放融入国际社会，加入世界贸易组织，使中国特色社会主义迎来发展的新契机，进入发展的新阶段。

（一）20世纪90年代以来资本主义发展的新阶段、新特征

1. 世界经济全球化和政治多级化成为不可抗拒的发展趋势和潮流

20世纪90年代开始，两极格局解体，国际力量重新分化组合，世界处于新旧格局转换的动荡期、过渡期。但经济全球化和政治多级化趋势已经成为不可抗拒的历史潮流。对此，以江泽民为代表的中国共产党第三代领导集体做出了准确的判断，提出了世界经济全球化和政治多极化成为不可抗拒的发展潮流的重要观点并进行了阐释。

（1）关于经济全球化趋势

在1998年8月28日第九次驻外使节会议上①，江泽民专门对经济全球化和政治多极化进行论述。关于经济全球化趋势，江泽民指出：“在国际经济领域中，一个引起人们普遍关注的趋势，就是经济全球化。”他从如下几个方面对经济全球化进行深入分析：①经济全球化造成各国经济你中有我、我中有你相互交织的复杂局面。“经济全球化一个最基本的特征，就是商品、技术、信息，特别是资本在全球范围内自由流动和配置，造成一种包括发达国家和发展中国家在内的各国经济你中有我、我中有你的相互交织的复杂局面。”②出现这种全球化趋势不是偶然的。原因有四：“一是世界局势总体上趋向缓和，各国都把发展经济作为首要任务，积极走向国际市场，相互的协调和竞争不断加强。二是以

---

① 江泽民文选：第2卷［M］．北京：人民出版社，2006：198－201.

信息科技、生命科技为主要标志的新科技革命有力地推动了世界经济的发展，空前加深了各国的经济联系。三是全球和地区贸易和投资自由化进程加快。”“四是跨国公司的规模不断扩大，成为经济全球化的主要载体。”③经济全球化首先是发达资本主义国家推动并起主导作用的。“经济全球化，是由发达资本主义国家首先推动起来的，而且他们在其中一直起着主导作用。因此，目前的这种经济全球化，一方面是社会生产力和科学技术发展的表现，一方面又是资本主义生产方式和资本主义市场经济在全球范围内的延伸。这是现代资本主义发展中出现的一个新现象。”④资本主义仍然具有相当的发展余地和空间。在对马克思主义全球化理论和资本主义全球化进程进行回顾的基础上，得出“资本主义社会形态所能容纳的生产力仍然具有相当的发展余地和空间”的结论。⑤社会主义取代资本主义是一个复杂漫长的历史过程。“从人类社会的发展趋势看，社会主义是资本主义更高更先进的社会形态，在世界范围内社会主义取代资本主义是人类进步的必然归宿。但这是一个复杂而漫长的历史过程。对此，我们应该有一个实事求是的认识。”⑥西方发达国家是经济全球化的最大受益者和“游戏规则”的制定者。江泽民指出，目前国际经济的“游戏规则”，虽然其中有符合社会化大生产的一面，但总体上是在西方国家主导下制定的，加之国际经济和金融组织都控制在美国等发达国家手里，他们总要利用这些优势，推行经济霸权主义，谋取最大利益。⑦经济全球化不以人的意志为转移，要适应这个趋势。⑧经济全球化对我国的发展有利有弊。提出中国要积极参加，主动适应，保持清醒，防范风险。

1999 年 11 月 15 日江泽民在中央经济工作会议上讲话指出，经济全球化是一把双刃剑，发展中国家相对处于不利地位。2000 年 9 月 6 日，在联合国千年首脑会议上，江泽民列举全球性问题时指出，如环境、毒品、难民等问题日益突出，南北发展差距和贫富悬殊愈来愈大，世界发展不平衡更趋严重、“数字鸿沟”日益拉大等，表明发达国家与发展中国家在科技水平上存在极大差距。

上述关于经济全球化的一系列论述，代表了中国共产党领导人对 20 世纪 90 年代以来世界发展趋势以及社会主义与资本主义在全球化中的地位及发展前景的深刻认识。对于经济全球化的发展趋势及其“双刃剑”的认识，增强了中国一方面积极融入全球化，另一方面注意防范风险的战略思维。

（2）关于世界多极化趋势

早在1992年10月，党的十四大报告中就提出“世界正朝着多极化方向发展”① 的重要判断。1993年7月12日，江泽民在第八次驻外使节会议上指出，“世界多极化趋势继续发展，终将形成多种力量竞争共处的新格局。各种力量共存，既有竞争和矛盾，又有协调和合作，谁也吃不掉谁，谁也压不倒谁。”②1994年10月15日，在印尼茂物举行的亚太经合组织第二次领导人非正式会议上，江泽民说：“世界风云变幻，多级化趋势加速发展，国际关系处在深刻而复杂的变动之中。”③ 1996年5月13日，在访问非洲期间，江泽民在埃塞俄比亚的斯亚贝巴非洲统一组织总部演讲中说，“当前，国际局势总体走向缓和，多极化趋势进一步发展。”④

1998年8月28日，在第九次驻外使节会议上⑤，江泽民从如下几个方面专门论述了世界多极化趋势和特征。其一，关于“一超多强”格局演变趋势。江泽民指出，“在可预见的将来，单极和多极的矛盾将更加突出，多极化趋势将在美国一个超级大国同其他几大力量的并存和竞争中逐步向前发展。”美国“一超”与其他几大力量包括日本、欧盟、俄罗斯、中国等国家构成“多强”的态势。其二，关于多极化格局演变的长期性。“世界新格局的最终形成，还有一个相当长的演变过程。”在多极化趋势的发展过程中，大国关系调整进入一个引人注目的新阶段。“要求协调和合作是主要倾向，这有利于国际局势继续趋向缓和。”其三，多极化趋势反映了国际关系的深刻变化和时代的进步。“当前的多极化趋势，是在冷战结束、国际局势趋向缓和、世界和平力量不断增长的情况下出现的。”“有利于削弱、抑制霸权主义和强权政治，有利于推动建立公正合理的国际政治经济新秩序，从而有利于争取把一个和平、稳定、繁荣的世界带入新的世纪。”其四，社会主义中国在多极化进程中将面临长期复杂的斗争。“美国和其他西方大国，虽然相互存在着这样那样的矛盾和争斗，但这些国家中的一些人在不希望社会主义中国发展壮大这一点上是一致的。他们不会放弃对我国进行西化、分化的政治图谋。不管是采取‘遏制政策’还是所谓‘接触政策’，万变不离其宗，目的就是企图改变我国的社会主义制度，最终将我国纳入西方资本主义体系。这种斗争是长期的、复杂的。”他还指出，中国要保持清醒

---

① 江泽民文选：第1卷［M］. 北京：人民出版社，2006：241.
② 江泽民文选：第1卷［M］. 北京：人民出版社，2006：311.
③ 江泽民文选：第1卷［M］. 北京：人民出版社，2006：413.
④ 江泽民文选：第1卷［M］. 北京：人民出版社，2006：525.
⑤ 江泽民文选：第2卷［M］. 北京：人民出版社，2006：196－198.

头脑，处理好同各大国的关系，尽可能地趋利避害，寻求扩大同各方的利益汇合点，加强政治对话、经济合作和科技交流，善于纵横捭阖的周旋。江泽民关于多极化发展趋势诸多特征的分析，奠定了中国继续坚持社会主义道路和方向，在和平发展的环境中继续加强合作的话语范式及政策实施的基础。

2. 各国处于相互依存的世界里，全球性问题需要共同面对和解决

在经济全球化和政治多级化趋势下，世界各国处于相互依存的世界里。无论是经济发展，还是许多问题挑战都超越了国界。各国彼此成为互有影响、利害相关方。许多问题已经成为全球性问题，单靠一国已经无法解决。对此，以江泽民为代表的中国共产党第三代领导集体在20世纪90年代已经有了较为清晰的认识。1993年11月19日，江泽民在美国西雅图出席亚太经济合作组织第一次领导人非正式会议期间同美国总统克林顿举行正式会晤时，深刻地指出了所有国家生活在相互依存的世界里这一全球化带来的客观现象。“当今，大家生活在一个相互依存的世界里，经济已超越国界，成为互有影响、利害相关的最重要因素。”① 1994年10月15日，在印尼茂物举行的亚太经合组织第二次领导人非正式会议上，江泽民说：

> 当今世界又是一个相互依存的世界。现代技术缩短了地域上的距离。人类面对的许多挑战往往超越国界的限制。经济关系、贸易交流、科技发展、环境保护、人口控制、减灾救灾、禁绝毒品、预防犯罪、防止核扩散和防治艾滋病等诸多方面，都是全球性问题，是相互依存的，无一不需要开展合作，需要有共同遵守的规范。②

以江泽民为代表的中国共产党第三代领导集体深刻揭示了在经济全球化和政治多级化趋势下各国由于相互依存，共同面对和解决全球性问题而必然要求合作的未来发展趋势。

3. 树立科学世界观和方法论分析解决国际局势

面对经济全球化和政治多级化的发展趋势，以江泽民为代表的中国共产党第三代领导集体超越社会制度，超越意识形态，站在全球视角考虑问题，主张用全面、发展、联系的观点看问题，树立“两点论”，主张用马克思主义宽广的眼界观察世界并得出结论，提供了中国共产党观察复杂多变的世界格局的科学世界观和方法论。

---

① 江泽民文选：第1卷［M］. 北京：人民出版社，2006：332.

② 江泽民文选：第1卷［M］. 北京：人民出版社，2006：415.

用全面、发展、联系的观点看问题，树立“两点论”。面对纷繁复杂的国际局势以及全球化下的“利”与“不利”，江泽民提出要用全面、发展、联系的观点看问题，树立科学方法论。1993 年 1 月 13 日，江泽民在中央军委扩大会议上讲话时指出，“在这样一个纷纭变幻、错综复杂的国际环境里，我们必须善于全面地而不是片面地、发展地而不是静止地、联系地而不是孤立地去观察和思考问题，从而在纷繁复杂的形势中把握住本质的东西，抓住主要矛盾和矛盾的主要方面，实事求是地对我们可能面临的威胁的性质、程度和方式作出准确的判断。”① 1993 年 7 月 12 日，江泽民在第八次驻外使节会议上讲话，强调处理好远和近、利和弊、坚定性和创造性、长远利益和眼前利益、局部和全局的关系。在远和近的关系上，即主张伸张正义与确保我国根本利益、维护各有关方合理的共同利益相统一；在利与弊的关系上，强调趋利避害或化弊为利；在坚定性和创造性的关系上，主张在坚定不移地贯彻中央方针政策的同时，结合实际情况行事；在长远利益和眼前利益、局部和全局的关系上，主张两点论。在分析社会主义与资本主义、发达国家与广大发展中国家关系对比中坚持两点论，主张既要保持清醒冷静，又不悲观失望。

用马克思主义宽广的眼界观察世界。2000 年 10 月 11 日，在十五届五中全会上，江泽民强调一定要用马克思主义宽广的眼界观察世界。对“宽广的眼界”定义指出，“所谓宽广的眼界，一是要有历史的深远眼光，一是要有世界的全局眼光。这样来观察问题，我们就能更深刻、更全面地认识当代中国和当今世界，更加清醒、主动地掌握我们自己发展的命运。”② 以江泽民为代表的党和国家领导人，在多个外交场合提出要把“一个安全的、和平的、稳定的、有利于经济发展的世界”“一个和平、繁荣、美好的世界”带入 21 世纪。这是中国对未来美好世界的期盼和看法，是中国领导人向世界传递的中国声音。

（二）以江泽民为代表的中国共产党独立自主和平发展话语的新内容

以江泽民为代表的中国共产党审慎分析国际局势和社会主义低潮的阶段性特征，对经济全球化、世界政治多极化趋势冷静分析和判断的基础上，继续坚持以邓小平为核心提出的独立自主和平发展话语，增添以“合作”为特征的新内容，丰富发展了独立自主和平发展话语内容及实践，使中国很快摆脱冷战后西方国家对中国的封锁和制裁，以更加主动的姿态融入国际社会，使中国特色社会主义迎来了发展的新阶段。

---

① 江泽民文选：第 1 卷［M］. 北京：人民出版社，2006：281.

② 江泽民文选：第 3 卷［M］. 北京：人民出版社，2006：126.

20世纪90年代以来和平发展合作新话语的核心内容包括：和平发展合作的时代新特征的话语，对社会主义充满信心并用实力战胜资本主义的话语，反对霸权主义、新干涉主义的话语，建立国际新秩序要树立新安全观的话语，加入世界贸易组织在激烈国际竞争中掌握主动权的话语，尊重多样性推动国际关系民主化的话语，“引进来”与“走出去”的话语，等等。

1. 和平、发展、合作的时代主题特征话语

以江泽民为代表的党和国家领导人继续坚持邓小平和平发展的时代主题判断，同时对经济全球化和政治多极化下的新特征有了新判断和新认识。

（1）对和平、发展、合作新特征的新认识

在和平发展的时代主题下，对“合作”新特征的认识体现在从1990年以来江泽民的一系列讲话中。从1990年提出“和平、发展和人类进步的历史潮流不可逆转”①，1994年关于“和平、稳定、发展、合作是世界人民的呼声”②，1996年5月，在访问非洲期间，江泽民在埃塞俄比亚的斯亚贝巴非洲统一组织总部演讲时提出“世界要和平，国家要稳定，经济要发展，社会要进步，成为当今世界的主旋律”③，到1997年9月十五大报告正式提出“要和平、求合作、促发展已经成为时代的主流”④，体现了中国共产党对时代主题新特征的认识与理解的日益深入。

（2）对经济全球化、世界多极化下诸多矛盾和斗争的深刻认识

在经济全球化、世界多极化的背景下，世界矛盾与斗争呈现出了新特征。江泽民在多次讲话中进行了概括。2000年12月11日，江泽民在中央军委扩大会议上，提到四个重要因素将长期对世界和平与安全产生深刻影响，这四个因素为：“第一个因素是，世界多极化趋势在曲折中发展，称霸和反霸的斗争将长期存在。”各大国在相互交往中“彼此借重、相互牵制、竞争共处”，“单极和多极的矛盾，称霸和反霸的斗争，将成为21世纪相当长一个时期内国际斗争的焦点。”“第二个因素是，经济全球化趋势不断加快，在推动生产力发展的同时，也加剧了世界发展不平衡的矛盾。”“各国经济相互交流、相互依存日益加深。”经济全球化有利与不利的方面都很突出。不利方面是加剧竞争，加剧贫富矛盾，引发社会冲突，使世界发展很不平衡。“第三个因素是，世界新军事变革和全球

① 江泽民文选：第1卷［M］. 北京：人民出版社，2006：109.
② 江泽民文选：第1卷［M］. 北京：人民出版社，2006：413.
③ 江泽民文选：第1卷［M］. 北京：人民出版社，2006：525.
④ 江泽民文选：第2卷［M］. 北京：人民出版社，2006：39.

性军事战略调整正在深入进行，西方军事干涉主义抬头，冷战结束后一度减弱的军事安全因素又在上升。”“世界军事力量对比出现了新的严重失衡。”“第四个因素是，许多国家和地区的民族矛盾、宗教矛盾激化，由此引发的武装冲突和局部战争此起彼伏。”① 总体而言，单极和多极的矛盾、称霸和反霸的斗争，将成为二十一世纪相当长的一个时期内国际斗争的焦点的判断，成为中国共产党对国际矛盾与斗争科学判断的话语表达。

2002 年 10 月 14 日，江泽民在会见联合国秘书长安南时就“怎么看当前国际局势的基本态势”“怎么看全球的发展问题”“怎么看不同文明之间的关系”等问题提出基本观点，既对经济全球化、世界多极化做出了明确判断，即“这两个趋势的发展是漫长曲折的进程，中间也可能会有反复，但这个大方向是不可逆转的”“和平与发展的时代主题没有改变。用辩证的观点看，总体和平、缓和、稳定，局部战乱、紧张、动荡，是当前和今后一个时期国际局势的基本态势”，又对“发展中国家的经济振兴是不可阻挡的历史潮流，也是二十一世纪新格局的一个重要特征”阐释新见解，同时对文明冲突论和将反恐矛头指向特定民族和宗教的做法进行批驳，主张“不同文明有历史长短之分，无优劣高下之别。文明的差异不是世界冲突的根源，而应是世界交流的起点”②。

2. 对社会主义充满信心并用实力战胜资本主义话语

（1）社会主义处于低潮但不会崩溃，对社会主义要充满信心

以江泽民为代表的党和国家领导人继续坚持马克思主义关于“两个必然”的正确结论，对低潮期的社会主义、社会主义优越性问题坚持用辩证唯物主义和历史唯物主义观点进行冷静分析。江泽民先后于 1990 年在沈阳同朝鲜劳动党中央委员会总书记、朝鲜民主主义人民共和国主席金日成谈话，1993 年 11 月 21—23 日访问古巴期间同古巴共产党中央委员会第一书记、古巴国务委员会主席卡斯特罗进行会谈，在两次谈话中系统地阐述了社会主义低潮并不是社会主义的失败和崩溃，而只是暂时遇到挫折以及对社会主义必然胜利充满信心的重要观点。具体表现为：

辩证看待社会主义低潮。江泽民指出，“对国际形势的变化，要辩证地看，既要看到困难和严峻的一面，又要看到有利的一面。”他说，对社会主义前途产生怀疑，甚至失去信心，或者以为天下太平了，都是天真的看法。目前，世界社会主义处于低潮，但并不像有的人说的那样——社会主义已经崩溃。江泽民

---

① 江泽民文选：第 3 卷［M］. 北京：人民出版社，2006：158 - 160.
② 江泽民文选：第 3 卷［M］. 北京：人民出版社，2006：519 - 520.

指出，社会主义遇到挫折，走一些弯路难以完全避免。西方某些人甚至想把社会主义在地球上消灭掉，这是绝对办不到的。西方国家不能忽视中国作为社会主义大国在国际上，特别是在第三世界中的作用。我们要承认世界社会主义处在低潮，但我们要顶住，硬着头皮顶住，同时要把我们的社会主义事业发展好。①

对社会主义终究胜利要坚定信念。江泽民强调只有社会主义才能解决当代世界的根本矛盾。只要社会主义国家集中精力加快经济发展，增强实力，充分显示出社会主义制度的优越性，最终一定能够取得胜利。1993 年 11 月，江泽民在同古巴领导人卡斯特罗会谈时就社会主义具有光明前途的原因指明四点：一是社会主义国家依然存在，信仰马克思主义、社会主义的人仍大有人在。只要中国的旗帜不倒，世界上就有五分之一的人口在坚持社会主义。二是苏联解体、东欧剧变，对中国这个社会主义大国没有产生什么大的影响。“我们非但没有丢掉马列主义旗帜，而且更坚定了坚持马列主义、坚持共产党的领导、坚持走符合自己国情的有中国特色社会主义道路的决心。”三是国际敌对势力企图在中国搞和平演变，这一图谋不会改变，但绝不会得逞。四是社会主义是崭新的事业，不会一帆风顺，出现曲折是难免的。重要的是吸取教训。“我们共产党人坚信马克思主义一定会取得最后胜利，资本主义制度最终要被社会主义制度取代。这是历史发展的必然规律。因此，我们对社会主义前途充满信心。”②

要清醒认识社会主义与资本主义长期共存的基本态势。1998 年 7 月 21 日，江泽民在会见日本共产党中央政治局委员长不破哲三率领的日本共产党代表团时，一方面继续阐释中国的社会主义历史必然性和坚持道路、模式选择多样性的观点，另一方面强调要正确认识当代资本主义的发展变化，处理好与资本主义国家的关系。“要正确认识当代资本主义的发展变化，清醒地估计到发达资本主义国家在相当长的历史时期内仍将保持较旺盛的生产力，社会主义取代资本主义将是一个长期而复杂的历史过程，速胜是不可能的。社会主义国家要处理好同资本主义国家的关系，不断发展自己。”③

要通过发展使社会主义立于不败之地。江泽民多次指出，只有把经济建设搞上去，使人民生活水平不断提高，充分体现社会主义优越性，“我们才能巩固和发展社会主义，才能立于不败之地。”主张在社会主义条件下运用市场机制发

---

① 江泽民文选：第 1 卷［M］. 北京：人民出版社，2006：136.

② 江泽民文选：第 1 卷［M］. 北京：人民出版社，2006：336－337.

③ 江泽民文选：第 2 卷［M］. 北京：人民出版社，2006：194.

展经济，“既要学习西方发达国家的先进技术和科学管理，又要抵制资本主义腐朽思想的侵蚀。”①

（2）社会主义要不断提高综合国力和国际竞争力。

面对社会主义与资本主义长期共存的基本态势，江泽民继续坚持邓小平有关思想，以更加积极的方式学习、借鉴资本主义社会创造的文明成果，在不断扩大对外开放，以更加包容开放的心态积极融入国际社会的实践中，创造性地提出通过提高经济实力和知识创新能力，不断提高综合国力和国际竞争力，最终战胜资本主义的重要思想。这使对社会主义充满信心并用实力战胜资本主义的话语最终落脚在提升社会主义中国实力的基点上。

国际竞争力是经济实力的竞争。江泽民指出，“国家的昌盛，人民的富裕，说到底是经济实力问题。国际竞争，说到底也是经济实力的竞争。经济发展了，国力强大了，我们才能有力量抵御任何自然和社会的风浪，顶住任何外来的威胁和压力，才能实现民族振兴，对人类作出更大贡献。”② “把经济搞上去了，说话就能增加分量，但这绝不是说我们要搞霸权主义。” ③“要在激烈的国际竞争中掌握主动，必须坚定不移地把我们自己的事情办好，不断增强我们的综合国力和国际竞争力。任何时代的国际竞争，都是以实力为基础的。” “中国经济的快速发展和市场的巨大潜力，对世界各国产生了越来越大的吸引力。”④

国际竞争的核心是知识创新和高新技术产业化。1995 年 6 月 26 日，江泽民在长春主持召开企业座谈会上指出，“在国际关系中，经济因素的作用不断加强，以经济和科技实力为基础的综合国力竞争，越来越成为决定一个国家国际地位的主导因素。我们要在激烈的国际竞争中占据有利地位，关键是要提高科技水平，增强经济实力。”⑤ 1998 年 1 月 24 日，江泽民在中共中央召开的党外人士迎春座谈会上讲话时指出，“美国等西方发达国家已经或正在进入高新技术产业为主的经济发展阶段，我们现在高新技术产业还非常少。”⑥ 面对 20 世纪 90 年代以来世界经济、科技发展的日新月异，竞争日趋激烈，西方发达国家都在加紧利用现代科学技术来推动经济社会发展。以美国为代表正在从工业化阶段进入信息化阶段，而社会主义社会处于相对落后的现状，中国领导人站在知

① 江泽民文选：第 1 卷［M］. 北京：人民出版社，2006：337，339.
② 江泽民文选：第 1 卷［M］. 北京：人民出版社，2006：59.
③ 江泽民文选：第 1 卷［M］. 北京：人民出版社，2006：144 – 145.
④ 江泽民文选：第 3 卷［M］. 北京：人民出版社，2006：443.
⑤ 江泽民文选：第 1 卷［M］. 北京：人民出版社，2006：441.
⑥ 江泽民文选：第 2 卷［M］. 北京：人民出版社，2006：95 – 96.

识创新和高新技术产业化的视角强调要追赶、要乘势而上。1998 年 2 月 26 日，在十五届二中全会上江泽民指出："当今世界上的竞争，核心是知识创新和高新技术的产业化。这项工作如果不抓紧，就会直接影响我们经济发展的后劲和竞争力。因此，必须高度重视科技教育事业，重视人才培养。"① 1998 年 6 月 1 日，江泽民在会见出席中国科学院第九次院士大会、中国工程院第四次院士大会的部分院士和外籍院士时指出："当今世界，以信息技术为主要标志的科技进步日新月异，高新技术成果向现实生产力的转化越来越快，初见端倪的知识经济预示人类的经济社会生活将发生新的巨大变化。世界各国都在抓紧制定面向新世纪的发展战略，争先抢占科技、产业、经济的制高点。面对这个态势，我们必须顺应潮流，乘势而上。"②

国际竞争力表现为以经济实力、国防实力、民族凝聚力等构成的综合国力竞争。1999 年 6 月 15 日，在全国教育工作会议上，江泽民将国际竞争力概括为经济实力、国防实力、民族凝聚力等方面。2001 年 10 月 31 日，江泽民在军队一次重要会议上指出，"古往今来，在国际较量中，国家实力始终是赢得国际政治斗争胜利的决定性基础。"强调增强国家战略能力的实质就是增强国家实力即综合国力。"国家战略能力，涉及经济社会发展、国防和军队建设的各个方面，包括经济实力、国防实力、民族凝聚力构成的全部综合国力。简言之，所谓战略能力，就是一个国家在需要采取战争行为时所能够调动的各种力量的总和。"③ 跨入 21 世纪的中国，经过二十多年的改革开放和现代化建设，国家经济实力、国防实力、民族凝聚力都有了很大提高，是世界上一支不容忽视的重要力量。2000 年 10 月 11 日，在十五届五中全会上江泽民指出，"现在，我们正面对着世界经济、科技前所未有的大发展，也面对着前所未有的激烈的国际竞争。这是一场全球范围的大竞争，任何国家、任何民族都回避不了。在这场竞争中，就如同逆水行舟，不进则退。抓住机遇，开拓进取，奋力在这场大竞争中取得主动，发展壮大我们自己，是中国共产党对国家、对民族、对人民必须肩负起来的历史责任。"④ 这些思想和话语凝聚成在中国共产党带领下奋发图强的中华民族实现复兴梦想并最终战胜资本主义的信念和力量以及脚踏实地地发展国家的实践进程。

---

① 江泽民文选：第 2 卷［M］. 北京：人民出版社，2006：104－105.
② 江泽民文选：第 2 卷［M］. 北京：人民出版社，2006：132.
③ 江泽民文选：第 3 卷［M］. 北京：人民出版社，2006：356.
④ 江泽民文选：第 3 卷［M］. 北京：人民出版社，2006：128.

3. 反对霸权主义和“新干涉主义”话语

20世纪90年代以来霸权主义、强权政治又有了新表现。反对霸权主义和“新干涉主义”话语鲜明地表达出中国共产党面对霸权主义、强权政治的新表现，坚持公平正义立场，对霸权主义、强权政治给予揭露和批判，体现出新时期、新阶段中国共产党反对帝国主义、霸权主义和强权政治的不变立场。

（1）反对“新干涉主义”

“新干涉主义”作为霸权主义强权政治的新表现，体现为新的“炮舰政策”、新的经济殖民主义。江泽民在多次讲话中揭露道：“正在抬头的所谓‘新干涉主义’，就是霸权主义和强权政治的新的表现，已经引起了国际社会普遍注视和警惕。”① “霸权主义和强权政治在国际政治、经济和安全领域中依然存在，并有新的表现。一些大国奉行新的‘炮舰政策’和新的经济殖民主义，使许多中小国家的主权独立和发展利益遭到严重损害，使世界和平与国际安全受到威胁。”② 江泽民指出，在经济全球化中谋求特权和损害别国利益，附加政治条件的经济合作，形形色色的贸易保护主义都是霸权主义的表现。针对一些西方国家经常用他们的民主、自由、人权观念和政治制度模式向别国施加影响，企图把“一些发展中国家纳入他们的发展模式，变成他们的附庸”③，江泽民指出，选择什么样的道路，选择什么样的发展模式应该由这个国家的人民说了算。

（2）反对“人权高于主权”论调

“人权高于主权”的论调是典型的文化霸权主义表现。以美国等国为代表，炮制“人权高于主权”论调，实为干涉别国内政寻找借口。1995年10月24日，江泽民在美国纽约联合国总部举行的联合国成立五十周年特别纪念会议上讲话时指出，“有的大国常常打着‘民主’‘自由’‘人权’的幌子，侵犯别国主权，干涉别国内政，破坏别国的统一和民族团结”。④ 1997年10月，江泽民揭露并提出坚决反对以“人道主义危机”为借口，武力干涉别国内政的侵略行为。他说，“任何一个国家的人权事业，不管这个国家是大是小、是强是弱，都应由本国政府依靠自己的人民自主去解决。这是一项基本原则。除了这个国家要求联合国予以帮助外，任何其他国家和国际组织都无权进行干预。”“中国政府和人民不赞成以‘人道主义危机’为借口任意干涉一个国家的内政，更反对在未经

---

① 江泽民文选：第2卷［M］．北京：人民出版社，2006：402.
② 江泽民文选：第2卷［M］．北京：人民出版社，2006：406.
③ 江泽民文选：第1卷［M］．北京：人民出版社，2006：338.
④ 江泽民文选：第1卷［M］．北京：人民出版社，2006：479.

联合国安理会授权的情况下以武力进行所谓‘人道主义干预’。”① 2000 年 9 月 6 日，在联合国千年首脑会议上江泽民发表讲话对国家主权与人权关系进行阐释。强调“维护国家的独立和主权就是每个国家政府和人民的最高利益。没有主权，也就谈不上人权。”② 进一步驳斥了西方“人权高于主权”的论调。

（3）反对恐怖主义威胁。

恐怖主义是 20 世纪 90 年代以来出现的新现象，其危害巨大。虽然它与霸权主义表现不同，但其对全球公平正义造成的威胁却是巨大的。对此，中国一直坚持反对恐怖主义。江泽民在多个外交场合表达中国打击恐怖主义的主张。2001 年 10 月 21 日，江泽民在上海举行的亚太经济合作组织第九次领导人非正式会议上讲话提出，“恐怖主义是破坏稳定的社会公害。反对恐怖主义是各国人民的共同任务。”③ 2001 年 11 月 27 日，江泽民在中央经济工作会议上讲话时提出，“我们一贯坚决反对和谴责任何形式的恐怖主义暴力活动。”在反对恐怖主义问题上，中国主张要分清是非，要真凭实据，要有序进行，要立足长远等重要观点。“我们主张，打击恐怖主义要有真凭实据，要有明确目标，不要伤及无辜；打击恐怖主义要在联合国宪章的宗旨和原则的范围内行动，要经过联合国安理会讨论；打击恐怖主义要有长远观点，要有利于世界的和平与发展。我们的主张合情合理，伸张了正义，主持了公道，各方面反映是好的。”同时主张正确处理好反对恐怖主义和反对霸权主义的关系。“要处理好反对恐怖主义和反对霸权主义的关系，不能因为反霸就放弃反恐，也不能因为反恐就忘记反霸。”④

（4）反对“西化”“分化”社会主义国家的和平演变图谋

20 世纪 90 年代以来，以江泽民为代表的党和国家领导人提出的反对霸权主义、强权政治话语，包含着反对西方资本主义国家对社会主义和平演变的鲜明立场。在 1989 年 12 月 29 日，江泽民在几部委及有关单位于中共中央党校举办的党建理论研究班上的讲话，就鲜明地表达了中国领导人对帝国主义和平演变社会主义的清醒认识，站在两种社会制度、两种思想体系长期对立斗争并重新尖锐化的高度，对帝国主义和平演变的认识表现出高瞻远瞩的政治意识。

> 从国际来看，国际敌对势力加紧推行和平演变战略，支持、收买、培植社会主义国家内部的反共反社会主义势力。情况已经表明，这是世界范

---

① 江泽民文选：第 2 卷［M］. 北京：人民出版社，2006：55.

② 江泽民文选：第 3 卷［M］. 北京：人民出版社，2006：110 – 111.

③ 江泽民文选：第 3 卷［M］. 北京：人民出版社，2006：351.

④ 江泽民文选：第 3 卷［M］. 北京：人民出版社，2006：366 – 367，368.

国内两种社会制度、两种思想体系长期对立和斗争的继续，是在国际形势缓和过程中重新出现的尖锐化表现。这场斗争，关系到我国人民的前途命运，关系到社会主义和全世界人民的前途命运。不管世界格局和力量对比将怎样变化，对我们中国共产党人来说，最重要的责任，就是要进一步把自己的党建设好，把社会主义现代化建设好。①

1990 年 7 月七国首脑会议发表政治宣言，以所谓‘保障民主’为主题，鼓吹推动‘世界民主化潮流’，力图扩大东欧演变的成果，推动苏联继续变化，对社会主义国家、第三世界国家诱压兼施推行和平演变战略。江泽民 1990 年在沈阳同朝鲜领导人金日成谈话时指出：“一些西方国家正进一步打着‘民主’的旗号干涉别国内政，企图将西方的政治经济模式强加给各国。”② 意识形态领域的斗争同国与国的关系既有联系又有区别。在斗争中坚持原则又留有余地，决不能因为留有余地而丧失原则。针对西方国家借助西藏问题、台湾问题西化、分化中国的图谋，公然支持中国国内反社会主义势力和民族分裂主义势力搞破坏、颠覆活动；利用所谓“人权”“民主”“宗教”和达赖、台湾、经贸、军售等问题挑起事端，使中国安全和社会政治稳定面临威胁。要展开斗争，并讲究方法和策略。既不能熟视无睹，置若罔闻，也不要草木皆兵，惊慌失措，而应见微知著，防微杜渐。通过积极的工作和采取有力的措施，把它们消灭在萌芽状态。主张讲政治，坚持宣传社会主义意识形态，维护和巩固社会主义制度和国家利益。③ 面对 1999 年 5 月，美国轰炸中国驻南联盟大使馆的霸权主义行径，中国表达严正抗议，在继续坚持公平公正立场伸张正义，主张通过谈判解决国际争端的态度和立场不变的同时，强调中国要埋头苦干、卧薪尝胆，把社会生产力、综合国力、国际竞争力搞上去，以使中国在国际斗争中赢得更大主动权，立于不败之地。④ 面对霸权主义强权政治的新表现，主张继续维护五项基本原则和联合国权威和作用，推动建立新秩序⑤；倡导严格遵循国际基本准则，国家之间平等、商量解决国际事务的原则，坚持国际经济交往，坚持平等互利、共同发展；坚决反对在经济全球化中谋求特权、损害别国利益，进行附加政治条件的经济合作和形形色色的贸易保护主义等行为⑥。

---

① 江泽民文选：第 1 卷［M］．北京：人民出版社，2006：88.
② 江泽民文选：第 1 卷［M］．北京：人民出版社，2006：135.
③ 江泽民文选：第 2 卷［M］．北京：人民出版社，2006：113.
④ 江泽民文选：第 2 卷［M］．北京：人民出版社，2006：327.
⑤ 江泽民文选：第 2 卷［M］．北京：人民出版社，2006：402.
⑥ 江泽民文选：第 2 卷［M］．北京：人民出版社，2006：406.

（5）防范各种风险，保证社会主义中国立于不败之地

为了保证中国不被和平演变，以江泽民为代表的党和国家领导人多次讲话提出要注意防范各种风险，树立风险意识。在1998年2月26日召开的十五届二中全会上，江泽民就防范风险问题指出："要清醒地认识到，国际上不可测的因素很多，发生可以预料和难以预料的种种风险不足为怪。关键在于我们自身是否具有足够的承受和抵御风险的能力。这次金融风波的冲击，我们顶住了。这证明改革开放二十年形成的基础使我们具有相当的承受和抵御风险的能力。""坚持改革开放，继续开拓前进，不断增强承受和抵御风险的能力，我们就一定能够立于不败之地。"①

4. 建立国际新秩序，树立"新安全观"话语

20世纪90年代以来，以江泽民为代表的党和国家领导人继续为建立国际政治经济新秩序而努力。在理论上不断丰富其内涵，在政治、经济、文化、安全、对话与合作等方面提出全面的"新安全观"，对建立国际政治经济新秩序提出更具有针对性、操作性的方案。

（1）建立公正合理的国际政治经济新秩序

20世纪90年代以来，国际社会存在两种国际新秩序观。以美国为代表，倡导建立国际新秩序，表现在1991年4月13日，美国总统布什提出"世界新秩序"的四项原则中。这四项原则即"和平解决争端，团结一致反对侵略，减少和控制武器，公正对待所有国家的人民"。8月13日，美国总统布什在国家安全战略报告中明确提出要按照美国的价值观建立"世界新秩序"。显然，美国的"世界新秩序"是以霸权主义、强权政治为主导的新秩序。

中国倡导建立公正合理的国际新秩序，这一新秩序观是在坚持毛泽东有关思想、邓小平关于建立国际新秩序的原则及话语基础上，根据新的历史条件，不断丰富其新内涵的国际新秩序观。1992年10月，党的十四大报告重申了"建立国际新秩序"的五点主张：在和平共处五项原则的基础上建立和平、稳定、公正、合理的国际新秩序；建立平等互利的国际经济新秩序和尊重多样性、国际关系民主化的国际政治新秩序；解决国际争端用协商方式；建立国际新秩序是长期的任务；建立国际新秩序要充分发挥联合国的作用。②

十四大以来，中国不遗余力地推动建立国际新秩序，推动联合国改革机制，以期更好地发挥联合国作用，使其权威性得到尊重。1995年10月24日，江泽

① 江泽民文选：第2卷［M］．北京：人民出版社，2006：105，106.

② 江泽民文选：第1卷［M］．北京：人民出版社，2006：243.

民在美国纽约联合国总部举行的联合国成立五十周年特别纪念会议上发表讲话，对发挥联合国作用并改革其机制提出建议："本着公平、合理、充分协商的精神，经过认真酝酿和讨论，对联合国进行必要的适当的改革。这种改革，应该有利于实现联合国宪章的宗旨和原则，有利于完成时代赋予联合国的繁重任务，有利于体现地区均衡原则，有利于增强第三世界国家在联合国的地位和作用。"① 2000 年 9 月 6 日，在联合国千年首脑会议上江泽民继续就改革联合国机制使之体现各会员国特别是广大发展中国家的意志提出建议。十六大报告对建立公正合理的国际政治经济新秩序的表述，使建立国际新秩序的内涵变得更为丰富全面。十六大报告指出：

> 各国政治上应相互尊重，共同协商，而不应把自己的意志强加于人；经济上应相互促进，共同发展，而不应造成贫富悬殊；文化上应相互借鉴，共同繁荣，而不应排斥其他民族的文化；安全上应相互信任，共同维护，树立互信、互利、平等和协作的新安全观，通过对话和合作解决争端，而不应诉诸武力或以武力相威胁。反对各种形式的霸权主义和强权政治。中国永远不称霸，永远不搞扩张。②

（2）树立新安全观

20 世纪 90 年代以来，以江泽民为代表的党和国家领导人提出了"树立新安全观"，使建立国际新秩序话语增添了更有针对性、操作性的时代性内容。1999 年 3 月 26 日，江泽民访问瑞士期间在日内瓦裁军谈判会议上对新安全观进行阐释。首先，强调旧的安全观已经不适应当前国际局势和国际安全。"历史告诉我们，以军事联盟为基础、以加强军备为手段的旧安全观，无助于保障国际安全，更不能营造世界的持久和平。这就要求必须建立适应时代需要的新安全观，并积极探索维护和平与安全的新途径。"其次，阐释"新安全观"包含核心内容、政治基础、经济保障、解决争端途径等内容。"新安全观的核心，应该是互信、互利、平等、合作。各国相互尊重主权和领土完整、互不侵犯、互不干涉内政、平等互利、和平共处五项原则以及其他公认的国际关系准则，是维护和平的政治基础。互利合作、共同繁荣，是维护和平的经济保障。建立在平等基础上的对话、协商和谈判，是解决争端、维护和平的正确途径。只有建立新的安全观和公正合理的国际新秩序，才能从根本上促进裁军进程的健康发展，使世界和

---

① 江泽民文选：第 1 卷［M］. 北京：人民出版社，2006：482.
② 江泽民文选：第 3 卷［M］. 北京：人民出版社，2006：566－567.

平与国际安全得到保障。”再次，指出裁军的目的在于维护世界普遍安全。“裁军的目的在于增进安全，而安全必须是各国的普遍安全。国家无论大小、贫富、强弱，都有享受安全的平等权利。如果广大发展中国家得不到安全，整个世界也就不可能安宁。裁军不应成为强国控制弱国的工具，更不应成为少数国家优化军备，进而谋求单方面安全优势的手段。只裁别人的不裁自己的，边裁边扩，甚至为了所谓自身安全而牺牲他国安全；或者只要求别国严格履约，自己却将国内法凌驾于国际法之上为所欲为，这种搞双重标准的做法是对国际裁军努力的嘲弄，有悖于裁军的根本宗旨和目标。”①

2001 年 6 月 15 日，江泽民在上海合作组织成立大会上讲话，指出，“‘上海五国’进程，是当代国际关系中一次重要的外交实践。它首倡了以相互信任、裁军和合作安全为内涵的新型安全观，丰富了由中俄两国始创的以结伴而不结盟为核心的新型国家关系，提供了以大小国共同倡导、安全先行、互利协作为特征的新型区域合作模式。它所培育出来的互信、互利、平等、协作，尊重多样文明，谋求共同发展的‘上海精神’，不仅是五国处理相互关系的经验总结，而且对推动建立公正的国际政治经济新秩序也具有重要的现实意义。”②

5. 尊重多样性，推动国际关系民主化话语

20 世纪 90 年代以来，随着经济全球化和政治多级化趋势下各国相互依存，共同面对和解决全球性问题的合作越来越明显，要求尊重多样性，推动国际关系民主化的呼声日益高涨。以江泽民为代表的党和国家领导人顺应世界潮流，以尊重多样性、推动国际关系民主化话语不断丰富和平发展合作新话语的内涵及外延。

（1）世界是多样的，各国道路模式选择应该得到尊重

各种文化应该交流互鉴、取长补短、共享人类文明成果。1993 年 11 月 19 日，江泽民在美国西雅图出席亚太经济合作组织第一次领导人非正式会议期间，同美国总统克林顿举行正式会晤时指出，世界上“有上千个民族、二百多个国家和地区，所处的自然环境不同，社会发展经历各异，形成了多种多样的生活方式、价值观念、宗教信仰和文化传统。各国人民根据各自国情，选择符合本国实际情况的社会制度和发展模式，制定行之有效的法律和政策，是合情合理的，应该受到尊重。世界这样丰富多彩，是件好事，并不是坏事。各国和各种文化应该也可以相互交流、学习借鉴、取长补短，共享人类文明成果。”“历史

① 江泽民文选：第 2 卷［M］. 北京：人民出版社，2006：313－314.
② 江泽民文选：第 3 卷［M］. 北京：人民出版社，2006：257－258.

经验特别是近百年的历史经验一再告诫人们，强求一种模式的后果是严重的，总会引起对抗、动乱甚至战争。”“世界多样性是客观存在，应该正视它、适应它。这就要求各国相互尊重，互不干涉内政，平等相待，求同存异，和平共处，发展合作。只有这样，才有可能维持持久的和平与稳定，为各国共同发展创造必要的国际环境。”① 2000 年 9 月 6 日，江泽民在联合国千年首脑会议上讲话就尊重多样性再次强调，“世界上也不能只有一种文明、一种社会制度、一种发展模式、一种价值观念。各个国家、各个民族都为人类文明的发展作出了贡献。应充分尊重不同民族、不同宗教、不同文明的多样性。世界发展的活力恰恰在于这种多样性的共存。应本着平等、民主的精神，推动各种文明相互交流、相互借鉴，以求共同进步。”② 2001 年 7 月 17 日，江泽民访问俄罗斯期间在莫斯科罗蒙诺索夫大学演讲时说，“世界是丰富多彩的。各国文明的多样性，是人类社会的基本特征，也是人类文明进步的动力。世界各种文明和社会制度，应该长期共存，在竞争比较中取长补短，在求同存异中共同发展。”③ 2002 年 4 月 2 日，江泽民访问德国期间在德国外交政策协会演讲时说，“一个和平共处、共同发展的世界，只能是一个各种文明相互交汇、相互借鉴，所有国家平等相待、彼此尊重，充满活力而又绚丽多彩的世界。”④ 2002 年 10 月 14 日，江泽民会见联合国秘书长安南时就“怎么看不同文明之间的关系”指出，“不同文明有历史长短之分，无优劣高下之别。文明的差异不是世界冲突的根源，而应是世界交流的起点。”⑤

主张“和而不同”。江泽民借用中国传统文化中的“和合”思想，主张人类和谐相处。2002 年 10 月 24 日，江泽民访问美国期间在得克萨斯州大学城乔治·布什总统图书馆演讲时指出，“和而不同，是社会事物和社会关系发展的一条重要规律，也是人们处世行事应该遵循的准则，是人类各种文明协调发展的真谛。”⑥ 2003 年 7 月 21 日，江泽民在会见英国首相布莱尔时从历史与现实的维度对“和”的思想做了进一步阐释。在列举中英两国先哲留下的关于“和”的著名诗句后指出，“他们虽然生活在不同时代，但对‘和’的思想有着跨越时空的共识。这说明，和平对人类社会十分重要。”面对当今时代，消除贫困、保

① 江泽民文选：第 1 卷［M］. 北京：人民出版社，2006：331.
② 江泽民文选：第 3 卷［M］. 北京：人民出版社，2006：110.
③ 江泽民文选：第 3 卷［M］. 北京：人民出版社，2006：311.
④ 江泽民文选：第 3 卷［M］. 北京：人民出版社，2006：474.
⑤ 江泽民文选：第 3 卷［M］. 北京：人民出版社，2006：520.
⑥ 江泽民文选：第 3 卷［M］. 北京：人民出版社，2006：522.

护环境等全球性问题，强调“和而不同”“海纳百川，有容乃大”，使世界充满生气，具有重要意义。“在当今世界上，我们提倡‘和’，也就是说，各国应当在政治上互相尊重，经济上互相促进，文化上互相借鉴。这将有利于世界的和平与发展。”①

（2）推动国际关系民主化

在2000年9月6日联合国千年首脑会议上，江泽民就推动国际关系民主化指出，“要在国际事务中提倡和贯彻民主原则”。强调“世界上所有的国家，无论大小、强弱、贫富，都是国际社会中的平等的一员，都有参与和处理国际事务的权利。各国主权范围内的事情只能由本国政府和人民去管，世界上的事情只能由各国政府和人民共同商量来办。这是处理国际事务的民主原则。在当今时代，世界的命运必须由各国人民共同来掌握。”② 2002年4月2日，江泽民访问德国期间在德国外交政策协会演讲时就国际社会共同面对的全球性问题，进一步推动国际关系民主化提出见解。“历史已反复证明，全球性问题需要各国共同解决、全球性挑战需要各国合作应对。任何一个国家和一种力量，都不可能也没有能力来独自完成这个任务。国家不分大小、强弱、贫富，都是国际社会中的平等的一员。各国的事情要由各国人民做主，国际上的事务要由各国平等协商。在事关世界和地区和平的重大问题上，应该按照联合国宪章的宗旨和原则以及公认的国际关系基本准则，坚持通过协商谈判和平解决争端。”③

6. 加入世界贸易组织，在激烈的国际竞争中掌握主动权话语

加入世界贸易组织是中国融入国际社会秩序的重要表现。在世界贸易组织中掌握主动权，就成为中国成功融入国际秩序和全球化的重要标志。20世纪90年代以来，中国为加入世界贸易组织不懈努力。世界贸易组织1995年成立，于次年取代关贸总协定，中国从1986年提出恢复关贸总协定缔约国地位，到2001年正式加入世界贸易组织，经历了15年的艰辛谈判。整个谈判过程充满激烈的经济斗争和严峻的政治较量。由于中国经济的快速发展和市场潜力的巨大，以及中国日益增加的国际分量和国际地位，最终谈判取得成功。加入世界贸易组织在激烈的国际竞争中掌握主动权话语，就成为指导中国加入这一国际经济组织，以更加主动的姿态扩大对外开放，提高中国国家实力和国际竞争力的重要理论指引。

① 江泽民文选：第3卷［M］. 北京：人民出版社，2006：523-524.
② 江泽民文选：第3卷［M］. 北京：人民出版社，2006：110.
③ 江泽民文选：第3卷［M］. 北京：人民出版社，2006：474.

（1）加入世界贸易组织对中国和世界都具有重要意义

加入世界贸易组织，在激烈的国际竞争中掌握主动权话语，包含着对中国加入世界贸易组织的机遇和有利条件的深刻认识。江泽民指出，“加入世界贸易组织，是我国改革开放进程中具有历史意义的一件大事”①，其“核心的问题就是要在激烈的国际竞争中掌握主动”②。“对我国更好地参与国际经济合作具有积极意义”③，对世界而言“没有中国的参与，世界贸易组织是不完整的”④。对中国而言有利条件具体表现在：“有利于我们按照国际通行规则办事，改善我国经济发展的外部环境，直接参与国际经济规则的制定，维护我国利益；有利于我国根据国际市场竞争的要求，加快经济结构调整和科技进步，提高产业和产品的竞争力，提高国民经济整体素质和竞争力；有利于我们建立一套适应国际通行做法的外经贸法治体系，促进在经济工作中依法办事，促进社会主义市场经济发展；有利于我们在更大范围、更广领域、更高层次上参与国际经济技术合作，改善我国的贸易投资环境，增加贸易机会，增强对外资的吸引力，更有效地利用国内国外两个市场、两种资源，发挥比较优势，把我国对外开放提高到一个新水平；有利于海峡两岸实现‘三通’，特别是解决通商问题，促进两岸经贸关系进一步发展。”⑤ 因此，成功加入世贸组织是中国积极融入国际社会的重要创新性成果，是以江泽民为代表的党和国家领导人做出的重要贡献。

（2）遵守国际规则，创造市场经济有利条件

加入世界贸易组织在激烈的国际竞争中掌握主动权话语，包含着积极遵守国际规则、不断扩大改革开放、创造市场经济的有利条件等内容。2001 年 10 月 21 日，江泽民在上海举行的亚太经济合作组织第九次领导人非正式会议上讲话说，“加入世界贸易组织以后，中国将严格遵守国际通行的市场规则，实行公开、透明、平等的贸易和投资政策，进一步推动全方位、多层次、宽领域的对外开放。”⑥ 2002 年 2 月 25 日，江泽民在中共中央举办的省部级主要领导干部专题研究班上讲话指出，“世界贸易组织的一些基本原则，如非歧视性、透明度、公平竞争、开放市场等，都是建立在市场经济基础上的。因此，我们扩大

---

① 江泽民文选：第 3 卷［M］. 北京：人民出版社，2006：442.
② 江泽民文选：第 3 卷［M］. 北京：人民出版社，2006：443.
③ 江泽民文选：第 2 卷［M］. 北京：人民出版社，2006：426.
④ 江泽民文选：第 3 卷［M］. 北京：人民出版社，2006：443.
⑤ 江泽民文选：第 3 卷［M］. 北京：人民出版社，2006：451.
⑥ 江泽民文选：第 3 卷［M］. 北京：人民出版社，2006：350 – 351.

开放，加入世界贸易组织，首先要创造市场方面的有利条件。”①

（3）不拿国家利益做交易

加入世界贸易组织，在激烈的国际竞争中掌握主动权话语，坚守政治底线，不拿国家利益做交易。江泽民指出，中国需要加入世界贸易组织，但只能接受与我国经济发展水平相适应的谈判条件。“如果加入世界贸易组织有损我国的根本利益和国家安全，那还加入它干什么！”我们“决不会为了加入世界贸易组织，拿国家的利益和安全做交易。这就是我们的政治底线”②。

（4）掌握斗争方法，趋利避害，迎接机遇与挑战

江泽民指出，“世界贸易组织是一个国际经济组织，可以说是一个经济联合国。一方面，这个机构是以中立身份解决贸易争端的多边经贸机构。另一方面，世界贸易组织的各成员方特别是发达国家，都希望通过制定有利于自己的规则，使本国本地区在国际经济贸易和技术交流中获得最大利益。各成员方出于各自的利益走到一起，同时又是各打各的算盘”。“要在这样一个机构中维护我们的利益，也不是一件容易的事情。”“我们要在世界贸易组织的大框架下，进一步深入研究、统筹规划、巧于应对、趋利避害。”③ 加入世界贸易组织后我国面临新的挑战，诸如对我国某些产业和企业竞争力的挑战、对我国政府管理体制和管理方式的挑战、对人才的挑战等。江泽民强调要善于趋利避害，实现转化。他说，“机遇和挑战，利和弊，都是相对的，在一定条件下可以相互转化。”“能否抓住机遇、有力应对挑战，关键要看我们的工作是否得力，我们的应对措施是否得当。”④ 江泽民告诫全党要迎接挑战，善于学习，提高能力，做好工作。

（5）实施“引进来”与“走出去”战略

加入世界贸易组织要求中国在更大范围、更广领域、更高层次上加大对外开放。因此，以江泽民为代表的中国领导人提出了实施“引进来”与“走出去”战略。这一战略也成为加入世界贸易组织、在激烈的国际竞争中掌握主动权话语的重要组成部分。所谓“走出去”就是组织我国有实力的企业走出去，到国外投资办厂，开拓国外投资市场，弥补我国经济发展过程中国内资源和市场不足，在更广阔的空间里进行经济结构调整和资源优化配置，更好地参与经济全球化趋势下的国际竞争，不断增强我国经济发展的动力和后劲。1996 年 5

① 江泽民文选：第 3 卷［M］. 北京：人民出版社，2006：445.

② 江泽民文选：第 3 卷［M］. 北京：人民出版社，2006：446.

③ 江泽民文选：第 3 卷［M］. 北京：人民出版社，2006：449.

④ 江泽民文选：第 3 卷［M］. 北京：人民出版社，2006：455.

月，江泽民访问了非洲六国。7月26日，他在河北唐山市考察工作时就提出了“走出去”战略，指出，“要加紧研究国有企业如何有重点有组织地走出去，做好利用国际市场和国外资源这篇大文章。”① 1997年12月24日，江泽民在会见全国外资工作会议代表时进一步明确“引进来”与“走出去”战略。他说，“我们不仅要积极吸引外国企业到中国投资办厂，也要积极引导和组织国内有实力的企业走出去，到国外去投资办厂，利用当地的市场和资源。视野要放开一些，既要看到欧美市场，也要看到广大发展中国家的市场。”“‘引进来’与‘走出去’，是我们对外开放基本国策两个紧密联系、相互促进的方面，缺一不可。这个指导思想一定要明确。现在，国际竞争这样激烈，无论从目前搞活国有企业还是从我国经济的长远发展来看，非这样做不可。”“关键是要有领导有步骤地组织和支持一批国有大中型骨干企业走出去，形成开拓国外投资市场的初步规模。这是一个大战略，既是对外开放的重要战略，也是经济发展的重要战略。”② 1998年2月26日，江泽民在十五届二中全会上指出：“在积极扩大出口的同时，要有领导有步骤地组织和支持一批有实力有优势的国有企业走出去，到国外主要是到非洲、中亚、中东、东欧、南美等地投资办厂。”③ 2002年2月25日，江泽民在中共中央举办的省部级主要领导干部专题研究班上讲话指出，“实施‘走出去’战略，是把对外开放推向新阶段的重大举措，是更好地利用国内国外两个市场、两种资源的必然选择，是逐步形成我们自己的大型企业和跨国公司的重要途径。”“‘引进来’和‘走出去’是对外开放的两个轮子，必须同时转动起来。”④ 加入世界贸易组织、在激烈的国际竞争中掌握主动权话语不仅让中国在加入世界贸易组织后学会了国际贸易及市场经济规则，壮大了经济实力和综合国力，在激烈的国际竞争中赢得了主动权，而且使中国顺利跨入21世纪全面建设小康社会的新时期。

7. 建设不同类型的“伙伴”关系思想

2001年10月31日，江泽民对中国建设不同类型的“伙伴”关系的外交实践进行了总结，展现了江泽民十多年来，摈弃“结盟模式”，以建设“伙伴”关系的新思维成功指引中国展现大国外交风采。建设不同类型的“伙伴”关系新思维表现为：

---

① 江泽民文选：第2卷［M］. 北京：人民出版社，2006：94.
② 江泽民文选：第2卷［M］. 北京：人民出版社，2006：92.
③ 江泽民文选：第2卷［M］. 北京：人民出版社，2006：105.
④ 江泽民文选：第3卷［M］. 北京：人民出版社，2006：456－457.

(1) 着眼于世界战略格局运筹大国关系。中国紧紧抓住美国、日本、俄罗斯、欧盟等大国建立各种大国"伙伴"关系，特别是与美国建立了建设性战略伙伴关系，与俄罗斯建立了战略协作伙伴关系，与日本建立了"友好合作伙伴关系"，使中国保持了与大国的全面、稳定、均衡的良好发展态势。(2) 着眼于地缘战略态势，积极经略周边。在"伙伴"关系新思维指引下，中国全面发展同周边国家的睦邻友好合作关系。"我国周边安全环境处于新中国成立以来较好的时期。我国已同除不丹以外的所有邻国建立或恢复了外交关系，同一些周边国家建立了各种不同类型的伙伴关系，解决了大量历史遗留问题。"① 无论是东亚还是南亚、中亚，中国领导人都进行了战略谋划，把东亚作为重点地区，把南亚和中亚作为我国周边安全的两个重要侧翼，改善与这些国家的友好合作关系。(3) 着眼于扩展战略空间，大力开展多边外交，包括积极参与联合国事务、地区性事务如亚太经合组织和亚欧会议，东盟地区论坛的多边安全对话以及中国—东盟、东盟—中日韩区域合作机制的活动。成功建立了"上海五国"机制、成立博鳌亚洲论坛、成功举办了第三届亚欧外长会议，完成了加入世界贸易组织的谈判，实现了"上海五国"会晤机制向区域性多边合作组织的转变，即建立了上海合作组织。由于中国坚持"伙伴"关系新思维，不断"加强多边外交，主动参与国际体系的改造和调整，努力在多边层面上开展对外工作，不断扩大同各个方面的合作，增加彼此间的共识"②，使中国迎来了新中国历史上的第四个建交高潮，见证了中国独立自主和平发展合作新话语的正确性和引导性。

三、以胡锦涛为代表的中国共产党领导人推动构建"和谐世界"新话语的接续发展

进入21世纪，人类社会继续在两条道路、两种秩序观、两种文明观的博弈下前行。以美国为代表的西方国家继续奉行霸权主义和强权政治，维护由其主导的国际社会秩序，抑制多极化，维护单极世界，实行文化霸权主义，强力推行西方的价值观。但以美国为代表的西方帝国主义国家也遭遇了"9·11"恐怖主义袭击、2008年严重的金融危机等影响极大的事件，人类面临的各种灾难和危机已经不是一个国家所能解决的。在全球化趋势下，维护和平、制约战争、牵制霸权的因素也在继续增长。特别是中国在21世纪初正式加入世界贸易组织，融入现行资本主义主导的国际社会体系。在全球化发展趋势下，中国借助

① 江泽民文选：第3卷［M］. 北京：人民出版社，2006：353－354.
② 江泽民文选：第3卷［M］. 北京：人民出版社，2006：355.

自己的优势资源迅速获得发展，取得了举世瞩目的重大成就，形成了国际社会公认的“中国模式”。这使中国与世界的关系发生深刻变化。正如2007年10月15日党的十七大报告指出的那样，“当代中国同世界的关系发生了历史性变化，中国的前途命运日益紧密地同世界的前途命运联系在一起。”① 中国对世界经济增长的贡献率迅速、稳步地上升，在多边外交舞台上展现了良好形象，影响力日益提高，成为维护世界和平，促进共同发展的重要力量。和平、发展、合作潮流下，两种制度、两种秩序观的博弈继续向着更加有利于人类公平、正义、和平发展的方向演进。

以胡锦涛为代表的党和国家领导人，坚持以科学的世界观和方法论审视国际局势和中国发展大势，在做出“世界多极化趋势继续发展，但单极还是多极的斗争依然深刻复杂”“经济全球化趋势继续发展，但国际经济竞争依然深刻复杂”“不同文明交流继续发展，但国际思想文化领域的斗争依然深刻复杂”“国际战略安全形势总体稳定态势继续发展，但人类面临的安全挑战依然深刻复杂”“国际协调合作继续发展，但围绕国际秩序的斗争依然深刻复杂”② 这“五个继续发展”“五个深刻复杂”的判断下，以机遇与挑战并存但机遇大于挑战、要紧紧抓住重要战略机遇期的观点回应国际社会发展趋势。坚持“和平与发展仍然是时代主题，求和平、谋发展、促合作已经成为不可阻挡的时代潮流”③ 的观点，坚持“各国人民的命运从未像今天这样紧密相连、休戚与共”④ 的论断，坚持以往中国共产党对于和平发展合作、尊重多样性、推动国际关系民主化、建立公正合理国际政治经济新秩序、在世界贸易组织中不断增强竞争力并掌握主动权等话语思想，坚持反对霸权主义强权政治，在国际社会主持公道，站在正义立场，积极推动经济全球化、世界多极化、国际关系民主化、发展模式多样化的发展。同时，根据时代新特点，提出构建“和谐世界”思想和走和平发展道路理论，对互利共赢的对外开放战略进行深入思考，对“新安全观”有了新认识。这些新观点、新思考，是21世纪以胡锦涛为代表的党和国家领导人对和平共处思想的新发展，是推动建立公正合理的国际政治经济新秩序的新话语和新表达，体现了中国参与全球治理的积极建设者的国际形象。

（一）关于构建“和谐世界”的思想

构建“和谐世界”思想，是中国共产党第四代领导集体的创新性理论成果，

---

① 胡锦涛文选：第2卷［M］. 北京：人民出版社，2016：650.

② 胡锦涛文选：第2卷［M］. 北京：人民出版社，2016：503－506.

③ 胡锦涛文选：第2卷［M］. 北京：人民出版社，2016：649.

④ 胡锦涛文选：第2卷［M］. 北京：人民出版社，2016：356.

是“中国模式”发展创新在世界产生重要影响、中国参与全球治理实践的重要体现，是中国展现良好国际形象的标志性话语，是中国推动不合理、不公正的国际秩序持续变革的重要思考。2003 年 12 月 10 日，温家宝在美国哈佛大学发表“把目光投向中国”的演讲，向国际社会阐释了中国传统文化中的“和谐思想”①。2004 年 10 月 14 日，中俄关于《中华人民共和国与俄罗斯联邦联合声明》，提出中俄两国“愿同各国一道，为建立一个和平、发展、和谐的世界，实现公正合理的国际政治经济新秩序而不懈努力”②，以中俄两国声明的方式提出“和谐的世界”一词。2005 年 4 月 22 日，胡锦涛在雅加达亚非峰会上发表演讲，首次面向全世界提出了“共同构建一个和谐世界”理念。2005 年 9 月 9 日，上海举行的第二十二届世界法律大会通过《上海宣言》重申了“通过法治构建国际和谐社会”主题，标志着“和谐世界”理念得到了国际社会认可。2005 年 9 月 15 日，胡锦涛在美国纽约举行的联合国成立六十周年首脑会议上，以《努力建设持久和平共同繁荣的和谐世界》为题发表讲话，对“和谐世界”的内涵，构建“和谐世界”的重要性、如何构建“和谐世界”等内容进行了阐释。2006 年 8 月 21 日，胡锦涛在中央外事工作会议上，进一步对建设“和谐世界”的本质及其必然性、重要性、建设“和谐世界”遵循的原则等问题进行论述，并将构建“和谐世界”确立为新时期中国外交的指导方针和政策原则。2007 年 10 月 15 日，党的十七大报告对实现“和谐世界”的重大意义及推进路径从政治、经济、文化、安全、生态五个方面进行完整概述。2009 年 7 月 17 日，胡锦涛在第 11 次驻外使节会议上讲话，就坚持推动建设“和谐世界”，不断提高中国软实力提出重要观点。中国国务院新闻办公室先后对外发布 2005 年 12 月《中国的和平发展道路》白皮书、2011 年 9 月《中国的和平发展道路》白皮书，全面系统地阐述了“建设持久和平与共同繁荣的和谐世界”思想、方针政策及途经，展现了中国积极建设国际社会的良好形象。

构建“和谐世界”思想包含着丰富的内容，其基本内涵反映中国推动建立公正合理的国际政治经济新秩序的实质内容；对必要性、重要性的思考体现对世界各国人民共同心愿和中国人民根本利益的关照；对建构路径的思考体现出了为推动建立公正合理的国际新秩序的“和谐世界”提出具有可操作性的方案战略对策；对中国作为“和谐世界”理念的首创国和构建“和谐世界”的推动者、建设者的阐释，回应了 21 世纪以来伴随中国的全面发展而产生的对中国的

① 温家宝. 把目光投向中国［N］. 人民日报，2003－12－11.

② 中华人民共和国与俄罗斯联邦联合声明［N］. 人民日报，2004－10－15.

各种误解和质疑，表达了中国和平发展、共同发展的心愿和立场。

1. 关于构建“和谐世界”的基本内涵与基本特征

“建设持久和平与共同繁荣的和谐世界”话语内在地包含着持久和平、共同繁荣、普遍安全、生态环保等含义，包含着“民主、和睦、公正、包容”等基本特征。2005 年 12 月，国务院新闻办公室发布的《中国的和平发展道路》白皮书指出，“中国认为，和谐世界应该是民主的世界，和睦的世界，公正的世界，包容的世界。”民主、和睦、公正、包容的“和谐世界”就是强调“坚持民主平等，实现协调合作”“坚持和睦互信，实现共同安全”“坚持公正互利，实现共同发展”“坚持包容开放，实现文明对话”①。胡锦涛说，构建“和谐世界”致力于实现“各国和谐共处”“全球经济和谐发展”“不同文明和谐进步”②，因而体现了与建立公正合理的国际政治经济新秩序本质的一致性。“我们提出推动建设持久和平、共同繁荣的和谐世界，同推动建立公正合理的国际政治经济新秩序实质上是一致的。”③

2. 关于推动建设“和谐世界”的必要性、重要性

构建“和谐世界”话语是站在 21 世纪初世界发展的时空交汇点，对世界格局和国际秩序建设深层思考的结果。既体现了世界各国人民共同心愿，也反映了中国人民的根本利益，是中国实现和平发展的重要条件和走和平发展道路追求的崇高目标体现。胡锦涛在多个场合对推动建设“和谐世界”的重要性及必要性进行了论述。他说，“推动建设一个什么样的世界，是关系我国实现和平发展的大问题，也是关系世界格局和国际秩序的大问题。”“推动建设和谐世界，符合我国根本利益，也反映了各国人民共同愿望”“是我们坚持走和平发展道路的必然要求，也是我们实现和平发展的重要条件”④“是中国走和平发展道路的崇高目标”⑤。

构建“和谐世界”话语不仅强调了世界的共同利益，要求各国携手合作共同构建；而且特别指明对于中国而言，是中国和平发展的目标，是中国主动参与国际社会建设发展的良好国际形象展现。胡锦涛指出，“举和谐世界这面旗

---

① 中华人民共和国国务院新闻办公室．中国的和平发展道路［N］．人民日报，2005－12－22.

② 胡锦涛文选：第 2 卷［M］．北京：人民出版社，2016：445.

③ 胡锦涛文选：第 2 卷［M］．北京：人民出版社，2016：515.

④ 胡锦涛文选：第 2 卷［M］．北京：人民出版社，2016：515，516.

⑤ 中华人民共和国国务院新闻办公室．中国的和平发展道路［N］．人民日报，2005－12－22.

帜，可以生动体现我国外交宗旨，宣示我国外交理念，展示我国外交特色和风格，展现我国文明、公正、民主、进步的国际形象，有利于我国在深刻变动的世界格局和国际形势中争取战略主动"① "也有利于我国占据国际道义制高点、提升我国软实力"。由于"和谐世界"话语关照到人类未来的发展方向，是中国反对霸权主义、强权政治，推动建立公正合理的国际政治经济新秩序的表达，是中国参与全球治理贡献的基本观点，因而得到了国际社会日益广泛的理解和认同。"近年来经过我们积极倡导和努力实现和谐世界理念，得到国际社会越来越广泛的理解和认同。"② 体现了中国为日益提升软实力增强社会主义中国在国际社会的竞争力所做的努力。

3. 关于如何构建"和谐社会"的路径思考

构建"和谐世界"话语主张在现有秩序下，在尊重联合国及其法律规范的前提下，本着民主、和睦、协作、共赢精神，从政治、经济、文化、安全、生态五个方面建设"和谐世界"，这就提供了可操作的实践路径。"我们主张，各国人民携手努力，推动建设持久和平、共同繁荣的和谐世界。为此，应该遵循联合国宪章宗旨和原则，恪守国际法和公认的国际关系准则，在国际关系中弘扬民主、和睦、协作、共赢精神。政治上相互尊重、平等协商，共同推进国际关系民主化；经济上相互合作、优势互补，共同推动经济全球化朝着均衡、普惠、共赢方向发展；文化上相互借鉴、求同存异，尊重世界多样性，共同促进人类文明繁荣进步；安全上相互信任、加强合作，坚持用和平方式而不是战争手段解决国际争端，共同维护世界和平稳定；环保上相互帮助、协力推进，共同呵护人类赖以生存的地球家园。"③ 构建"和谐世界"话语强调建构的长期性和现实性，"既是一个长期目标，又是一项现实任务。"④ 强调有原则的斗争性，是对不公正、不合理的国际政治经济旧秩序依然十分强大的清醒认识。"推动建设和谐世界，绝不是说在国际上不讲原则，放弃斗争，既需要通过对话和合作来促进，也需要通过必要的斗争来争取。"⑤

4. 中国是和谐世界理念的首创国，也是和谐世界构建的推动者建设者

构建"和谐世界"话语强调中国是"和谐世界"理念的首创国，也是"和

① 胡锦涛文选：第2卷［M］. 北京：人民出版社，2016：516.

② 胡锦涛文选：第3卷［M］. 北京：人民出版社，2016：244.

③ 胡锦涛文选：第2卷［M］. 北京：人民出版社，2016：649－650.

④ 中华人民共和国国务院新闻办公室. 中国的和平发展道路［N］. 人民日报，2011－09－07.

⑤ 胡锦涛文选：第3卷［M］. 北京：人民出版社，2016：245.

谐世界”构建的推动者和建设者，清晰明确地表达了中国不称霸、不走“国强必霸”之路，坚持了中国对于世界演进规律认识的唯物史观立场和作为社会主义国家对世界走向美好未来的执着信念。2005 年 12 月发表的《中国的和平发展道路》白皮书阐释了中国对建构和谐世界做出的努力与贡献。“中国积极推动国际政治经济秩序向公正合理的方向发展，促进国际关系民主化”“中国以实际行动推动与周边地区建立睦邻互信，促进地区安全合作”“中国为处理国际和地区一些热点问题发挥了建设性作用，促进世界共同安全”“中国尽最大努力援助其他发展中国家，促进各国共同发展”“中国不断加强与各种文明之间的交流与对话，促进不同文明相互包容”等等。①。

构建“和谐世界”思想体现出中国的整体观、世界观，为解决全球性问题提供了有针对性和前瞻性的思路和观点。是中国共产党反帝思想在 21 世纪的创新性思考，为推动中国化的马克思主义发展做出了新贡献。

（二）关于坚持和平发展道路理论

和平发展道路理论是以胡锦涛为代表的党和国家领导人，深化和平与发展观念，回应国际社会质疑，阐释中国发展主张而贡献的又一理论成果。以胡锦涛为代表的党和国家领导人继续坚持中国维护世界和平、促进共同发展的宗旨，明确提出中国坚持走和平发展道路，中国绝不走“国强必霸”道路。在概念上从“和平崛起的发展道路”到“和平发展道路”的转变，体现了中国共产党第四代领导集体回应国际社会质疑，以更能被国际社会接受的话语表达中国不称霸、不诉诸武力的和平发展方式。2004 年 4 月 24 日，胡锦涛在“博鳌亚洲论坛”2004 年年会上发表讲演，首次明确提出中国坚持和平发展道路。2005 年 11 月 9 日，胡锦涛在访问英国期间在伦敦金融城市长萨沃里举行的欢迎晚宴上发表演讲，对中国和平发展道路内涵、中国走和平发展道路的历史必然性等问题进行了阐释。2005 年 12 月发表的《中国的和平发展道路》白皮书，对中国走和平发展道路的必然性，中国发展与世界发展的关系及意义、和平发展道路内容、实现和平发展目标采取的战略方针政策措施等问题进行了系统阐述。2011 年 9 月发表的《中国的和平发展道路》白皮书强调，和平发展道路已经上升为中国国家意志，转化为国家发展规划和大政方针，落实在中国发展进程的广泛实践中。

和平发展道路理论包含着丰富的内容，其基本内涵反映中国对“和平、开

---

① 中华人民共和国国务院新闻办公室．中国的和平发展道路［N］．人民日报，2005－12－22.

放、合作、和谐”理念的执着追求以及对实现科学发展、自主发展、开放发展、和平发展、合作发展、共同发展鲜明特征的思考；对必然性的阐释体现了中国顺应国际潮流，反映了中国国情和历史文化传统的必然性和正确选择；对中国和平发展道路意义的思考彰显了中国在复兴进程中对人类追求世界文明进步的尊重，并将中国复兴也作为世界文明进步的一员，对打破“国强必霸”的大国崛起的传统模式具有示范性，表达了中国永远不称霸、通过和平方式发展的坚定立场。

1. 关于和平发展道路内涵及基本特征

和平发展道路内在地包含着“和平、开放、合作、和谐”的思想观点，强调了中国与世界紧密联系的发展关系和走和平发展道路的目标指向。从胡锦涛在2005年11月9日访问英国期间，在伦敦金融城市长萨沃里举行的欢迎晚宴上发表演讲，提出“和平”“开放”“合作”，到2005年12月发表《中国的和平发展道路》白皮书，增加“和谐”一词，和平发展道路内涵清晰地表达了中国在和平、开放、合作下实现和谐世界的和平发展道路目标，体现了中国领导人以“内外和谐”的目标性深化对和平发展道路内涵的认识。“中国将坚定不移地走和平发展道路，努力实现和平的发展、开放的发展、合作的发展、和谐的发展。”“和平、开放、合作、和谐、共赢是我们的主张、我们的理念、我们的原则、我们的追求。走和平发展道路，就是要把中国国内发展与对外开放统一起来，把中国的发展与世界的发展联系起来，把中国人民的根本利益与世界人民的共同利益结合起来。中国对内坚持和谐发展，对外坚持和平发展，这两个方面是密切联系、有机统一的整体，都有利于建设一个持久和平、共同繁荣的和谐世界。”① 2011年9月发表的《中国的和平发展道路》白皮书对和平发展道路进行了全面概括：“从更宽广的世界历史视野看，和平发展道路归结起来就是：既通过维护世界和平发展自己，又通过自身发展维护世界和平；在强调依靠自身力量和改革创新实现发展的同时，坚持对外开放，学习借鉴别国长处；顺应经济全球化发展潮流，寻求与各国互利共赢和共同发展；同国际社会一道努力，推动建设持久和平、共同繁荣的和谐世界。”②

中国和平发展道路理论内在地包含着科学发展、自主发展、开放发展、和

① 中华人民共和国国务院新闻办公室．中国的和平发展道路［N］．人民日报，2005－12－22.

② 中华人民共和国国务院新闻办公室．中国的和平发展道路［N］．人民日报，2011－09－07.

平发展、合作发展、共同发展的鲜明特征。2011 年 9 月发表的《中国的和平发展道路》白皮书指出，和平发展道路“最鲜明的特征是科学发展、自主发展、开放发展、和平发展、合作发展、共同发展”。① 所谓科学发展，就是强调尊重并遵循经济社会和自然发展规律，以经济建设为中心，不断解放和发展社会生产力，坚持以人为本，全面协调可持续发展，统筹兼顾。所谓自主发展，就是坚持独立自主，主要依靠自身力量和改革创新推动经济社会发展，不把问题和矛盾转嫁给别国。所谓开放发展，就是以开放的姿态融入世界，不断拓展对外开放的广度和深度，加强同世界各国的交流合作，完善内外联动、互利共赢、安全高效的开放型经济体系。所谓和平发展，就是把为国家发展营造和平稳定的国际环境作为对外工作的中心任务，绝不搞侵略扩张，永远不争霸、不称霸，始终是维护世界和地区和平稳定的坚定力量。所谓合作发展，就是主张在良性竞争中取长补短，不断寻找合作机会，扩大合作领域，拓展共同利益。坚持以合作谋和平、以合作促发展、以合作化争端，有效应对日益增多的全球性挑战，协力解决关乎世界经济发展和人类生存进步的重大问题。所谓共同发展，就是让更多人分享发展成果，奉行互利共赢的开放战略，坚持自身利益与人类共同利益的一致性，在追求自身发展的同时努力实现与他国发展的良性互动，促进世界各国共同发展，等等。

中国和平发展道路理论内在地包含着永远不称霸的思想。中国和平发展道路话语坚守中国一贯立场，即反对霸权主义，自己永远不称霸。2006 年 8 月 21 日，胡锦涛在中央外事工作会议上进一步指出：“我们向世界郑重宣告，中国坚定不移走和平发展道理，永远不称霸”②。2007 年 10 月，党的十七大再次宣告，“我们坚持把中国人民的利益同各国人民的共同利益结合在一起，秉持公道，伸张正义。我们坚持国家不分大小、强弱、贫富一律平等，尊重各国人民自主选择发展道路的权利，不干涉别国内部事务，不把自己的意志强加于人。中国致力于和平解决国际争端和热点问题，推动国际地区安全合作，反对一切形式的恐怖主义。中国奉行防御性的国防政策，不搞军备竞赛，不对任何国家构成军事威胁。中国反对各种形式的霸权主义和强权政治，永远不称霸，永远不搞扩张。”③

---

① 中华人民共和国国务院新闻办公室．中国的和平发展道路［N］．人民日报，2011－09－07.

② 胡锦涛文选：第 2 卷［M］．北京：人民出版社，2016：511.

③ 胡锦涛文选：第 2 卷［M］．北京：人民出版社，2016：650－651.

2. 关于中国走和平发展道路的必然性及其重大贡献

中国走和平发展道路话语体现中国一贯立场，是顺应世界发展潮流，符合中国现实国情和历史文化传统的必然选择。2005 年 11 月 9 日，胡锦涛在访问英国期间，在伦敦金融城市长萨沃里举行的欢迎晚宴上发表演讲，指出中国走和平发展道路“是基于中国国情的必然选择”“是基于中国历史文化传统的必然选择”“是基于当今世界发展潮流的必然选择”。从现实国情强调“是中国实现国家富强、人民幸福的必由之路”；从历史文化传统强调“中华民族历来讲信修睦、崇尚和平，中华文化历来强调以和为贵的价值观念”①；从当今世界发展潮流强调中国以自己的发展给各国带来了更多的机会和更广阔的市场，中国进一步开放市场和技术出口限制，为建设一个公开、公正、合理、透明、开放、非歧视的国际多边贸易体制而努力，在汇率机制改革、知识产权保护及法律体系的建立健全等方面，为开展国际经济合作创造了更加良好的条件。

中国走和平发展道路的思想彰显中国对人类追求世界文明进步的重要贡献，深刻表达了中国在实现现代化的复兴进程中对人类追求世界文明进步的尊重，并将中国复兴也作为世界文明进步的一员，强调中国对和平发展的信念坚守和承诺。2005 年 12 月发表的《中国的和平发展道路》白皮书指出，“中国的和平发展道路是人类追求文明进步的一条全新道路，是中国现代化建设的必由之路，是中国政府和中国人民的郑重选择和庄严承诺。”“不懈努力争取一个和平的国际环境来发展自己，又以自身的发展促进世界的和平与发展，对中国对世界都有着特别重要的意义。”②

对世界和平和文明进步而言，中国的发展是世界发展的一个组成部分。中国以自己的发展促进世界和平，为人类发展做出贡献。表现在中国为实现人类可持续发展、为减少人类贫困和提高生命质量、为维护世界和平、促进国际合作和世界经济发展、为周边地区稳定发展等方面所做的重要贡献。中国走和平发展道路，“无疑为人类和平与发展的崇高事业增添了极其重要的积极因素。”③对中国复兴而言，强调和平发展才是复兴之道。“历史经验表明，解决中国的发展问题，从根本上要靠中国自己。这既是对中国人民负责，也是对世界人民负责，是保证中国走和平发展道路的一条重要原则。中国不把问题和矛盾转嫁给

---

① 胡锦涛文选：第 2 卷［M］. 北京：人民出版社，2016：381－382.

② 中华人民共和国国务院新闻办公室. 中国的和平发展道路［N］. 人民日报，2005－12－22.

③ 中华人民共和国国务院新闻办公室. 中国的和平发展道路［N］. 人民日报，2005－12－22.

别国，更不通过掠夺别国来发展自己。”“中国今天要走和平发展道路，将来强大了也要走和平发展道路。中国政府和中国人民走和平发展道路的决心是坚定不移的。”① 2011 年 9 月发表的《中国的和平发展道路》白皮书，全面总结了中国在和平发展道路上取得的重要成就，强调中国和平发展的追求“已经上升为中国的国家意志，转化为国家发展规划和大政方针，落实在中国发展进程的广泛实践中。”② 中国走和平发展道路的理论打破并否定了“国强必霸”的大国崛起传统模式及理论逻辑，为世界发展找到了一条新型发展道路。2011 年 9 月发表的《中国的和平发展道路》白皮书强调，和平发展道路“是中国这个世界上最大的发展中国家探索出的一条新型发展道路，随着时间的推移，这条道路已经并将进一步显示出其世界意义”，即打破“国强必霸”的大国崛起的传统模式。中国走和平发展道路理论经受住了时代和实践的检验，证明了其正确性和必然性。“在世界发生翻天覆地变化的今天，无论什么主义、什么制度、什么模式、什么道路，都在经历时代和实践的检验。”③ 中国走和平发展道路理论回应世界各国关切，希望各国理解支持，尊重、相信中国走和平发展道路的正确性及诚意和决心，和中国一起走和平发展道路。

（三）坚持互利共赢的开放战略思想

21 世纪初，中国成为 WTO 世界贸易组织成员方，开始实现中国国内体制与世界规则的全面对接，中国从局部性对外开放转变为全局性对外开放。“互利共赢”的开放战略是以胡锦涛为代表的中国共产党第四代领导集体顺应全球化发展潮流，在更大范围、更广领域和更高层次上参与国际经济技术合作，积极推动经济全球化向有利于各国共同繁荣的方向发展的战略抉择，是实现构建“和谐世界”，走和平发展道路的现实经济路径反映，是体现中国承担发展的国际责任的新思想、新抉择。2005 年 10 月，党的十六届五中全会通过的《中共中央关于制定国民经济和社会发展第十一个五年规划的建议》中，首次明确提出“要实施互利共赢的开放战略”。2005 年 12 月发表的《中国和平发展道路》白皮书对互利共赢的开放战略进行了阐释。2006 年 8 月 21 日，胡锦涛在中央外事工作会议上的讲话中进一步补充丰富了互利共赢的开放战略内涵。经过十七大到十

① 中华人民共和国国务院新闻办公室．中国的和平发展道路［N］．人民日报，2005－12－22.

② 中华人民共和国国务院新闻办公室．中国的和平发展道路［N］．人民日报，2011－09－07.

③ 中华人民共和国国务院新闻办公室．中国的和平发展道路［N］．人民日报，2011－09－07.

八大，互利共赢的开放战略形成了完整新思路。

“互利共赢”的开放战略思想，以“和谐世界”与走和平发展道路为主旨，在兼顾中国国家利益和世界各国利益的基础上实现共同发展；在平等、互利、互惠的基础上同世界各国发展经贸关系；积极参与制定和实施国际经贸规则，与各国共同解决合作中出现的分歧和问题，促进世界经济平衡有序发展。“互利共赢”的开放战略思想，强调“充分利用国际国内两个市场、两种资源，充分运用经济全球化和区域合作提供的各种有利条件，促进国家现代化建设”①，同时也促进“世界经济强劲、可持续、平衡增长”。② “互利共赢”的开放战略思想强调对发展中国家发展的支持和保护，强调通过协商解决经贸冲突与摩擦。“我们支持国际社会帮助发展中国家增强自主发展能力、改善民生，缩小南北差距。我们支持完善国际贸易和金融体制，推进贸易和投资自由化和便利化，通过磋商协作妥善处理经贸摩擦。”③ “互利共赢”的开放战略思想也主张积极有为的国际责任。“作为世界上人口最多的发展中国家，中国把自己的事情办好，本身就是对世界负责任最重要的体现。”中国作为国际社会负责任的国家，将积极发挥建设性作用，“以积极姿态参与国际体系变革和国际规则制定，参与全球性问题治理，支持发展中国家发展，维护世界和平稳定。”④ 随着综合国力的不断增强，中国将力所能及地承担更多国际责任。

（四）防范风险树立新安全观

进入21世纪以来，恐怖主义、金融风险、自然灾害等成为人类不得不面对的重要的非传统安全威胁。以胡锦涛为代表的中国共产党第四代领导集体，不仅关注到“传统安全威胁和非传统安全威胁的因素相互交织”的国际安全威胁新情况，而且将传统安全要素与非传统安全要素综合一体思考，在更高层面上提出“新安全观”，不仅丰富发展了中国共产党以往对“安全”问题思考的观念，而且回应了国际社会对全球安全的关注，为实现“和谐世界”，走好和平发展道路提出了实现全球安全秩序的重要观念。2002年11月中共十六大报告提出了“传统安全威胁和非传统安全威胁的因素相互交织”的观点。2004年中共十六届四中全会通过《中共中央关于加强党的执政能力建设的决定》，提出“坚决防范和打击各种敌对势力的渗透、颠覆和分裂活动，有效防

① 胡锦涛文选：第2卷［M］. 北京：人民出版社，2016：513.

② 胡锦涛文选：第3卷［M］. 北京：人民出版社，2016：652.

③ 胡锦涛文选：第2卷［M］. 北京：人民出版社，2016：651.

④ 中华人民共和国国务院新闻办公室. 中国的和平发展道路［N］. 人民日报，2011－09－07.

范和应对来自国际经济领域的各种风险”，将敌对势力的“渗透、颠覆和分裂活动”和“国际经济领域的各种风险”作为重要的传统安全威胁因素给予重视。2005年12月发表的《中国的和平发展道路》白皮书对以冷战思维为代表的传统安全威胁因素和以恐怖主义活动、金融风险、自然灾害为代表的非传统安全威胁因素进行了综合思考。2004年中共十六届四中全会通过的《中共中央关于加强党的执政能力建设的决定》不仅从传统安全构成要素方面强调经济安全、社会安全、人民安全，从而拓展了传统安全构成要素的内涵外延，而且从非传统安全构成要素方面将文化安全和信息安全等纳入分析框架，从而将传统安全要素与非传统安全要素进行综合一体的思考并提出新安全观，体现出了以胡锦涛为代表的中国共产党第四代领导集体对以往中国共产党关于安全问题认识的新发展。

基于“传统安全威胁和非传统安全威胁相互交织”“传统安全要素与非传统安全要素综合一体思考”的“新安全观”，强调各国携手合作，共同应对全球安全威胁。其主张摒弃冷战思维，以“互信、互利、平等、协作”为核心、建立公平、有效的集体安全机制，防止冲突和战争；通过加强合作，消除和降低恐怖主义活动、金融风险、自然灾害等非传统安全问题的威胁；通过平等协商和谈判解决国际争端或冲突，共同反对侵略别国主权的行径，反对干涉别国内政，反对任意使用武力或以武力相威胁；按照公正、合理、全面、均衡的原则，实现有效裁军和军备控制，防止大规模杀伤性武器扩散，积极推进国际核裁军进程，维护全球战略稳定；强调中国在反恐、军控、防扩散、维和、经贸、发展、人权、司法和环境等方面积极参与国际合作。“新安全观”体现出了对霸权主义、强权政治、新干涉主义的反对，体现出了对人类共同面对的日益增多的各种非传统安全威胁的警觉与防范、体现出了通过和平方式解决国际争端、强调在反恐、军控、防扩散、维和、经贸、发展、人权、司法和环境等方面携手应对共同维护世界普遍安全，强调了中国在维护世界普遍安全上的国际责任。

2011年发表的《中国的和平发展道路》白皮书提出综合安全、共同安全和合作安全，进一步补充丰富了新安全观。所谓综合安全，就是不断扩展安全内涵到更多领域，坚持综合施策、标本兼治，携手应对人类面临的多样化安全挑战。所谓追求共同安全，就是强调国际社会应增强共同安全意识，既要维护本国安全，又要尊重别国安全关切。要摒弃冷战思维和同盟对抗，通过多边合作维护共同安全，协力防止冲突和战争。充分发挥联合国在维护世界和平与安全方面的作用，建立公平有效的共同安全机制。所谓促进合作安全就是以合作谋和平、以合作保安全、以合作化干戈、以合作促和谐，反对动辄使用武力或以武力相威胁。① “新安全观”为走和平发展道路、构建“和谐世界”的安全新秩序提供了基本依据和路径选择。

① 中华人民共和国国务院新闻办公室．中国的和平发展道路［N］．人民日报，2011－09－07.

第五章

十八大以来构建人类命运共同体话语的新内容、新特征

中国特色社会主义进入新时代，中国的角色、地位已经发生了深刻的变化。中国前所未有地走近世界舞台的中央，中国构建公正合理的国际新秩序的责任与使命更加艰巨复杂，中国看待国际社会的立场观点及处理与各国外交关系的原则和实践也更加重要。面对这一新时代世界形势、世界格局的演变，时代主题及特征的变化，以习近平同志为核心的中国共产党准确审视21世纪以来时代主题、世界变化的新特征，资本主义与社会主义的力量对比及其较量，提出了构建人类命运共同体的新话语，以全新的视角和理念倡导变革全球治理体系及模式，建构国际新秩序。

一、构建人类命运共同体话语生成的时代性条件

马克思曾说："问题就是时代的口号，是它表现自己精神状态的最实际的呼声。"① 正如习近平在2017年9月29日主持中共十八届中央政治局第四十三次集体学习时指出的："世界格局正处在加快演变的历史进程之中，产生了大量深刻复杂的现实问题，提出了大量亟待回答的理论课题。这就需要我们加强对当代资本主义的研究，分析把握其出现的各种变化及其本质，深化对资本主义和国际政治经济关系深刻复杂变化的规律性认识。"② 习近平强调把握国际形势要树立正确的历史观、大局观、角色观。所谓正确历史观，就是不仅要看现在国际形势什么样，而且要端起历史望远镜回顾过去、总结历史规律，展望未来、把握历史前进大势。所谓正确大局观，就是不仅要看到现象和细节怎么样，而且要把握本质和全局，抓住主要矛盾和矛盾的主要方面，避免在林林总总、纷纭多变的国际乱象中迷失方向、舍本逐末。所谓正确角色观，就是不仅要冷静分析各种国际现象，而且要把自己摆进去，在我国同世界的关系中看问题，弄清楚在世界格局演变中我国的地位和作用，科学制定我国对外方针政策。习近平指出："要立足时代特点，推进马克思主义时代化，更好运用马克思主义观察

---

① 马克思恩格斯全集：第40卷［M］. 北京：人民出版社，1982：289－290

② 习近平. 习近平谈治国理政：第2卷［M］. 北京：外文出版社，2017：66－67.

时代、解读时代、引领时代，真正搞懂面临的时代课题，深刻把握世界历史的脉络和走向。”① 以习近平同志为核心的新一代领导集体抓住“世界怎么了”“我们怎么办”这一“时代之问”，深刻回答在新的历史条件下，“世界是个什么样的世界?”“怎样建设这个世界?”“最终目标是什么?”“秉持什么样的价值观?”“中国的责任与担当是什么?”等重大问题，做出具有中国特色的创新回答和理论贡献。其中，人类命运共同体的命题提出及论述是将马克思主义关于全球化、世界历史理论和共同体思想提升到新高度的重要创新。

（一）和平发展、合作共赢时代主题下对世界历史演进和全球化的新认识

习近平指出：“当今世界正在发生深刻复杂变化，但和平与发展仍是时代主题，和平、发展、合作、共赢的时代潮流更加强劲。”② 在和平、发展、合作、共赢的时代潮流下，经济全球化的历史潮流并没有改变。世界历史演进的方向和趋势并没有改变。但世界正在发生深刻而复杂的变化却是真实的存在。

1. 经济全球化是不可抗拒的历史潮流

经济全球化继续以其不可抗拒的历史潮流推动着世界历史的车轮滚滚向前。对此，以习近平同志为核心的党中央认识是清醒深刻的。习近平曾在多种场合谈到对经济全球化的思考与观点，最为重要的两次分别是2016年1月18日在省部级主要领导干部学习贯彻党的十八届五中全会精神专题研讨班上的讲话和2017年1月17日在瑞士达沃斯举行的世界经济论坛2017年年会开幕式上发表的主旨演讲。在省部级主要领导干部学习贯彻党的十八届五中全会精神专题研讨班上的讲话，较为详细地阐释了马克思主义对经济全球化发展趋向的深刻揭示、经济全球化的历史进程、我国对待经济全球化的演进历程及基本经验，提出中国应主动顺应及引领经济全球化的重要观点。习近平援引马克思、恩格斯在《德意志意识形态》《共产党宣言》《1857—1858年经济学手稿》《资本论》等著作中对世界贸易、世界市场、世界历史等问题的思考和对经济全球化的本质、逻辑、过程的论述，指明马克思主义关于世界历史发展趋势的分析“奠定了我们今天认识经济全球化的理论基础”③。坚定了对马克思主义经济全球化理论及世界历史理论真理性的继承。习近平回顾经济全球化经历的三个阶段以及我国同世界关系的三个阶段，总结我国改革开放以来发展的经验，提出了全球

---

① 习近平．习近平谈治国理政：第2卷［M］．北京：外文出版社，2017：66.

② 中共中央宣传部．习近平总书记系列重要讲话读本：2016［M］．北京：学习出版社，2016：260－261.

③ 中共中央党史和文献研究院室．十八大以来重要文献选编：下［G］．北京：中央文献出版社，2018：166.

化是不可抗拒的时代潮流，中国必须主动顺应经济全球化潮流，在发展壮大自己的同时，要引领世界发展潮流的重要观点。

在瑞士达沃斯举行的世界经济论坛2017年年会开幕式上发表的主旨演讲，则进一步阐释了对经济全球化的系统看法，充分肯定经济全球化的不可抗拒性和其对世界积极进步的推动作用。习近平指出，经济全球化是社会生产力发展的客观要求和科技进步的必然结果。并不是哪些人、哪些国家人为造出来的。这一世界经济潮流不可回避，人为切断更不可能。"世界经济的大海，你要还是不要，都在那儿，是回避不了的。想人为切断各国经济的资金流、技术流、产品流、产业流、人员流，让世界经济的大海退回到一个一个孤立的小湖泊、小河流，是不可能的，也是不符合历史潮流的。""经济全球化为世界经济增长提供了强劲动力，促进了商品和资本流动、科技和文明进步、各国人民交往。"习近平指出，融入世界经济是历史大方向，中国勇敢迈向了世界市场，"这是正确的战略抉择"。① 不能把世界乱象简单地归咎于经济全球化。针对当前国际社会把困扰世界的很多问题归咎于经济全球化的负面观点，习近平强调"把困扰世界的问题简单归咎于经济全球化，既不符合事实，也无助于问题解决。"指出困扰世界的很多问题，并不是经济全球化造成的。如中东北非的难民潮，是战乱、冲突、地区动荡造成的。比如国际金融危机也不是经济全球化发展的必然产物，而是金融资本过度逐利、金融监管严重缺失的结果。反全球化的呼声值得重视和深思。从2008年全球金融危机以来，世界经济一直处于下行周期，世界经济长期处于低迷状态。反全球化、逆全球化的浪潮在西方发达国家抬头。习近平认为，这不是经济全球化带来的，恰恰是经济全球化进程不足的表现。由于金融危机影响，全球经济复苏乏力，致使增长与分配、资本和劳动、效率和公平的矛盾更加突出，发达国家和发展中国家都会感受到压力和冲击。"反全球化的呼声，反映了经济全球化进程的不足，值得我们重视和深思。"② 经济全球化作为客观存在必然表现出两面性，要适应和引导好经济全球化。习近平对经济全球化带来的新问题保持清醒认识，提出对待经济全球化不应该回避、远离，"而是要适应和引导好经济全球化，消解经济全球化的负面影响，让它更好

① 中共中央党史和文献研究院室．十八大以来重要文献选编：下［G］．北京：中央文献出版社，2018：571，570.

② 中共中央党史和文献研究院室．十八大以来重要文献选编：下［G］．北京：中央文献出版社，2018：570.

惠及每个国家、每个民族。"① "要让经济全球化进程更有活力、更加包容、更可持续。""要主动作为、适度管理，让经济全球化的正面效应更多释放出来，实现经济全球化进程再平衡""要顺应大势、结合国情，正确选择融入经济全球化的路径和节奏""要讲求效率、注重公平，让不同国家、不同阶层、不同人群共享经济全球化的好处。"② 习近平关于解决经济全球化进程中的种种问题通过和平发展合作共赢的方式和理念进行，反映了中国对待经济全球化和世界历史演进的客观趋势的尊重和正视，体现了中国促使经济全球化健康前进的初衷与担当。

2. 人类仍然处在"两制并存进而走向共产主义目标"的发展演进历史规律之中

在和平发展合作共赢为主题的时代下，社会主义和资本主义的发展与较量问题，是必须进行深入思考的重大问题。习近平提出并阐释了"当今时代所处阶段仍然是马克思主义所指明的历史时代"的重要观点。这一观点的核心要义，就是充分肯定了马克思主义"两个历史必然"理论的真理性和科学性。科学研判并提出了当今世界发展所处的阶段是社会主义与资本主义"两制并存进而走向共产主义目标"的发展演进历史规律之中。

习近平指出，"尽管我们所处的时代同马克思所处的时代相比发生了巨大而深刻的变化，但从世界社会主义500年的大视野来看，我们依然处在马克思主义所指明的历史时代。这是我们对马克思主义保持坚定信心、对社会主义保持必胜信念的科学依据。"③ 习近平以世界社会主义500年的历史大视野做出的判断，充分肯定并坚持了马克思主义关于"两个必然"的理论和世界历史理论的科学性、真理性以及对当下研判世界发展阶段所具有的现实指导意义。针对一些学者提出马克思主义关于"两个必然"理论过时了，"马克思主义政治经济学过时了，《资本论》过时了"的论调，习近平以批判的视角指出：

> 事实一再告诉我们，马克思、恩格斯关于资本主义社会基本矛盾的分析没有过时，关于资本主义必然消亡、社会主义必然胜利的历史唯物主义观点也没有过时。这是社会历史发展不可逆转的总趋势，但道路是曲折的。资本主义最终消亡、社会主义最终胜利，必然是一个很长的历史过程。我

---

① 中共中央党史和文献研究院室．十八大以来重要文献选编：下［G］．北京：中央文献出版社，2018：570.

② 中共中央党史和文献研究院室．十八大以来重要文献选编：下［G］．北京：中央文献出版社，2018：571.

③ 习近平．习近平谈治国理政：第2卷［M］．北京：外文出版社，2017：66.

> 们要深刻认识资本主义社会的自我调节能力，充分估计到西方发达国家在经济科技军事方面长期占据优势的客观现实，认真做好两种社会制度长期合作和斗争的各方面准备。①

习近平以国际金融危机为例，以西方种种问题如经济持续低迷、两极分化加剧、社会矛盾加深等现实存在为依据，指出“资本主义固有的生产社会化和生产资料私人占有之间的矛盾依然存在，但表现形式、存在特点有所不同”。习近平借用西方学者在国际金融危机发生后重新研究马克思主义政治经济学、研究《资本论》，借以反思资本主义弊端的新现象，列举法国学者托马斯·皮凯蒂撰写的《21 世纪资本论》中，用翔实的数据证明美国等西方国家的不平等程度已经达到或超过了历史最高水平，不加制约的资本主义加剧了财富不平等现象，而且将继续恶化下去的观点及结论，指出尽管作者的分析主要是从分配领域进行的，没有过多涉及更根本的所有制问题，但使用的方法、得出的结论值得深思。② 在当今经济全球化时代，资本贪婪的本性并没有改变，社会主义与资本主义的较量仍然激烈并体现在方方面面。

（二）世界处于百年未有之大变局之中

“百年未有之大变局”是习近平同志为核心的党中央对当前国际局势做出的又一重大研判。2015 年以来，习近平在多个场合开始使用“大变局”一词作为对国际局势阶段性特征的认识和分析。2015 年 11 月 24 日，习近平在中央军委改革工作会议上讲话中提出“当今世界前所未有之大变局”，指出，“当前国际格局和国际体系正在发生深刻调整，全球治理体系正在发生深刻变革，国际力量对比正在发生近代以来最具革命性的变化。国内外很多人都认为，这是世界自威斯特伐利亚和约以来的大变局。”③ 2018 年 6 月 22 日，他在中央外事工作会议上提出“百年未有之大变局”，随后在 2018 年 9 月的“中非合作论坛”北京峰会上以及 2018 年 12 月的“中央经济工作会议”上清晰使用了“百年未有之大变局”的判断。对“百年未有之大变局”的深刻见解代表了以习近平同志为核心的党中央对世界格局演变的深刻认识和精准把握。习近平说：“当前，我国处于近代以来最好的发展时期，世界处于百年未有之大变局，两者同步交织、

① 中共中央党史和文献研究院室．十八大以来重要文献选编：上［G］．北京：中央文献出版社，2014：117.

② 中共中央党史和文献研究院室．十八大以来重要文献选编：下［G］．北京：中央文献出版社，2018：2.

③ 中共中央党史和文献研究院室．十八大以来重要文献选编：下［G］．北京：中央文献出版社，2018：9 – 10.

相互激荡。”① 习近平对“百年未有之大变局”之洞见，反映了中国共产党领导人对当今国际格局的新变化，新科技革命浪潮的新态势，全球治理的新趋势的思考和反思。

1. 国际格局和世界秩序正深刻演变

经济全球化、世界多极化、信息社会化潮流不可阻挡地使国际格局和国际体系发生深刻变化。这个问题的核心就是：人类历史走进21世纪，经济全球化、世界多极化、信息社会化所带来的商品流、信息流、技术流、人才流、文化流，如长江之水不可阻挡。全球化、多极化、信息化的深入发展打破了数百年来各大地缘板块相互隔阂的局面。正如习近平所说：“经过几百年发展，特别是经过第二次世界大战结束以后的发展，发展中国家的整体崛起，新兴市场国家实力不断壮大，世界经济版图发生深刻变化，引起国际格局和国际体系发生了前所未有的变化。”② 表现在经济全球化带来一大批新兴市场国家和发展中国家走上发展的快车道，多个发展中心在世界各地区逐渐形成。新兴市场国家和发展中国家的群体性崛起正在改变全球政治经济版图。特别是中国经济高速增长，并日益走近世界舞台的中央，日益发挥重要的国际影响力。世界多极化和国际关系民主化大势难逆。这使一大批新兴国家在国际舞台上发挥着日益重要的作用，国际影响力不断增强，使近代以来国际力量对比发生了最具革命性的变化。这一发展趋势减弱了西方发达国家对国际社会的权力控制。新成长起来的国家汇聚成改变国际社会结构、重塑国际关系的重要力量，使和平、发展、合作、共赢的时代潮流更加强劲。与此同时，信息化革命带来了前所未有的发展机遇。21世纪科学技术的大发展，以信息科学、智能化等为代表的第四次工业革命浪潮带来了工农业领域重大变革，人类的生产方式、生活方式、消费领域将得到彻底改造。大数据时代改变了人类的生产方式，跨界、云工厂、个性化、机器人代替人类等，人类思想意识也将发生重大改变。意识存在的物质形式可以被复制转移，人脑、电脑、自然人、智能与人工智能的界限将不复存在。这必将带来思维意识的重大变革，并对马克思主义整体发展产生深刻影响。

西方资本主义陷入整体衰退。主导世界经济全球化的西方资本主义国家整体陷入衰退，使逆全球化思潮甚嚣尘上。2008年，以美国次贷危机引发的全球金融危机爆发后，各种令人眼花缭乱的危机震惊着世界。西方资本主义世界的

---

① 习近平．论坚持推动构建人类命运共同体［M］．北京：中央文献出版社，2018：539.

② 中共中央党史和文献研究院室．十八大以来重要文献选编：下［G］．北京：中央文献出版社，2018：10.

整体衰退成为不争的事实。这种衰退既表现为国家内部衰落，也表现为治理全球方式方法的失效。以美国为例，其国内在经济上，周期性的经济危机无法避免；政治上，政党政治走向极化、行政效率低下；社会各阶层、各民族撕裂严重；街头政治频繁发生，导致社会安全与稳定出现严重问题，国内危机使逆全球化思潮和民粹主义、极端民族主义甚嚣尘上。英国脱欧、美国优先战略及白人至上思潮回归等，都与“全球化”和世界历史发展规律背道而驰。特别是在2019年末，全球疫情大爆发，更暴露出了欧美国家在应对全球性突发公共卫生事件上的迟缓、效率低下等问题。

中国获得大发展，展现社会主义生机活力。以中国为代表的社会主义国家展现出了勃勃发展生机。从2010年开始，中国已成为世界第二大经济体，并在世界经济处于持续下行通道的节点上，中国通过一系列理论创新、制度改革、战略安排，成功保持了经济在新常态下的基本发展面。2010年以来，中国共产党依靠强有力的领导，提振中华民族实现伟大复兴中国梦的信心，大刀阔斧地惩治腐败，坚决割除党的肌体肿瘤，全面深化改革、全面依法治国，全面从严治党，按照“五大发展理念”和“五位一体”布局全面建设小康社会的一系列举措，将中国带入继续发展、全面发展的伟大历史征程中。2017年，党的十九大更规划了未来走向强国的清晰路线图，在决胜全面小康社会之后，用两个15年基本完成实现现代化和建成富强、民主、文明、和谐、美丽的社会主义现代化强国的伟大历史任务，展现了中国活力、安宁、幸福的美好未来前景。特别在面对2019年末到2020年新型冠状病毒肺炎疫情在全球爆发并持续蔓延的重大事件中，中国众志成城，大打阻击战、防控战，取得了重要阶段性成果，遏制疫情在中国蔓延，展现出了中国特色社会主义的强大生命力和制度优势，展现出了社会主义发展的勃勃生机和光明前景。

在世界发展潮流中，经济全球化推动下，当今的中国经济已经与世界的经济前所未有地联系在了一起。“现在，我们同世界的联系空前紧密，我国经济对世界经济的影响、世界经济对我国经济的影响都是前所未有的。”① “当前，中国经济和世界经济高度关联”，中国将“深度融入世界经济体系”②。2015年4月3日，李克强在研究部署支持中国装备“走出去”和推进国际产能合作座谈

---

① 中共中央党史和文献研究院室．十八大以来重要文献选编：下［G］．北京：中央文献出版社，2018：6.

② 中共中央党史和文献研究院室．十八大以来重要文献选编：中［G］．北京：中央文献出版社，2016：443.

会上做出判断："我国经济与世界经济已深度融合"① 上述话语表明以习近平同志为核心的党中央对中国正前所未有地走近世界舞台中央的认识是深刻的。

2. 全球治理体制变革处在新的历史转折点上

全球化、多极化、信息化的深入发展打破了数百年来各大地缘板块相互隔阂的局面。国际社会也从"丛林世界"走向"地球村"，越来越成为你中有我、我中有你的命运共同体。而国际社会既有的治理理念和治理方式是二战以来形成，以西方国家为主导，主要反映西方的价值观和治理理念。这种全球治理体系机制由于不能反映新时代新变局下广大发展中国家的利益诉求，已经无法适应这个变动的时代。全球性问题的存在、"和平赤字""发展赤字""治理赤字""信任赤字"等困局的出现也要求变革现有全球治理体制模式。全球性问题主要有遍布全球的贫富差距问题、无地理边界的环境问题、危及全球的毒品泛滥、愈演愈烈的恐怖主义、与时代潮流相悖的民族分裂主义问题、席卷全球的难民潮问题、主权与人权不容干涉与维护的问题、活动猖獗的宗教极端主义问题、形势逼人的国家安全问题、危机全球生命的病毒传播问题等。就贫富差距而言，既存在于西方发达国家内部，也存在于发达与发展中国家之间，还存在于广大发展中国家内部，成为全球贫富差距问题，投射出全球分配的严重失衡、公平正义受到挑战，说明全球性挑战和风险日益增加与严重。这些问题的解决已经不可能依靠某几个国家完成。全球治理出现碎片化也困扰着世界。经济上越来越全球化，而政治、安全、意识形态上越来越分裂对抗。以美国为代表的传统西方资本集团奉行贸易保护主义政策取向，坚持霸权主义思维，推行零和博弈、赢者通吃的处事方式，使整个世界局势和矛盾不断恶化。

在急速变革的时代，经济秩序和治理模式前所未有地走向变革的快车道。习近平指出，全球治理体制机制的变革已经从"数百年来列强通过战争、殖民、划分势力范围等方式争夺利益和霸权逐步向各国以制度规则协调关系和利益的方式演进。现在，世界上的事情越来越需要各国共同商量着办，建立国际机制、遵守国际规则、追求国际正义成为多数国家的共识。"② 推进国际经济金融体系改革、完善全球治理的制度和机制、推动变革全球治理体制中不公正不合理的制度安排、增强新兴经济体在国际经济组织中的代表权和发言权、推动全球治理规则民主化法治化、加强国际社会应对全球性问题挑战的能力就成为必然趋

① 中共中央党史和文献研究院室．十八大以来重要文献选编：中［G］．北京：中央文献出版社，2016：457.

② 习近平．论坚持推动构建人类命运共同体［M］．北京：中央文献出版社，2018：259.

势。但争夺全球治理和国际规则制定主导权的较量也必然十分激烈。西方发达国家在经济、科技、政治、军事上的优势地位尚未改变，更加公正合理的国际政治经济新秩序的形成依然任重道远。正如习近平指出的，“大变局带来大挑战，也带来大机遇，我们必须因势而谋、因势而动、顺势而为。”① 作为已深刻影响国际社会发展演变，推动全球治理和国际规则发生改变的主要国家，中国提出了构建人类命运共同体的新理念，为全球治理变革提供了中国方案。

二、构建人类命运共同体话语的生成过程及内容、特征、价值观

站在世界历史的高度审视当今世界发展趋势和面临的重大问题，就必然有构建人类命运共同体话语的生成。中国主张既要继续保持经济全球化发展势头，又要消除资本任性带来的负面效应；既要积极融入经济全球化，推动经济全球化走向开放、包容、普惠、平衡、共赢的发展方向，又要积极参与并推进全球治理改革，使其走向公正合理，主张整个世界走向合作共赢。这些主张内蕴于构建人类命运共同体话语范式的逻辑体系之中。既为中国实现中华民族伟大复兴提供稳定长久的和平国际环境，也为解决全球现代性困境，实现“全球化”下国际社会共同发展、健康发展提供方案。

（一）构建人类命运共同体话语的生成

党的十八大以来，人类命运共同体话语逐渐成为中国给全球治理变革和建设提供的中国智慧和方案。其内涵和外延也在对国际局势变动的深层思考中逐渐清晰，并在各种场合中得到表达，日益获得国际社会认同。党的十八大提出的“倡导人类命运共同体意识”“一个地球”“一个世界”、平等互信、包容互鉴、合作共赢、同舟共济等词语初步将人类命运共同体的思想内涵框架建立了起来。十八大报告关于“人类只有一个地球，各国共处一个世界”“我们主张，在国际关系中弘扬平等互信、包容互鉴、合作共赢的精神，共同维护国际公平正义”“合作共赢，就是要倡导人类命运共同体意识，在追求本国利益时兼顾他国合理关切，在谋求本国发展中促进各国共同发展，建立更加平等均衡的新型全球发展伙伴关系，同舟共济，权责共担，增进人类共同利益”② 等话语，将人类命运共同体的整体观、平等观、均衡观、公正观表达勾勒了出来。

---

① 中共中央党史和文献研究院室．十八大以来重要文献选编：下［G］．北京：中央文献出版社，2018：10.

② 中共中央党史和文献研究院室．十八大以来重要文献选编：上［G］．北京：中央文献出版社，2018：36－37.

2013 年以来，习近平在多个场合倡导构建人类命运共同体，其内涵不断丰富，形成了思想体系。2013 年 3 月 23 日，习近平在莫斯科国际关系学院的演讲中，除了有关于人类共处“地球村”“同一时空里”等的表述外，“命运共同掌握”“共享”等含义也得到了阐释。他说，“各国和各国人民应该共同享受尊严”“各国和各国人民应该共同享受发展成果”“各国和各国人民应该共同享受安全保障”“世界的命运必须由各国人民共同掌握”。① 2013 年 9 月 5 日，习近平在俄罗斯圣彼得堡举行的二十国集团领导人峰会第一阶段会议上提出了“命运共同体意识”，就包含着“一荣俱荣，一损俱损”“竞争合作共赢”等深层含义。他说：各国要树立命运共同体意识，真正认清“一荣俱荣，一损俱损”的连带效应，在竞争中合作，在合作中共赢。② 2013 年 10 月 7 日，在印度尼西亚举行的亚太经合组织工商领导人峰会上的演讲中，习近平提出了“和谐亚太”“树立亚太命运共同体意识”以及“利益交融，命运与共”“共同发展”“开放发展”“创新发展”“联动发展”等概念。③ 2013 年 11 月 4 日，刘云山在省部级干部学习贯彻习近平总书记系列重要讲话精神研讨班开班式上发表讲话，对“人类命运共同体意识”进行了深入解读，强调“摒弃冷战思维和零和博弈，坚持国家不分大小、强弱、贫富一律平等，尊重各国人民自主选择发展道路的权利，反对干涉别国内政，维护国际公平正义，推动建设持久和平、共同繁荣的和谐世界。”④ 2014 年 11 月 8 日，习近平在北京举行的“加强互联互通伙伴关系”东道主伙伴对话会上就“互联互通”阐释看法，对共建“发展和命运共同体”提出对策，就联动发展、建构开放的亚洲经济格局即就统一标准、制度制定、政策对接等方面提出建议及思路。⑤ 在对建构区域命运共同体的思考中蕴含着人类命运共同体的普遍意义。2015 年 3 月，中国政府制定并发布《推动共建丝绸之路经济带和二十一世纪海上丝绸之路的愿景与行动》，在框架思路中提出

① 中共中央党史和文献研究院室．十八大以来重要文献选编：上［G］．北京：中央文献出版社，2014：260－261.

② 中共中央党史和文献研究院室．十八大以来重要文献选编：上［G］．北京：中央文献出版社，2014：357.

③ 中共中央党史和文献研究院室．十八大以来重要文献选编：上［G］．北京：中央文献出版社，2014：439－441.

④ 中共中央党史和文献研究院室．十八大以来重要文献选编：上［G］．北京：中央文献出版社，2014：467.

⑤ 中共中央党史和文献研究院室．十八大以来重要文献选编：中［G］．北京：中央文献出版社，2016：213.

“打造政治互信、经济融合、文化包容的利益共同体、命运共同体和责任共同体”①。在博鳌亚洲论坛2015年年会上的主旨演讲中强调“一带一路”建设秉持的是“共商、共建、共享原则”②。2015年9月3日，在纪念中国人民抗日战争暨世界反法西斯战争胜利70周年大会上的讲话中习近平提出“树立人类命运共同体意识”，就是要“相互尊重、平等相处、和平发展、共同繁荣”“共同维护以联合国宪章宗旨和原则为核心的国际秩序和国际体系”“积极构建以合作共赢为核心的新型国际关系”。③ 2015年9月以来，构建人类命运共同体的思想内涵不断丰富成熟，实践人类命运共同体的行动计划也彰显成效。2015年9月28日，习近平在纽约联合国总部举行的第70届联合国大会一般性辩论时讲话，站在“全人类的共同价值”和“联合国的崇高目标”的共识层面强调人类命运共同体所秉持的价值观就是和平、发展、公平、正义、民主、自由。强调“各国依存、休戚与共”的内蕴，指明了在联合国框架和国际法框架中打造人类命运共同体的途径。2015年10月12日，习近平主持中共十八届中央政治局第二十七次集体学习时站在推动全球治理理念创新发展层面，强调要弘扬共商共建共享的全球治理理念。2015年10月16日，习近平在北京举行的2015减贫与发展高层论坛的主旨演讲中，围绕消除世界贫困这一最大的全球性挑战问题，强调要建设人类命运共同体就是要求解决世界的共同发展、均衡发展的问题，体现人类命运共同体理念关注现实、解决发展这个根本性问题的思考。2015年12月16日，第二届世界互联网大会上习近平致开幕词，强调要“构建网络空间命运共同体”，对“全球互联网治理体系变革”提出原则，有尊重网络主权、维护和平安全、促进开放合作等内容。强调要“构建网络空间命运共同体”“构建互联网治理体系，促进公平公正”，提出“共享共治”理念。④ 2016年1月16日，习近平在亚洲基础设施投资银行开业仪式上致辞，指出成立亚投行是落实人类命运共同体理念的重要举措，是“建设人类命运共同体的新平台”⑤。2016年4月1日，他在美国华盛顿核安全峰会上讲话，就“全球安全治理”提出建议，

---

① 中共中央党史和文献研究院室．十八大以来重要文献选编：中［G］．北京：中央文献出版社，2016：445.

② 习近平．论坚持推动构建人类命运共同体［M］．北京：中央文献出版社，2018：212.

③ 中共中央党史和文献研究院室．十八大以来重要文献选编：中［G］．北京：中央文献出版社，2016：666.

④ 习近平．论坚持推动构建人类命运共同体［M］．北京：中央文献出版社，2018：308.

⑤ 中共中央党史和文献研究院室．十八大以来重要文献选编：下［G］．北京：中央文献出版社，2018：156.

强调“打造核安全命运共同体”①。

2016年7月1日，在庆祝中国共产党成立九十五周年大会上，针对对中国倡导“人类命运共同体”的误读、歪曲和不信任等言论，习近平强调中国倡导人类命运共同体的目的是建构一个平等、自主、公平正义的国际社会新秩序。不是觊觎他国权益，嫉妒他国发展，更不是扩张，但也不是让渡中国核心利益的重要观点。② 2016年9月4日，习近平在二十国集团领导人杭州峰会上致开幕词，表达了对“包容性发展”的思考。即实现共同发展、可持续发展，支持落后国家发展，减少全球发展不平等和不平衡问题，使各国人民共享世界经济增长成果。提出共建共享思路，解释了同舟共济的伙伴精神内涵。

2017年1月17日，习近平在瑞士达沃斯举行的世界经济论坛2017年年会开幕式上做主旨演讲，强调“人类命运共同体意识”就是要具有创新、联动、合作共赢、平等公平、包容普惠等理念。围绕全球经济增长动能、治理模式、发展模式存在的问题，提出坚持创新驱动，打造富有活力的增长模式；坚持协同联动，打造开放共赢的合作模式；坚持与时俱进，打造公正合理的治理模式；坚持公平包容，打造平衡普惠的发展模式等三点对策。这些思考都是对人类命运共同体内蕴的坚持、应用和丰富。2017年1月18日，习近平在联合国日内瓦总部发表演讲，全面阐释了“人类命运共同体”思想的内涵。即坚持对话协商，建设一个持久和平的世界；坚持共建共享，建设一个普遍安全的世界；坚持合作共赢，建设一个共同繁荣的世界；坚持交流互鉴，建设一个开放包容的世界；坚持绿色低碳，建设一个清洁美丽的世界。2017年2月10日，“构建人类命运共同体”的理念首次写入联合国决议。为此，《光明日报》2017年2月12日第8版以《联合国决议首次写入“构建人类命运共同体”理念》进行了报道，表明了中国构建人类命运共同体的理念已经得到国际社会的认同。

从2017年5月以来，习近平在多个外交场合继续阐释人类命运共同体的内涵及对全球治理变革的价值引导意义。2017年5月在北京举行的“一带一路”国际合作高峰论坛开幕式上，习近平就全人类面临“和平赤字、发展赤字、治理赤字”挑战的困境下，中国倡导并实践的“一带一路”实施四年以来在政策沟通、设施联通、贸易畅通、资金融通、民心相通等方面取得的丰硕成果发表讲话。他多次引用了诸如“共建共享”“公道正义”“经济大融合、发展大联动、

---

① 习近平．论坚持推动构建人类命运共同体［M］．北京：中央文献出版社，2018：327.

② 中共中央党史和文献研究院室．十八大以来重要文献选编：下［G］．北京：中央文献出版社，2018：354.

成果大共享”“建设开放、包容、普惠、平衡、共赢的经济全球化”“开创合作共赢的新模式”“建设和谐共存的大家庭”等词语。在“一带一路”国际合作高峰论坛圆桌峰会开幕词中，将“共商共建共享”作为“一带一路”建设中各方需要秉持的基本原则加以强调，希望各方实现优势互补、互利共赢，朝着人类命运共同体方向迈进，实现“一带一路”倡议的最高目标。2017 年 9 月 3 日在福建厦门举行的金砖国家工商论坛开幕式上，习近平澄清共建“一带一路”倡议不是地缘政治工具，也不是对外援助计划，而是务实合作平台、共商共建共享的联动发展倡议，将“共商共建共享”作为整体概念进一步加以阐释。2017 年 10 月，党的十九大报告用简洁的话语表达了构建人类命运共同体，就是要建设持久和平、普遍安全、共同繁荣、开放包容、清洁美丽的世界的深刻内涵，强调秉持“正确义利观”“共商共建共享的全球治理观”来“推动人类命运共同体建设”。2017 年 11 月 10 日，在越南举行的亚太经合组织工商领导人峰会上，习近平就中国“秉持共商共建共享”理念积极参与全球治理体系改革和建设，推动国际政治经济秩序朝着更加公正合理的方向发展的坚定意志做了阐释。他在 2017 年 12 月 1 日的中国共产党与世界政党高层对话会上的主旨讲话中，对人类命运共同体的定义、内涵做了更为简洁清晰的表述，提出中国倡导构建人类命运共同体，就是要建设一个“远离恐惧、普遍安全的世界”“远离贫困、共同繁荣的世界”“远离封闭、开放包容的世界”“山清水秀、清洁美丽的世界”。① 倡导构建人类命运共同体需要世界各国普遍参与。“构建人类命运共同体，需要世界各国人民普遍参与。我们应该凝聚不同民族、不同信仰、不同文化、不同地域人民的共识，共襄构建人类命运共同体的伟业。”② 构建人类命运共同体事业并不能一蹴而就，需要长期坚持奋斗。“构建人类命运共同体是一个历史过程，不可能一蹴而就，也不可能一帆风顺，需要付出长期艰苦的努力。为了构建人类命运共同体，我们应该锲而不舍、驰而不息进行努力，不能因现实复杂而放弃梦想，也不能因理想遥远而放弃追求。”③ 2018 年 4 月 10 日，在博鳌亚洲论坛 2018 年年会开幕式上的主旨演讲中，习近平指出人类命运共同体倡议的出发点就是顺应历史潮流、增进人类福祉。

（二）构建人类命运共同体话语体系的基本内容

人类命运共同体话语范式在关乎利益、价值、权力方面的深刻见解，站位

---

① 习近平．论坚持推动构建人类命运共同体［M］．北京：中央文献出版社，2018：510－512.

② 习近平．论坚持推动构建人类命运共同体［M］．北京：中央文献出版社，2018：513.

③ 习近平．论坚持推动构建人类命运共同体［M］．北京：中央文献出版社，2018：513.

之高，站在人类共同命运高度；视野之广，以全球共同发展进步为视角；理论之宏大，以实现全球有效治理、打造公正合理的国际政治经济新秩序为根本；现实针对性之强，为解决当前全球化下和平赤字、发展赤字、治理赤字、信任赤字问题而提供现实可操作的理念与方案，彰显出这一理论话语的科学性、时代性和生命力，是需要我们深入研究并科学阐释的。

1. 构建人类命运共同体话语体系的定义及内涵

2017 年 1 月 18 日，习近平在联合国日内瓦总部演讲，全面阐释了“人类命运共同体”话语的思想内涵。在 2017 年 12 月 1 日于北京举行的中国共产党与世界政党高层对话会上的主旨讲话中，人类命运共同体的定义、内涵有了更为简洁清晰的表述。

人类命运共同体定义。“人类命运共同体，顾名思义，就是每个民族、每个国家的前途命运都紧紧联系在一起，应该风雨同舟，荣辱与共，努力把我们生于斯、长于斯的这个星球建成一个和睦的大家庭，把世界各国人民对美好生活的向往变成现实。”①

人类命运共同体内涵。即坚持对话协商，建设一个持久和平的世界；坚持共建共享，建设一个普遍安全的世界；坚持合作共赢，建设一个共同繁荣的世界；坚持交流互鉴，建设一个开放包容的世界；坚持绿色低碳，建设一个清洁美丽的世界。②

2. 构建人类命运共同体话语体系的基本概念范畴

人类命运共同体话语范式是由命运与共、合作共赢、包容互鉴、共商共建共享、人类命运共同体意识等具有标识性的概念构成的。

命运与共。这是人类命运共同体话语范式中对共生性环境的准确表达。尊崇“整个地球”为一体的理念，强调“人类只有一个地球，各国共处一个世界”③“各国相互联系、相互依存的程度空前加深，人类生活在同一个地球村里，生活在历史和现实交汇的同一个时空里，越来越成为你中有我、我中有你的命运共同体”；强调“命运与共”的各个行为主体国家的行为，具有“一荣俱荣，一损俱损”的连带效应；强调“人类大家庭”思维，这种思维既超越了西方建立的各种同质性的局部“共同体”范式，也超越了斯大林时期倡导的

---

① 习近平．论坚持推动构建人类命运共同体［M］．北京：中央文献出版社，2018：510.

② 习近平．论坚持推动构建人类命运共同体［M］．北京：中央文献出版社，2018：418－422.

③ 中共中央党史和文献研究院室．十八大以来重要文献选编：上［G］．北京：中央文献出版社，2014：36.

"社会主义大家庭"思维，是一种全球主义的世界观；强调"世界的命运必须由各国人民共同掌握"的权力观，[①] 主张利益、权力、责任相统一的共同体。即各行为主体国家以共同利益为基础，寻找利益的交汇点和共同点，结成不同领域的利益共同体，实现共赢多赢的利益交换机制；各行为主体国家共同掌握世界命运，共同书写国际规则，"要完善全球经济治理，提高发展中国家代表性和发言权，给予各国平等参与规则制定的权利"；各行为主体国家共同承担实现全球和平发展、繁荣、安宁、绿色、生态可持续发展的责任。"各国能力和水平有差异，在同一目标下，应该承担共同但有区别的责任。"[②]

合作共赢。"合作共赢"既是时代的主题，又是人类命运共同体话语范式的核心概念。合作共赢既具有价值理念意义，也具有行为方式特征。在人类命运共同体话语中，合作共赢既是"各国处理国际事务的基本政策取向"[③]，也是当今时代实现和平发展的"现实途径"[④]。"合作共赢是普遍适用的原则，不仅适用于经济领域，而且适用于政治、全球、文化等其他领域"[⑤]"不仅适用于地区国家之间，也适用于同域外国家展开合作。"[⑥] 最重要的，它是建立新型国际关系的核心原则[⑦]。合作共赢包含着建立各种信任的伙伴关系。"照顾彼此利益和关切，寻求合作最大公约数。"[⑧] 针对与美国的关系，习近平说，"合作共赢是中美关系发展的唯一正确选择"[⑨]。中美要合作共赢，就需要正确判断彼此战略意图，不冲突不对抗；不断扩大合作领域，妥善有效管控分歧，采取建设性方式增进理解，扩大共识，努力把矛盾点转化为合作点；广泛培植人民友谊。[⑩] 合作共赢包含着主权平等，是主权平等下的合作共赢。"合作共赢的基础是平等，

---

① 中共中央党史和文献研究院室．十八大以来重要文献选编：上［G］．北京：中央文献出版社，2014：259，261.
② 习近平．论坚持推动构建人类命运共同体［M］．北京：中央文献出版社，2018：248.
③ 习近平．论坚持推动构建人类命运共同体［M］．北京：中央文献出版社，2018：132.
④ 中共中央党史和文献研究院室．十八大以来重要文献选编：上［G］．北京：中央文献出版社，2014：260.
⑤ 习近平．论坚持推动构建人类命运共同体［M］．北京：中央文献出版社，2018：132.
⑥ 习近平．论坚持推动构建人类命运共同体［M］．北京：中央文献出版社，2018：207.
⑦ 习近平．论坚持推动构建人类命运共同体［M］．北京：中央文献出版社，2018：200.
⑧ 习近平．论坚持推动构建人类命运共同体［M］．北京：中央文献出版社，2018：241.
⑨ 习近平．论坚持推动构建人类命运共同体［M］．北京：中央文献出版社，2018：246.
⑩ 习近平．论坚持推动构建人类命运共同体［M］．北京：中央文献出版社，2018：241－242.

离开了平等难以实现合作共赢"[1]。合作共赢包含着共同发展、融合发展，"做大共同利益的蛋糕"[2] 实现平衡增长。这种平衡增长"不是转移增长的零和游戏，而是各国福祉共享的增长"，是"各国要充分发挥比较优势，共同优化全球经济资源配置，完善全球产业布局，建设利益共享的全球价值链，培育普惠各方的全球大市场，实现互利共赢的发展"。[3]

包容互鉴。包容互鉴也是人类命运共同体话语范式中具有典型性意义的概念。包容互鉴就是秉持开放理念，实施"开放的区域主义"[4]；主张推动区域经济一体化、全球经济一体化，主张贸易和投资自由化、便利化。包容互鉴内含着尊重差异性和多样性思想，主张"不同文明没有优劣之分，只有特色之别。要促进不同文明不同发展模式交流对话，在竞争比较中取长补短，在交流互鉴中共同发展，让文明交流互鉴成为增进各国人民友谊的桥梁、推动人类社会进步的动力、维护世界和平的纽带。"[5] 针对亚非地区一百多个国家，社会制度、历史文化、价值观念千差万别的现实存在，习近平强调"包容互鉴"就是要"求同存异、开放包容，在交流互鉴中取长补短、在求同存异中共同前进，让各个文明都绽放出自己的光彩。"[6] 金砖国家合作就是包容互鉴的成功案例。"金砖国家合作的成功充分证明，不同社会制度可以相互包容，不同发展模式可以相互合作，不同价值文化可以相互交流。"[7] "包容互鉴"就是在尊重文明多样性的基础上，反对一切针对特定民族宗教的歧视和偏见。"包容互鉴"归根结底就是"尊重世界文明多样性，以文明交流超越文明隔阂、文明互鉴超越文明冲突、文明共存超越文明优越"。[8]

共商共建共享。共商共建共享是人类命运共同体话语范式中具有概括性、原则性的概念范畴。倡导"一带一路"、变革全球治理体系都强调以"共商共建共享"为基本原则。十八大以来，这三个词从单独使用到逐渐清晰成为一个整

① 习近平．论坚持推动构建人类命运共同体［M］．北京：中央文献出版社，2018：220－221.
② 习近平．论坚持推动构建人类命运共同体［M］．北京：中央文献出版社，2018：155.
③ 中共中央党史和文献研究院室．十八大以来重要文献选编：上［G］．北京：中央文献出版社，2014：357.
④ 习近平．论坚持推动构建人类命运共同体［M］．北京：中央文献出版社，2018：208.
⑤ 习近平．论坚持推动构建人类命运共同体［M］．北京：中央文献出版社，2018：209－210.
⑥ 习近平．论坚持推动构建人类命运共同体［M］．北京：中央文献出版社，2018：219.
⑦ 习近平．论坚持推动构建人类命运共同体［M］．北京：中央文献出版社，2018：226.
⑧ 习近平．论坚持推动构建人类命运共同体［M］．北京：中央文献出版社，2018：491.

体概念，这是中国共产党在新时代引领全球治理变革和倡导一带一路、构建人类命运共同体在概念创新上的重要贡献。共商就是坚持对话而不对抗，通过协商解决共同面对的问题。共建是世界各国一起协调行动的实践过程。包含各国一起制定、遵守共同规则，协同行动一起建设发展繁荣世界。共享就是世界各国一起分享和平发展成果。“现在，世界上的事情越来越需要各国共同商量着办，建立国际机制、遵守国际规则、追求国际正义成为多数国家的共识。”① 在人类命运共同体话语范式中，面对纷繁复杂的国际社会，习近平认为“只有以对话和合作凝聚共识、化解分歧，才是地区长治久安最有效的保障。”② 2016 年 1 月 21 日，习近平在埃及开罗阿拉伯国家联盟总部的演讲中就解决“中东之问”提出关键是要加强对话。只有对话，才可以把最大公约数找出来，才能使结果最可持续。针对叙利亚现状，强调解决热点问题，停火是当务之急，政治对话是根本之道。在中阿合作发展上，强调要“彼此多拆墙、少筑墙，把对话当作‘黄金法则’用起来”③。在人类命运共同体话语范式中，共建也包含着中国忠实履行国际义务和政治承诺。严格执行安理会相关决议，积极支持和参与核安全国际倡议。共享包含着各国和各国人民应该共同享有尊严、共同享受发展成果、共同享受安全保障。“一个国家的发展道路合不合适，只有这个国家的人民才最有发言权。”“那种以邻为壑、转嫁危机、损人利己的做法既不道德，也难以持久。”“面对错综复杂的国际安全威胁，单打独斗不行，迷信武力更不行，合作安全、集体安全、共同安全才是解决问题的正确选择。”④

把共商共建共享作为一个整体概念，是人类命运共同体话语的鲜明标识。坚持共商共建共享原则，就是要坚持开放发展，强调“各国要打开大门搞建设，促进生产要素在全球范围更加自由便捷地流动。各国要共同维护多边贸易体制，构建开放型世界经济，实现共商、共建、共享。”⑤ 主张“一带一路”沿线国家开放包容、沿线国家形成合唱、沿线国家发展战略相互对接、优势互补⑥。主张“共商规则、共建机制”“以共享为目标”寻求利益共享，实现共赢目标。⑦ 主

---

① 习近平．论坚持推动构建人类命运共同体［M］．北京：中央文献出版社，2018：259.
② 习近平．论坚持推动构建人类命运共同体［M］．北京：中央文献出版社，2018：155.
③ 习近平．论坚持推动构建人类命运共同体［M］．北京：中央文献出版社，2018：319.
④ 中共中央党史和文献研究院室．十八大以来重要文献选编：上［G］．北京：中央文献出版社，2014：260.
⑤ 习近平．论坚持推动构建人类命运共同体［M］．北京：中央文献出版社，2018：248.
⑥ 习近平．论坚持推动构建人类命运共同体［M］．北京：中央文献出版社，2018：212.
⑦ 习近平．论坚持推动构建人类命运共同体［M］．北京：中央文献出版社，2018：372.

张各方要“共同搭建平台，共同制定规则，共享发展成果”①，强调“共商合作大计，共建合作平台，共享合作成果”。② 针对国际网络空间治理这样一个全新的领域，强调“国际网络空间治理，应该坚持多边参与、多方参与，由大家商量着办，发挥政府、国际组织、互联网企业、技术社群、民间机构、公民个人等各个主体作用，不搞单边主义，不搞一方主导或由几方凑在一起说了算。各国应该加强沟通交流，完善网络空间对话协商机制，研究制定全球互联网治理规则，使全球互联网治理体系更加公正合理，更加平衡地反映大多数国家意愿和利益。”③ 充分体现出“共商共建共享”的实质。

人类命运共同体意识。人类命运共同体话语范式主张各行为主体国家要树立人类命运共同体意识。即“在追求本国利益时兼顾他国合理关切，在谋求本国发展中促进各国共同发展”④“在维护本国安全时尊重各国安全，一起来促进地区和平、稳定、繁荣”⑤。建立更加平等均衡的新型全球发展伙伴关系，同舟共济，权责共担，增进人类共同利益。树立人类命运共同体意识，就是要树立“和平发展”“共同繁荣”理念，谋求“共同发展”“开放发展”“创新发展”“联动发展”；⑥ 就是要树立“相互尊重、平等相处”的理念，主张各行为主体国家要平等相待，尊重主权平等、领土完整、内政独立、对社会制度与道路的选择权以及经济社会发展改善民生的实践权；就是要树立联合国权威，尊重法治解决国际问题。“共同维护以联合国宪章宗旨和原则为核心的国际秩序和国际体系”⑦，就是要摒弃冷战思维和零和博弈，“反对干涉别国内政，维护国际公平正义，推动建设持久和平、共同繁荣的和谐世界。”⑧ 人类命运共同体意识既是国家主义的，又是国际主义的，是国家主义与国际主义的统一，是超越性别、肤色、能力等差异的人类价值共识，是超越民族、国家、意识形态的人类共同价值，是超越地域文化、社会制度、发展水平的人类共同价值取向。

---

① 习近平．论坚持推动构建人类命运共同体［M］．北京：中央文献出版社，2018：395.

② 习近平．论坚持推动构建人类命运共同体［M］．北京：中央文献出版社，2018：444.

③ 习近平．论坚持推动构建人类命运共同体［M］．北京：中央文献出版社，2018：308.

④ 中共中央党史和文献研究院室．十八大以来重要文献选编：上［G］．北京：中央文献出版社，2018：37.

⑤ 习近平．论坚持推动构建人类命运共同体［M］．北京：中央文献出版社，2018：333.

⑥ 中共中央党史和文献研究院室．十八大以来重要文献选编：上［G］．北京：中央文献出版社，2014：439－441.

⑦ 中共中央党史和文献研究院室．十八大以来重要文献选编：中［G］．北京：中央文献出版社，2016：666.

⑧ 中共中央党史和文献研究院室．十八大以来重要文献选编：上［G］．北京：中央文献出版社，2014：467.

（三）构建人类命运共同体话语范式的基本特征

构建人类命运共同话语具有鲜明特征，集中表现在人民性、世界性、共同性，正确的义利观、坚持底线思维等方面。

1. 人民性

人民性是人类命运共同体话语范畴的鲜明特征之一。在人类命运共同体话语中，人类命运始终得到高度关注。为人类谋解放，让世界人民都过上好生活始终是人类命运共同体话语的“核心要义”和最高宗旨。人类命运共同体话语坚持世界人民的中心地位，强调维护和实现世界最广大人民的利益。中国的发展既是为了本国人民的美好生活，也是为了世界人民的共同幸福。中国在发展的同时兼顾世界人民的发展，欢迎各国搭上中国发展的快车，一起实现又好又快的发展，让世界人民共享发展成果。衡量国际社会是否公平正义，归根结底要看全世界的人民生活水平是否平等提升，发展中国家是否在国际社会得到了平等对待，各国人民是否都公平地享受到了经济全球化的好处。2014 年 11 月 8 日，习近平在北京举行的“加强互联互通伙伴关系”东道主伙伴对话会上强调，“互联互通”建设就是要实现亚洲人民幸福梦想，强调“在思考和规划互联互通项目时，需要坚持以人为本，听取基层民众意见，增加基层民众收入，着力解决他们用电、饮水、医疗、上学、就业、上网等现实问题。”① 人民性特征体现了人类命运共同体话语理论的科学性和人类关怀。

2. 世界性

人类命运共同体话语范式以整个世界为关注点，聚焦广大发展中国家，关注国际治理是否公正公平，充满世界情怀。习近平曾在博鳌亚洲论坛上明确提出，当前，和平与发展的潮流无法逆转，零和博弈和冷战思维早已不适用，狂妄自大和自私自利只会四处碰壁。只有坚持平等发展、互利合作，才能真正实现共赢和公平正义。站在世界视角审视当前国际社会秩序是否公正合理，又把中国的发展作为促进世界公正合理繁荣发展的重要力量，是人类命运共同体“世界性”特征的重要表现。人类命运共同体话语强调全球经济治理应该走向民主化、法治化、合理化，各国之间权利平等、规则平等。这一倡议使大多数国家尤其是发展中国家的诉求能在世界治理体系中全面地体现出来。“世界性”特征体现了人类命运共同体话语理论的时代性、现实性。

---

① 中共中央党史和文献研究院室．十八大以来重要文献选编：中［G］．北京：中央文献出版社，2016：211.

3. 共同性

共同性是人类命运共同体话语的又一重要特征。命运与共、合作共赢，包容互鉴、共同发展，均衡发展，共商共建共享共治等核心范畴都体现了“共同性”这一特征。不仅强调人类处境的相连相通，处理国际事务寻求“共同”利益、共同权力、共同责任，而且强调共同制定规则，共同采取行动。2014 年 11 月 11 日，习近平在北京举行的亚太经合组织第二十二次领导人非正式会议上的开幕词，就共同性提出“共同规划发展愿景”“共同应对全球性挑战”“共同打造合作平台”“共同谋求联动发展”①，就是对人类命运共同体共同性特征的最好表达。共同性包含着“包容性发展”。2016 年 9 月 4 日，习近平在二十国集团领导人杭州峰会上致开幕词，表达了对“包容性发展”的思考，即实现共同发展、可持续发展、支持落后国家发展、减少全球发展不平等和不平衡问题，使各国人民共享世界经济增长成果。提出共建共享思路，解释了同舟共济的伙伴精神内涵。② 共同性折射出“共同建设开放世界”“共同勾画发展愿景”“共同应对全球性挑战”“共同维护公平正义”“共同深化伙伴关系”③ 的全球治理理念，体现了人类命运共同体话语范式的全球意识和建设性善意，为解决人类共同面对的问题提供了中国智慧和方案。

4. 正确的义利观

人类命运共同体话语范式将坚持正确的义利观置于重要位置。以正确义利观作为指导原则，促进世界各国形成合作共赢与平等发展的国际关系。正确的义利观就是“义利相兼，义重于利”④“以义为先、义利并举，不急功近利，不搞短期行为”。就是“统筹我国同沿线国家的共同利益和具有差异性的利益关切，寻找更多利益交汇点”⑤。正确的义利观，就是坚持国际公平正义，主张在不同文明之间包容互鉴、平等互待的基础上，用对话代替冲突，以合作取代对抗。正确义利观强调共同发展与合作共赢，以此取代传统西方国际政治理论中权力和利益的核心地位。随着综合国力的不断提升和国际政治参与的增加，中国在参与全球经济治理过程中，始终代表发展中国家利益，号召国际社会关注

---

① 中共中央党史和文献研究院室．十八大以来重要文献选编：中［G］．北京：中央文献出版社，2016：216.

② 中共中央党史和文献研究院室．十八大以来重要文献选编：下［G］．北京：中央文献出版社，2018：372 –373.

③ 习近平．论坚持推动构建人类命运共同体［M］．北京：中央文献出版社，2018：388 –389.

④ 习近平．论坚持推动构建人类命运共同体［M］．北京：中央文献出版社，2018：254.

⑤ 习近平．论坚持推动构建人类命运共同体［M］．北京：中央文献出版社，2018：339.

发展中国家的利益诉求。2016 年 9 月的二十国集团领导人杭州峰会，把增加新兴市场国家和发展中国家的代表权和发言权、推进世界金融治理体系发展完善作为主要议题之一，有利于维护全球金融秩序的稳定。习近平指出："中国通过设立南南合作援助基金，免除对最不发达国家、内陆发展中国家、小岛屿发展中国家的无息贷款债务，并向发展中国家提供涉及减贫、农业、生态保护、医院、学校等项目的援助。"这不仅向全世界展示了中国为促进国际公平正义发展所做的努力，更表明了中国和发展中国家人民携手发展的坚定立场。

5. 坚持底线思维

构建人类命运共同体话语范式着眼于现实，对各种错误治理方式和行为理念敢于亮剑，展开批判，彰显底线思维。针对西方某些国家在解读中国人类命运共同体话语时的污蔑、歪曲和不信任等错误言论，中国国家领导人在多个场合展示出这一话语的批判性，批判零和博弈、冷战思维。十八大报告指出，"历史昭示我们，弱肉强食不是人类共存之道，穷兵黩武无法带来美好世界。"① 习近平指出"要跟上时代前进步伐，就不能身体已进入二十一世纪，而脑袋还停留在过去，停留在殖民扩张的旧时代里，停留在冷战思维、零和博弈老框架内。"②

习近平在批判误读、歪曲和不信任的错误言论中，多次强调中国倡导人类命运共同体，不是觊觎他国权益，嫉妒他国发展。即不是扩张，也不是让渡中国核心利益。他主张在实现人类命运共同体的过程中，要正确处理好世界主义与国家主义关系。人类命运共同体话语范式将尊重民族国家主权利益作为前提，主张国家主义与世界主义在发展中实现动态平衡。强调不是要求各国让渡自己的核心利益，而是找准各国的利益交汇点和共识度，强调在增进或扩大人类共同利益的同时兼顾各国的不同利益。

（四）构建人类命运共同体话语的核心价值观

2015 年 9 月 28 日，习近平在纽约联合国总部举行的第 70 届联合国大会一般性辩论中讲话，站在"全人类的共同价值"和"联合国的崇高目标"的共识层面强调人类命运共同体所秉持的价值观就是和平、发展、公平、正义、民主、

---

① 中共中央党史和文献研究院室．十八大以来重要文献选编：下［G］．北京：中央文献出版社，2016：36.

② 中共中央党史和文献研究院室．十八大以来重要文献选编：上［G］．北京：中央文献出版社，2014：260.

自由。[①] 基于人类共有家园，不同国家彼此应相互尊重和认同的立场，人类命运共同体将和平发展、民主自由与公平正义作为价值观。从地位和作用看，公平正义更具有根本性意义。它像一根红线贯穿在人类命运共同体话语的内涵中。而和平发展和自由民主则是践行并实现公平正义价值观的重要条件、物质保障和最高表现。

1. 构建人类命运共同体话语体系中的公平正义观

（1）公平正义内涵阐释

公平正义是人类社会自产生以来的价值理想，是人类文明进步的价值尺度，是无数仁人志士孜孜不倦的美好追求。从一般意义上理解，公平是人类维护与实现正义的基本原则，常常指向权利公平、机会公平、规则公平等；正义是人类基本的道德良知，含有深刻的正当性意蕴；公平指向具体事物或现象，正义指向更为宏大的场景。无论公平还是正义，都是历史性概念，在不同时代条件下，其含义不同。[②] 西方学者对公平正义的思考，有功利主义正义观、自由至上主义正义观等。这些正义观或者只关注效用最大化而忽视社会成员之间的公平；或者只关心权利平等而忽视结果的平等，导致不公平的结果却也是正义的结论。这种公平正义观是不完整、不科学的公平正义观。罗尔斯的正义论具有较大影响力，被称为“作为公平的正义”理论。它较好地解决了公平与正义的关系，强调以公平为基础的正义，关注公平规则的制定和结果的公平性。但在如何实现以公平为基础的正义问题上，罗尔斯也未能做出科学阐释。因此，西方的公平正义观是具有缺陷的公平正义观。

马克思主义对公平正义的思考具有强烈的现实批判性。马克思认为人类所共同遵循的公平正义的价值共识是具体的、历史的而不是抽象的、超越阶段的。恩格斯在《做一天公平的工作，得一天公平的工资》中指出：“在道德上是公平的甚至在法律上是公平的，而从社会上来看很可能是很不公平的。社会的公平或不公平，只能用一种科学来断定，那就是研究生产和交换的物质事实的科学——政治经济学。”[③] 马克思就是以政治经济学的科学视角，从资本主义现实出发，运用唯物史观分析方法科学地阐释了资本主义剥削制度在形式上平等的

---

① 中共中央党史和文献研究院室．十八大以来重要文献选编：中［G］．北京：中央文献出版社，2016：695.

② 王运来．人类命运共同体的价值构建——社会主义核心价值观视域下的价值重建［J］．贵阳市委党校学报，2018（5）；黄有璋．比较中的公平正义概念辨析［J］．桂海论丛，2019（5）．

③ 马克思恩格斯全集：第19卷［M］．北京：人民出版社，1965：273.

背后掩盖着事实上的不平等不公正，并找到了消除不公正社会的路径和方法，即根本改造资本主义剥削制度，消除阶级压迫，实现“自由人的联合体”的共产主义社会。马克思主义的公平正义思想，具有鲜明的人民性，关注弱势群体和被剥削阶级，致力于改造不公正的生产关系和阶级关系，消灭资本主义私有制事实上的不公平不正义，通过形式和实质上都很公平公正的共产主义社会路径达到公平正义的人类彼岸。

中国共产党对公平正义的思考是在继承马克思主义的公平正义观，借鉴中国古代传统思想中的公平正义价值和西方公平正义理论的基础上发展而来。其对公平正义内涵的界定在演进中也日益清晰丰富。2006 年 10 月党的十六届六中全会通过的《中共中央关于构建社会主义和谐社会若干重大问题的决定》中，首次将“公平正义”作为一个整体概念使用，强调公平基础上的正义。这使公平正义内涵变得全面准确，体现出中国共产党人既追求公平又追求正义的蕴意。十八大以来，以习近平同志为核心的党中央将公平正义置入社会主义核心价值观中，并在全社会加以倡导，培育和践行社会主义核心价值观。在社会主义核心价值体系中，“公正”是社会主义的最低要求，也是最高价值，是价值体系的内核，所有其他价值观都是围绕“公正”而展开、以“公正”为取向的，只有“公正”的价值观属性最突出，其他价值观最终指向“公正”或作为实现“公正”的基础性条件。“公正”具有最高性价值原则，是社会主义的本质属性，社会主义的历史已经把“公正”变成了一种真正的共有价值。作为社会主义本质属性的公正，是最让人接受的政治哲学观。① 中国共产党将公平正义作为一个整体概念使用，并且将公平正义作为最高价值原则，作为社会主义本质属性，是对公平正义理论的重要贡献和创新性发展，代表了中国共产党对公平正义认知达到新的理论高度。中国共产党在国际舞台上高举公平正义的旗帜，主张建立公正合理的国际新秩序。

（2）公平正义是人类命运共同体话语的核心价值诉求

人类对公平正义的美好追求，推动着世界历史滚滚向前。二战后，公平正义原则写入联合国宪章及一系列法律规定之中，成为联合国成员国普遍遵循的最为崇高的价值原则。中国推动公平正义事业的发展也取得了积极进展。2011 年发表的《中国的和平发展》白皮书指出：中华人民共和国成立以来，特别是改革开放 30 多年的发展历程表明，中国是国际社会的重要成员，是推动国际政

---

① 杨光斌．习近平的国家治理现代化思想——中国文明基体论的延续［M］．北京：中国社会科学出版社，2015：16－19.

治经济秩序朝着更加公正合理方向发展并努力做出贡献的国家。

改革开放以来，中国推动世界进步事业的思维方式发生了重要改变，从过去世界革命的思维方式转变为融入全球化、参与全球化，在发展壮大自己的同时推进全球化向着公正合理的国际新秩序演进。21 世纪中国特色社会主义进入新时代，提出构建人类命运共同体命题，继续高举人类公平正义的最高价值旗帜，以崭新的思维和方案贡献于世界，引导世界改变全球治理模式，建立公平正义的国际新秩序。

十八大以来，以习近平同志为核心的党中央秉持公平正义的价值观构建人类命运共同体。习近平在 2014 年北京举行的和平共处五项原则发表六十周年纪念大会上指出："公平正义是世界各国人民在国际关系领域追求的崇高目标。在当今国际关系中，公平正义还远远没有实现。"① 在 2015 年 9 月 28 日纽约联合国总部举行的第 70 届联合国大会一般性辩论中，从政治、经济、文化、社会、生态五个方面阐释了人类命运共同体思想内容，强调要建立平等相待、互商互谅的伙伴关系；营造公道正义、共建共享的安全格局；谋求开放创新、包容互惠的发展前景；促进和而不同、兼收并蓄的文明交流；构筑尊崇自然、绿色发展的生态体系。

从对这些内容的阐释可以看到，人类命运共同体内涵的每部分都体现着对公平正义基本原则的倡导和坚持。政治上主张平等相待、尊重主权平等，世界各国不分大小一律平等。尊重各主权国家的领土完整、内政独立、对社会制度与道路的选择权以及经济社会发展改善民生的实践权。安全上主张公道正义的安全格局，反对弱肉强食、穷兵黩武的不公正做法。"摒弃一切形式的冷战思维，树立共同、综合、合作、可持续安全的新观念。"② 经济上主张公平公正发展，习近平指出："放任资本逐利，其结果将是引发新一轮危机。""富者愈富、穷者愈穷的局面不仅难以持续，也有违公平正义。""大家一起发展才是真发展，可持续发展才是好发展。"③ 主张建构效率与公平相结合的国际经济发展架构。文化上主张尊重各种文明，平等相待，互学互鉴，兼收并蓄。生态上主张国际社会携手同行，共谋全球生态文明建设之路。构建人类命运共同体思想秉持的公平正义观为世界各国如何参与全球治理提供了基本原则和道德标准。

---

① 习近平．论坚持推动构建人类命运共同体［M］．北京：中央文献出版社，2018：133.

② 中共中央党史和文献研究院室．十八大以来重要文献选编：中［G］．北京：中央文献出版社，2016：696.

③ 中共中央党史和文献研究院室．十八大以来重要文献选编：中［G］．北京：中央文献出版社，2016：696－697.

2. 构建人类命运共同体话语范式秉持的和平发展观

和平发展是当今时代的主题，也是全人类不懈奋斗追求的目标和愿望。构建人类命运共同体话语，将和平与发展作为实现人类命运共同体的国际环境和物质条件置于话语价值观的重要位置。

战争是政治的继续，归根结底是国际利益平衡与再平衡的较量与最终体现。为了实现利益分配与再分配，人类经历了无数次战争。历史证明任何战争从来都是人类的灾难。世界人民追求公平正义的演进历史与残酷的战争形成了鲜明对比。特别是两次世界大战对人类造成的损失和伤害令世界人民刻骨铭心。世界文明的演进要靠和平与发展而非战争与伤害已经成为全球重要共识。中国一直主张并推动和维护世界实现持久和平，这从根本上就是在维护国际公平正义。2014 年 3 月 27 日，习近平在法国巴黎举行的中法建交五十周年纪念大会上指出，"历经苦难，中国人民珍惜和平，希望同世界各国一道共谋和平、共护和平、共享和平。"① 2017 年 1 月 18 日，习近平在联合国日内瓦总部发表演讲，指出"和平力量的上升远远超过战争因素的增长"，要"让和平的薪火代代相传"②。2017 年 12 月，习近平在中国共产党与世界政党高层对话会上发表主旨讲话，指出"中国共产党人深知和平的可贵，也具有维护和平的坚定决心。"③ 习近平在多种外交场合不断重申和平的价值理念，旨在推动国际社会坚决维护世界和平，通过和平发展实现繁荣进步，彰显人类公平正义。面对当今世界在"百年未有之大变局"下存在的"和平赤字""发展赤字"困境，构建人类命运共同体的理念坚持和平的人类共有价值，反对任何武力冲突，主张世界各国一起维护世界和平，促进共同发展，走和平发展道路。

坚定不移地维护世界和平，促进共同发展是构建人类命运共同体理念秉持的公平正义价值观的根本宗旨和立场。构建人类命运共同体的理念主张世界各国要坚持通过和平方式解决国际争端，通过平等协商和相互交流来增进彼此了解，减少误会，提高信任度，做到和平共处。共同制止战争，维护和平。构建人类命运共同体理念主张共同发展、平衡发展。习近平在 2014 年于北京举行的和平共处五项原则发表六十周年纪念大会上指出："天空足够大，地球足够大，世界也足够大，容得下各国共同发展繁荣。一些国家越来越富裕，另一些国家

① 习近平．论坚持推动构建人类命运共同体［M］．北京：中央文献出版社，2018：84.
② 习近平．论坚持推动构建人类命运共同体［M］．北京：中央文献出版社，2018：415－416.
③ 习近平．论坚持推动构建人类命运共同体［M］．北京：中央文献出版社，2018：514.

长期贫穷落后，这样的局面是不可持续的。”“大家发展才能发展大家。各国在谋求自身发展时，应该积极促进其他国家共同发展，让发展成果更多更好惠及各国人民。”① 坚定不移走和平发展道路是构建人类命运共同体理念秉持的公平正义价值观实现的根本道路。这条和平发展道路以“相互尊重、合作共赢”为基础。习近平在国际舞台上多次阐释中国坚定不移地走和平发展道路的坚定立场。2014 年 3 月 28 日，习近平在德国科尔伯基金会发表演讲，专门以中国坚持走和平发展道路发表观点。指出，中国不认同“国强必霸”的陈旧逻辑，当今世界，殖民主义、霸权主义的老路不仅走不通，还会被碰得头破血流。② 中国坚定不移地走和平发展道路，“是中国对国际社会关注中国发展走向的回应，更是中国人民对实现自身发展目标的自信和自觉”“是对几千年来中华民族热爱和平的文化传统的继承和发扬”“既通过维护世界和平发展自己，又通过自身发展维护世界和平”“只有同世界各国一道维护世界和平，中国才能实现自己的目标，才能为世界作出更大贡献。”③ 人类命运共同体思想将共同发展、可持续发展理念作为维系和推动世界经济交往的重要价值理念，也在很大程度上将世界资本流动规范限制在公正的道德约束下，使国际社会各主体经济交往建构在和平发展的轨道中。

改革开放到现在，中国始终坚持独立自主、和平共处五项原则，坚决反对霸权主义和强权政治，通过完全不同于传统西方国家殖民侵略的发展方式，以平等互利的方式取得了快速发展，成为全球第二大经济体，综合国力日益增强，国际影响力也逐渐提高。让全球各国见证了中国特色社会主义制度和中国和平发展道路的先进性和优越性，见证了中国在飞速发展中对公平正义事业进步的有效推进，在促进世界和平发展中发挥了榜样作用。

中国在和平发展中承担更多的国际责任和义务是构建人类命运共同体进程中实践公平正义价值观的重要表现和责任担当。习近平多次重申，“中国将积极承担更多国际责任，同世界各国共同维护人类良知和国际公理，在世界和地区事务中主持公道、伸张正义”④ “中国将始终做世界和平的建设者”“全球发展

---

① 习近平．论坚持推动构建人类命运共同体［M］．北京：中央文献出版社，2018：132.

② 习近平．论坚持推动构建人类命运共同体［M］．北京：中央文献出版社，2018：91.

③ 习近平．论坚持推动构建人类命运共同体［M］．北京：中央文献出版社，2018：89，91.

④ 习近平．论坚持推动构建人类命运共同体［M］．北京：中央文献出版社，2018：108.

的贡献者”“国际秩序的维护者”①。中国也真诚呼吁其他国家都走和平发展道路，携手走稳走好这条路。习近平说：“让铸剑为犁、永不再战的理念深植人心，让发展繁荣、公平正义的理念践行人间。”这在实质上阐释了中国构建人类命运共同体思想秉持的公平正义与和平发展的高度一致性。

3. 构建人类命运共同体话语秉持的民主、自由价值观

民主和自由一直都是各个国家和人民在国内社会和国际关系中追求的目标。然而，从来没有无条件的民主，也没有不受任何限制的自由。基于公平正义的民主与自由，一定是有条件的、历史的、具体的，是以不损害他国利益和他国自由为前提的，以尊重各国民主为条件的。任何片面强调绝对的自由与绝对的民主，或者以西方为中心的自由，以西方标榜的民主为标准的自由与民主都是错误的，都是人类命运共同体公平正义观所反对的。民主、自由与公平正义的实现是相辅相成的。构建人类命运共同体理念秉持的公平正义价值观，是以民主、自由作为公平公正参与国际事务的政治条件的。“世界的命运必须由各国人民共同掌握，世界上的事情应该由各国政府和人民共同商量来办。垄断国际事务的想法是落后于时代的，垄断国际事务的行动也肯定是不能成功的”。② 习近平在多种场合表达了中国作为发展中国家对国际关系民主化的合理诉求。

主权平等是构建人类命运共同体的首要原则和最重要的基础，它体现了时代潮流和各国人民的共同利益。欧美资本主义大国凭借在各方面的优势，在国际事务中竭力追求少数人的利益最大化，发展中国家的生存发展受到各种排挤的现象，就是对世界范围内民主自由的践踏。一些强权国家无视国际社会中的民主原则，甚至绕过联合国粗暴地干涉别国内政，或者故意挑起冲突而坐收渔利，这都是不公正、不民主的体现。世界各国携手努力共同建设一个民主、自由、平等的新世界才是真正意义上的公平正义。当前，经济全球化加速发展，众多国家和地区的联系日益紧密，这决定了世界各国在处理国际事务时不能只顾自己的利益，还应该兼顾他国利益。国际社会中的事务必须由各国通过交流和协商来解决，每个国家的国内事务必须由本国人民自己处理。反对通过任何借口和形式损害别国的合法权益，坚决反对霸权主义和强权政治，尊重各国的基本生存发展权利，构建公正合理、民主自由的国际秩序，促进世界的和平与繁荣。

---

① 中共中央党史和文献研究院室．十八大以来重要文献选编：中［G］．北京：中央文献出版社，2016：698－699.

② 习近平．论坚持推动构建人类命运共同体［M］．北京：中央文献出版社，2018：133.

对广大发展中国家平等参与国际事务和利益分配权利的尊重和保护，就是国际社会民主原则的重要表现。国家不论大小都有自由选择发展模式的基本权利，在国际社会中应该被平等对待，并且获得相应的代表权和发言权，这些权利不能只是形式上的，应该落实到实际行动中。发展中国家必须在履行国际义务的同时，享受到国际社会中的民主和自由。

习近平人类命运共同体思想对实现人类自由解放具有重要的意义，为世界人民实现自由解放指明了方向。人类命运共同体思想把人的自由全面发展作为实现公平正义的价值追求的最高表现，在多个领域上为促进实现人类自由解放提供方略。政治领域中强调尊重主权独立和领土完整，推动国际交流协商，完善全球治理，维护世界和平与发展，为实现人类自由解放搭建国际平台；经济领域中，随着经济全球化的深入发展，全球市场的不断扩大，国际分工越来越细化，各国之间的经济联系与发展的相互依赖程度更加密切，为建设人类命运共同体提供了经济条件，也为实现人类自由解放提供了物质基础；生态领域中强调世界各国携手合作应对环境问题，为人类实现自由营造了良好环境。

人类命运共同体话语范式秉持的价值观是符合人类的价值追求的，是塑造全人类价值共识最大化的创新思考。公平正义符合人类良知与道德评价标准；和平发展符合人类的渴望，是实现人类命运共同体的重要国际环境前提和物质保障。人类发展历史表明，没有和平的国际环境做保障，公平正义的价值诉求就不可能真正实现；忽视生产力发展的公平正义是脆弱而不堪一击的。民主和自由一直都是各个国家和人民在国内社会和国际关系中追求的目标。人类命运共同体话语范式的价值导向体现出了超越西方中心主义、超越对抗冲突、融合全球具有共识度的价值观形成的新概念、新表述、新范畴。

三、构建人类命运共同体话语指向的改革方向及世界传播

（一）构建人类命运共同体话语指向的改革方向

构建人类命运共同体话语，在根本上成为引导全球治理体系深刻变革的重要观念。这一话语指向变革全球治理体系及机制中不合理、不公平的制度安排，建设治理主体多元化参与的体制机制，打造更为公平合理的国际新秩序。现行的全球治理体系是二战以来形成的，欧美发达国家居于治理的中心位置，掌握着全球治理的主导权。广大发展中国家处于边缘位置，在全球治理体系中没有或较少有发言权。西方资本主义国家凭借治理主导权，制定有利于本国利益的国际规则，将其价值体系强加于发展中国家，导致目前的全球治理体系是充满

霸权思维、强权意识的治理体系，缺乏公平正义和公信力。随着全球化深入发展，广大发展中国家和新兴市场主体群体性崛起，汇集出变革全球治理体系的强大力量，发出变革治理结构的强烈呼声。正如习近平在2017年1月17日，在瑞士达沃斯举行的世界经济论坛2017年年会开幕式上的主旨演讲中指出的那样：现有全球治理体系未能反映新格局，代表性和包容性很不够，“贸易和投资规则未能跟上新形势，机制封闭化、规则碎片化十分突出。”“全球金融治理机制未能适应新需求。”① 基于现今的全球治理格局并未发生实质性改变，因此，这一话语范式强调推进全球治理体制变革“不是推倒重来”“也不是另起炉灶”，而是“创新完善”。②

即不断扩大治理主体，让更多的发展中国家参与进来，共同决策，享受到平等的参与权和发言权。在修改规则或制定新规、全球治理平台发展等方面充分反映广大发展中国家的利益诉求，增加发展中国家的话语分量。人类命运共同体话语指向变革全球治理规则，打造公平治理平台，建设完善全球治理机制。

1. 改革完善全球经济治理模式

（1）需要建设开放型世界经济，继续推动贸易和投资自由化、便利化机制。建设开放型世界经济，就是要在全球范围配置资源，进行产业布局，建设利益共享的全球价值链、普惠各方的全球大市场。就是要维护自由、开放、非歧视的多边贸易体制，不搞排他性贸易标准、规则、体系，避免造成全球市场分割和贸易体系分化。要探讨完善全球投资规则，引导全球发展资本合理流动，更加有效地配置发展资源。

（2）需要修订完善全球经济治理规则。这成为扩大广大发展中国家参与全球治理的重要内容。在当前经济全球化飞速发展的条件下，全球经济治理规则迫切需要被修订完善，以反映和提升广大发展中国家和新兴市场国家的经济利益关切，拥有和经济贡献对等的国际话语权。正如习近平所言，“国际经济规则需要不断革故鼎新，以适应全球增长格局新变化，让责任和能力相匹配。”③

（3）推动国际金融组织变革。使国际货币基金组织、世界银行等机构能公平反映广大发展中国家和新兴经济体的利益诉求，“推动改革国际货币基金组织治理结构，增加新兴市场国家和发展中国家代表性和发言权”“确保各国在国际

① 习近平．论坚持推动构建人类命运共同体［M］．北京：中央文献出版社，2018：404.

② 中共中央宣传部．习近平总书记系列重要讲话读本：2016［M］．北京：学习出版社，2016：274.

③ 习近平．论坚持推动构建人类命运共同体［M］．北京：中央文献出版社，2018：226.

经贸活动中机会平等、规则平等、权利平等”①。2016 年国际货币基金组织实施投票权改革后，并没能真正有效地改变西方发达国家主导经济治理话语权的现状。因此，改革这些金融机构使之趋向公平合理、实现各国共同发展繁荣就成为人类命运共同体话语的引导方向。

（4）打造并完善各种经济治理制度性平台。实质性改善发展中国家参与全球经济治理的话语权和规则制定权。如金砖国家平台、二十国集团平台等。金砖国家平台是广大发展中国家合作创新、参与全球治理的重要平台，在维护广大新兴市场国家和发展中国家利益、推动建立更加均衡普惠的治理模式上进行了有益探索并取得了重要进展。习近平指出，“我们要共同致力于提高金砖国家在全球治理体系中的地位和作用，推动国际经济秩序顺应新兴市场国家和发展中国家力量上升的历史趋势。”② 二十国集团平台是为应对 2008 年全球金融危机、有效解决世界经济重大问题而设置的重要合作平台，发展至今已成为当前国际经济合作的主要论坛，其影响和作用举足轻重，成为全球经济治理共商共建的典范。二十国集团聚集了世界主要经济体，其成员涵盖面广、代表性强，兼顾了发达国家和发展中国家以及不同地域的利益平衡，人口占全球的 2/3，国土面积占全球的 60%，国内生产总值占全球的 90%，贸易额占全球的 75%。G20 到 2018 年已举行过 12 次峰会，主要讨论全球重大经济金融热点问题，为推动世界经济复苏及国际金融体系改革做出了重要贡献。在 2016 年 9 月的杭州峰会上，二十国集团领导人共同为世界经济复苏和完善全球经济治理、夯实机制保障开出良方。其议题围绕加强宏观政策协调、创新增长方式，更高效的全球经济金融治理，更强劲的国际贸易和投资，包容和联动式发展，影响世界经济的其他突出问题等方面展开讨论并取得实质性进展。③ 如在完善货币金融体制，优化国际金融机构治理结构，充分发挥国际货币基金组织特别提款权作用，完善全球金融安全网，加强在金融监管、国际税收、反腐败领域合作，提高世界经济抗风险能力，重启 20 国集团国际金融架构工作组等④方面提出了很多建设性安排，充分反映了二十国集团在全球治理中举足轻重的地位和作用。在推动建设开放型世界经济，继续推动贸易和投资自由化、便利化，“恪守不采取新的

① 习近平．论坚持推动构建人类命运共同体［M］．北京：中央文献出版社，2018：226.
② 习近平．论坚持推动构建人类命运共同体［M］．北京：中央文献出版社，2018：226.
③ 中共中央党史和文献研究院室．十八大以来重要文献选编：下［G］．北京：中央文献出版社，2018：369.
④ 中共中央党史和文献研究院室．十八大以来重要文献选编：下［G］．北京：中央文献出版社，2018：371.

保护主义措施的承诺”，发挥基础设施互联互通的辐射效应和带动作用，帮助发展中国家和中小企业深入参与全球价值链①方面取得了重大共识。继续加强二十国集团机制建设就成为推动完善全球经济治理机制的重要内容。习近平在2016年9月3日，杭州二十国集团工商峰会开幕式上发表主旨演讲，就“共同完善全球经济治理”呼吁二十国集团共同努力，建构全球金融治理格局、开放透明的全球贸易和投资治理格局；绿色低碳的全球能源治理格局、包容联动的全球发展治理格局②，推动二十国集团实现从短期政策向中长期政策转型、从危机应对向长效治理机制转型，巩固其作为全球经济治理重要平台地位。

2. 改革完善全球政治治理模式，做到依法依规

联合国是全球政治治理的重要制度性安排。二战后发展起来的联合国，在全球政治治理中，在很长一段时间内都是反映和代表西方主要发达国家的政治利益的国际组织。尽管经过广大发展中国家的斗争与努力，联合国运行机制在一定程度上抑制了西方国家的政治霸权。但以美国为代表的西方发达国家在联合国仍然具有比较明显的政治参与优势和话语优势。因此，“推进全球治理规则民主化、法治化，努力使全球治理体制更加平衡地反映大多数国家意愿和利益”③ 也表现在推动以联合国为代表的制度性政治治理机构运行机制走向公正合理，使之公平反映广大发展中国家的政治诉求。

构建人类命运共同体话语主张，对“二战”后成立的联合国组织体系并不是推倒重来，而是使联合国成为对全球治理发挥核心作用的有效国际组织。联合国作为维护世界和平、促进共同发展、保护人权的最重要国际机构，在致力于建设全球安全共同体、全球发展共同体、全球人权共同体等方面可谓不遗余力，并且取得不俗的成就，为推动建立公正合理的国际新秩序做出了重大贡献。联合国和平行动计划的实施，消除贫困的有效推进，《2030年可持续发展议程》等文件的制定和通过，对应对全球气候变化、实现可持续发展方向的坚守，以安理会为唯一合法权威机构在维护国际和平与安全等问题上的有效运作等，都证明了联合国在寻求全球解决方案，应对人类面临的共同问题和挑战上的核心主导作用。当2017年3月17日，联合国安理会一致通过第2344号决议，首次将“构建人类命运共同体”的理念载入其中时，就已经证明其理念通过联合国

① 中共中央党史和文献研究院室．十八大以来重要文献选编：下［G］．北京：中央文献出版社，2018：371－372.

② 习近平．论坚持推动构建人类命运共同体［M］．北京：中央文献出版社，2018：372.

③ 习近平．论坚持推动构建人类命运共同体［M］．北京：中央文献出版社，2018：261.

舞台获得了国际社会的广泛共识。进一步证明以联合国作为打造人类命运共同体的组织机构，很大程度上为人类命运共同体理念的坚持和实施提供了国际合法性和有效组织体系。习近平在讲话中指出："中国是第一个在联合国宪章上签字的国家，将继续维护以联合国宪章宗旨和原则为核心的国际秩序和国际体系。中国将继续同广大发展中国家站在一起，坚定支持增加发展中国家特别是非洲国家在国际治理体系中的代表性和发言权。中国在联合国的一票永远属于发展中国家。"①

构建人类命运共同体话语主张"联合国宪章等一系列文件"应该得到有效维护和坚持。《联合国宪章》的宗旨是维护国际和平与安全、发展国家间友好合作、合作解决国际问题、对人权和基本自由尊重、通过联合国组织机构协调各国行动。同时，《联合国宪章》强调主权平等、和平方式解决国际争端、不得使用威胁或武力、不干涉他国内政等七项原则作为处理国际关系的基本原则。随着人类不断进步，以《联合国宪章》为核心的一系列法规条例文件出台，规范了世界各国的行为和交往方式，对维护世界和平发展合作具有指导性意义和法律权威性意义。但联合国宪章框架内，在政治安全、贸易发展、社会人权、科技卫生、劳工产权、文化体育等领域达成的一系列国际公约和法律文书，又在很多时候变成一纸空文，没有得到遵守与执行。"合则用，不合则弃"的现象较为普遍。甚至个别大国以联合国不能满足其私利为由，威胁退出联合国，另起炉灶。"当今世界发生的各种对抗和不公，不是因为联合国宪章宗旨和原则过时了，而恰恰是由于这些宗旨和原则未能得到有效履行。要坚定维护以联合国宪章宗旨和原则为核心的国际秩序和国际体系，维护和巩固第二次世界大战胜利成果。"②"提高国际法在全球治理中的地位和作用"③。人类命运共同体话语强调遵守以《联合国宪章》为核心的一系列法规条例，旨在强国际法治之基，固国际法治之本，弘国际法治之义，立国际法治之信任，在法治精神和法治道路上使人类走向共商共建共享的美好未来。中国充分尊重联合国地位及其决议，而且为推动人类命运共同体的发展，做出了很多努力，通过实际行动体现出人类命运共同体公平正义目标实现的科学性与可行性。

充分发挥联合国以及其他国际分支机构在全球治理中的作用，这是人类命

---

① 中共中央党史和文献研究院室．十八大以来重要文献选编：中［G］．北京：中央文献出版社，2016：698.

② 习近平．论坚持推动构建人类命运共同体［M］．北京：中央文献出版社，2018：260.

③ 习近平总书记系列重要讲话：2016［M］．北京：人民出版社，2018：275.

运共同体话语坚持的治理原则。2016 年 4 月 1 日，习近平在美国华盛顿核安全峰会上讲话指出“现有国际组织和机制可作为未来核安全国际合作的坚实平台。我们要以国际原子能机构为核心，协调、整合全球核安全资源，并利用其专业特长服务各国。联合国作为最具普遍性的国际组织，可继续发挥重要作用。其他组织和机制也可以提供有益补充，促进执法等领域务实合作。”①

3. 扩展全球治理领域和范围，实现全球有效治理

人类命运共同体话语范式强调不断开发全球治理领域，扩大全球治理范围，实现有效治理，确保全球和谐共生。随着全球化不断发展，一些新兴领域如“核安全领域”“全球互联网领域”、极地、深海、外空等领域也迫切需要加强全球治理。就“全球互联网领域”治理，强调以金砖国家为代表的发展中国家应“争取平等参与互联网治理权利”②，在“推动制定各方普遍接受的网络空间国际规则，制定网络空间国际反恐公约，健全打击网络犯罪司法协助机制，共同维护网络空间和平安全”等方面参与其中。推动国际网络空间治理体系更加公正合理，更加平衡地反映大多数国家意愿和利益。建立“多边参与、多方参与”的网络空间对话协商机制，研究制定全球互联网治理规则要“由大家商量着办”，充分发挥政府、国际组织、互联网企业、技术社群、民间机构、公民个人等各个主体作用，“不搞单边主义，不搞一方主导或由几方凑在一起说了算”。③

4. 中国参与全球治理体制机制变革，为全球治理做出更大贡献

中国作为最大的发展中国家，联合国安理会常任理事国成员，是现行国际体系的参与者、建设者、贡献者，是国际合作的倡导者和国际多边主义的积极参与者。为了推动国际秩序朝着更加公正合理的方向发展，更好地维护我国和广大发展中国家的共同利益，为实现“两个一百年”奋斗目标、实现中华民族伟大复兴的中国梦营造更加有力的外部条件，为促进人类和平与发展的崇高事业做出更大贡献，中国在全球治理体制机制变革中不仅贡献治理理念，而且积极参与规则制定，为全球治理做出了贡献。

中国在众多领域积极参与全球治理并且表现亮眼。如充分巩固和发挥二十国集团全球治理主平台作用；在“一带一路”建设实践中实质性推动各方加强

① 习近平．论坚持推动构建人类命运共同体［M］．北京：中央文献出版社，2018：327－328.

② 习近平．论坚持推动构建人类命运共同体［M］．北京：中央文献出版社，2018：227.

③ 习近平．论坚持推动构建人类命运共同体［M］．北京：中央文献出版社，2018：308.

规划和战略对接；深化上海合作组织合作、加强亚信、东亚峰会、东盟地区论坛等机制建设；整合地区自由贸易谈判架构；加大对网络、极地、深海、外空等新兴领域规则制定的参与，加大对教育交流、文明对话、生态建设等领域的合作机制和项目的支持力度。①

多层次多方面推动已经达成的共识落地。中国坚决维护二战以来形成的国际秩序及其法律法规，并主动积极参与全球治理、贡献智慧，如提出一带一路倡议，建立亚投行，推动国际货币基金组织完成份额和治理机制改革，积极参与各类新兴领域治理规则制定，推动变革全球治理体系中的不公正不合理的制度安排。② 在2017年9月4日召开的二十国集团领导人杭州峰会上，习近平首次全面阐释了中国的全球经济治理观，首次把创新作为核心成果，首次把发展议题置于全球宏观政策协调的突出位置，首次形成全球多边投资规则框架，首次发布气候变化问题主席声明，首次把绿色金融列入二十国集团议程，在二十国集团发展史上留下了深刻的中国印记。③ 不断提高自身参与全球治理的能力，着力增强规则制定能力、议程设置能力、舆论宣传能力、统筹协调能力。加强对全球治理的理论研究，加强全球治理人才队伍建设，为参与全球治理提供人力人才支撑。④

参与全球治理要量力而行。中国坚持平等而有差别的责任，主张努力把自己的事情办好，继续全面改革开放可持续发展，增强中国的软实力和硬实力，这是提高我国在国际上话语影响力的前提和关键。因此，中国主张积极参与全球治理，主动承担国际责任，“但也要尽力而为、量力而行”。⑤ 中国坚定地站在第三世界国家行列，继续为广大发展中国家发声。“中方将继续在联合国等场合为非洲仗义执言、伸张正义，支持非洲在国际舞台上发挥更大作用。”⑥

（二）构建人类命运共同体话语的世界传播

人类命运共同体话语理论是对马克思主义关于共同体理论、西方关于共同体思想、中国共产党关于人类美好未来思想、中国传统文化中关于“和谐”思想继承、吸收、借鉴形成的富有中国特色的新话语。其话语范畴、话语体系、话语价值能够鲜明地反映出全人类的共有价值。站在人类命运与人类解放的高

---

① 习近平．论坚持推动构建人类命运共同体［M］．北京：中央文献出版社，2018：385.
② 习近平．论坚持推动构建人类命运共同体［M］．北京：中央文献出版社，2018：383.
③ 习近平．论坚持推动构建人类命运共同体［M］．北京：中央文献出版社，2018：384.
④ 习近平．论坚持推动构建人类命运共同体［M］．北京：中央文献出版社，2018：385.
⑤ 习近平．论坚持推动构建人类命运共同体［M］．北京：中央文献出版社，2018：384.
⑥ 习近平．论坚持推动构建人类命运共同体［M］．北京：中央文献出版社，2018：298.

度，在理论与实践的双重探索中寻求人类解放，这对世界上各个国家、各种制度的自我完善和自我发展，对人类新型文明形态的创建都具有世界历史意义。人类命运共同体话语范式超越种族、国家界限，跨越时空、为打造世界性话语体系做出了重大贡献。深刻地体现出对平等包容性世界秩序重塑的信心，是对推动形成新型全球治理体系，打造开放、包容的世界新秩序，实现建构人类命运共同体的伟大理想的期盼。人类命运共同体话语范式将打破亨廷顿“文明冲突论”的魔咒，引导全球实现对话而非对抗、共赢而非零和博弈、平等交流而非单边主义，最终实现包容性发展的新未来。这一话语范式是对对抗式话语、同化式话语、有限包容式话语的批判性超越。构建人类命运共同体话语范式实现对世界人民的话语建构任重而道远，需要通过打破西方中心主义话语壁垒，站在全人类高度倡导文明大融合；需要打破发展中国家的怀疑与不安，实现真正意义上的对话、交流和融合，实现共生共融共享的大融合。

1. 人类命运共同体话语传播需要冲破西方话语壁垒

构建人类命运共同体话语在以美国为代表的西方发达国家遭遇阻力。由于西方国家在国际舞台上仍然拥有明显的话语优势，美国等西方发达国家输出的“民主自由”“三权分立”等价值观在国际社会仍然占据优势地位，其倡导的“逢强必霸”的认知逻辑仍然在世界大行其道，它们仍然掌握着国际社会的传播权，占据着国际社会的话语平台。因此，对于来自社会主义中国提供的人类命运共同体新理念、新话语，必然采取一种封堵政策。研究表明，在西方以美、英、加、澳等为代表的英语媒体，并未对中国提出的人类命运共同体话语理念进行有效报道。西方媒体表现出集体沉默，或者不予报道，或者不予置评，中国的新理念、新话语遭到了西方抵制。在2018年达沃斯世界经济论坛上，人类命运共同体话语被吸纳到西方的价值体系中，他们并未用中国翻译的Community of Shared Future for Mankind来表述“人类命运共同体”这一理念，尽管这个表述已经写入了联合国决议，而是设置提议为Creating a Shared Future in a Fractured World，将中国提出的人类命运共同体话语置于西方话语体系中，以此遮蔽中国话语的影响力。① 表明中国构建人类命运共同体的话语在话语权力的争夺中面临重大挑战。涉及人类命运共同体的话语在对外传播方面需要采取更为科学的方式，使之得到有效传播，被越来越多国家认同。

与此同时，西方媒体开动传媒机器，对中国构建人类命运共同体新话语采

① 秦洪武，周霞．中国全球治理话语传播效果评估：以“命运共同体”为例［J］．当代外语研究，2018（4）．

取不实的报道方式，或者妖魔化报道，从负面阻止并消解人类命运共同体话语在世界上的影响力；或者通过捧杀的方式让中国承担更多的与能力不相匹配的责任并以此来抵消中国的国际影响力。

构建人类命运共同体话语范式需要冲破阻力，实施对世界理念和价值观的重塑。首先需要对各种错误言论展开批判，解构其对中国妖魔化宣传的话语负能。中国国家领导人在元首外交中，利用多个外交场合对西方某些国家在解读人类命运共同体话语时的污蔑、歪曲和不信任等错误言论展开批判。呼吁“国际社会应该超越国际关系中陈旧的零和博弈，超越危险的冷战思维，超越曾把人类一次次拖入对抗和战乱的老路。”呼吁以美国为代表的西方国家“要跟上时代前进步伐，就不能身体已进入 21 世纪，而脑袋还停留在过去，停留在殖民扩张的旧时代里，停留在冷战思维、零和博弈老框架内。”① 其次，正面阐释中国倡导人类命运共同体的时代性、科学性。强调中国构建人类命运共同体理念不是觊觎他国权益，嫉妒他国发展。人类命运共同体话语范式将尊重民族国家主权利益作为前提，主张国家主义与世界主义在发展中实现动态平衡。强调不是要求各国让渡自己的核心利益，而是找准各国的利益交汇点和共识度，强调在增进或扩大人类共同利益的同时兼顾各国的不同利益。通过科学阐释中国构建人类命运共同体的实质在于构建文明对话的世界新秩序以获得更多民众的理解、支持、赞赏和认同。

2. 人类命运共同体话语传播需要消除广大发展中国家的怀疑与不安

研究表明，人类命运共同体话语在加纳、巴基斯坦、新加坡等国家得到了有效报道，在加纳、巴基斯坦的报道中表述与中国话语相似。如中国提出的全球治理（governance）方案，是合作（cooperation）、发展（development）和全球化（globalization）时代的文明（civilization）互鉴，表明在这些国家人类命运共同体话语传播是有效的。中国领导人充分利用联合国舞台，利用各种会议平台，阐释构建人类命运共同体话语所蕴含的理念。又通过主动设置议题，在主场外交如金砖五国会议、上海合作组织会议、亚信、东亚峰会、东盟地区论坛、二十国集团会议等平台阐释人类命运共同体话语蕴涵的深刻理念。在倡导“一带一路”建设中实质推动各方加强规划和战略对接，通过成立亚投行、丝路基金、亚洲开发银行等措施，以实际行动践行人类命运共同体理念，传递中国声音，为世界提供全球治理的公共产品，因而获得相关发展中国家的赞赏和认同。

---

① 中共中央党史和文献研究院室．十八大以来重要文献选编：上［M］．北京：中央文献出版社，2014：260.

越来越多的国家接受这一理念，与中国一道参与构建各级各类局部的命运共同体。

但与中国有领土领海等国家利益之争的周边国家，对人类命运共同体话语抱有怀疑和不信任。受西方中心主义价值观影响，错误理解了中国倡导的人类命运共同体话语，或者将其理解为新殖民主义、地区霸权的表现；或者曲解为觊觎他国权益，扩张地缘政治的表现；或者担心过分依赖中国会危及自身发展的潜力与安全等，表现出深深的不理解、不信任态度。中国需要采取更有力的措施解决这些问题。

3. 不断增强中国的软实力和硬实力，提振话语表达的物质和文化基础

国际话语影响力归根到底取决于一个国家的综合国力和国际竞争力。中国作为日益走近世界舞台中央的大国，必将在未来经济全球化潮流趋势下成为发挥重要影响力的国家。因此，中国关于构建人类命运共同体话语影响力的提升需要从如下几个方面着手。其一，需要加强理论的学理研究，使中国提供的人类命运共同体话语范式更具有科学性、逻辑性和说服力。其二，需要建构一套话语解释系统，以更加通俗易懂的民间话语叙述方式表达其内在的价值观本质，以提升话语亲和力。其三，需要建构综合立体的传播话语体系及平台，充分利用现代媒体的强大功能强化中国媒体在世界的影响力。其四，需要充分发动群众，建立国内、国际两个联合统一战线。对内充分发动除首脑外交、主场外交、官媒党报等各级各类民间外交，阐释、传播中国话语；对外充分利用各种场合和国际组织作用，引导越来越多的国家和国际组织转变成为人类命运共同体话语的认同者和参与者、组织者及传播者。其五，敢于亮剑，善于利用国际平台与各种妖魔化中国的言论展开斗争，积极回应误解与争议。其六，归根结底在于加强国内建设，不断提升中国在经济、军事等方面的硬实力，也不断提升以社会主义核心价值观为统领的文化软实力，增强“四个自信”，不断夯实中国构建人类命运共同体话语国际表达的硬实力与内核竞争力。在国际场合继续贡献像“一带一路”“亚投行”“二十国会议”“金砖五国”等中国发挥主导力的国际公共产品，提升中国的国际威望和文化价值引导力。总之，构建人类命运共同体的话语范式对世界的引导和重塑具有过程性、阶段性、层次性，体现了长远理想与现实阶段性的辩证统一。构建人类命运共同体不是一厢情愿的事情，而是实事求是、多国互动的任务。因此需要全世界共同努力，捐弃前嫌，放弃冷战思维，为建设永久和平、合作共赢、包容互鉴、绿色生态、共建共享的人类和谐世界贡献智慧。

第六章

马克思主义中国化视域下中国共产党反帝话语演进的伟大意义及基本经验

回望一百年来中国共产党波澜壮阔的反帝历程，站在马克思主义中国化视域下，深刻总结其伟大意义和基本经验，深刻认识百年历史演进中中国社会发生的历史性变革，诠释中国从站起来到富起来到强起来的伟大逻辑，具有十分深远的意义。

一、中国共产党百年反帝话语演进的伟大意义

1. 中国共产党坚守初心与使命的真实写照

中国共产党的百年反帝历程，就是坚守中国初心与使命，将一个半殖民地半封建的近代中国社会带入一个主权独立、民主、自由发展的新社会，又将一个贫穷落后、在国际上无足轻重的国家建设成为综合国力大幅度提高并前所未有地走近世界舞台中央的大国强国地位的奋斗历程；同时又是坚守世界初心与使命，不断推动国际社会朝着公正合理的国际政治经济新秩序演进并取得重大成就的奋斗历程。百年反帝奋斗历程先后经历了革命为主题的时代与和平发展为主题的时代。在建构反帝理论的初始阶段，中国共产党就以世界眼光和时代性观点将中国自身解放与世界人民的解放联结在了一起，以追求自身的解放来推动世界进步，在赞助世界进步的伟大事业中推动中国自身的解放与发展，因而具有民族性与世界性高度统一的双重责任与使命。这种双重责任与使命贯穿于中国共产党百年反帝历程，即贯穿于反帝的新民主主义革命的三十年、冷战格局下反帝实践兼具革命性和建设性特征的三十年、和平发展合作共赢的四十年中。体现在根据时代演进而形成和发展创新的反帝话语范式中，即体现在反帝的新民主主义革命话语、兼具革命性和建设性特征的冷战格局下的反帝话语、独立自主和平发展与构建人类命运共同体的建设性话语中。百年中国共产党的反帝话语的演进及实践，缔造了独立、自主、平等、民主的中华人民共和国，追求并维护了和平与发展的中国，带给世界一个繁荣稳定的中国；同时追求并推动了国际公平正义事业的发展，在支持民族独立运动和不结盟运动的伟大事业中，推动了国际秩序的变革。体现了中国共产党坚守中国与世界初心与使命的责任与担当。

2. 马克思主义反帝理论不断中国化的真实写照

中国共产党的百年反帝历程，就是把马克思主义反帝理论不断中国化的历史进程。百年反帝话语演进，先后形成了反帝的新民主主义革命话语、兼具革命性和建设性特征的冷战格局下的反帝话语、独立自主和平发展与构建人类命运共同体的建设性话语。反帝的新民主主义革命话语是一个以推翻帝国主义殖民体系、建立一个不受帝国主义控制的独立自由新国家为目标，以此实现以平等身份参与国际事务，推动国际关系走向平等公正与合理的目标。因而，反帝的新民主主义革命话语找到了使中国摆脱被殖民的历史命运，以平等身份参与国际事务并进而实现国家现代化目标的历史路径。一个独立、自由、民主的中华人民共和国的建立，在事实上证明了反帝的新民主主义革命话语的正确性科学性。

20 世纪 50 年代到 70 年代末的三十年，在冷战格局下，中国共产党的反帝话语体现出兼具革命性和建设性的重要特征。从革命性方面看，作为新兴的民族独立国家，中国继续坚持反帝、反侵略、反殖民、反霸权的理论旗帜，坚持世界革命立场，以自己取得反帝革命胜利的经验启示广大亚非拉被帝国主义殖民、侵略和压迫的国家掀起民族独立与解放运动，以实际行动支持世界范围的民族独立与解放。从建设性方面看，由于建设并巩固独立自主的新国家关涉中华人民共和国能否真正以独立平等的新身份进入国际秩序并为推动国际秩序走向公正合理做出贡献。因此，建设并巩固独立自主的中华人民共和国并引导走向社会主义道路就成为这一阶段反帝话语中建设性建构的重要内容，并且取得了重大的建设性成就。在兼具革命性与建设性的反帝话语引导下，一方面相当长时间坚持了世界革命主线，推动并支持了世界范围的反帝、反殖民、反侵略、反霸权的民族独立与解放运动；另一方面在和平与发展的时代因子已经孕育的 70 年代，开始转换话语视角和方向，逐步跳脱“阵营”思维，聚焦于经济水平和国家实力作为看待和衡量国际关系的标准，为向和平与发展的时代主题转换做了重要准备。这三十年，中国共产党反帝话语无论在理论上还是在实践上都提供了可圈可点的成功经验及教训。

20 世纪 70 年代末到 21 世纪 20 年代的四十年，是在和平发展时代主题下坚持改革开放、建设中国特色社会主义的四十年，是逐步融入西方发达国家引导的全球化进程，在学习和借鉴资本主义创造的一切文明成果中不断发展壮大社会主义经济力量，彰显社会主义制度优势的四十年，因而也是和平发展、合作共赢以及以构建人类命运共同体为主要内容的反帝话语范式重新建构和发展创新的四十年。这四十年经历了以邓小平为核心的中国共产党第二代领导集体所做的开创性探索，以江泽民和胡锦涛为代表的党和国家领导人的接续发展，和以习近平同志为核心的党中央提出人类命运共同体理念的重大创新性建构。以和平发展合作共赢为主要内容的反帝话语范式在理论和实践上成功实现话语范式转换，在坚持马克思主义的时代观和全球化、世界历史理论、“两个历史必然性”论断的基础上发展丰富了上述马克思主义相关理论，回答了社会主义与资本主义合作共处常态下通过软硬实力的发展最终战胜资本主义和帝国主义的问题，找到了在全球化背景下社会主义复兴的历史新道路并且取得了辉煌成就。中国迅速成长为在国际社会具有重大影响力的社会主义国家，成为参与全球治理，变革不合理、不公正的国际旧秩序，推动国际新秩序建设的重要国家。以和平发展、合作共赢以及构建人类命运共同体为主要内容的反帝话语范式成为马克思主义中国化第二次历史性飞跃的重要成果组成部分，也为当代马克思主义反帝话语及思想增添了创新性内容，做出了重要理论贡献。

3. 中华民族彻底摆脱殖民统治并日益走近世界舞台中央的真实写照

中国共产党反帝话语是为解决中国面对的重大现实问题而建构发展的，其初衷是使中国摆脱被殖民统治的历史命运，找到中国进入国际社会、平等参与国际事务的历史路径。在中国共产党反帝话语理论的历史演进中，深层次推动了中国现实问题的解决。近代以来无数仁人志士和政治派别探索中国重新走入国际社会秩序的路径，但在中国共产党产生之前，几乎所有的理论话语都存在重大缺陷，无法找到中国进入国际社会秩序的正确路径。而只有中国共产党提出的反帝革命话语，既正确地指明了方向目标，又找到了群众力量，采取正确的政策策略动员了民众，实现了反帝革命的一次次胜利：从反对一切帝国主义的国民革命高潮的出现，到反对日本帝国主义的全面全民族的抗日战争的胜利，再到反对美帝国主义试图殖民、统治中国的解放战争的彻底胜利，都见证了中国一步步摆脱各种帝国主义奴役的屈辱历史、真正意义上站起来的历史进程。在巩固发展的70年中，中华人民共和国遭遇了被以美国为代表的西方国家敌视封锁、试图扼杀中国于摇篮、不承认中国国际地位、排斥中国加入联合国并将朝鲜战争强加于中国、陈兵台湾海峡等不公正对待。处于弱国地位的中华人民共和国，经过艰苦卓绝的外交努力和对大国主义霸权主义的不懈斗争，以及国家大规模的建设，不仅巩固了独立地位，而且终于成功进入联合国，成功开启了与美、日等国的平等建交，通过改革开放发展成功加入了国际体系，日益成长为大国强国，前所未有地走近世界舞台的中央，成为在国际舞台上具有重要影响力的国家。因此中国共产党反帝话语引领的百年历史见证了中华民族在真正意义上摆脱被殖民的历史，并通过独立自主的发展建设日益走向强大、走近世界舞台中央的历程。

4. 社会主义在中国生根、开花、结果，焕发出强大生命力并使中国人拥有战胜资本主义、帝国主义自信心的真实写照

中国共产党反帝话语建构发展的过程，就是不断激发中国人民自我意识，不断增强战胜帝国主义的强大自信心的重塑过程。在中国共产党产生前，中国人民自我意识薄弱，恐洋、媚洋、不自信充斥社会。中国共产党反帝话语以反帝的正义性、进步性重塑了民族自尊自信，以党的坚强领导和战胜帝国主义的坚强革命意志品质以及正确的政策策略，不断增强民族的自尊自信，以一个个反帝革命的接续胜利鼓舞着中华民族自信心的生长增强，又以社会主义发展道路提供民族自尊自信的道路与制度保证。大革命失败后不久，中国共产党开辟出革命根据地，并建立起中华苏维埃共和国中央政府，实施对根据地的建设与领导，开启了在反帝革命语境下开始局部执政的历史。在中华苏维埃共和国时期，中国共产党实施彻底废除帝国主义不平等条约的政策法规制度，以中华苏维埃共和国的名义发表反帝宣言、主张，将这片红色区域建设成民主、独立，反对帝国主义，主张平等外交的示范区。中华人民共和国成立后，中国共产党直接宣布“一边倒”，并在巩固了国家政权后选择走上社会主义道路，在社会主义制度下继续高举反帝、反殖民、反侵略、反霸权的伟大旗帜，同时在社会主义制度和发展道路下展开了大规模的国家建设，迅速在贫穷落后的基础上建设起了独立完整的工业体系和国民经济体系，国家面貌得到改变，人民群众的民族自尊与自信在社会主义建设的伟大热潮中继续得到淬炼和增强。特别是改革开放四十多年来，中国共产党面对社会主义与资本主义较量呈现出的复杂态势，在理论层面不断阐释对社会主义充满信心并用实力战胜资本主义的理论逻辑，在实践层面找到了中国特色社会主义发展道路，在改革开放中建设中国特色社会主义。经过四十多年的改革开放、发展创新，中国特色社会主义取得了辉煌的历史性成就，中国人民走上了共同富裕的康庄道路，综合国力增强，国际竞争力获得了前所未有的提高。社会主义在中国焕发出勃勃生机，中国特色社会主义道路越走越宽广，使战胜资本主义帝国主义的民族自信心获得了前所未有的提高。中国共产党百年反帝话语建构与实践历程，见证了社会主义在中国生根、开花、结果和创新性变革发展，证明了只有社会主义才能救中国、只有社会主义才能发展中国的历史规律，见证了中华民族自尊自信的日益增长并从不自信走向完全自信的伟大历程。

5. 世界格局演变中国做出巨大贡献的真实写照

在历史发展成为世界历史的进程中，中国的反帝革命承担着推动国际格局

演变，使之走向公正合理的国际责任。中国共产党反帝话语及实践的百年历程，就是为改变世界格局、重塑世界秩序做出重要贡献的奋斗历程。第一次世界大战结束后的巴黎会议和华盛顿会议，建立起了以美国为主导的国际帝国主义秩序。第二次世界大战结束后的雅尔塔体系，在将国际公平正义的原则写入联合国宪章、以联合国方式维护国际公平正义的同时，也在事实上继续建立了以美国主导的资本主义世界秩序。中国共产党成立后，高举起反帝大旗，向着不公正的帝国主义国际秩序开战。国民革命掀起高潮即是中国共产党反对帝国主义国际秩序的首要体现。抗日战争时期中国共产党的反日话语和实践，聚焦最主要的敌人和矛盾，形成了全面、全民族的抗日怒潮，在正确思想策略的引领下取得了抗战胜利，为世界反法西斯战争做出了重要贡献，成为推动“一战”后帝国主义国际秩序轰然倒塌的重要力量。“二战”后，国际秩序中存在着维护正义的社会主义苏联、世界人民民主的力量以及联合国国际组织，也存在着以美国为代表操纵联合国继续实施殖民主义的帝国主义的力量和各国反动派。中华人民共和国成为人民民主和社会主义的重要力量，在坚决与以美国为代表的帝国主义势力进行斗争的进程中，不断推动国际秩序向着公正和平的方向发展。中华人民共和国 70 多年的历史，既是中国不断巩固发展壮大自身的进程，也是不断与对立着的资本主义世界秩序继续展开激烈斗争、实现世界永久和平的历史进程，同时也是高举公平正义伟大旗帜，推动世界秩序不断向多极化方向演进的历史进程。中华人民共和国成立 70 多年来，中国共产党对中国与世界关系的思考不断深入，追求实现世界永久和平的努力是矢志不渝的。在冷战格局下，在战争阴云笼罩下，中国共产党维护国际和平，反对战争，塑造和平中国的努力是不懈的。在理论上提出和平为上的一系列理念，在行动上中国以参与日内瓦会议、亚非会议的实际行动书写了对和平的追求与维护。中华人民共和国作为独立自主的国家也因自身的努力、国际社会民主力量和社会主义力量的帮助和支持而不断地得到巩固、发展、壮大，并不断改变着国际秩序力量的对比，推动国际秩序在时代主题的变奏中缓慢向多极化方向演进。改革开放以来，中国共产党秉持和平发展、合作共赢以及人类命运共同体理念，在两极格局结束后，迅速发展成为世界多极化中的重要一极，对世界日益产生重要影响力。跨入 21 世纪以来，中国在融入世界秩序的进程中继续推动世界多极化深入发展，推动发展中国家在国际上影响力不断增强，并通过自身的持续强大影响推动着世界格局向前演进。在面对百年未有之变局下，在“东升西降”的世界格局中，中国已经成长为对国际事务拥有重要影响力和话语权的社会主义国家和最大的发展中国家，成为国际格局和世界秩序向着公正合理的国际新秩序演进的重要推动者、参与者、建设者。中国与世界关系的深刻改变，见证了中国共产党在反帝话语及实践中对世界格局演变的重大贡献。

二、中国共产党百年反帝话语演进的基本经验

一百年来，中国共产党把马克思主义关于世界革命、两个历史必然、全球化等方面的理论创造性地运用于中国实际，在时代变奏中实现了反帝话语范式的革命性转换，创造了把马克思主义反帝理论中国化的伟大奇迹。其基本经验有：

1. 马克思主义唯物史观提供了观察中国与世界关系的科学世界观和方法论，成为中国共产党反帝理论保持鲜活生命力和科学性的活水源头

马克思主义唯物史观成为中国共产党反帝话语的逻辑前提和理论基石，提供了观察中国与世界关系的科学世界观和方法论。中国共产党反帝话语建构了唯物史观评价体系，在根本上改变了近代以来中国观察中国与世界关系的评价标准，也将近代以来的各式反帝观点带入科学轨道。马克思主义唯物史观成为中国人民观察中国与世界关系的世界观、方法论，使中国共产党反帝话语具有了与时俱进的时代性和鲜活的生命力及科学性。新民主主义反帝革命话语，来源于马克思主义关于世界历史、世界革命、全球化的重要观点。马克思、恩格斯对资本主义时代性的分析与描述，马克思主义关于资本主义全球化趋势与"两个必然""两个决不会"论断，第二国际时期对资本主义全球化发展新趋势的思考与帝国主义理论，晚年恩格斯对资本主义从自由竞争转化成垄断现象的揭示，拉法格、奥托·鲍威尔对帝国主义的探讨，希法亭的"金融资本论"对现代资本主义全球扩张和帝国主义形态的认识，罗莎·卢森堡的"资本积累论"对帝国主义认识的新视角，列宁时期对资本主义全球化的理论认识及其"帝国主义论"的全面系统阐释，布哈林的"世界经济和帝国主义论"，列宁的"帝国主义世界体系"理论，共产国际时期对世界革命理论的运用与发展，等等，这些不断丰富发展的革命理论为中国共产党观察时代大势、观察世界格局演变，观察中国的发展提供了世界视野和唯物史观分析方法论。中国共产党关于农民反帝正义性的评价谱系的建立从根本上否定了近代以来中国人观察世界与中国关系的唯心史观。从话语的初始阶段就建立起了评价社会主体力量的正确标准，找到了推动反帝革命向前发展的主体力量。以"唤起民众""兵民是胜利之本"等经典语言将人民创造历史的唯物史观评价标准鲜活地表达了出来。以"帝国主义和一切反动派都是纸老虎"的著名观点将"两个必然"的历史唯物主义观点深入民心。在和平发展时代，尽管时代主题从战争转向和平，但马克思主义

关于世界历史、世界革命、全球化的重要观点依然散发着真理的光芒，依然成为改革开放以来和平发展、合作共赢以及人类命运共同体等话语建构的理论基础。在当今世界百年未有之大变局下，更需要我们继续坚持马克思主义唯物史观的世界观、方法论，以此作为观察世界大势以及中国与世界关系的方法论。无论国际局势如何演变，只要掌握并继续坚持以马克思主义唯物史观作为观察中国与世界关系的方法论，就一定能够拨开云雾，科学分析当今世界资本主义的危机与矛盾，认清中国反对帝国主义的前进方向，推动反帝话语及实践不断创新发展，推动中国在中华民族伟大复兴的历史新征程中继续谱写新篇章。

2. 在批判中建构话语是马克思主义最鲜明的特征，彰显出强大的理论批判力量

马克思主义的革命性与战斗性鲜明地体现在它的批判性上。中国共产党反帝话语范式的建构过程就是在批判各种错误理论及话语的实践中完成的。在话语建构的初始时期，中国共产党展开了对西方殖民主义话语、自由主义不怎么反帝的话语、国家主义派“盲目排外”的错误反帝思潮的批判；在土地革命战争时期，展开了与国民党剥夺中国共产党及苏维埃政权存在的合理性和反帝正当性的各类谣言、舆论的批判斗争，对国民党“民族统一战线”的反动概念进行了解构和批判；抗日战争时期，围绕“三民主义与共产主义关系”的话语论战，以真、假、伪三民主义的话语解构了国民党修正的三民主义，否定了汪精卫的伪三民主义，实现了对真三民主义的正本清源和理论重塑、对国民党妥协投降发动三次反共高潮的揭露与批判、对汪伪政权投降卖国言行的揭露等，贯穿整个抗日战争时期，使中国共产党的抗日话语在凌厉的批判话语中得到广泛传播；“二战”后，对“美苏必战”“第三次世界大战不可避免”以及各种“恐美”论调的理论批驳，通过美蒋失败的一系列事实和五评美国白皮书的酣畅淋漓的批判，塑造了新民主主义反帝革命必然胜利的理论正义性；改革开放以来，面对其他国家对中国崛起的误解和猜忌，反复强调中国不称霸，也决不当头，对误解及猜忌进行理性回应，等等，都是中国共产党反帝话语建构发展中体现批判性特征的重要表现。实践证明，不对旧有的错误思想话语进行彻底的批判，就无法将旧思想从思想舆论场清理掉，也就无法让新思想、新话语在民众中产生影响力。坚持马克思主义的批判性，在批判中解构旧话语、旧思想，剔除其对大众的影响，是发挥理论影响力，充分彰显马克思主义作为批判的武器所具有的强大理论力量的重要前提。在百年未有之大变局下和实现全面社会主义现代化的伟大征程中，必然还会面临诸多挑战和考验，反对霸权主义强权政治的斗争依然会十分激烈。因此，要始终坚持马克思主义的批判性，发挥好马克思

主义强大的理论批判力量，推动新时代反帝话语的不断创造和发展。

3. 建立国际反帝统一战线是推动国际社会与中国取得反帝进步的重要法宝

建立国际反帝统一战线是中国共产党反帝理论的重要内容。马克思主义关于全世界无产者联合起来的思想与口号；共产国际关于联合世界无产阶级和苏联社会主义国家进行世界革命的思想深刻地启示了中国共产党。中国共产党的反帝革命话语，深刻地体现出建立世界人民反对帝国主义的统一战线是时代进步性表现和反帝革命成功的必然要求。中国共产党反帝的新民主主义革命话语的核心要义就包含着联合世界平等待我之民族和人民一起奋斗才能推翻帝国主义的科学观点。整个新民主主义革命时期，从国民革命话语中关于联合世界上一切平等待我之民族特别是社会主义国家苏联的观点，到抗战话语中关于建立更广泛的国际反法西斯统一战线的思想，再到解放战争时期关于全世界人民团结起来打败美帝国主义和一切反动派的观点；中华人民共和国成立后，在冷战格局下关于建立社会主义阵营联盟，以和平立国，和平建国，在平等基础上广交朋友，向世界发出和平善意，中间地带理论和三个世界划分理论为指导的国际反帝、反殖民、反霸权的统一战线思想，等等，无一不是将国际反帝统一战线置于十分重要地位，强调最大限度地结交朋友，团结一切可以团结的力量去战胜帝国主义。改革开放新形势下，中国共产党关于和平发展、合作共赢以及构建人类命运共同体的话语依然内蕴着在全球范围实现反霸权主义强权政治的共同立场和共同行动，本质上也是国际统一战线思想在新时代的创新性运用，体现出了积极的建设性态度。邓小平倡导中国不结盟，主张在不结盟原则的指导下广交朋友，不仅与广大的发展中国家交朋友，还与发达的资本主义国家甚至包括美国、日本等国改善关系、发展友好往来。江泽民由于对相互依存的世界需要共同面对和解决全球性问题的认识，在反对“新干涉主义”“人权高于主权”等霸权主义强权政治和恐怖主义等危害中强调全球一起应对的思路。习近平以人类命运共同体的新思维，主张全世界结成应对全球性问题的命运共同体。因此，坚持广交朋友，坚持并扩大主持公平正义、建立国际新秩序的朋友圈和基于共同利益、共同价值观建立不同层级的共同体，等等，就成为今天我们坚持弘扬国际统一战线的最新创新形式和表现形式。因此，在新时代要构建人类命运共同体，也必须坚持新时代下统一战线的新表达新方式，建立命运与共的共同体和朋友圈，共同推动人类迈向新的美好未来。

4. 社会主义是解决国际社会平等、自由、和平、发展，彰显公平正义的根本制度

中国共产党反帝话语演进的历史过程证明了社会主义是解决国际社会平等、

和平、发展，彰显公平正义的根本制度。中国共产党反帝话语指向的根本目标就是在中国建立并建设社会主义和共产主义。社会主义作为一种学说和一种国家制度深深地嵌入到反帝话语的逻辑体系中，提供着中国摆脱殖民压迫和独立自主发展的社会主义方向。苏联社会主义现实的存在与发展提供着中国摆脱殖民压迫和独立自主发展社会主义的可资借鉴的基本经验和启示。在反帝革命历史进程中对苏维埃共和国制度建设的初步尝试，也部分地证明了社会主义对于中国的伟大意义。中华人民共和国的建立与建设，特别是走向社会主义道路并在社会主义制度下展开大规模全面建设的进步性，充分显现了在经济文化落后的国情下社会主义制度能够集中全国人力、物力，聚焦最主要矛盾，解决最主要问题，建设最主要领域的重要优势。在社会主义制度下，人民主人翁意识被充分激发，社会责任感空前提高，道德情操高尚，每个人都为建设一个强大的社会主义国家而努力奋斗，不怕牺牲。在社会主义制度下，中国经济发展迅速，政治民主不断进步，社会平等得到体现，民族团结共同发展得到维护，以和平立国的原则得到遵循。在国际社会，冷战格局下，社会主义阵营的存在和发展，构成了维护国际公平正义、反对战争、反对帝国主义和侵略殖民主义的重要力量。社会主义阵营坚定地站在广大落后的亚非拉美国家一边，维护着他们的正当利益，坚定地支持亚非拉美以及帝国主义国家人民的反帝国主义、反资本主义压迫的运动。20 世纪 70 年代末以来，在和平与发展的时代主题变奏下，社会主义在中国经历了从传统社会主义到中国特色社会主义的转变，在世界经历了苏联东欧剧变后的社会主义低潮期。中国共产党的反帝话语转向和平发展、合作共赢以及构建人类命运共同体，充分正视社会主义在经济科技上与资本主义存在的明显差距，正视社会主义与资本主义合作共处、共同发展的现实境遇，以“贫穷不是社会主义”“发展太慢也不是社会主义”“两极分化不是社会主义”“生产力发展才是硬道理”“科学技术是第一生产力”“社会主义要实现共同富裕”“改革开放才是社会主义中国唯一出路”等经典理念推动中国在中国特色社会主义道路下，学习借鉴资本主义社会创造的文明成果，在和平发展中追赶西方科学技术及其经济发展优势，在融入全球化体系中发展壮大社会主义中国，并在事实上不断缩短与西方资本主义国家在经济、社会发展中的差距。在 40 多年的改革开放中，社会主义在中国获得了前所未有的发展，也在事实上扭转了 20 世纪 90 年代以来的社会主义发展低潮。同时，中国在国际舞台上以社会主义身份和新兴经济体身份维护广大发展中国家的生存权、发展权，不断提高广大发展中国家在国际事务中的发言权，积极推动经济全球化下世界经济的普惠发展，政治多极化下各国的平等协商，文化交融中各种文明的彼此交流互鉴，文化差异性得到尊重，推动各国人民共享全球经济发展利益，共同携手应对全球性危机。中国特色社会主义不仅使中国获得了历史性发展，也给世界社会主义运动带来了生机，使越来越多的国家相信社会主义的光明前景，同时使西方的各种“崩溃论”“威胁论”“历史终结论”等破产。站在百年历史交汇期和社会主义与资本主义较量呈现出新态势的当下，我们要坚守“四个自信”，继续坚定不移地沿着中国特色社会主义发展方向前进。同时要坚决维护世界社会主义的正义性及其发展方向，让世界越来越多的人相信只有社会主义才是解决国际社会平等、自由、和平、发展问题，彰显公平正义的根本制度。

5. 中国共产党领导集体的成熟且坚强有力是反帝话语理论与实践不断取得成功的重要保证

百年反帝话语及实践演进证明了中国共产党领导集体的成熟且坚强有力是理论创新和实践成功的重要保证。中国共产党的产生本身就是马克思主义中国化的重要成果。中国共产党的先进性改变了近代以来反帝革命运动无法成功的颓势。中国共产党在马克思主义理论武装下成为始终站在时代潮头的先进政党，拥有了科学审视世界与中国关系的国际视野。在反帝的新民主主义革命时期，能够根据国际局势的变化和中国国情，对敌人、朋友、革命前途等问题不断修正认识偏差，准确找到反帝革命的阶段性对象、革命动力，建构起反帝革命的正义性和必然性评价谱系，并以理论的自信树立起全民反帝革命必胜的信念，这在中国共产党走向成熟的抗日战争时期最为突出。日益走向成熟的中国共产党具有了较强的修正错误的能力，在克服了国民革命反帝话语的局限性和土地革命时期对敌人和朋友分析上的教条主义错误后，在抗日战争时期，完整地建构起了反帝的新民主主义革命话语，推动中国革命先后取得抗日战争的胜利和反对美蒋反动势力革命的胜利。中国共产党的团结统一日益坚强，也表现在把人民作为革命主力，置于中心位置，用反帝的革命话语启发其觉悟，满足其物质利益要求，对民众产生了巨大的政治影响力和号召力，成为人民奋斗前进的主心骨，凝聚起战胜帝国主义的强大力量与基础，推动反帝革命步步胜利、国家和人民获得新生。日益走向成熟的中国共产党具有了善于将一次次危局转化为机遇的能力，在几次重大的危急关头转危为安，成为打不垮的力量。在中华人民共和国成立将历史带入新纪元后，成为执政党的中国共产党继续把马克思主义反帝理论与中国实际结合，在坚持反帝目标和理想，保持政党先进性和革命性，坚持社会主义立场的同时，也根据冷战格局的新态势，进行了理论的创新和发展，对如何使独立的国家新身份获得巩固，以及在独立的新身份下参与并推动国际社会秩序走向公平合理发展方向上做出了新回答。特别是在和平与发展的时代主题变奏中，能够及时纠正20世纪60年代的一些教条主义错误，适时提出和平发展下的反帝新话语，实现话语的革命性转换和历史性飞跃。和平发展、合作共赢和人类命运共同体理念的创新进一步证明了中国共产党理论创新能力和实践创新能力的伟大。在百年未有之大变局下、在两个一百年的历史交汇期，需要我们继续坚持加强党的全面领导，坚定政治意识，坚持只有中国共产党的全面领导才能在中国和世界关系的复杂变动中保持定力，继续推进马克思主义中国化理论创新和实践创新、实现反帝话语指引的终极目标。

6. 建立有效传播体系是实现话语建构的重要途径

中国共产党百年反帝话语建构的过程离不开有效的话语传播体系。国民革命时期，创办通俗易懂的宣传小册子，通俗化的报纸、杂志、画报等成为向工农民众宣传反帝话语的重要方式。壁画、口头歌谣、一目了然的标语等宣传品，农民运动讲习所和农民运动特派员等教育机制，也比较有效地将反帝革命理论传播到农民大众之中，实现了对农民的动员。培养优秀的宣传员队伍成为实施宣传和传播反帝革命话语到民众之中的重要桥梁。伴随着中国共产党日益走向成熟并且有了比较稳定的根据地，中国共产党的反帝话语传播体系日益建立起来。特别是抗日战争时期，中国共产党建立了一系列官方报刊，在延安有《新中华报》、《解放》周刊、《解放日报》、《共产党人》等报刊，在重庆有《新华日报》、《群众》周刊等，这些报刊成为传播反帝话语的主要阵地。中国共产党积极参与抗战国民教育体系的恢复重建工作，在各抗日根据地建立起国民教育体系，实现了对农民、工人等底层民众的教育宣传，培养了战胜日寇的新国民。通过推动国民政府实行民主政治的实践运动，通过抗日根据地政权建设的民主化典型示范，通过邀请国际友人和同情者到延安等抗日根据地实地参观考察的方式实现了抗日话语的传播，通过创办各种干部学校，培养、提升干部宣传水平和能力的方式完成了上述传播任务。抗战时期中国共产党建构了体系较为完整的宣传方略，对“讲什么”“对什么人讲”“要达到什么目的”“怎样讲”“随时留心群众的反映”等方面都有深入思考，对培养优秀的宣传家提出了革命性、政治性、自我学习精神、创造性地解说马克思主义等品质和素养的要求，对鼓动家提出了了解党的路线政策、有鼓动能力、熟悉群众语言、了解群众生活和心理的品质素养的要求。抗日战争时期，中国共产党在抗日话语的传播与宣传上建构的一整套体制完备，方法科学的传播体制，为最终战胜日本帝国主义侵略提供了强有力的保障。解放战争时期，中国共产党的宣传媒介日益成熟。新华社及《解放日报》等类报刊成为传播中共中央思想的权威窗口，中共中央领导人毛泽东撰写的六评《美国同中国的关系》白皮书，就是通过新华社社论的方式广为传播的。《解放日报》社论通过不断揭露美国侵略事实，教育国人丢掉对美国的幻想。解放战争时期发展起来的中共中央发言人制度，也成为传播中共中央反帝思想的重要方式。中共中央发言人制度萌芽于解放战争时期，他们代表中共中央发表声明，谴责美国侵略中国的罪行，对中国共产党反帝思想的传播起到了补充作用。中共中央领导人与外国记者谈话也成为对外传播的重要方式。随着中华人民共和国的建立，一整套国家宣传机制建立发展完善，日益承担起对国人、对世界传播中国共产党思想话语的重要功能与作用，日益发挥着积极的主导舆论的重要职能。因此，在意识形态斗争日趋激烈的百年未有之大变局下，在两个一百年的历史交汇期，更需要我们建构更趋完善的传播体系，始终使传播体系及其话语主导权掌握在马克思主义者手中。要充分利用现代媒体的强大功能，对内实现对国民思想的整合与引导，对外强化中国媒体在世界的影响，有效消除猜忌、怀疑，打破西方话语壁垒，传播中国声音，讲好中国故事，塑造中国和平发展、公平公正的国际形象。

参考文献

一、经典文献

［1］马克思恩格斯全集：第1卷［M］．北京：人民出版社，1956.

［2］马克思恩格斯全集：第25卷［M］．北京：人民出版社，1974.

［3］马克思恩格斯全集：第30卷［M］．北京：人民出版社，1995

［4］马克思恩格斯全集：第41卷［M］．北京：人民出版社，1956.

［5］马克思恩格斯选集：第4卷［M］．北京：人民出版社，1995.

［6］马克思恩格斯文集：第1，2，5卷［M］．北京：人民出版社，2009.

［7］列宁全集：第26卷［M］．北京：人民出版社，1987.

［8］列宁全集：第42卷［M］．北京：人民出版社，1985.

［9］列宁选集：第2卷［M］．北京：人民出版社，1995.

［10］卢森堡文选：上卷［M］．北京：人民出版社，1984.

［11］卢森堡．资本积累论［M］．彭尘舜，吴纪先，译．北京：生活·读书·新知三联书店，1959.

［12］卢森堡，布哈林．帝国主义与资本积累［M］．柴金如，译．哈尔滨：黑龙江人民出版社，1982.

［13］希法亭．金融资本［M］．北京：商务印书馆，1994.

［14］拉法格文选：下卷［M］．北京：人民出版社，1985.

［15］斯大林选集：下卷［M］．北京：人民出版社，1979.

［16］共产国际与中国革命资料选辑：1919—1924［G］．北京：人民出版社，1985.

［17］联共（布）、共产国际与中国国民革命运动：1920—1925（第1册）［M］．北京：北京图书馆出版社，1997.

［18］库恩．共产国际文件汇编：第1册［G］．北京：生活·读书·新知三联书店，1965.

［19］德格拉斯．共产国际文件：第3卷［G］．北京：东方出版社，1986.

［20］苏联科学院经济研究所．政治经济学教科书［M］．中共中央马克思恩格斯列宁斯大林著作编译局，译．北京：人民出版社，1955.

［21］苏联共产党第二十一次非常代表大会文献：下册［M］．北京：人民出版社，1960.

［22］布尔加宁．关于苏联共产党第二十次代表大会关于1956—1960年苏联发展国民经济第六个五年计划的指示的报告［M］．北京：人民出版社，1956.

［23］苏联共产党第二十三次代表大会主要文件汇编［G］．辛华，译．北京：生活·读书·新知三联书店，1978.

［24］中共中央文献研究室，中央档案馆．建党以来重要文献选编：全26册［G］．北京：中央文献出版社，2013.

［25］中央档案馆．中共中央文件选集：全6册［G］．北京：中共中央党校出版社，1989.

［26］广州农民运动讲习所旧址纪念馆．广东农民运动资料选编［G］．北京：人民出版社，1986.

［27］中国革命博物馆，湖南省博物馆．湖南农民运动资料选编［G］．北京：人民出版社，1988.

［28］中央档案馆，江西处档案馆．江西革命历史文件汇集：1923—1926［G］．北京：中央档案馆，1985.

［29］中央档案馆，上海市档案馆．上海革命历史文件汇集：甲1925—1926［G］．北京：中央档案馆，1986.

［30］陈独秀文章选编：上，中，下［G］，上海：生活·读书·新知三联书店，1984.

［31］任建树，张统模，吴信忠．陈独秀著作选：第2卷［M］．上海：上海人民出版社，1993.

［32］李达文集：第1卷［M］．北京：人民出版社，1980.

［33］蔡和森．蔡和森文集［M］．北京：人民出版社，1980.

［34］彭湃．彭湃文集［M］．北京：人民出版社，1981.

［35］盛仁学．张国焘年谱及言论［M］．北京：解放军出版社，1985.

［36］瞿秋白．瞿秋白文集［M］．北京：人民出版社，1988.

［37］中共中央文献研究室．毛泽东年谱：上，中，下［M］．修订本．北京：中央文献出版社，2013.

[38] 毛泽东选集：全四卷［M］. 北京：人民出版社，1991.

[39] 中华人民共和国，中共中央文献研究室. 毛泽东外交文选［M］. 北京：中央文献出版社，1994.

[40] 中共中央文献研究室. 周恩来年谱（1949—1976）：上，中，下［M］. 北京：中央文献出版社，1997.

[41] 中华人民共和国外交部，中共中央文献研究室. 周恩来外交文选［M］. 北京：中央文献出版社，1990.

[42] 邓小平文集：上，中，下［M］. 北京：人民出版社，2014.

[43] 邓小平文选：第2卷［M］. 北京：人民出版社，1994.

[44] 邓小平文选：第3卷［M］. 北京：人民出版社，1993.

[45] 中共中央文献研究室. 邓小平思想年谱［M］. 北京：中央文献出版社，1998.

[46] 江泽民文选：全3卷［M］. 北京：人民出版社，2006.

[47] 胡锦涛文选：全3卷［M］. 北京：人民出版社，2016.

[48] 习近平总书记系列重要讲话读本［M］. 北京：学习出版社与人民出版社：2016.

[49] 习近平. 习近平谈治国理政：第1卷［M］. 北京：外文出版社，2014.

[50] 习近平谈治国理政：第2卷［M］. 北京：外文出版社，2017.

[51] 习近平谈治国理政：第3卷［M］. 北京：外文出版社，2020.

[52] 习近平. 论坚持推动构建人类命运共同体［M］. 北京：中央文献出版社，2018.

[53] 中共中央党史和文献研究院室. 十八大以来重要文献选编：上［G］. 北京：中央文献出版社，2014.

[54] 中共中央党史和文献研究院室. 十八大以来重要文献选编：中［G］. 北京：中央文献出版社，2016.

[55] 中共中央党史和文献研究院室. 十八大以来重要文献选编：下［G］. 北京：中央文献出版社，2018.

[56] 中华人民共和国国务院新闻办公室. 中国的和平发展道路［N］. 人民日报，2005-12-22.

[57] 中华人民共和国国务院新闻办公室. 中国的和平发展道路［N］. 人民日报，2011-09-07.

二、经典著作

[58] 费正清．中国：传统与变迁［M］．张沛，译．北京：世界知识出版社，2002.

[59] 蔡特金．回忆列宁：第5卷［M］．北京：人民出版社，1982.

[60] 布哈林．世界经济与帝国主义［M］．蒯兆德，译．北京：中国社会科学出版社，1983.

[61] 徐国琦．中国与大战——寻求新的国家认同与国际化［M］．马建标，译．上海：三联书店，2008.

[62] 袁英．话语理论的知识谱系及其在中国的流变与重构［M］．武汉：华中师范大学出版社，2013.

[63] 戴元光．宣传：观念、话语及其正当化［M］．北京：中国大百科全书出版社，2013.

[64] 马健行．垄断资本概论—马克思主义的帝国主义理论·历史与当代［M］．济南：山东人民出版社，1993.

[65] 吕世荣，姚顺良．马克思主义视域中的经济全球化［M］．北京：人民出版社，2014.

[66] 关立新．马克思"世界历史"理论与经济全球化指向［M］．北京：中央编译出版社，2013.

[67] 张喜德．马克思主义中国化与共产国际［M］．北京：中共中央党校出版社，2009.

[68] 张孝芳．革命与动员：建构"共意"的视角［M］．北京：社会科学文献出版社，2011.

[69] 谢益显．中国当代外交史［M］．中国青年出版社：1997.

[70] 姚遥．新中国对外宣传史——建构现代中国的国际话语权［M］．北京：清华大学出版社，2014.

[71] 师哲．在历史巨人身边——师哲回忆录［M］．增订本．北京：中共中央党校出版社，1998.

[72] 黄庆，王巧荣．中华人民共和国外交史：1949—2012［M］．北京：当代中国出版社，2016.

[73] 顾海良．马克思主义中国化史：全四卷［M］．北京：中国人民大学出版社，2015.

[74] 中华人民共和国史稿：全四卷［M］．北京：人民出版社，2012.

［75］中国共产党历史：第一卷［M］．北京：中共党史出版社，2011.

［76］齐鹏飞．改革开放40年的中国外交［M］．北京：中共党史出版社，2018.

［77］李慎明．世界社会主义和左翼思潮：现状与发展趋势［M］．北京：社会科学文献出版社，2014.

［78］牛军．后冷战时代的中国外交［M］．北京：北京大学出版社，2009.

［79］陈其仁．帝国主义经济与政治概论［M］．上海：复旦大学出版社，2013.

［80］孙玉华，刘宏．话语与国际关系［M］．北京：时事出版社，2015.

［81］李丹．构建和谐世界：中国与全球化的良性互动［M］．北京：中国社会科学出版社，2013.

［82］张战．构建人类命运共同体思想研究［M］．北京：时事出版社，2019.

［83］马俊峰、马乔恩．构建人类命运共同体的历史性研究［M］．北京：人民出版社，2019.

［84］张立文．中国传统文化与人类命运共同体［M］．北京：中国人民大学出版社，2018.

三、学术论文

［85］李乾夫．科学理解马克思时代观的理论意蕴［J］．大理学院学报，2013（7）．

［86］牟成文．论马克思的时代观［J］．党政研究，2016（4）．

［87］秦宣，郭跃军．论马克思恩格斯的时代观［J］．江西社会科学，2009（1）．

［88］刘维春．帝国主义论的当代沉思：兼评“新帝国主义”“后帝国主义论”与列宁帝国主义理论的关系［J］．湖州师范学院学报，2013（5）．

［89］姜安．列宁“帝国主义论”：历史争论与当代评价［J］．中国社会科学，2014（4）．

［90］舒新．“列宁主义”的定义之争及对马克思主义中国化的影响—基于列宁时代观的视角［J］．社会主义研究，2019（1）．

［91］毛华兵，刘苏燕．列宁帝国主义理论中的时代观及其当代启示［J］．当代世界与社会主义，2017（3）．

［92］刘勇．论毛泽东的世界历史理论及当代启示［J］．长白学刊，2004

(6).

[93] 吴玉才. 新民主主义革命理论对世界革命的贡献 [J]. 思想理论教育导刊, 2010 (6).

[94] 李斌. "苏俄"、共产国际与二十世纪二三十年代中国共产党的反帝废约政策 [J]. 中共党史研究, 2012 (3).

[95] 尹钛. "帝国主义"在中国的建构——以20世纪20年代的国民革命为例 [J]. 国际关系学院学报, 2007 (3).

[96] 郭树勇. 民族主义、国际主义与马克思主义国际关系思想 [J]. 毛泽东邓小平理论研究, 2007 (12).

[97] 陶飞亚. "文化侵略"源流考 [J]. 文史哲, 2003 (5).

[98] 罗志田. 帝国主义在中国: 文化视野下条约体系的演进 [J]. 中国社会科学, 2004 (5).

[99] 周思源. 世界革命与中国特殊国情下的知识分子——早期中国共产党人的思考 [J]. 社会科学战线, 2005 (3).

[100] 罗志田. 民族主义与民国政治 [J]. 开放时代, 2000 (5).

[101] 张瑞兰. "革命"的话语结构: 中国共产党新民主主义理论表达的基本方式 [J]. 中共四川省委党校学报, 2014 (2).

[102] 吴永. "马克思主义中国化"的话语特征及其价值—历史视域下的"马克思主义中国化"解读 [J]. 中共党史研究, 2011 (7).

[103] 李小辉, 罗春梅. 当代中国马克思主义话语体系的价值取向分析 [J]. 辽宁医学院学报 (社会科学版), 2013 (1).

[104] 周宇豪. 马克思主义中国化话语体系变迁的政治学考察 [J]. 新闻界, 2013 (19).

[105] 刘华初, 汤涛. 马克思主义与中国特色学术话语体系——第五届全国马克思主义青年论坛述要 [J]. 海南师范大学学报 (社会科学版), 2013 (3).

[106] 吴永. "中国特色"话语的提出及其历史演进 [J]. 中共中央党校学报, 2008 (4).

[107] 解春霞. 中国特色话语体系建构的启示——基于马克思主义中国化历程的研究 [J]. 山西师大学报 (社会科学版), 2014 (S4).

[108] 何维芳. 世界性与民族性的双重变奏——马克思主义中国化成熟阶段 (1938—1956) 的典型特征 [J]. 西南民族大学学报 (人文社会科学版), 2011 (12).

［109］李张容．“新民主主义”概念史研究的缘起、现状与展望［J］．毛泽东研究，2020（3）．

［110］尹志兵．抗战时期《新华日报》五四纪念文章中的抗日话语探析［J］．现在传播，2020（8）．

［111］郝思佳，王海军．政治与学术的双重属性：抗战时期国共两党学术话语权的博弈［J］．中国延安干部学院学报，2020（4）．

［112］吴永．从“苏维埃”到“新民主主义”——延安时期中国共产党政治话语转型研究［J］．理论导刊，2020（6）．

［113］李后东．抗战时期国共三民主义论战与马克思主义话语权建构［J］．中共云南省委党校学报，2020（1）．

［114］李永进．“新民主主义”对延安知识界的话语改造［J］．党史研究与教学，2019（6）．

［115］李永进．抗战时期毛泽东对三民主义的话语重构——基于国共争夺中国革命话语权的再考察［J］．毛泽东思想研究，2018（3）．

［116］夏清．1943 年共产国际解散后国民党的舆论战［J］．党史研究与教学，2018（1）．

［117］周银珍．中国抗日战争话语权的新阐释［J］．广西社会科学，2017（8）．

［118］李永进．国共三民主义之争与新民主主义革命话语的建构（1938—1940）［J］．中共中央党校学报，2016（4）．

［119］李蕉．抗战时期国共两党的联合与斗争——以国共两党合办湖北汤池训练班为例［J］．高校马克思主义理论研究，2016（2）．

［120］周东娜．抗日战争胜利前夕联合政府主张在国统区引起反响的文献考察［J］．高校马克思主义理论研究，2016（4）．

［121］蒋积伟．抗战时期新民主主义话语的建构［J］．党的文献，2015（4）．

［122］谭玉龙．《新华日报》抗日战争宣传研究综述［J］．社会科学动态，2019（7）．

［123］金冲及．抗日战争与中华民族的新觉醒［J］．历史研究，2015（4）．

［124］金冲及．抗战期间国共合作的联合与斗争（一）［J］．中共党史研究，2015（7）．

［125］金冲及．抗战期间国共合作的联合与斗争（二）［J］．中共党史研究，2015（8）．

［126］金冲及．抗战期间国共合作的联合与斗争（三）［J］．中共党史研

究，2015（9）.

［127］赵士发，倪博闻．毛泽东与抗日民族统一战线话语体系的构建——纪念抗战胜利70周年［J］．理论视野，2015（9）.

［128］李忠杰．中华民族团结抗战的伟大胜利［J］．中共党史研究，2015（9）.

［129］张喜德．延安时期毛泽东抗日民族统一战线独立自主原则的确立及其历史意义［J］．湖南第一师范学院学报，2019（3）.

［130］高军峰．全面抗战前中共抗日的话语叙述与政治功能［J］．党史研究与教学，2017（2）.

［131］曹希岭．抗战前期中国共产党对外战略的演变——从反法西斯到反帝再到反法西斯［J］．鲁中大学学报（社会科学版），2019（6）.

［132］尹涛，柴景枝．战后美国的对华政策与司徒雷登使华［J］．济南大学学报（社会科学版），2019（2）.

［133］赵红，张帆．从"欢迎美军观察组的战友们"到"别了，司徒雷登"——毛泽东对美外交策略的调整及原因［J］．延安大学学报（社会科学版），2014（4）.

［134］唐洲雁．"纸老虎"·"中间地带"·"两个阵营"——毛泽东"转折年代"的美国观［J］．现代哲学，2008（5）.

［135］张威．中国与边缘地带的世界革命：以"中心—边缘"模式为视角的考察［J］．社会科学论坛，2010（19）.

［136］周伟东．毛泽东关于新中国构想的历史演变（1947年10月—1949年10月）［J］．党的文献，2019（6）.

［137］于洪君．热话题与冷思考——中国走向世界舞台中心是历史的必然［J］．当代世界与社会主义，2019（4）.

［138］彭远．对毛泽东三个世界理论的再探讨［J］．中国社会科学，2012（1）.

［139］张威．世界革命主义：以中国援助亚非拉革命运动为视角的考察［J］．学术论坛，2007（11）.

［140］章百家．我们怎样走向世界———新中国外交视角与观念的演变［J］．史学月刊，2019（9）.

［141］王均甫，王安东．毛泽东为中国走向世界构建了历史性支点［J］．青岛海洋大学学报，2001（4）.

［142］何伟．传统文化与中国外交话语体系构建：以改革开放初期为考察

[J]. 教学与研究，2019 (3).

[143] 刘跃进. 中国官方非传统安全观的历史演进与逻辑构成 [J]. 国际安全研究，2014 (2).

[144] 徐艳玲. “反全球化”对“全球化”：一个全球正义的视角——兼任“和谐世界”理念的深度启示 [J]. 理论探讨，2011 (5).

[145] 杨勉. “和谐世界”的中国理念及其对当代国际关系的意义 [J]. 阴山学刊，2010 (4).

[146] 李安方. 互利共赢与开放的战略创新 [J]. 社会科学，2007 (11).

[147] 凌胜利. 百年未有之大变局：学术争论与战略意涵 [J]. 亚太安全与海洋研究，2019 (6).

[148] 宋建丽. 全球治理视域下人类命运共同体思想的超越性内涵 [J]. 国外社会科学，2020 (6).

[149] 李洋. 马克思时空正义视域中人类命运共同体的世界意义 [J]. 社会主义研究，2020 (6).

[150] 张志丹. 人类命运共同体视域中的中国意识形态国际话语权 [J]. 河海大学学报 (哲学社会科学版)，2018 (2).

[151] 关巍. 人民命运共同体：世界社会主义运动的崭新话语范式 [J]. 统一战线学研究，2018 (5).

[152] 陈鑫. 习近平“人类命运共同体”思想研究述评 [J]. 贵州省党校学报，2018 (1).

[153] 张三元. 人类命运共同体：经济全球化的中国方案 [J]. 观察与思考，2017 (6).

[154] 沈斐. “人类命运共同体”何以超越乌托邦——基于新政治经济学批判的视角 [J]. 马克思主义理论学科研究，2017 (2).

[155] 黄婷，王永贵. 人民命运共同体：一种世界秩序的话语表述 [J]. 马克思主义与现实，2017 (5).

[156] 于宏源. 权威演进与“命运共同体”的话语建设 [J]. 社会科学，2017 (7).

[157] 刘桂荣. 人民命运共同体思想：理论创新与话语建构 [J]. 中国特色社会主义研究，2017 (5).

[158] 李伟，马玉洁. 人类命运共同体话语体系构建的哲学思考 [J]. 哲学分析，2018 (1).

[159] 张志丹. 人类命运共同体视域中的中国意识形态国际话语权 [J]. 河海大学学报 (哲学社会科学版), 2018 (2).

[160] 秦龙, 肖唤元. 人类命运共同体话语的多维考量 [J]. 学术论坛, 2018 (2).

[161] 郭璇. 全球治理的"中国方案"与中国话语的建构 [J]. 浙江社会科学, 2017 (5).

[162] 王义桅. 热话题与冷思考——关于"人类命运共同体与新时代中国外交"的对话 [J]. 当代世界与社会主义, 2018 (3).

[163] 陈鑫. 关于"人类命运共同体"与马克思关于"真正共同体"思想的关系 [J]. 理论月刊, 2017 (10).

[164] 邵培仁, 周颖. 国际传播视域中的新世界主义——"命运共同体"理念的流变过程及动力机制研究 [J]. 浙江社会科学, 2017 (5).

[165] 刘同舫. 构建人类命运共同体对历史唯物主义的原创性贡献 [J]. 中国社会科学, 2018 (7).

后　记

“中国共产党反帝话语的演进研究”这本书终于在中国共产党迎来百年华诞的重要时刻完成了，这是对中国共产党辉煌成就的最好总结和纪念。

这本书是2015年教育部人文社会科学研究规划基金项目“马克思主义中国化视域下中共反帝话语范式的建构与演变及其基本经验研究”【项目号：15YJA710021】的最终结项成果，是北京高校中国特色社会主义理论研究协同创新中心（对外经济贸易大学）的阶段性成果。本书是在大量阅读原始文献资料基础上完成的。它凝结了作者勤奋学习、努力思考、辛勤劳作的智慧与汗水。

完成本书撰写实属不易。感谢家人的理解与支持，特别是我的先生王文和教授几乎承担了所有家务，无怨无悔，在此深表谢意。感谢研究生陈子翔同学，帮助搜集部分资料，完成脚注校验工作。感谢马克思主义学院李景瑜院长的鼎力支持与经费资助。感谢光明日报出版社学术出版中心张金良编辑耐心细致的编辑工作，为本书增亮添彩。由于水平有限，本书仍存在不足，敬请同行专家批评指正。

刘建萍

2021年4月5日